红色溪口

中共上杭县溪口镇委员会
上杭县溪口镇人民政府 编

海峡出版发行集团 | 海峡文艺出版社

《红色溪口》编纂委员会

序

在举国上下欢庆党的二十大胜利召开的热潮中，溪口镇党委、政府编的《红色溪口》面世了。这是溪口人民一件很有意义的文化盛事。

溪口是一块有着非常出彩的革命传统的红色热土，革命斗争历史非常厚重，富有特色。第二次国内革命战争时期，毛泽东、朱德、张鼎丞、谭震林、萧克等老一辈无产阶级革命家曾在溪口境内从事过伟大革命实践。特别是毛泽东，1929年秋曾在溪口的大洋坝小住一段时间。这一时期，正是他进行正确中国革命道路探索的重要时期。在大洋坝，他不仅亲自指导了当地群众的革命斗争，而且目睹了当地人民如火如荼地闹革命的激越景象，感受到了广大贫苦农民求翻身求解放的高涨热情和强烈愿望。这对他正在探索、形成"农村包围城市，武装夺取政权"的中国革命道路理论，必然是一个坚定的支持。溪口还是中央苏区红色交通线主要干线之一，境内有5座红色交通站，主要任务有负责传递信件、转运物资和护送领导。三年游击战争时期，地处双髻山、灌洋山等闽西重点游击区周边的溪口人民，在敌人无所不用其极的严密控制和残酷镇压中，仍千方百计、见缝插针地给坚持在深山老林中斗争的红军游击队提供物资和情报支持，为保存革命力量付出了极度的艰辛和巨大的牺牲，演绎了一场场如莲塘惨案、大岭下多次移民等感天动地、催人泪下的悲壮故事。新中国成立后，溪口镇26个村被评为革命基点村，是上杭县革命基点村数量最多的乡镇。这些村，都有一部在革命战争年代因坚定支持革命而遭受反动势力严重摧残的血泪史，都有一部斗争到底、死而后已的奋斗史！

在20多年的革命历程中，溪口人民前仆后继，先后有335名革命烈士和更多的群众为革命事业献出宝贵生命。抗日名将廖海涛等著名英烈的杰出事迹，驰誉全国；开国中将罗舜初等老红军的传奇经历，令人景仰。溪口人民的革命斗争历史是老区人民革命斗争历史的一个缩影，从中折射出中国共产党领导人民进行革命斗争的许多宝贵经验，也折射出老区人民为实现自由幸福、创造美好生活而信念坚定、百折不回的奋斗精神。这是一份宝贵的精神财富，是一件永远值得珍惜的传家宝。《红色溪口》这本书通过综述、史略、回忆录、专题、人物传记、红色旧（遗）址和红军标语等资料，从不同角度展示溪口的红色历史，这不仅是一扇让外界更好地了解溪口的窗口，更是一部进行革命传统教育、传承红色基因的好教材。

习近平总书记十分重视党史、革命史的学习教育，对学习红色历史、传承红色基因提出了一系列重要论述。2020年7月22日，习近平总书记在吉林考察时指出：“我们一定要牢记革命先辈为中国革命事业付出的鲜血和生命，牢记新中国来之不易。创业难，守业更难。广大党员、干部和人民群众要很好学习了解党史、新中国史，守住党领导人民创立的社会主义伟大事业，世世代代传承下去。”我们要认真学习、深刻领会和全面贯彻习近平总书记的重要指示，在全面贯彻习近平新时代中国特色社会主义思想、全面建设社会主义现代化国家的新征程中砥砺奋进，作出我们新的更大的贡献！

是为序。

中共溪口镇委员会书记 谢宝开

溪口镇人民政府镇长 陈丽琴

目录

第一辑 铁血春秋——溪口人民革命史概述

第二辑 永恒记忆——溪口籍老红军、五老人员回忆录

第三辑 溪口礼赞——社会各界记述溪口红色历史文章

第四辑 钢铁堡垒——溪口镇革命基点村简史

第五辑 溪口骄子——溪口籍老红军、部分英烈小传

附录

第一辑　铁血春秋

——溪口人民革命史概述

溪口镇概况

溪口镇位于上杭县东南方约45公里处，是上杭县的东南边陲，东、南、西、北分别与龙岩市新罗区、永定区和上杭县太拔、茶地、白砂、蛟洋等乡镇接壤。全镇辖11个行政村，总人口约1.28万。

溪口镇所辖区域从前曾名星聚，清初属胜运里辖，民国前期为东路第二区，苏维埃前期为东二区。1931年1月，上杭与武平部分区域合并为杭武县后，东二区的大洋坝与太拔合并为第三区。1932年1月后，大洋坝与太拔分设为大洋坝区［也称大洋（阳）区］和太拔区。苏区沦陷、国民党复辟后，又称星聚乡。新中国成立初期，设为星太区。1965年，设为大洋坝公社。1984年政社分开时，设为溪口乡。2012年撤乡建镇后，为溪口镇。

溪口山多田肥，资源丰富。但在土地革命前，由于社会生产力落后、统治者的腐败，广大人民群众不仅物质上极端贫困、饥寒交迫，政治上也枷锁重重、备受欺凌。他们心中早已蓄满了对反动阶级的愤懑和不平，充满了企求改变自己命运的深深渴望。20世纪20年代中后期起，在中国共产党的发动和领导下，溪口掀开了劳苦大众为求翻身解放而百折不挠、矢志不渝进行革命斗争的一页页不平凡历史。

轰轰烈烈建苏区

罗寿春是溪口镇石铭村茶排里人，1903年春出生于一贫苦农民家庭，幼时靠亲友的资助入过私塾、高小就读。高小毕业后，考入广东蕉岭中学深造。1919年以甲等第三名的优异成绩毕业后，在广东省大埔县石上小学担任教师。这一时期，正是“五四运动”后马列主义在中国迅速传播、国民革命运动风起云涌之时，罗寿春接触了许多进步书刊，初步受到马列主义思想的熏陶，开始有了向往革命的政治倾向。他在大埔教学三四年后回到闽西，在永定县金砂小学任教。

金砂是闽西革命根据地创始人张鼎丞的家乡，彼时革命运动在张鼎丞等的领导下，已开展得非常活跃。罗寿春在这里阅读了大量马列主义书刊，聆听了张鼎丞、阮三等共产党人的宣传教育，革命觉悟得到进一步提高，认识到中国社会如此黑暗，军阀混战，民不聊生，只有跟着共产党闹革命，才能彻底改变这一状况。在革命志向越来越坚定的基础上，1927年夏，他参加了中国共产党。

1927年初，蒋介石、汪精卫相继背叛革命，大肆屠杀共产党人和革命群众，使轰轰烈烈的大革命归于失败。在此前后，东南各省也陷入白色恐怖之中，国民党福建省党部发出“清党”和停止工农运动的命令，发动了福州“四三”、厦门“四九”反革命政变。5月7日，上杭的国民党右派也伺机发动突然袭击，抓捕、杀害了一批共产党员和国民党左派人士，使上杭城一时陷入血雨腥风中。

大革命的失败，使共产党人从血的教训中认识到，中国革命的特点和优点是武装的革命反对武装的反革命，革命的主要形式是武装斗争，共产党人必须拿起枪杆子，建立人民的军队。1927年8月1日，中国共产党在南昌发动武装起义，打响了武装反抗国民党反动派的第一枪，开始了中国共产党独立领导革命武装斗争、创建人民军队和探索中国革命道路的新时期。同月7日，中共中央在武汉召开紧急会议（史称“八七会议”），实现了从大革命失败到土地革命斗争兴起的历史性转变，确定了党在农村领导武装暴动、开展土地革命斗争的方针。同年12月，中共福建临时省委根据“八七会议”精神，制定了领导工农武装暴动、实行土地革命、夺取政权、建立苏维埃政府的总任务。此后，闽西党组织积极贯彻“八七会议”和总任务精神，加快推进武装斗争、土地革命、建立政权等工作。

1928年2月，闽西党组织派罗寿春到上杭北四区（中心区域在蛟洋），以在广智学校教书为掩护，开展革命活动。罗寿春协同郭柏屏、邓子恢和傅柏翠等，迅速发展中共党员和农民协会会员。不久，北四区先后成立了中共北四区委员会和北四区农民协会。区委书记初由傅希孟担任，随后改由罗寿春担任（1928年3月后，罗寿春还担任中共上杭县委宣传委员）。同时，购置武器，组建农民自己的武装——农民自卫军。在中共上杭县委和北四区区委领导下，北四区农民开展了轰轰烈烈的退租、清账、平粜、抗税、清匪等斗争。农民运动的火焰越燃越旺，终于在1928年6月25日，蛟洋农民装与前来镇压农民运动的上杭县城反动军阀郭凤鸣部展开了武装斗争武，爆发了声势浩大的农民暴动，史称“蛟洋暴动”。早在蛟洋农民武装斗争还在酝酿阶段，溪口的何登南、郑秋伍、傅连勋、杨子岐和罗传善5名青年就参加了蛟洋农民的各项活动，并在蛟洋加入中国共产党。蛟洋暴动爆发后，这5名溪口青年也加入到武装斗争队伍中，毅然拿起武器上阵作战。暴动失败后，傅柏翠带领暴动武装转入古蛟周边深山打游击，还将队伍带到岩永边和杭永边活动，支援那里的农民武装斗争，参加闽西最早的红军队伍组建。在参加永定金砂暴动回蛟洋周边活动时，100多人曾在大岭下停留两天，受到大岭下群众的热情接待，也给溪口人民革命斗争带来鼓舞。

蛟洋暴动失利后，罗寿春根据党的指示，回到家乡溪口（东二区），开展革命活动。何登南、郑秋伍、傅连勋、杨子岐和罗传善也回到家乡。回乡后，罗寿春依旧以学校为阵地，带领何登南、郑秋伍、傅连勋、杨子岐和罗传善等四处传播革命思想，发展共产党员，推动农民运动。本来就接触了马列主义、有了进步思想倾向的青年教师廖海涛、廖炎初、廖道行、吴品纯等，在罗寿春等人的启发、教育下，很快就在1929年春加入中国共产党。随后，成立了溪口最早的一个党支部——东二区党支部，何登南为书记，郑秋伍为副书记。

在上、下锦坊，张昌茂、郑炳生等人在罗寿春等人的教育和影响下，也积极投身革命。他们利用学校，向农民灌输革命思想；通过编写和传唱《长工歌》《妇女痛苦歌》《救穷歌》等歌曲，以唤醒群众的革命觉悟。同时，着手培养群众中的进步人士，组织他们参加农会，并准备武器等待时机举行暴动。其时，相邻的永定县灌洋山有几股土匪武装，虽然他们平时打家劫舍、抢财掠物，但他们中不少人也是贫苦人家出身，上山为匪系迫于生活无着，出于无奈。罗寿春、张昌茂等分析有将他们中部分力量争取过来的可能，便派郑秋伍和杨子岐到灌洋一带物色人员打入土匪中去做工作，终于争取到100多名土匪拖枪反水，投入革命队伍。由此，不仅从人力上，而且从枪支武器上，都提升了工农武装暴动的能量。

1929年3月，毛泽东、朱德率领红四军首次入闽，在长岭寨一战中大获全胜，消灭敌军2000多人，击毙国民党福建省防军第二混成旅旅长郭凤鸣，解放了长汀城。这一战声威大震，消息传到东二区，极大地振奋了群众的革命信心。4月18日，蛟洋暴动武装又从大禾坑来到莲塘村，在崇业小学召开大会，号召群众组织起来，开展革命斗争。这次大会，进一步鼓舞了东二区群众的革命热情。5月14日晚，罗寿春秘密召集何登南、傅连勋、郑秋伍、罗传善、杨子岐、廖海涛、廖道行、廖炎初、张善初、张彦初、罗云舫、杨先荣、吴品纯等共产党员在莲塘村崇业小学开会，布置大家分头到各乡迅速发展农民协会会员，向大家交代发展农民协会的方法、步骤，规定了农民入会的会费标准（每个会员三毛银毫），并提出以“五抗”（抗租不纳租、抗捐不缴捐、抗税不纳税、抗债不还债、抗粮不完粮）口号团结农民协会会员与剥削阶级作斗争。几天后，在石铭天后宫召开了区农民协会成立大会。会后，各乡村纷纷制作红领巾、红袖章，集中鸟铳、长矛等各类武器，成立赤卫队、暴动队等组织，准备暴动。

5月23日，毛泽东、朱德率红四军第二次挺进闽西，创建革命根据地。当日，在古田集镇摧毁反动民团，召开群众大会，成立古田革命委员会。随即，古田各乡村举行暴动，成立红色组织。这一消息加快了东二区革命形势的发展。在此前后，东二区群众举旗暴动彼落此起，如火如荼。

据1955年3月省、地、县调查组调查资料：1929年5月20日（农历四月十二），石铭乡群众首先暴动。5月24日（农历四月十六）晚，罗寿春、张彦初、张善初等在大厚罗墩里召开小河片（包括大厚、大岭下、莲塘里、宫下、箭竹隔、上三溪、下三溪等）各村农民协会负责人会议，决定暴动。紧接着，立即组织上千群众在大厚千年台坝里开大会，提出“五抗”（抗租、抗税、抗捐、抗债、抗粮）口号，并杀猪祭旗，宣布暴动开始。农民协会会员手举五彩旗，臂戴红袖章，一路唱着《救穷歌》，张贴标语，高呼口号，散发传单；暴动队员肩扛鸟铳、长矛、大刀、木棍等武器，由农民协会大旗引路，浩浩荡荡冲进地主、恶霸家里，将地主、恶霸抓起来批斗游乡，并没收他们的财产分给贫苦群众，烧毁他们勒索穷人的租契和债据。

5月26日至29日，大洋坝、大岭下等12个乡农民先后武装暴动。

5月30日，石铭、苏福坑、大岭下、大厚4村暴动武装臂戴红袖章、擎执红旗，拿着土枪（鸟铳）、锚子（梭镖）、刀矛等，在罗寿春等率领下，北上大和坑，与傅柏翠率领的蛟洋暴动武装会合。

此时，闽西已成立红七军第十七师，蛟洋暴动武装初时被编入十七师五十五团，后被改编为五十八团和闽西红军教导队。东二区暴动武装北上和他们会合后，根据闽西特委的部署和当时形势，全体人员折返溪口，经大岭下、莲塘里，到达石铭、合甲（下峡），进行整编，组建红五十九团，傅柏翠为团长。东二区暴动武装一分为二，一部分编入红五十九团，随团行动；一部分留在东二区活动，继续发动和支持各乡村进行革命武装暴动。

6月7日，红四军经过周密部署，在上杭白砂打了一个漂亮仗，全歼闽西军阀卢新铭部钟铭清团。行动前一天，为包抄白砂，朱德率红四军一部进入溪口，在大洋坝、莲塘里等村多点驻扎宿营，当地群众给予了热情支持。第二天一早进军白砂时，多人充当向导带路，并有不少暴动队员随军行动，协助作战。白砂战斗结束后，红四军发给溪口暴动武装部分枪支，鼓励他们要发展革命武装，开展武装斗争。

在红四军的策应下，全县各地的农民暴动也普遍展开。为了加强力量，对付强大的敌人，根据党的指示，在暴动中不少乡村农民武装互相支持，集中力量实现各个击破。6月下旬至7月上旬，东二区暴动队伍开赴茶地樟树洋、官山和太拔，永定县的灌洋、虎岗等地，支援那里的农民暴动。其中，曾三次支持太拔农民武装攻打当地驻敌张清球部，在前两次失利后，第三次取得成功，大获全胜。8月19日至9月19日，在上杭县革命武装力量和红四军先后三次攻打由反动军阀卢新铭部2000余人盘踞的上杭城战斗中，东二区赤卫队都参加了行动，战斗中表现得英勇顽强。三溪村的杨维章、杨海柱、杨喜柱和石铭村的杨存根在参加第三次攻打上杭城取得胜利后喜气洋洋、英姿飒爽地在照相馆拍的一张合影，至今还存在上杭县档案馆里。第三次攻打上杭城战斗结束后，经红四军同意，莲塘里村赤卫队还带回一些缴获的武器弹药。

7月上旬，东二区在石铭大坝里召开声势浩大的群众大会，成立东二区革命委员会和区赤卫支队，由傅连勋任革命委员会主席、罗寿春

1929年9月20日，东二区赤卫队队员参加第三次攻打上杭城胜利后在照相馆合影留念。从左至右：杨维章（三溪村人，照片保存者）、杨海柱（三溪村人，1934年牺牲）、杨存根（石铭村人，失散红军，解放后病故）、杨喜柱（三溪村人，1947年病故）（江树高供图）

任党代表、傅友涛任赤卫支队支队长。

7月下旬开始，东二区贯彻中共闽西一大精神和中共上杭县委部署，积极开展“完成五项任务（第一是巩固并扩大党组织，第二是发动并组织广大群众，第三是实行土地革命，第四是建立苏维埃政权，第五是扩大工农武装）”的工作，苏区建设如火如荼展开。

8月间，东二区第一次党代会和工农兵代表大会，先后在石铭村召开，分别选举产生了中共东二区委员会（简称“区委”）和东二区苏维埃政府（简称“区苏”）。区委书记由罗寿春担任，区苏主席由傅连勋担任。区苏还设土地委员、文化委员、财政委员、粮食委员、妇女委员、军事委员、裁判委员等执委10余人。区苏成立后，各乡先后成立乡苏维埃政府（简称“乡苏”）。乡苏除主席外，另有执委3~5人。全区共组建10多个乡苏。其中，桥下滩、大坑头、寨背、官屋、石乾里、塘背、茶排里等村组建成第一乡，鸡衍寨、磜角里、北坑、大洋坝、蓝田、西坑、凹头、均和圩、大竹园等村组建成第四乡，温屋、竹坝里、蕉坑、坪畲、俞家桥、上三溪、兴彩窝等村组建成第六乡，林家斜、上锦坊、下锦坊、九州村等村组建成第八乡，西模坑、洋头、莲塘里、大岭下等村组建成第九乡，峨益、岽背、斜里等村组建成第十乡，下山溪、鱼子岩、白石笏、华地窠、双溪铺等村组建成第十一乡，秋竹坝、白石凹、新塘里、湖里、洋泥坑、下店、洽溪口、宫下、樟坑等村组建成第十五乡。在区苏、乡苏成立的同时，区、乡两级还组建了少先队、儿童团、妇女会等红色群众团体。10月2日，上杭县第一次工农兵代表大会召开，成立了上杭县苏维埃政府（简称“县苏”），东二区的罗寿春当选为县苏执委常委（此后罗寿春还分别在闽西第一次、第二次工农兵代表大会上当选为经济部长）。后来，东二区的张昌茂、杨仰林都任过县苏主席；杨营辉、杨维新、杨喜柱、邱炳祥等曾在县苏工作过，杨营辉曾任县苏财政委员。廖海涛、卢友明、吴钦上分别任过中共上杭县委书记。曾和罗寿春、张彦初等共同领导了东二区小河片农民暴动的大厚村人张善初，1931年11月中华苏维埃共和国临时中央政府内设交通管理局时，担任局长；1933年夏，改任邮政总局局长；1934年10月跟随主力红军长征后，因在金沙江战役中部队被打散，与部队失去联系而无法归队，加上身患疾病，不得不长途跋涉一路乞讨返回家乡大厚村。返乡后因继续支持革命，于1940年秋被国民党上杭县政府军事科员罗某某杀害，年仅31岁。

1929年7月末中共闽西一大结束后，全程指导了这次大会召开的毛泽东偕贺子珍、曾志等从闽西特委机关驻地苏家陂出发，前往永定虎岗，养病兼指导根据地建设。8月3日，他们来到东二区，在大洋坝圩上的“授经堂”和背后的竹林祠各小住了几天。当时，这里驻着红四军一纵队领导机关。8月5日，根据闽西特委的部署要求，东二区在大洋坝举行纪念“八一国际赤色日”和“南昌起义”两周年的群众集会和示威游行，当地几千军民参加，声势浩大。毛泽东高兴地参加了这个大会，并在会上作了重要演讲。

毛泽东在大洋坝期间，对土地革命十分关切，向先后前来看望他的红四军四纵队领导人傅柏翠、谭震林和一纵队二支队队长萧克等关切地询问了分田分地情况，并说：“农民分了土地，就会支持部队。你们部队不仅要保证分田，还要保护群众割到谷子。只要收到一季谷子，我们就站稳脚跟了。”（综合《闽西人民革命史（1919—1949）》第173页、罗炳钦在《闽西石榴红》上发表的回忆文章、傅柒生著《军魂：古田会议纪实》第217~221页等内容概括归纳）

中共闽西一大精神的传达贯彻和毛泽东在大洋坝群众大会上的讲话，推动了东二区土地革命轰轰烈烈展开。全区认真贯彻中共闽西一大制定的《关于土地问题决议案》，发动群众打土豪、分田地，推翻封建土地所有制，遵照“以乡为单位，以原耕为基础，抽多补少，按人口平均分配”的原则和成立分田机构、评定阶级成分、调查统计土地和人口、分配土地、宣布分田结果及插牌定丘的步骤，进行土改分田。由于平均分配土地符合最广大农民的根本利益，深得群众支持，因而工作进展很快，不到1个月就基本完成任务，全区每人平均约分得耕地1.2亩和一份山林。

广大农民分得耕地后，生产积极性空前高涨。他们精耕细作，改良土壤，增施肥料，兴修水利，大大促进了粮食产量的提高。全区1930年上半年的粮食产量，比1929年上半年增加二成。经济建设中，苏区政府还积极引导广大农民调整生产关系，开展互助合作，大力创办如劳动合作社、犁牛合作社、消费合作社、粮食合作社、粮食调剂局、革命互济会等合作组织，改善了由于农村青壮年纷纷参军参战造成劳力缺乏和生产资金不足的状况，也缓解了由于国民党反动派对苏区经济封锁造成的商品、产品进出口的困难，促进了苏区商品流通和经济的发展。

1930年1月，杭武县第三区第二乡（坑口）在大厚村成立消费合作社，主任为张曾元。合作社把具有共同需要、共同兴趣的人组织起来，以平等互利的原则，自由集资，共同购买物品，并把红利分配给社员。合作社充分发扬民主，在采办货物、确定物价等问题上由社员大会讨论决定。社员凭证购货，可以享受比市价低一些的廉价待遇和优先权。对红军家属则更为优待，他们购货可以比其他人便宜十分之

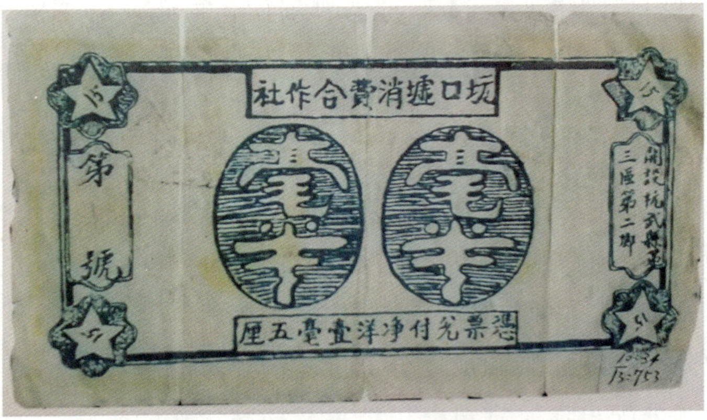

1931年春，杭武县第三区第二乡（今溪口集镇一带）发行的坑口墟消费合作社毫半券（黄宁供图）

二；合作社将要脱销的东西，他们可以先买到，还可以赊；还账时，可以用米、豆折价卖给合作社。非社员到合作社买货，一般高于成本的5%，但仍然享受了低于市价的优惠。1931年1—2月间，为适应经济贸易不断发展的需要，经杭武县第三区苏维埃政府批准，该合作社还发行“毫半”消费券，在本乡范围内流通。此消费券有一张在解放后一直珍藏于福建博物院，合作社旧址图片也陈列在上杭县博物馆“上杭人民革命史”的展板上。苏区时期，闽西工农银行也曾一度从永定虎岗搬来东二区的石铭乡办公。

在经济建设取得辉煌成就的同时，教育、文化、体育、卫生事业也取得不凡的业绩。1930年前后，全区较大的村基本都设立了列宁小学。为了培训师资，1930年春，闽西苏维埃政府在东二区的双溪铺利用原迴澜中学校舍创办列宁师范学校，林一株等在此担任校长。东二区有27人考进此校学习。除了开办日校外，还设立夜校、识字班，吸收16~45岁的青壮年特别是妇女参加学习。1930年，红军攻占龙岩城后，红十二军和闽西苏维埃政府联手，以接收原外国教会办的爱华医院和原蛟洋红军医院为基础，在龙岩城创办闽西红军医院，不久后搬迁到永定虎岗。1930年冬国民党对中央苏区发动第一次军事“围剿”后，迁到东二区大洋坝，设在陈氏祠堂和一座土楼里，为时近一年。医院院长为罗化成（南阳人），政委为卢友明（大洋坝牛轭岭人），护士长为曾素英；内设内科、外科、手术室、注射室、药房等，有中西医生10余人、护士三四人、看护20余人、炊事员4人。医院还在宁化、南阳和水头下设3个分所。

1930年年底，在白色恐怖下，党中央为完成干部从上海安全转移到中央苏区及重要物资、信件输送到中央苏区的护送任务，开辟了从上海经闽西到瑞金的地下交通线。这条交通线的线路走向是：上海—香港—广州—汕头—潮州—大埔—永定—上杭—长汀—瑞金。其中，从永定到上杭的一段刚好经过东二区。东二区人民为建设这条交通

闽西红军医院旧址——大洋坝陈屋土楼（江树高供图）

线，维护交通线的畅通，使过境的领导干部和信件、物资安全进入中央苏区，付出了努力，作出了重要贡献。其中，1931年1月，闽西工农武装交通站（后又称“闽西交通大站”和“闽西工农通讯社”）在第一次反“围剿”形势下，从永定虎岗北迁至东二区的高寨坑，前后2年3个月，红十二军模范营相应被派至此地驻防。当地群众除做好交通站人员的生活供应外，还组织了一支几十人的运输队伍，在艰苦复杂的环境下随叫随到为交通站搬运物资。同时，东二区境内还设有几处地下交通中站或小站，至今旧址犹存的有大洋坝诒燕楼和鸳鸯楼、坑口挹春堂、上三溪尚德堂等。

团结一心反“围剿”

革命根据地的建立，引起国民党反动派的极端仇视。1930年10月至1934年1月，国民党当局先后5次发动对全国各革命根据地的军事“围剿”。在党和苏维埃政府领导下，东二区人民和全苏人民一道，积极投入了保卫苏区的艰苦斗争。

首先，为了支援革命战争，粉碎敌人的“围剿”，保卫红色政权，东二区积极进行了工农武装建设。

区、乡内，12~16岁的男女儿童都参加儿童团，16~25岁的青少年都参加少先队，25~45岁的男性青壮年都参加赤卫队。乡赤卫队不脱产，由苏维埃政府军事指挥部定期进行军事训练。使用的武器是鸟枪、土炮、梭镖、长矛、大刀，也有少量步枪。任务是站岗放哨，进行赤色戒严，镇压反革命分子；打仗时配合主力红军作战，负担军事侦察、传递信件、运送伤兵和粮食等任务。区建立了半脱产的赤卫大队，从各乡赤卫队、少先队中挑选出骨干几十人组成。武器除土枪、土炮、大刀、长矛外，还有部分步枪。主要任务是对付和消灭地方反动民团，保卫区乡苏维埃政权。各乡抽调到区赤卫队的人员，一般服役2~3个月，然后回乡另换一批队员替补。与此同时，县委、县苏从各区赤卫队中选调人员组建县级地方武装——上杭赤卫团，东二区为县赤卫团输送了不少人员。1930年3月，包括东二区在内的由上杭东路赤卫队改编的赤卫团，被编入红九军第二团，全团有3个营、9个步兵连和1个特务连，共800余人。

在建立儿童团、少先队和赤卫队的同时，发动青壮年男子参加正规红军，是区乡苏维埃政府工农武装建设最突出的一项工作。扩大红军（简称扩红）热潮一波又一波掀起，一批又一批青壮年被源源不断地输送到红军中去。在扩红中，东二区除1929年春在组建闽西红军第五十九团时，300多名暴动队员被编入红五十九团第三营外，后来还进行了多次突击性扩红，继续动员了大批青壮年加入红军队伍。根据有关人士对溪口15个革命基点村的粗略统计，当年这15个村的总人口为2553人，参加红军人数达180人，参军人数占总人口的7.05%。1955年被授予中将军衔的罗舜初、被授予少将军衔的邱相田和被安排在各级各部门担任领导职务的老红军杨初振、张昭娣、张秋喜、张纪南、江烈涛、范鲁、廖乾祥、罗炳钦等，都是这一时期走进革命队伍的。在扩红中，涌现了许多父母送子、妻送郎、父子兄弟争当红军以及党团员、区乡干部带头当红军的感人事迹。如1932年第二次扩红热潮中，大阳区苏维埃政府主席、共产党员罗林先，以身作则报名当红军。在他的带动下，全区25人参加红军，得到中华苏维埃共和国临时中央政府机关报——《红色中华》的表扬。此外，还有礤角里的罗德焱、石乾里的罗金善和余家山村的钟育华等，都是在各自所在的区、乡党、政领导岗位上去当红军的。斜里村的卢凤鸣、谢玉英夫妻双双一道报名参加了红军。特别感人的是大坑头村的罗岳尧，扩红时将4个儿子“珍、珠、宝、贝”和5个孙子“喜、贵、福、禄、寿”全部送到乡苏报名参加红军，乡苏工作人员当场被感动得热泪盈眶。但4个儿子有的由于年龄偏大，有的由

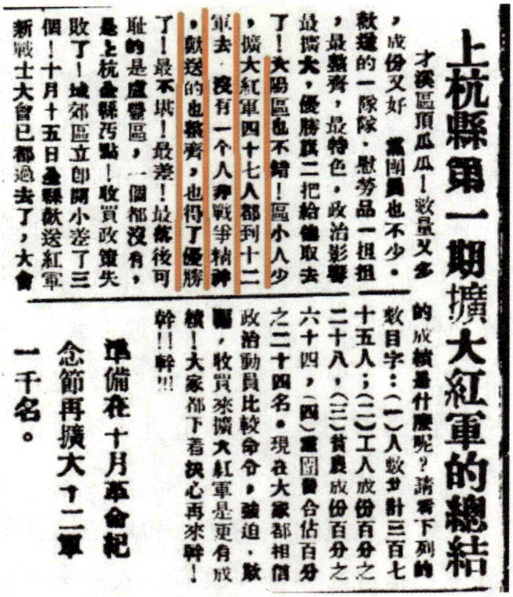

上杭縣第一期擴大紅軍的總結

才溪區頂瓜瓜！數量又多，成份又好，黨團員也不少．款蹤的一隊隊．慰勞品一担担，最整齊，最特色，政治影響最擴大，優勝旗二把給他取去了！大陽區也不錯！區小人少，擴大紅軍四十七人都到十二軍去．沒有一个人弃戰爭精神，歡送的也整齊，也得了優勝了！最不堪！最差！最落後可耻的是盧豐區，一個都沒有，是上杭各縣丐點！收買政策失敗了！城郊區立即開小差了三個！十月十五日全縣歡送紅軍新戰士大會已都過去了，大會的成績是什麽呢？請看下列的數目字：（一）人數共計三百七十五人；（二）工人成份百分之二十八，（三）貧農成份百分之六十四，（四）黨團員合佔百分之二十四名．現在大家都相信政治動員比較命令，強迫，欺騙，收買來擴大紅軍是更有成績！大家都下着決心再來幹！幹！！幹！！！

準備在十月革命紀念節再擴大十二軍一千名。

1932年11月14日《红色中华》第4版表扬大阳区扩大红军先进事迹（江树高供图）

于体质偏差，都未被批准；而5个孙子因年轻体壮，被全部吸收参加红军。在罗岳尧的带动下，同村的罗庆城也打破千百年来流传的“独子不当兵”的规矩，将唯一的儿子罗森昌送去当红军。西坑村妇女江桃金在支前扩红的大会上，走上讲台，将自己手上戴的手镯当众摘下，捐给苏维埃政府拍卖，支援革命战争。

由于扩红工作做得出色，东二区多次获得上级表扬，《红报》《红色中华》等中央级报刊也有报道。1930年2月12日，《红报》报道：“上杭北一、二、三、五区，西三、四区青年工农，又有300余人加入红军了。同时，东一、二、三、四、五各区加入红军者，也有400余人。”1932年11月14日，《红色中华》在第4版《上杭县第一期扩大红军的总结》中表扬：“大阳区也不错！区小人少，扩大红军四十七人都到十二军去，没有一个人非战争精神。欢送的也整齐，也得了优胜了。”在《上杭县第二期扩大红军的总结》中报道“大阳区二十五名”。

其次，为保卫革命根据地，东二区人民和红军并肩作战。

东二区不仅是上杭苏区的东南边陲，也是中央苏区东南边沿区域的一部分，在反“围剿”作战中，往往处于敌人从东南方向进攻中央苏区的首当其冲位置。因此，在这一带发生的战事比较多，群众受到的损失也特别大，多个村庄曾遭受过洗劫和屠戮。但是，已深深感受到苏区建立后的好处的东二区人民，认准了只有建设苏区、保卫苏区、发展苏区，才是穷人的唯一出路。因此，每当敌人进攻时，他们都义无反顾，与党、苏维埃政府和红军同仇敌忾。行动中，他们听从指挥，配合红军和苏维埃政府做好坚壁清野、支援前线、救治伤病员，甚至直接组织力量参战。1930年10月，在第一次反“围剿”来临时，为能更好应敌，锦坊村将农民赤卫队改编为赤卫连，全连100多人作为预备武装；又从中挑选出30多名精干人员组成赤卫排，直接配合红军作战。同时，还准备了救护队、洗衣队、慰劳队等组织。此年冬，闽西红军医院从永定虎岗迁到大洋坝土楼里。当地群众远到锦坊，近到陈屋，都纷纷伸出援手，从各方面支持办好这所红军医院。锦坊曾有救护队、洗衣队、慰劳队的30多名妇女带着慰劳品前来慰问伤病员，并为他们洗衣服、搞卫生。1931年1月，红十二军一〇〇团某班副班长陈月娥在作战中身负重伤，且伤口严重感染，恶臭难闻。送来大洋坝红军医院后，锦坊村妇女、洗衣队队长罗莲秀主动当她的护理员，日夜操劳为她洗伤口、倒屎尿，整整3个月。当年秋，迫于敌情，闽西红军医院又从大洋坝迁到大岭下，照样得到大岭下附近群众的热情支持。在此之前，闽西红军兵工厂根据需要，已从永定县虎岗乡迁到东二区大岭下村细坝里的江细妹（廖海涛母亲）家。翌年春节后，又迁到梅里坑廖道行家。每到一处，都得到当地群众的大力援助，许多群众捐献了木炭等物。1932年4月，毛泽东率军东征龙岩、漳州。当时正值春耕大忙，大阳区委和区苏维埃政府发动多名妇女克服自家劳力困难，参加支前抬担架、运物资工作。1932年5月25日，《红色中华》在《积极发动妇女参战》一文中，给予了报道表扬。

1932年4月，在第四次反"围剿"中，根据斗争需要，在太拔成立中共上杭中心县委，方方任书记。成立后，由于形势不稳定，县委办公地址也难以固定，呈流动性，东二区的樟坑、大丰、白石笏、华地窠、下三溪、燕子岩、余家山、燕阳坑、三溪坪斜和兴彩窝等地，都曾成为县委办公的地址，当地群众给予了很多支持，配合县委指挥反"围剿"。

1933年2月4日，《红色中华》报道：1933年1月26日，国民党十九路军一个团向大洋坝进攻，大阳区苏维埃政府组织红色地方武装三四百人借助有利地形设伏打击，使敌慌忙将已抢掠到手的物资放下，狼狈逃窜。同年5月10日，大阳区红色地方武装配合红军一部袭击坑口国民党民团，取得胜利，打击了反动势力的嚣张气焰。12月14日，对中央苏区进行"围剿"的广东军阀黄任寰部一个团沿黄潭河而上，向太拔、大洋坝等地进犯。大阳区（东二区）赤卫军根据上级部署，在宫下、秋竹坝、新塘里、樟坑、白石笏、华地窠一线与敌交手后，下午转到马子岽阻击敌人。激战中，樟坑村除全部赤卫队员与区赤卫队员并肩战斗外，群众也全力支援，救伤员、送茶水。最后，在茶地赤卫军的增援夹击下，敌不支溃退。1934年3月5日深夜，参加第五次反“围剿”的代英县代东游击队近百人从杭永边的茫荡洋大山撤退到西坑村，得到该村群众的热情接待。这个仅13户39人的小山村，家家为游击队烧水做饭；当夜还挑选了5个男人为游击队当向导、挑东西，将游击队带到大岭下一带。同年7月4日，敌兵分两路分别从大洋坝、石铭向坑口进攻，企图围歼红十二军和代英县苏。大阳区红色地方武装支持红十二军一个营和代英县游击队分头御敌，战斗竟日，毙敌30多人。战至天晚，敌料难取胜，只得撤去。1934年4月，红八团挺进闽西南敌后以后，国民党军乘虚进攻太拔、坑口。驻坑口的上杭中心县委，驻太拔的代英县委、县苏，以及驻大洋坝的大阳区委、区苏，先后一度撤到樟坑村。樟坑人民为他们开展工作、指挥反“围剿”提供了极大方便。张鼎丞、方方等领导人曾多次出入樟杭村，与这里的群众结下了深厚情谊。方方还在这里上演了诙谐的“刮胡子”的喜剧。有一次，闽西苏维埃政府主席张鼎丞，从永定虎岗到上杭白砂，路上不幸负伤。当时敌情比较紧张，警卫员用担架抬着他从当丰凹经大岽背到达斜里，在斜里治疗几天，当地群众给予了热心照料。张鼎丞等继续前行时，当地群众用竹筏把他们送过黄潭河。9月，为了壮大武装力量，县委、县苏决定扩大代英独立营，指示各区抽调干部，组成武装工作团，回各区乡去组建新的游击队。根据这一决定，大阳区委书记范瑞章、县游击大队大队长杨銮声等随即分别到坑口、大洋坝一带动员了一批赤卫队员参加游击队，共80多人，组成了两支队伍——坑口游击队和大洋游击队，杨銮声、范瑞章和廖松章、江金超分别在这两支队伍中任领导人。游击队建立后，多次击退入侵之敌。

革命斗争是前无古人的伟大事业，无章可循，在前进过程中难免要走许多弯路、遇到许多挫折。这些弯路和挫折，包括了有时对自身队伍状况的错误判断和处置。1931年春到1932年春发生在闽西苏区内部的“肃社党”事件，就是这方面的一个惨痛教训。当时苏区内的一些“左”倾领导者错误认为苏区内存在有危害革命事业的“社会民主党”，必须加以肃清，于是乱抓乱杀，使闽西苏区一大批干部群众无辜遇害，其中上杭被害人数达2915人。在这场灾难中，溪口属于重灾区。据1986年上杭县民政局统计，溪口有124名革命军人和区、乡苏干部遇害，其中包括罗寿春、郑秋伍、杨子岐等一批溪口最早从事革命活动的党员、干部和区、乡苏维埃政府主席5人（即东二区苏主席、第六乡苏主席、第八乡两任乡苏主席、第九乡苏主席）；另有60名革命群众被错杀。1931年5月下旬末，在溪口曾发生反抗“肃社党”乱抓乱杀的“坑口事件”(1984年，中共福建省委专门发文为这一事件平反）。

但尽管如此，溪口人民丝毫没有对党领导的革命事业产生怀疑和动摇。

1934年10月，由于党内“左”倾冒险主义的错误领导，中央苏区第五次反“围剿”失败，中央主力红军被迫进行战略大转移，踏上漫漫二万五千里长征路，北上陕甘宁边区。一大批溪口籍子弟兵参加了这一举世闻名的壮举，且以他们的坚强意志和高尚品质为长征胜利作出了贡献。如红一方面军总司令部一局作战参谋罗舜初，长征开始时随毛泽东、周恩来等领导人一起行军。1935年6月，中央红军与红四方面军胜利会师四川懋功后，罗舜初改任司令部参谋主任，随朱德率领的左路军一道前行。1935年9月，张国焘拒绝执行党中央北上的方针，擅自率领左路军和右路军中四军、三十军南下，并于同年10月间，在卓木碉另立中央。在大是大非面前，罗舜初不含糊。他遵照朱德的指示，与张国焘的反党分裂主义进行了不屈不挠的斗争，受到张国焘的无情打击。支部开会要他反对毛（泽东）、周（恩来）、张（闻天）、博（古），他不反对。结果就对他进行斗争，而且斗得很凶，说他是右倾机会主义的忠实信徒，是反革命。他坚决予以否认，不承认自己是反革命。后来，张国焘一伙又对他来软的，换好马给他骑，他照样不领情。在软硬兼施都无效的情况下，张国焘一伙想加害于他，但他毫不畏惧，始终紧紧团结在朱德周围，同张国焘作斗争，终于取得胜利。由于征途险恶，参加长征的溪口籍红军大多数人永远长眠在了长征路上，到达陕北的只有罗舜初、杨初振、张秋喜、张纪南。

三年苦斗浴血泪

1934年10月中央红军主力北上后，中央苏区沦陷，国民党军8个正规师加上地方民团、壮丁队、铲共团等共10万兵力进入苏区，“围剿”残存的革命力量，大肆烧、杀、抢，制造白色恐怖。我方留下的党、政、军人员被迫进入深山与敌周旋，从此开始了三年艰苦卓绝的游击战争历程。在此期间，中共上杭中心县委、代英县委、杭代县军政委员会等组织和红军代英独立营及独立连、代英县游击大队、大阳区游击大队、杭代县游击队、红七支队等红色武装先后进入溪口附近的双髻山和灌洋山，在这一带建立斗争据点，开展游击战争。先后在这里坚持过斗争的有闽西南军政委员会副主席谭震林，中共上杭中心县委书记方方，代英县苏主席、闽西南军政委员会委员、杭代县军政委员会主席、代英独立营营长廖海涛，代英独立营政委黄火星，代英独立连连长曾毓华，红七支队队长刘国宪，中共上杭县委书记邱相田以及廖乾祥、江烈涛、范鲁、罗炳钦、游昌炳等。地处双髻山、灌洋山周边的溪口人民，有的直接组织武装力量，或参与到红军游击队中，与国民党军战斗；而更多的则是不惜被杀头屠戮、倾家荡产、九死一生，在暗中千方百计为红军游击队提供物资、情报，为红军游击队坚持斗争，为保存革命力量，上演了一幕幕感天动地的壮烈场景，谱写了一桩桩催人泪下的悲壮故事。

大岭下村的廖海涛领导本乡人民暴动后不久，当选为东二区第九乡苏维埃政府主席；1930年，调到东二区苏维埃政府工作；1933年9月，当选为代英县委副书记；1934年五六月间，在县委书记牺牲、新任书记未到职的情况下，代理代英县委书记；同年8月，兼任代英县武装独立营营长；1934年10月苏区沦陷后，率领代英县委、县苏干部和包括不少溪口子弟兵在内的代英独立营进入双髻山中，开展游击战争；1935年3月后，先后担任闽西军政委员会和闽西南军政委员会委员、上杭县委书记、杭代县军政委员会主席兼杭代游击队政委等职。此后，在谭震林指导下，他坚决执行闽西南军政委员会确定的方针、任务，在杭代地区广泛发动群众，组织大家群策群力，各显神通，采取不同方式保存自己、发展自己、消灭敌人，在双髻山、灌洋山、岩下山及杭永边开辟游击根据地，采取灵活机动战术，不断袭击敌人，赢得多次战斗胜利。他的英勇斗争，引起敌人的极端仇视。国民党保安十四团钟少葵部曾多次进入大岭下搜查盘问，企图查到廖海涛及其家属的下落。但乡亲们尽管有人被施以种种酷刑直至被打死，也无人出卖廖海涛。同年农历五月间，敌人在岭头深山中抓住廖海涛的母亲、妻子和儿子，企图以此为筹码写信要挟廖海涛下山投降，声称“如果不投降，就要满门抄斩”。但是，对党的事业忠心耿耿、早把个人和家庭安危置之度外的廖海涛，把劝降信撕个粉碎，斩钉截铁地挥笔写下他的答复：“只有铁骨铮铮的共产党员，没有屈膝投降的布尔什维克！”结果，他的母亲、儿子被残酷杀害，妻子被嫁卖中都后不久也郁郁而亡。但这始终没有动摇廖海涛革命到底的坚强意志，反而使他更加顽强地带领包括众多溪口籍儿女在内的游击队在双髻山周边与敌周旋。从此，廖海涛被人们称为“铁石人”。当时，环境十分恶劣，敌人不仅三番五次对游击队进行严密搜捕、“清剿”，还颁布“五光”“十杀”令，采取“移民并村”“保甲连坐”等手段断绝群众对游击队的物资支持。但廖海涛对内用革命乐观主义精神教育指战员克服困难，对外千方百计联系、团结群众，取得群众支持，不仅保存、发展了游击队力量，而且还积极寻找战机，重创敌人，打了许多胜仗。如1936年2月间，利用里应外合，一举摧毁被人们视为“万恶的老狼窝”的大洋坝炮楼；同年10月，采取“引蛇出洞”战术，在莲塘里大败坑口乡反动民团；同年底，采取快速奔袭的办法，进攻泮境炮楼，沉重打击了其中的驻敌；1937年春节期间，在双髻山杀人岽利用有利地形，与前来“清剿”的广东军黄涛部六七百人激战竟日，取得我方仅伤亡几人，而敌军却死伤200余人的重大胜利，使敌师长黄涛哀叹“这是自进剿闽西南以来损失最惨的一次”。

1934年秋苏区即将沦陷时，为了更好地开展游击战争，锦坊乡利用代英独立营留给的武器，在代英县委、县苏和大阳区委、区苏的领导下，成立了由郑石太等十五六人组成的地下党支部，并建立了由郑德福等二十四五人组成的游击小组。这是三年游击战争期间东二区最早建立的一支地方游击武装。这个游击小组建立后，积极进行了对敌斗争。如1934年冬，为了警告作恶多端的梅子坝民团，在石屋居民点，将一名正在闲逛、企图伺机作恶的民团团丁击毙。事后，梅子坝民团恼羞成怒，变本加厉地为非作歹。于是不久后，在区、乡苏维埃政府主席领导下，锦坊乡游击小组和其他游击武装力量约百余人围攻梅子坝炮楼，将炮楼中的守敌击溃后，把炮楼及民团头目住房共3座20余间房屋概行烧毁。此后，虽由于敌强我弱，游击小组生存陷入极为困难的境地，不仅缺衣少食，而且牺牲频频，但他们凭着对革命事业的坚定信仰和高尚的乐观主义精神顽强坚持，后转移到灌洋山和红军游击队合并。1935年冬，他们利用上锦坊岭下居民点举行建醮祈神活动，毙击来参加活动的永定虎岗民团一批头目，后又两次捕杀梅子坝民团、地痞和叛徒等若干人，使民团、地痞和叛徒的嚣张气焰有所收敛。

林家斜位于杭、永、岩三县交界线上，是敌从永定或龙岩进攻大洋坝、坑口的重要通道。1934年冬，敌保安十八团在林家斜坪顶岗兴建炮楼一座，驻入1个排30余兵力，企图以此控制林家斜。为了拔掉这个敌据点，1935年2月间，林家斜党支部和游击队配合杭代县游击队，经常在夜间摸到炮楼附近对炮楼开枪射击，骚扰敌人。不久后，敌果然弃楼而走。之后，林家斜人民立即把这座炮楼拆毁，结束了它只存在半年的历史。另一次，敌兵分三路向灌洋山进攻，企图消灭灌洋山的游击队。林家斜群众获知情况后，立即向游击队报告。游击队设计把三路敌军引至林家斜坪顶岗上，示以假象，引其自相残杀了一阵，死伤多人；而游击队却隔山观火，未受任何损失。1935年4月，国民党军对灌洋山游击据点实行第一期“清剿”。战火来临之际，杭代县军政委员会在林家斜成立了一个由17人组成的游击小组，承担搜集情报、侦察敌情、抗击敌军、打击小股敌人、配合游击队主力作战和帮助游击队做好警戒等任务。在抗击敌军进攻中，他们利用历史上为狩猎等需要发明的“四大阵营”技术（一是家家户户养蜂，少的几十群，多的上百群；二是家家户户有长短鸟铳、野铳若干把；三是为捕捉野兽开设的陷坑陷阱；四是为捕捉野兽装设的兽夹、兽箭和兽勒），使进攻之敌付出了沉重代价。1935年5月的一天，国民党八十三师一部到林家斜“搜剿”，当进入林家斜游击队布置的“四大阵营”时，有的踩在蜜蜂、鸟铳、野铳机关上，有的踩在兽夹、兽箭、兽勒上，有的踩在铁钉、竹签上，有的掉进陷阱里，一个个被搞得焦头烂额，最后只得仓皇撤退。但他们不甘心，第三天上午，又卷土重来。这一次，他们为了不被“四大阵营”伤害，从大洋坝、磜角里一带抢来一大群耕牛，想让牛群在前面打头阵，踩坏“四大阵营”。不料，不仅因灌洋山山高路险，耕牛前行迟滞，而且进入“四大阵营”，特别是在碰上蜜蜂后，耕牛乱窜，敌人又被搞得阵脚大乱，只得无功而返。第三次，敌人想出毒计——放火烧山。这一次，虽然“四大阵营”被摧毁不少，但仍让敌人在林家斜游击队的最后一道防线上吃了亏。当敌得意忘形在烧毁的山坡上往上冲时，山顶上早已准备好的檑木滚石滚滚而下，使敌死伤不少。当敌最后冲上山顶时，游击队早已走得无影无踪。

除了建立游击武装，开展游击战争外，1934年冬，代英县委、县苏还在林家斜成立了内通杭永岩三县游击区，外连江西油山—汀瑞边—障云岭—岩下山—双髻山—灌洋山—连四—古木舌—金丰大山—龙岩白土这条红色交通线上的交通站。林家斜的红色交通员无论环境多么险恶，都冒着生命危险用各种方法为游击队送情报。

廖海涛是大岭下村人，三年游击战争时期领导代英县委、县苏和红军游击队进入深山开展游击战争后，取得人民群众支援的“近水楼台”，必然是大岭下村。因此，这也不可避免地引起敌人的首先关注。1934年冬，国民党保安十四团钟绍葵部在疯狂进攻双髻山游击队，烧掉大岭下村廖海涛房屋，抢去村里群众耕牛5头和其他大量财物的同时，第一次强迫全大岭下群众移民到石铭、西模坑等地。翌年农历二月，国民党溪口乡联保主任张镜明为搜刮更多民财，以“爱民”为幌子，令全村人搬回大岭下。不到两个月，国民党保安十四团又来“搜剿”，除抓去廖海涛的母亲、妻子和儿子并加以残酷杀害外，再次强迫群众从大岭下移出。7个月后，人们陆续回到村里。才两个月，敌人又来，在强迫群众供出廖海涛及其游击队下落无果的情况下，第三次强迫群众移出大岭下村。1936年农历六月二十二日晚，廖海涛等率游击队攻克大洋坝炮楼后，国民党军为发泄仇恨，出动3个团兵力大举进攻大岭下、莲塘里和大和坑。在大岭下，杀害群众20人，卖掉妇孺16人，抓去八九十人，将全村房屋全部烧光、财物抢掠一空，使整个村庄成为一片废墟。惨遭浩劫后苟得余生的群众无家可归，只得移到大厚、古田等地谋生，直至1937年国共合作后才回来。此次移出达9个月之久。被抓的八九十人，除有一批被亲戚出钱赎保外，有42人被押到漳州师管区关押，去后死的死、被卖的卖，最后只有9人生还。包括解放战争时期的两次在内，革命战争年代，大岭下村共遭受6次移民。

莲塘里村与大岭下村相邻，苏区沦陷前土地革命斗争搞得轰轰烈烈。苏区沦陷、游击队进入双髻山后，尽管国民党当局对群众施加了巨大政治压力，实行移民并村、保甲连坐、计口购粮、计口购盐等措施，但群众照样千方百计地为游击队提供了大量支持。这引起国民党当局的仇视。1936年农历六月二十二日晚，廖海涛等率游击队火烧大洋坝炮楼后，国民党军3个团开赴杭、永、岩边境对游击队疯狂“搜剿”3天，一无所获。转而，他们把仇恨集中到当地群众身上。8月13

日，他们兵临莲塘里村，抓捕了40余人。先用两天时间对部分群众进行刑讯逼供，要他们讲出廖海涛、游击队的活动情况，但无一人开口。其中一名叫卓寿能的，双脚被敌用铁丝轧断了，也只字不说。结果，这些群众被先杀了一批。第三天，对全部被捕者逐个施以各种酷刑，照样没有一人招供。吴洪耀被五花大绑倒吊在树上拷问，他紧咬牙关，不吐一字。气得敌人当场用刺刀穿透他的胸膛直插树上，连刺刀都捅弯了。在黔驴技穷、无计可施的情况下，恼羞成怒的敌人于8月16日下午，将被控制的余下群众全部押至一块空地上，先将共产党员、接头户聂彩梅及其母亲、妹妹拉出来当众逼问，但得到的仍是缄口不言。敌军官就下令将他们活埋。这不仅没有吓倒群众，反而激怒了他们。聂彩梅和另一中共党员、接头户吴洲上带头高呼革命口号，群众也激愤地跟着呼喊。敌军官见状，绝望地叫嚷："莲塘里人连骨头都红的了！不要再审了，统统给我干掉！"结果，随着凄厉的枪声，场上群众一个个倒在血泊里，无一幸免。这就是南方三年游击战争史上有名的"莲塘里惨案"。这次惨案，先后40人（一说42人）遇害，其中有70多岁的老人，有出生才96天的婴儿，有青年夫妇，有身怀六甲的孕妇，有祖孙三代，有鳏居孤男；18户被杀绝，梁、聂两姓从此在莲塘里村绝姓。1955年、1982年和2003年，为纪念在这场惨案中蒙难的群众，更为了弘扬为正义、光明而视死如归的崇高精神，上杭县人民政府接连三次在莲塘里村建遇难群众墓、纪念碑和纪念亭。

北坑村位于大洋坝行政村北部、灌洋山南麓。三年游击战争时期，由于这里山高林密、交通不便，除住着在这里以做纸为业的邱氏兄弟之外，别无他人居住，环境相对安全。因此，红军游击队常常光顾这里。邱氏兄弟也从苏区建立以来的情况看到共产党、红军的优良作风，红军游击队每次前来，他们都热情接待，还常利用到大洋坝卖土纸的机会，为游击队购买粮食及其他物资。其他接头户也常常利用这里给游击队转送物资。1936年2月的一个夜晚，闽西南军政委员会副主席谭震林带一行人从高陂回灌洋山，途中和民团发生遭遇战，队伍中2人受伤。摆脱追兵后，谭震林一行冒黑摸到附近的北坑，叩开邱氏兄弟的门。邱氏兄弟除给他们烧水做饭、处理伤员伤口外，还连夜去礤角里找来谭震林要找的人。伤员中的1人因伤势过重去世后，邱氏兄弟悄悄将其安葬。此后不久，谭震林一行10多人又一次在北坑附近与敌遭遇。战斗中，谭震林负伤倒地，情势危急。此时恰好邱氏兄弟中的老四邱芳院路过，发现后立即背起谭震林躲进附近一个山洞里。后经邱氏兄弟一段时间的精心治疗和护理，谭震林得以转危为安。1951年秋，中央派出南方老革命根据地访问团到闽西时，谭震林还捎信给当年的战友、时任闽西地委常委的罗炳钦，要他寻找这邱氏兄弟。遗憾的是，邱氏兄弟因在1936年秋遭到国民党军严重摧残，一无所有之后，无奈只得离开北坑，迁回祖籍地太拔。不到全国解放，兄弟四个都因贫病交加，先后去世了。

茶排里位于溪口东北部，是三年游击战争中红军游击队的一个重要据点。一天晚上，杭代县军政委员会主席廖海涛和其他游击队员一行5人到茶排里开会，不幸被民团获悉包围。廖海涛发现后，率领游击队员猛地拉开前门，4条短枪一齐开火，安全突出重围。事情发生后，当地群众不知廖海涛等人的安危。为了弄清实情，几个群众凑了一袋笋干和一袋地瓜干，派人悄悄放在联络点黄大妈家的饭桌上，一为试探游击队的情况，二可解游击队的饥馑。翌日晚间，一名游击队员悄然来到黄大妈家，发现桌上之物，回山向廖海涛报告。廖海涛嘱咐不能随便取来，要注意观察动静，了解实情。一连三天，茶排里群众发现黄大妈家桌上之物丝毫未动，心里纳闷。第四天傍晚，接头户陈大伯隐蔽在黄大妈家旁的树丛里窥望，被隐蔽在附近的游击队员巫先科发现。相见后得知游击队没有伤亡、廖海涛就在附近的情况后，陈大伯十分欣慰，迅速到黄大妈家取来笋干和地瓜干，由巫先科带路去见廖海涛。双方见到后，都十分高兴。陈大伯还告诉廖海涛，在村边的一棵大树下还埋了一袋粮食和一包盐。廖海涛激动地连连道谢。

三年游击战争期间，磜角里东南圆墩冈上罗连荣的纸厂，是红军游击队的一个据点。闽西苏维埃政府和代英县游击队一部常在此处活动，谭震林、罗炳钦等也常驻在这里。厂主、共产党员罗连荣、郑冬冬夫妇利用到纸厂干活之机，经常为游击队送去粮食等物资。纸厂附近一口湖塘边上的草丛，是为送给游击队物资的藏匿点和“中转站”。在湖塘里剥竹麻时专门坐的一块可搬动的石块底下，常压放着游击队的往来信件。有一次，接头户罗德根因身体不适，未及时去取回游击队罗炳钦写给自己的一封信。本村妇女邱妹子去挑竹麻时，搬动石块见到这封信，因不识字就把此信揣在怀里。快到村里时遇上本村甲长罗德贤，便叫他看这是谁的信。罗德贤拆看信件后，将信件交到乡公所。乡公所立即出动武装到磜角里将共产党员、接头户罗连荣、罗德根、罗富溪、罗德松4人抓获。罗富溪被抓后趁敌不备逃走，在兰田村又落入敌手。敌人对他施以“雷公尖”等各种酷刑，最后将其杀害。另3人被押到大洋坝炮楼里关押了3天，期间被施以刑讯逼供，逼问游击队的有关情况，但都被他们用各种借口敷衍，始终未供出任何有价值的信息。无计可施之下，敌人只得以要处死。恐吓他们的家属出钱赎保。罗连荣、罗德松因家境贫寒，各卖掉1个儿子；罗德根既无钱也无儿女可卖，结果被敌绑在烈日下暴晒一天后才得以放回。

在三年游击战争中，敌人对群众支援红军游击队进行报复和堵截的手段，常常是烧、杀、抓、抢和移民并村。在这三年中，遭受国民党军残酷烧、杀、抓、抢的村庄，除大岭下、莲塘里外，还有蕉坑、樟坑、鸡衍寨、林家斜、兴彩窝、斜里、洋头、箭竹隔、温屋坑、余家山、官屋、大坑头、磜角里、石乾里等村；被强迫移民并村的有大岭下、林家斜、蕉坑、坪斜、鸡衍寨、洋头、竹坝里、温屋坑、上山溪、大坑头、磜角里等村，其中多数村不止1次，如林家斜被移6次、大岭下4次、坪斜村3次、上山溪3次、磜角里3次、蕉坑2次、竹坝里2次、温屋坑2次。移民后，群众生活更加陷入饥寒交迫中。但不管处境如何困难，革命群众始终如一支援红军游击队。

正因为有了包括溪口人民在内的广大群众不惜流血牺牲的坚定支持，闽西南艰苦卓绝的三年游击战争才得以取得最后胜利，一大批优秀红军骨干才得以保存，为再接再厉迎接未来斗争准备了宝贵力量。

再接再厉迎解放

1937年“七七事变”，日本帝国主义发动全面侵华战争后，中共中央发出《为日军进攻卢沟桥通电》，号召全国同胞、政府和军队团结起来，筑起抗日民族统一战线的坚固长城，抵抗日本的侵略。根据中共中央有关通电、指示，闽西南军政委员会领导人邓子恢、张鼎丞等分别发表有关文章，表明闽西南党组织对国共合作谈判的诚意，并派有关领导与国民党军、政当局进行合作抗日的谈判。在闽西各县委、区委，各主力支队根据闽西南军政委员会的部署，分别派出代表与国民党各县、区公署，各联保办事处保、甲长和驻军进行合作抗日的谈判中，伍洪祥代表闽西南军政委员会来到溪口，分别与坑口乡乡长张镜明、石铭乡乡长张宝珍谈判。溪口籍红军游击队干部邱相田参加了闽西共产党人与国民党闽西当局及傅柏翠的谈判。通过谈判，均表示同意停止内战，一致抗日，并签订了协议。

1937年10月12日，闽西南军政委员会委员方方自延安返回闽西后，在龙岩白沙召开闽粤赣边临时党代会，传达党中央对闽西南争取和平、准备抗日的指示。会议决定撤销闽西南军政委员会，成立中共闽粤赣省委。随后，杭代县军政委员会相应撤销，成立中共上杭县委，溪口籍干部邱相田任书记（12月，邱相田到闽粤赣省委工作，溪口籍干部卢友明接任其职），原大阳区委书记吴国华任委员。接着，邱相田等到溪口、太拔、蓝家渡、庐丰、茶地等地，与国民党联保主任对话，要他们保护群众利益，并在沿途对群众宣传国共合作、一致抗日的主张。同时，将上杭七支队武装人员集中到大和坑训练。

1938年1月，根据闽西国共两党合作协议，包括众多溪口人民子弟兵在内的上杭七支队及各地游击队离开大和坑到龙岩白沙点编。同月，根据新四军军部命令，闽西、闽南和闽中一部分游击队及汀瑞人民抗日义勇军，集中到龙岩东肖，改编为新四军第二支队，张鼎丞任司令，谭震林任副司令，罗忠毅任参谋长，王集成任政治部主任。溪口籍干部廖海涛任二支队四团政治部主任，邱相田在该团任组织股长，江烈涛任支队司令部机要股股长，范鲁在三团一连任文书，廖乾祥在二支队司令部当警卫员。上杭七支队及各区游击队、杭永游击队被编入这支英雄部队。2月27日，新四军二支队在龙岩东肖白土举行誓师大会，发表《为出发抗敌告别父老书》。3月1日，离开闽西，奔赴苏皖前线抗日。

新四军二支队北上前后，溪口籍干部张昭娣被留在闽西南工作，任中共永和靖县委妇女部长。其他留守上杭的共产党人集中到丰稔连四一带活动，遵照上级指示，成立中共杭永县委，以丰稔为中心，建立杭永边根据地，在丰稔楼岗设立新四军后方留守处稔田办事处，以合法身份领导杭永边开展抗日救亡运动。县委书记马永昌等利用各种机会，多次与驻上杭各地的国民党当局谈判，协商地方合作抗日问题；并经常利用圩日，登台演讲，号召广大群众参加抗日救亡、青壮年上前线杀敌，贯彻“二五”减租政策，募集经费慰劳抗日将士。此外，还分头到各乡、村宣传抗日救亡。在他们的宣传发动下，溪口许多群众和全县各地群众一样，省吃俭用，踊跃捐献，买布做布草鞋、棉背心送到丰稔办事处，以慰劳前方将士。

后方群众踊跃捐款捐物支援前方将士，前方将士更是奋不顾身，英勇杀敌。廖海涛随新四军二支队开赴苏皖前线后，由于作战勇敢、才干突出，不久由二支队四团政治部主任升任为四团政委，一年以后又升任为二支队副司令员。他带领部队，凭着机智勇敢，和日寇打了许多漂亮仗。如1940年5月间的一天早上，一个中队100多名日军向赤山开来。廖海涛经细心观察、分析后，果断指挥部队布置好“口袋”，待日军一钻入，便以猛烈火力扫射。经大半天激战，日军除2人受伤被俘外，其余全部被毙。一门崭新的步兵炮和几十支“三八”式大盖枪也一齐被我方缴获。几天之后，廖海涛率部和一路日军在周家棚子又打了一仗。廖海涛凭借骑兵在树林中作用不大的经验，将日军骑兵诱入树林打得他焦头烂额之后，又凭借天色已晚的条件，用计诱使日寇和伪军“狗咬狗”自相残杀了大半夜。战斗结束后，新四军江南指挥部陈毅和粟裕给新四军二支队发贺电，传令嘉奖。

全面抗战时期，廖海涛（左一）在苏南前线和战友罗忠毅（左二）、李坚真（左四）、邓仲铭（左三）合影

1941年3月，廖海涛任六师十六旅政委兼苏南抗日根据地军政委员会主任后，和旅长罗忠毅一起领导部队和日、伪、顽血战数十次，恢复和巩固了茅山根据地。此年11月28日清晨，廖海涛正在溧阳塘马村召开苏南抗日根据地地方干部会议，遭日、伪3600多人的三面包围。在我军无备、力量又少敌两三倍的危急关头，廖海涛一心挂念着1000余名地方干部和旅部机关非战斗人员的安全，不顾部下请求，果断令其

他干部率非战斗人员转移，而他自己则和罗忠毅担负起指挥战斗人员阻击敌人、掩护转移的任务。打到上午10时许，罗忠毅牺牲，他独自一人指挥。下午，重机枪手中弹身亡，他亲自端起烈士的机枪扫射，最后壮烈牺牲。他是福建省籍新四军直接在对日作战中牺牲的最高级别指挥员。在2014年9月1日民政部公布的第一批300名著名抗日英烈和英雄群体中，廖海涛榜上有名。

1944年3月25日午夜开始，鲁中军区政委罗舜初配合司令员王建安指挥4个梯队，对伪军第三方面军、山东伪军主力、总兵力1万余人的吴文化部四面攻击。经5天激战，胜利歼灭伪1个师部、2个整团和12个连，彻底摧毁其东、西、南、北防线。随后，又对吴部发起第二、第三阶段战役。其中，第二阶段歼其总部大部加1个团，招降一部；第三阶段歼其7000余人，攻克重要据点40处、重要山寨12个，解放村庄1000余个、人口30余万，大大改善了鲁中地区的形势。1945年，又歼伪军厉文礼和张步云部共计13000人，解放了4200平方公里土地。

1940年10月，新四军三纵八支队政治部主任邱相田在新四军三纵击退以韩德勤为首的山东国民党顽固派挑起反共摩擦中，亲临前线，积极做好部队思想教育和宣传鼓动工作，使部队斗志高昂、作战勇敢，和兄弟部队一起，歼灭了从人数到装备都远优于我方的顽军11000多人，取得黄桥决战的全胜，打通了新四军与八路军会师于苏北的通道，打开了华中抗战的新局面。邱相田战时出色的思想政治工作，受到粟裕师长的表扬。

抗日战争胜利后，面对国民党反动派为了独裁专制又向人民举起屠刀，溪口人民和全国各地人民一样，团结在中国共产党周围，不畏强暴，奋起迎战，再接再厉展开和国民党反动派的最后斗争。

1945年11月的一天傍晚，刘永生率王涛支队来到余家山，准备攻打茶地国民党乡公所。余家山群众热情接待，忙着烧开水、做饭菜。刘永生在钟育华、钟育岑兄弟家吃饭时，还亲自将饭菜送到门口，给放哨的钟家兄弟的两个儿子吃；并嘱咐如有陌生人来，就将碗筷用力摔在地上报警。第二天，王涛支队就从这里出发，袭击茶地乡公所，取得胜利。

茶地乡公所被袭，引起国民党当局惊慌。他们得知王涛支队袭击茶地是从余家山出发的，便纠集力量来到余家山，强迫群众移民；并砸坏了钟育华家的全部锅灶，将钟育华等群众多人抓去灌石灰水和辣椒水。敌人还以为王涛支队又到了大岭下等村，便于11月21日纠集各地反动力量600多人，由星聚乡乡队副张作化带领，星夜包围大岭下、蕉坑，搜索共产党人下落；并对这些村大肆抢掠一番，强迫群众移民并村。但是，余家山、大岭下、蕉坑等村人民没有屈服。1946年11月，杭岩工作团在竹坝里成立后，来到双髻山开展工作。余家山的钟育华等人继续为王涛支队送信、送物资。不久后，钟育华、钟育岑、钟育康、钟求应在送物资途中被捕，幸凭一身敏捷机智逃脱。杭岩工作团来到双髻山后，大岭下群众像当年一样，对工作团进行了热情支持。但后来革命队伍中出了叛徒，供出杭岩工作团驻在双髻山、大岭下村，这些村继续有人支援游击队等秘密。国民党军随即又开到大岭下村，强迫大岭下村群众移民，并抓捕廖忠林、廖顺章等4人，把廖忠林折磨致死。同时，通令各村，不准收留大岭下村村民，一经发现，先用刑，后处死。搞得亲戚朋友，再亲也怕收留大岭下人；大岭下人也怕连累亲戚朋友，搞得无家可归。后经群众反复与当局交涉，到1948年11月，才有人回到大岭下。

1946年12月2日晚，罗炳钦、张昭娣、游昌炳等到蕉坑活动，任蕉坑人李海皆为县委和工作团联络员。受任后，李海皆风里来、雨里去，每次都出色完成任务，得到领导好评。李海皆家也成了杭永岩三县游击队的交通站和联络点，领导人经常在这里开会、联络，有的还在此住宿。1947年7月，李海皆引游昌炳、李学山等到吾莳洋自己的山上，并提供工具建成4座大小不等的茅草房，供工作团从杀人粜迁来此地住宿。从此之后，李海皆一家六口都成了工作团的通讯联络员，为工作团购买、传送物品。李海皆更是鞍前马后为领导人到周边开展工作当向导。

1947年7月，上杭工作团成立，成员有游昌炳、郑金旺、陈炳江、张昭巴（溪口人）等。成立后，和第七支队一部，在罗炳钦指导下，在大岭下搞肃反。同年夏，箭竹隔失散红军吴紫城和村民吴运昌（后叛变）、吴维纲3人，在莲塘里村遇见七支队队长蓝汉华等。见到后，经蓝汉华指点，他们到双髻山找到工作团，要求参加革命。工作团表示同意，当即安排吴紫城、吴运昌参加武装班；安排吴维纲回村以开商店为掩护，做地下交通工作。1948年，上山溪村的杨立忠等3名青年，也加入到县委武装班。

1948年夏，解放军闽粤赣边纵队七支队100多人进驻兴彩窝村，先后4个余月。兴彩窝群众为部队提供了大量粮食、蔬菜及草鞋等，两次宰猪为部队加油。闽西起义后，起义部队80多人在兴彩窝等村周边活动20余天，当地群众给予了大量支持。1949年7月，国民党军胡琏兵团窜杭时，进攻白砂。原国民党闽西起义人员中个别人思想动摇，把枪支弃在兴彩窝和院洋坑的山厂里，然后逃离回家。兴彩窝群众发现后，迅速将这些枪支集中保管；待胡琏兵团离杭南逃后，将其取出上交人民政府。1948年初冬，上杭工作团在溪口一带发动群众搞反“三征”（即反对国民党当局的征兵、征粮、征税），并散发《告青年同胞书》，号召青年群众不要为反动派卖命，不要拿枪杆子打自己人。

1948年底，中共上杭县委在竹坝里组建武工队（对外称“复征队”），分驻在竹坝里、禾仓角、吾莳洋、杀人崇等地。竹坝里群众不仅有李立湘、李立忠等5名青年加入这支队伍，而且还为驻在此地的武工队提供住房和食品等。武工队队员也经常帮当地群众搞生产，军民关系十分融洽。武工队成立后积极开展恢复老区、发展新区等工作，在溪口范围恢复了蕉坑、石铭、锦坊等老区。

1948年的一天，国民党星聚乡副乡长见吴维纲店里人较多，且有些陌生面孔，怀疑此地是“通共”场所，但又不敢贸然行动，于是写了一纸公文给吴维纲，一要他立即关门，停止开店；二要他去乡公所工作，三天内报到。吴维纲向工作团汇报后，工作团决定将计就计，要吴维纲混入乡公所，以便机会成熟时里应外合，配合游击队攻打乡公所。吴维纲入乡公所后，很快将乡公所情况摸熟，反馈给了上杭工作团。后来，侦察人员得知国民党星聚乡乡长邱堂禧对国民党当局有不满情绪，对前途也有悲观失望倾向，若我方加以争取，有使其弃暗投明的可能。于是，工作团和上杭县委决定由吴维纲去做工作。吴维纲找机会见到邱堂禧，由逐渐试探到最后向他讲清前途，终于使邱堂禧下决心弃暗投明，于1949年5月间率部起义，实现了星聚乡的和平解放。

1949年8月下旬，随着国民党胡琏兵团逃离上杭城，溪口人民和上杭人民一道，迎来彻底翻身解放的胜利曙光，实现了20余年为之浴血奋战、不懈追求的伟大理想。

从1929年到1949年，溪口人民为了革命的胜利，前赴后继进行了不屈不挠的斗争，革命红旗始终不倒；先后有千余儿女参加革命队伍，500多人为革命牺牲了宝贵生命；几十个村庄饱受烧、杀、抢的摧残，被强迫移民并村30余村（次）。新中国成立后，有335人被评为革命烈士，有10位溪口籍老红军被安排在各级各部门担任领导职务，其中罗舜初、邱相田分别被授予中将、少将军衔；有26个村被评为革命基点村。据1998年6月调查，全乡还有“五老人员”（即老地下党员、老交通员、老接头户、老游击队员和老苏区干部）66人，其中老交通员4人、老接头户57人、老游击队员1人、老苏区干部4人。

发扬传统谱新篇

1949年10月1日，中华人民共和国宣告成立，溪口人民20余年不惜流血牺牲、前仆后继为之不懈奋斗的愿望终于实现。新中国成立后，溪口人民十分珍惜来之不易的新生活，遵循毛泽东同志“发扬革命传统，争取更大光荣”的教导，满腔热情地投入保卫新生政权、建设美好家园的奋斗中，在党和人民政府的领导下，积极进行社会主义建设的伟大探索，在建设、改革事业大道上阔步前进，谱写了一页页新的历史篇章。

20世纪五六十年代，在全面完成土改、镇反、抗美援朝三大任务之后，又积极开展农业、工业和资本主义工商业的三大改造，步步推进互助合作，走上社会主义建设的康庄大道，实现了从恢复国民经济到全面建设社会主义的历史跨越。六七十年代，溪口人民努力排除“左”倾错误干扰，艰难推进经济、社会、文化事业曲折发展，农业、乡镇企业和交通电力等建设仍取得一定成就，文化、教育、卫生等社会事业也有较大进步。

党的十一届三中全会后，溪口人民积极、深入推进改革开放，各条战线的发展全面提速。农业方面，稳定实行了家庭联产承包生产责任制，粮食产量在20世纪80年代后持续高产稳产，1979年全镇粮食总产量3944吨，1988年达5402吨，1995年达6825吨。2000年起，因调整农业产业结构，粮食种植面积减少，2003年粮食总产量6136吨；但多种经营和镇村企业得到较快发展，烤烟、蔬菜、食用菌等生产渐入佳境。特别是创办了点多面广的芦柑生产基地。2002年，全乡芦柑种植面积达320公顷，年产800余吨，成为龙岩市知名品牌。2003年，获得福建省无公害标志使用权。镇村企业形成电力、造纸、运输、商贸、建材、木制品、温泉养殖、食品加工等重点行业。尤其是在温泉开发上，利

2020年11月28日，龙岩市文体旅游局、龙岩市农业农村局和上杭县人民政府在溪口镇联合主办溪口温泉文体旅游节暨“K口”牌芦柑推介活动（溪口镇文化站供图）

用境内地热资源丰富、温泉处数多（5处）、水温较为理想（均在60℃~70℃之间）的优势，不仅促进了水产养殖业的兴起，也刺激了以开发温泉资源为龙头的休闲、旅游业发展。2003年，全镇共有各类企业1239家，企业总产值达27767万元，比20世纪80年代末增长近50倍。

中共十八大后，溪口人民高举习近平新时代中国特色社会主义思想伟大旗帜，推进各项事业百尺竿头，更进一步。特别是近5年多来，在经济建设方面，加快了转型升级和提质增效，使产业结构更加优化。首先是农业基础持续得到巩固。烤烟、毛竹、芦柑等三大主导产业发展良好，烤烟生产连续多年超额完成县下达的收购任务。农业基础设施完成标准化渠道、高标准农田、中型灌区等农田水利建设项目，实施了粮食产能项目田间工程，新开通机耕道路33公里，新建标准化灌溉水渠12公里；实施了土地整治，实现了新增耕地110多亩，促使镇村集体增收近3000万元。同时，完成了土地确权登记颁证，农村集体产权制度改革顺利完成。其次是旅游产业实现了新飞跃。在“绿水青山就是金山银山”理念引导下，特色乡村旅游产业得到有力推动，建成大丰村省级特色乡村旅游示范村，成功举办两届龙岩上杭溪口温泉文体旅游节暨“K口”牌芦柑推介活动。5年来，接待游客10.8万人次，旅游总收入1200余万元。第三是招商引资取得新成效。通过加强与福州、厦门等商会组织和外出乡贤的沟通联系，运用“飞地工业”政策，通过“亲情招商、产业链招商”等方式，新引进资质以上建筑企业6家，培育限上贸易企业3家；签约项目21个，开工项目17个。

在经济发展的同时，通过科学谋划、统筹推进，溪口镇村面貌焕然一新。其中，在人居环境整治方面，几年来持续开展了违规生猪养殖业污染摸排整治，关闭拆除了一批不符合环保要求的生猪养殖场（舍），完成了黄潭河溪口集镇段治理项目；拆除了一批裸旧房、危损空心房，有效治理了拆后面积2万余平方米。陈屋村“最美村落”创建、大连村和大洋坝村“千村整治□百村示范”项目得到顺利实施，代表全县顺利通过省农村人居环境整治三年行动成效验收。在项目建设方面，实施了农村饮水安全工程项目；完成了集镇一期、二期改造提升工程，集镇亮化、绿化、花化建设成效显著，主要道路“白改黑”基本实现。同时，投资1300余万元建成集防洪防涝、健身步道、休闲娱乐、生态护岸、亲水平台、景观绿化、文化长廊为一体的厚德公园。溪口镇参与建设的省道大中线境内段改造正在稳步实施；建设6条共13.03公里长的“四好农村路”目标已经实现。此外，还新建了3807米排污管网。在完善基础设施方面，建成占地面积400平方米的垃圾中转站1座，全镇生活垃圾、自来水等“两费”收取制度基本得到落实；新建了集“农资、农贸、农特”于一体的多功能集镇农贸市场1座、村级公益性骨灰堂11座。此外，还完成通路、通水及停车场等配套设施建设，全镇新增建设农村停车位338个。

进入新时代，溪口镇坚持以人为本，持续改善民生，社会事业稳步发展。在脱贫攻坚方面，全镇在册贫困人口229户627人如期脱贫，实现“两不愁三保障”及饮水安全；实施激励性产业扶贫项目的行政村覆盖率达100%，成立了集中销售贫困户农特产品的“知青缘”扶贫产品销售中心，成功举办了上杭县东南片区“知青续缘·消费扶贫”农特产品展销活动。2020年，在上杭县对乡镇脱贫成效考评中，溪口镇获得全县排名第一的好成绩，实现了脱贫攻坚的完美收官。在民生保障方面，2015年以来，城乡居民养老保险、医疗保险参保均完成上级下达的指标，对低保户做到了“应保尽保”。在教育事业方面，近年建成溪口中心小学教学楼，完成中心幼儿园活动场所扩建，成功创建奖教奖学基金会。在改善医疗条件方面，建成卫生院门诊综合楼，完善了公共卫生科室基础设施、仪器设备，设施设备水平得到显著提升。

2020年，溪口实现社会总产值约7.95亿元，财政总收入1147万元，农民人均可支配收入1.88万元。2019年和2020年，连续两年获得市级平安乡镇称号。2020年，获得龙岩市脱贫攻坚先进集体嘉奖。2021年，

2021年5月，溪口镇获评龙岩市第十四届（2018—2020年度）“文明乡镇”奖牌（溪口镇文化站供图）

2021年6月，溪口镇在上杭县人民政府先后为“莲塘里惨案”蒙难群众建纪念设施之地，建成忠诚教育基地（溪口镇文化站供图）

获评龙岩市第十四届（2018—2020年度）“文明乡镇”称号。

新中国成立后，溪口人民十分注重宝贵革命历史的记载和红色基因的传承，在党委、政府领导下，筹措资金对一批红色旧（遗）址进行了抢救性修复和保护。到2022年，境内红色旧址申请到省级文物保护单位3个、县级文物保护单位8个。此外，在上杭县人民政府先后为莲塘里村蒙难群众修建墓冢、纪念碑和纪念亭之处，结合村容美化和群众休闲之需，将此地扩容整修成忠诚教育基地，并设置“抗日英烈廖海涛生平事迹展”，让群众在游览漫步之余，了解溪口红色历史，接受革命传统教育。富有宝贵革命传统的溪口人民决心通过深入开发、全面保护好这些红色旧（遗）址，讲好红色故事，赓续红色血脉，让革命先辈的不朽业绩永传人间，让红色优良传统永放光彩，让红色基因代代传承！

第二辑　永恒记忆

——溪口籍老红军、五老人员回忆录

我参加大洋坝暴动和在红军中的经历

罗舜初

我1914年12月11日生于福建省上杭县东二区大洋坝一个穷苦的家庭。据母亲及邻人谈，我父亲有四个哥哥一个姐姐，兄弟五人早年已分居。我大伯父早已去世，大伯母抚养其子女生活；二伯父是一个穷秀才，有房无地，靠村中学田收租维持生活；三伯父十三四岁时即去马来西亚之新加坡谋生，已在当地立足并成家立业，当上了新加坡上杭同乡会会长；四伯父早年已去世；我大姑母早已出嫁。我在5周岁时父亲病故，家中耕地不足一亩，生活十分困难，安葬父亲的钱毫无着落。正在母亲万分为难之际，本村地主罗某某表示愿意出面负责安葬我的父亲，但需要我过继给他（实为出卖）。我母亲未识破其毒辣阴谋，被其假慈善所引诱便允诺了。我二伯父得悉立即出面阻止，安葬父亲之事一概由我伯父承担。地主无言以对，只得作罢。

我父亲去世时我还年幼，既无财产，又不能参加劳动，全靠母亲一人租种地主家的土地以及做苦力给别人挑运货物或帮助人家做些零活，辛勤劳动抚养我成人。大约在我8岁时，由我二伯父帮助入学读书，但二伯父亦为经济所限，我的学费难以保证，我的上学问题只得断断续续地进行，有钱时上几个月，缴不起学费时即停学。我记得在本村进过5个不同名义的学校，实际读书时间不足4年。我12岁时二伯父去世，从此我的上学之路也就终止。此时，我已能帮助母亲从事一部分劳动：如上山砍柴，并曾跟人当过学徒以维持生活。

穷苦的家庭生活环境使我常常思考：为什么人有穷富之分？我们穷人家为什么吃不饱穿不暖，想上学都不成？有的人家为什么生活富裕吃得好穿得好，孩子能上学？对于这个问题当时自己不懂革命理论，也未受到革命影响，当然得不到正确解答。受旧社会传统思想影响，只能认为这是一种命运。由于自己从小在实际生活中体会到穷人在社会上毫无地位，被人歧视，被人压迫，抬不起头来，从感情上对有钱有势的人家极端不满。另外我也听人讲过历史上英雄豪杰的故事，看过一些旧剧中绿林好汉打富济贫的事迹。在读书的课本上有三民主义，其中节制资本、耕者有其田、民族自由平等内容对我思想上有些启发：人不能安于受贫受苦！那么我该怎么办呢？当兵去，看到国民军打骂极为厉害，当兵也得不到自由平等，自己接受不了，遂打消当兵念头。

1927年9月，南昌起义的队伍南下广东潮汕途经上杭。他们虽然也打着国民革命军的旗号，但说话和气，买卖公平，不拉夫，不抓丁，损坏东西还赔偿。我感到非常新奇，世上真有这样好的军队吗？就跑到上杭县城去看个究竟。到了县城一看，果然名不虚传，他们与其他军队不同的是每个人的脖子上都系着一条红色的带子，在他们张贴的标语和告示上还有给农民分土地的口号。我心里非常激动，很想加入到这支队伍中去。因为我年纪小个子矮，他们不肯收留我，安慰我说，等他们再打回来就收我。后来听广东过来的人说，这支队伍在潮汕失败了。我心里非常难过。

1928年，我三伯父罗炳恒本着兄弟之情，为照顾我家庭困难，拟将我接到马来亚帮助我上中学和读大学，毕业后自谋职业。当时本乡已有共产党员以教书先生为掩护秘密开展革命宣传，我的思想也卷入革命的浪潮中，另方面有乡土观念，不愿离开本国，故未前往。

南昌起义部队失败了，那我应该怎么办呢？我当时觉得唯一的出路只有组织一批穷孩子上山，当打富济贫的好汉。我曾将此种想法告母亲，母亲不但不同意，反而认为我没有良心，骂我为什么不去外国找三伯父考学读书，而想当“土匪”？在母亲看来，当“土匪”是丧尽天良的事，万万当不得。尽管母亲不同意，但我有我的主意，自己内心盘算，我要走打富济贫的路，于是就考虑如何组织及解决武器问题及如何行动的问题。

1929年春荒，人民已将断炊，一块现洋买不到3斤米，而地主拥有谷子三四千石，人民群众曾三次向地主请求借粮或平粜，均被拒绝。为了生存，本村的群众争取了本地民团的同情与支持，于3月18日举行了武装暴动，将大地主财产没收（地主本人潜逃未获），我也参加了暴动队。暴动后，国民党军队前来镇压，村里号召16岁以上的人全部武装以对抗。暴动队被四面包围，形势万分危急。就在这时，从井冈山转战到闽西的红四军于农历四月十八日来到大洋坝，建立了红色政权及各种革命组织，从此改变了上杭县东部的情况。我家分得了土地，我参加了赤卫军中的少年先锋队。我在赤卫军少先队里也受到了党的教育，慢慢地知道了本村的武装暴动是在共产党的领导下举行的，红四军就是南昌起义保留下的火种和毛主席领导的秋收起义队伍在井冈山会师后成立的由共产党领导的军队，开始认识到共产党是穷人的救星，穷人要有好日子过，只有跟着共产党走。我开始找到了正确的道路，去当绿林好汉的念头至此完全打消。

我在星聚小学读书时对我帮助最大的老师杨先荣这时公开了共产党员身份，并调往红四军工作。我也想跟着他去当红军，杨老师说我年纪还小，先在地方工作两年再参军也不迟。

8月上旬，毛主席去永定途经大洋坝，参加了本地人民组织的纪念八一南昌起义两周年军民示威大会。毛主席在大洋坝期间，上级要我和少先队的小伙伴们每晚在毛主席的住处放哨警戒，这是我第一次见到毛主席。当时和我一同参加少先队的还有许秀英、邱秀棠等同志。这一年的冬天，经吴四妹介绍，我光荣地加入了共产主义青年团，没有候补期，同时任团支委。

1930年1月，我被调到少共大洋坝区区委任儿童局书记及少先队大队长，不久改任少共区委组织委员，少先队大队长由石铭的罗炳钦同志接替我担任。1931年春，上级号召扩大红军，我给县委写信要求参加红军。县委批准了我的请求，并要我动员100名青年参加红军，我亲自到各乡布置宣传动员参军工作，在党的领导、同志们的帮助和自己的努力下，圆满完成了任务。7月（大约是7月，准确时间记忆不清了），我带领这百余青年参加了闽西军区独立团，和我一起参加红军的还有许秀英的丈夫罗林先、罗其潜等人。

我到红军部队后，任政治战士，后任班长，参加过几次战斗。1932年7月被调到江西瑞金红军学校学习，先入步兵科学习了4个月，毕业后调入政治营学习，在学习中经指导员许兴介绍转为中国共产党正式党员。1933年春，军校学员到福建清流、归化作战。战役结束返回瑞金后，我被调到红军学校上干队参谋班学习了约两个月，学习未结束，便于1933年夏季调到红一方面军司令部任参谋。在此期间，我是一个青年，参军后工作积极热情、大胆勇敢，接受新事物较快，调入红军学校学习后，各种课程成绩都比较好。经过红军学校学习，为自己军事知识、政治文化水平打下了初步基础。

在军委总部工作，经常是工作一昼夜休息一天。我年纪小，没有什么战斗及工作经验，担任参谋工作是很困难的。但在总司令部首长们耐心帮助下，经过第四、五次反“围剿”及长征的锻炼，开始摸索和学习战役组织工作，可以根据情况及首长意图，帮助首长处理一些问题。

1934年10月开始随军长征。在长征中白天工作夜间行军，环境艰苦，生活上又极端困难。但抱着高度的革命热情，坚定意志，为苏维埃流最后一滴血是共产党员的品质，也是无尚光荣，这是当时的思想本质。

1935年夏，一、四方面军会合后，党中央在四川西北部之毛儿盖决定组织左、右两路军向陕甘前进北上抗日。我在黑水县芦花患病行动困难，军委首长为照顾我的身体，决定让我随朱德总司令同左路军稍晚几天前进。出发才两天，张国焘就以葛曲河水深难渡为借口，令左路军折回阿坝。

在阿坝，我看到毛主席、中央军委给左路军的电报，知道毛主席和军委直属队及一、三军团胜利通过草地，已到达甘南岷县以西的哈达铺，并指出北上是生路，南下是死路一条，四方面军应该立即北上。我的心情非常激动和喜悦，就把毛主席电报的内容传出去，一方面军的同志听到这个喜讯都欢欣鼓舞。此事被张国焘察觉，到了阿坝，他们突然召开干部会。我同黄鹄显讲，我不去参加。黄回来说，小罗你今天好在没有去，会上讲的是反对毛主席，同时也点了你的名，说你是“毛（泽东）、周（恩来）、张（闻天）、博（古）右倾机会主义”的忠实信徒。有一天晚上，军委直属队哨兵被撤走了，形势很紧张。当时自己政治上幼稚，没有党内斗争的经验，年轻急躁，经不起刺激，不会在复杂环境下处理问题，就发火说，谁敢来缴我的枪或抓人，我就要同他拼。朱总司令、刘伯承参谋长当即把我和黄鹄显，记得还有康克清同志找去谈话。这天晚上，军委的电台、机要科被张国焘派人接管。

由阿坝南下前，张国焘把军委直属队分别编入四方面军所属单位，刘伯承参谋长调红大校长，另从四方面军调来几位同志到司令部当参谋，我任参谋主任。从阿坝到天全这一段他们给我配了马，我不骑，情愿自己步行。刘参谋长私下同我讲，现在一点情况都不知道，要我想办法将我所知道的一方面军和二、六军团以及四方面军的情况同他通点消息。此后凡是我可能知道的情况，有的利用行军当面报告刘参谋长，有时用电话报告他。

1936年初，四方面军总部南下住在天全。有一天晚上，刘伯承同志和我同住一个房间。他对我说，总司令要他同我讲，根据形势发展，需要掌握空中情报技术，要我准备离开司令部，到四方面军二局去学习技术工作。我说没有意见，目前情况离开司令部好，到二局学习比较好。第二天或第三天，总司令送我到二局任破译科长。

张国焘南下错误路线走不通，又转向西康的道孚、炉霍、甘孜地区。在这个期间，我同在二局工作的几个原一方面军的同志谈论说，真正右倾的是张国焘，碰到蒋介石的中央军就不行了，还说了四方面军参谋长李特不行，学会二局工作完全要靠自己努力。我的这些话被人泄露出去，在炉霍时，二局支部大会提出临时动议：说我反对张国焘；反对李特；对四方面军领导不满。会上集中火力斗我。当时激起了我的愤怒，我即公开和他们对抗起来。我说："如果我是反革命的话，不会存在到今天；如果你认为我是反革命，你要怎样办就由你了。砍头、枪毙我不怕，我可以自己脱下衣服，挺起颈脖请你杀我的头，其他问题我一概不接受。如果认为我同一方面军同志谈话不对，从今以后除工作外，不论一、四方面军同志一概不谈话，请不要见怪。”他们看到我强硬，支部大会无结果。

实际上他们已把我的问题报告张国焘和保卫局。一天突然派来一个青年来当译电员。此人真名记不起来，只记得外号叫“丫头”。有一位译电员是四川的同志，偷偷告诉我，“丫头”是保卫局派来的，还带有短枪，专门监视我的，要我注意。我嘴上说没有这回事，可也引起我注意。果然，每天下午晚饭后出去散步或行军时，“丫头”就跟着监视我（到延安后，这个同志经过抗大学习，公开向我道歉，说保卫部派他伪装译电员，负责监视我的行动。如果有必要，准备秘密杀害我。这个同志在抗战时已牺牲）。

朱总司令知道二局对我的这些做法后，有一天把我找去，对我说，现在快同二、六军团会合了，总有一天会同毛主席会合。我说我现在经常受到讽刺和挖苦，心情很不好，感到非常苦闷和不安，想鼓励一部分干部和部队打游击去陕北找毛主席。朱总司令听了后把我狠狠批评了一顿，说我这种想法太不现实了，而且是很危险的，单独脱离是一种错误行为。他说你又没有长翅膀，就是长了翅膀，也飞不到陕北啊！你这样做不仅危及自己性命，也给总司令在工作上增加麻烦。朱总司令要我不要有其他想法，要老老实实埋头工作，再不要闹事，现在应很好学习掌握二局的技术工作，事情总有一天会弄明白的。他再三提醒我要少说话，一定要忍耐，搞不好也会像胡底同志一样被杀掉。

当时四方面军二局搞空中情报技术的只有局长蔡威（是福州人）和我两个人。蔡威同志对川军的技术情况比较熟悉，对蒋介石的中央军情况特点了解差些。我对中央军这方面，在中央苏区及长征中同二局曾希圣同志工作联系多，从那时就知道技术上的一些规律。因此我用了两三个月时间的实践，可以单独担任这项技术工作。在甘孜和二、六军团军会合后，确定一道北上到陕甘地区同一方面军会师。走出草地进入甘南时，局长蔡威同志突然得重病去世。当时二局只有我一个人会这种技术工作，因此临时指定我代理局长。总司令告诉我要很好团结四方面军同志，努力工作，搞好情报，想方设法到陕北与毛主席领导的红军会合。

到达陕北苏区的保安后，四方面军二局并入军委二局，局长曾希圣同志宣布军委决定，任我为二局副局长。

1937年春，军委机关移驻延安。我看到许多同志进入党校或抗大学习非常羡慕，就向毛主席提出，希望能有机会去学习。毛主席听了很高兴，也很支持。他亲笔写信，介绍我到中央党校去学习。因为当时正处在两个学期之间，头一个学期还没有毕业，新的学期还没有开始，尽管是毛主席亲自写信介绍来的，也难以安排。于是我垂头丧气地又回到了军委机关。

毛主席问明情况以后，安慰了我几句，随即给当时任抗大校长的林彪写了一封信，要我拿着他的信直接去找林彪。

林彪开始不知道我的来意。我把毛主席的信交给他之后，他才知道我是来求学的，当即表示欢迎。但抗大的情况和党校差不多，他和教育长罗瑞卿同志商量了一会儿，想出来一个办法，他要我不脱产，选科插班旁听，等到新学期开始再正式入学。就这样，我的学习愿望算是得以实现。

同年秋，我进入毛主席亲自领导的研究班里学习了约4个月。研究班结束后，经组织批准，我进入抗大第三期上干队继续学习。这一时期我前后学习了9个多月，是我参加革命以来第一次有系统地学习党的建设、中国革命运动史、联共党史、马列主义、政治经济学、毛泽东思想、兵团战术等。

经过这两次学习，结合反国焘路线的斗争，我对党的基本原则、思想方法、革命方向有了系统的了解，并更加明确了革命人生观，清楚地认识了革命的任务和最终的目的。同时，对当时抗日战争的指导及党的路线和政策有了比较系统的了解。由于学习，理论水平有了显著的提高，这两次学习是我后来发展提高和进步的关键。我在学习中成绩比较优良，在抗大全校测验中，军事、政治科目均获得嘉奖。

在我学习期间，红军改编为八路军，我的红军生涯也就此结束了。

上杭三年游击战争点滴回忆

邱相田

我的家在溪口公社大丰大队。1929年红四军来到我家乡，发动农民土地革命。我当时才13岁，参加了儿童团，当上了小队长，后又当上了乡队长。1930年，我在溪口红光小学读了1年书，加上暴动前念了2年，共读了3年书。

1930年12月，我加入了共产主义青年团。1931年，参加少先队，当了乡队长，同时，兼任大丰乡青年团支部书记。1931年1月肃“社党”搞逼供信，第一批杀了30多人；第二批抓了30多个，只放了2个，其余全部杀了；第三批30多个人也全部杀了。当时我也被抓过，因年纪小把我放了，叫我回去帮助红军家属割半个月稻子。之后我有一个多月怕去乡政府。团支书邱树铭对我说：“你回家以后，意志消沉，这可要不得！”我听他这么一说，每天都坚持到乡政府。两个月过后，又恢复了我的团支部书记职务。1932年调我到大洋坝区当少年先锋队区队长。当时的少共区委书记是罗炳钦同志，中共区委书记是吴仰林（或卢友明）同志。

1933年，我被调到上杭县少年先锋队总队部当训练处处长。当时县委设在旱康，在那儿待了几天又搬到旧县。敌人进攻旧县时又搬到才溪，在才溪待了一段又搬到通贤，以后又搬回才溪。此时是1933年下半年或1934年春了。1933年，县委书记是方方同志，少共县委书记是吴仰明同志。

1934年6月，国民党发动第四次“围剿”。中共福建省委决定开展敌后游击战，成立了中共岩永杭特委，书记是黄庆余，我任组织部长。人员在才溪组成后南下，途经旧县、岩下山、孔木督、赤寨。当时我们几十个人都有武装，还有永定县游击队二三十个人。

1934年冬或1935年春，张鼎丞、邓子恢同志回来了，随后谭震林同志也来了。他们带领的红军和我们的游击队在永定西溪会师，成立中共闽西特委，书记为张鼎丞，特委成员有邓子恢、谭震林、方方、郭义为、谢育才、范乐春等同志，取消了中共岩永杭特委。我被调到永大特委工作，马永昌任书记，我任组织部长，向湖雷、虎岗、母溪等地开展工作。

1935年秋，永大特区游击队出了叛徒，我们受到重大损失。1935年11月，闽西特委改为闽西南军政委员会，主席为张鼎丞，副主席为邓子恢（兼财政部长）、谭震林（兼军事部长），秘书为温仰春。特委通知我到金丰大山（闽西南军政委员会地址），调我去杭代县工作。我到双髻山是1936年1月，当时谭震林、廖海涛在那里。我被分配在七支队任组织干事。七支队大约有100多人，支队长为黄火星，政委为廖海涛（兼杭代县军政委员会主席），以后支队长改为刘国宪、政委为黄火星。七支队主要在双髻山、灌洋山、岩下山一带活动。我们打了不少仗，如攻打大洋坝炮楼、伏击坑口民团等。

民团听说我回来，即通过我母亲叫我回去。我母亲东躲西藏。敌人又把我母亲驱逐出境，家也被封闭起来。第三天，我母亲碰到游击队交通员，交通员把她带到山上。我母亲在山上帮助伤病员做饭、洗衣服等。

1936年，杭代县军政委员会主席为廖海涛，副主席为张思垣、蓝荣玉（张思垣走后补上陈必亨），七支队队长为黄火星、政委为廖海涛，副队长为刘宪、林辉元，我任组织干事，陈茂辉任群工干事，张荣耿（原名张福标）任特派员。1936年“两广事变”后，七支队袭击了草鞋岭驻敌，消灭1个排兵力，缴获机关枪1挺，可是没有弹夹。之后，龙岩三支队给了我们3个弹夹。白砂民团来进攻我们，我们把机枪用起来，敌人惊慌地四处乱跑，大叫“洋红军来了”！我们还化装成群众赶集，袭击泮境民团。

1936年，谭震林同志要我到庐丰指导工作。当时庐丰区委书记是蓝荣喜。由于内部不团结，派我去后，关系改善了，游击队也发展了，开展了反对开马路、收回土地等斗争。为加强岩下山开辟新汀杭工作，1936年6月，我又调到旧县，成立新汀杭军政委员会，主席为钟辉元，我任副主席。七支队拨出1个班武装加上岩下山十几个地方游击队员，组成新汀杭游击大队，钟辉元任大队长，我任政委，共二三十人。由于地下党组织恢复了，游击队发展了，不断打击敌人，曾袭击了新坊反动民团。1936年12月，我到闽西南军政委员会任青年部副部长（任洪祥同志是部长）。

1937年，我们接到中央指示，停止内战一致抗日，把抓的土豪都放了回去，目的是为了建立抗日民族统一战线。当时国民党不但不抗日，反而增加了2个师来对付我们。1937年10月，杭代县七支队在大和坑集中训练两个月。我和张福标到溪口、太拔、蓝家渡、庐丰等地与联保主任谈判，宣传抗日的主张，并要他们保护群众利益。沿途我们还对群众宣传抗日救国道理。回到大和坑，组织又派我和吴国华到蛟洋见傅柏翠。傅是地方实力派。我们在双髻山能坚持，原因是我们和傅建立了统一战线。我们到蛟洋，傅柏翠不在，我们又回来了。

1937年9月，廖海涛到白土接受任务。11月，七支队到龙岩白沙集中。上级要我接替廖海涛同志的工作，成立新的县委，成员有罗炳钦、吴仰潮、吴国华，由我负责。12月，调我到白土军政委员会工作，县委由卢友明负责。县委的公开牌子是“留守处”。我到白土后，闽西南军政委员会成为闽粤省委，部队改编为闽西南抗日义勇军，准备到厦门、汕头等地去抗日。后来又改为国民革命军新编第四军二支队，司令员为张鼎丞，副司令员为谭震林（后为粟裕），参谋长为罗忠毅，政治部主任为王集成、副主任为罗化成，下设两个团。白土集中的是三团，白沙集中的是四团。三团团长为邱金声，政委是黄火星（兼副团长）；四团团长为卢胜，副团长为廖海涛。上杭红七支队编入四团。到江南前线后，廖海涛任团长，陶勇任副团长。1938年2月，二支队共有2000多人浩浩荡荡北上抗日。

（原载于《上杭党史资料》第2期）

我在机要科当译电员

张纪南

2006年10月22日是中国工农红军长征胜利70周年纪念日。我作为一名经历过二万五千里长征的红军战士，在纪念红军长征胜利70周年前夕，重新回忆起二万五千里征程，想起与战友们共度的日夜，感慨万千。新中国的建立，归功于无数革命志士的前赴后继。为了这个崇高的目标，他们甚至献出了宝贵的生命。

70年前翻越过的高山仍然白雪皑皑，70年前急行的山路仍然蜿蜒狭窄，70年前横跨的江河仍然奔腾咆哮，可是70年前的战友大多已告别人世。时间上和空间上的距离，并没有使我对70年前的记忆模糊。为了纪念伟大的胜利，为了纪念当年的战友，也为了下一代，我有责任还原这段历史，讲述中国工农红军走过的红色道路。

跟随父亲闹革命

我是福建省上杭县溪口镇石铭村人，1912年农历九月初四出生于一个贫农家庭。1929 年，我的家乡发生了共产党领导的农民暴动。我那时17岁，跟随我的父亲杨朗淮参加了这次暴动。我的父亲杨朗淮，1929年参加赤卫队；1930年加入中国共产党，任石铭村党支部书记并代理乡苏维埃主席；后调任闽西上杭东二区“反帝大同盟互济会”主任一职，于当年秋天在“左”倾肃反时惨遭杀害。

暴动之前，我家已经成为活动联络地之一，经常有农会的会议在我家秘密召开。暴动胜利后，党组织一方面给农民分田分地，另一方面建立各种革命组织，扩大党员队伍，成立农会。我在那时参加了少年先锋队。随后，在1931年召开的上杭东二区共青团第一次代表大会上被选为区委书记。此后在福建省龙岩地区跟从组织参加革命工作，直到1933年加入中国共产党。

到总司令部报到

1933年到1934年间，经过几次频繁的调动工作后，我从福建宁化调往长汀，任少共福建省委宣传部干事。当时我党福建省政府和省军区都设在长汀，张鼎丞担任福建省委书记一职，张闻天的夫人刘英担任福建省少共书记。后来，刘英调任中央。不久，我也被调往江西瑞金，在刚刚成立的中央少先队部工作。

当时革命形势已经非常严峻，红军的第五次反“围剿”失败，革命根据地损失惨重，党中央决定进行战略转移。鉴于当时中央急需补充人员和战斗力，我经刘英介绍，调至中央军委工作。当时的情形是这样的：1934年10月10日上午，刘英同志打电话询问我是否愿意到军队参加工作。我非常高兴，表示愿意。下午，时任中共中央组织部部长的刘晓同志便找我谈话。他说：“调你到军队工作，是到总司令部做极为秘密的工作。那是很重要的地方，要保守秘密，一点不能泄露。”谈完话后，我就到总司令部所在地江西瑞金梅坑报到。报到当天傍晚，部队全体集合，听总司令朱德同志讲话。他说：“我们的一、二、三、四次反‘围剿’，打的是游击战、运动战，所以取得了战斗的胜利。李德来了以后，本来斯大林让他来当联络员，结果他变成太上皇，被‘左’倾机会主义利用，让红军打正规战。敌人的装备好，结果我们总是被动挨打。第五次反‘围剿’失败了，红军力量损失严重，这是‘左’倾机会主义造成的。为此，我们要改变这种状况，要按我们的军事路线办，不能再被动挨打了；要重新打运动战，恢复我们自己的打法。”实际上，这次讲话是红军长征的动员会。讲完话后，组织发给每人一件还未缝好的棉衣、一个米袋子，队伍就出发了。从此，棉衣、米袋成为长征路上仅有的后勤装备。

机要科译电员

我调到军队以后，被安排在中央军委总司令部作战室机要科，康克清同志担任我的指导员。当时机要科共有四个组，其中一组是抄写组，其余三组是译电组。科里共有18人，我被分在第一组做译电员，组长是罗霖。机要科的主要工作是：将作战室起草的电报由中文文字译成阿拉伯数字，然后送给电台，发到各部队；接到电报后，译电员将阿拉伯数字翻译成中文，送到作战室，转交给总部首长。在长征期间，几乎所有中央和其他部队的联系都是通过电报发送。重要的电报，还要经过总政委周恩来过目，毛泽东主席也常常亲临机要科批阅电报。

长征期间，机要科的工作十分繁忙，经常是大部队还没有出发，电台就已经先出发；等到前面的电台准备好，工作正常后，后面的电台再撤离，就这样接力式地保证电台24小时工作。有时候，队伍马上要出发，刚收到的电报来不及翻译，这时我们只能急行军赶路，边走边译电。我记得有一次，因为一位同志译的电文出现错误，周恩来很生气。我也更加意识到译电工作的责任非常重大。

川西负伤

长征途中，为了对付国民党的围追堵截，红军大部队大都是白天休整、夜间行军。1935年春天，我们走到川西四金霸。那天早上天阴雾大，部队临时改为白天行军。走了大约一个小时，到了一个半山上，突然起风将大雾吹散，太阳出来了。这时，来了两架黄膀子的国民党飞机。为了安全，部队立即原地隐蔽休息。但是，敌机已经发现了我们，随即向部队飞来。敌机在部队上空盘旋第一圈时，没有发动攻击；盘旋第二圈时，向部队投下两颗炸弹，击中我们机要科的隐蔽地点。当时，总部首长都在附近，非常危险。炸弹炸伤了我们五六个同志，全部是机要科的人员。我当时就在王稼祥的担架旁，我的左腿被炸了三四个洞，至今弹片还未取出。机要科第一组组长罗霖腿上的肉也被炸开，伤势严重。敌机攻击后离开，部队继续前进。我们因为受伤，无法行走。由于机要人员身份特殊，绝对不能掉队，所以简单包扎后，在老乡的帮助下，我们继续跟随大部队前进。

当我们到达夹金山山脚下时，跟随部队的老乡已经走掉了很多，伤员只好另想办法。我还记得，我被一位四川老乡用背篓背了一程，因为行走实在困难，只好作罢。上级为了不让我们掉队，让我们改骑马或乘担架。长征途中，部队马匹非常紧张，有时迫不得已，领导的马也要让给伤员。我就骑过几位领导的马，如总部教导队队长毕士悌（朝鲜籍）的马。到了陕北吴起镇，我的腿伤才痊愈。

长征从出发时的近10万人，到进入陕北后的3万人，红军经历了前所未有的考验。在共产党和毛泽东的正确领导下，红军革命的火种得以保存下来，并在延安燃起燎原圣火，照亮中国共产党的前进道路，为革命指引正确方向，从此开启中国革命新篇章。

关于1932年冬增设上杭县中心县委和分设代英县委、县苏维埃政府的回忆

罗炳钦

一、上杭县旧志规划

大概情况如下：除了城关外，其余分为东、南、西、北4路。东路5个区。东一区：庐丰（这地方比较大，人口也较多，约有3万人，1929年革命暴动后分为3个区，即庐丰、横岗、茶地）；东二区：大洋坝；东三区：太拔；东四区：蓝家渡；东五区：丰稔。

南路2个区。南一区：来苏（上都、中都、下都）；南二区：峰市（1940年，赖作良任永定县县长时，把峰市区割归永定县治，而把合溪割归上杭县治）。

西路5个区。西一区：在城郊一带到古石背；西二区：旧县（梅溪寨以上包括新坊、石院坑等地划为西二区；革命暴动后，新坊、石院坑、白砂旱坑划分为新坑区）；西三区：才溪、通贤；西四区：高梧寨背；西五区：回龙、官庄。

北路5个区。北一区：宫子前、水西渡、奶洋塘、石院坑、泮境、符竹岭、定塔等地（革命暴动后改为红桥区，增加将军桥、茜洋、官地、大乾头）；北二区：白砂；北三区：华佳亭；北四区：蛟洋；北五区：古田（包括贴长，现在的步云等）。

二、关于成立上杭中心县委

1929年10月中旬红军第四军攻克杭城后，于本年冬，广东军派了三个师进驻梅县、峰市、蕉岭、武平、上杭城，县苏维埃政府机关撤出杭城，搬到白砂。至1932年春，中央红军攻克漳州的同时，红军十二军也收复了上杭、武平二县城，县苏机关才搬回杭城办公。这时，

国民党反动派第四次“围剿”开始了。中央红军撤离漳州，回师江西苏区，部署粉碎敌人的“围剿”。广东军又派了一个师进驻蕉岭、武平、上杭县城。此时，县苏机关搬到红桥区的大乾头，再搬到新坊石院坑。这样，在敌人的封锁下，以汀江两岸为界成为红、白两地：汀江河以东称为红色苏区，简称苏区；汀江河以西称为游击区域，简称白区。驻杭城之敌又派了一个团占驻白砂、泮境，以至符竹岭头（白砂、红桥二区交界处），修起炮楼等建筑工事，对我们的封锁更严，妄图拦阻我们的通讯往来和食盐、布匹、药材等物资的运送。

蒋介石迫令十九路军从上海调到福建来“围剿”，进攻红军。除从南平进驻永安、归化外，一路由漳州进驻龙岩、永定，再由大池、大洋坝、太拔、蓝家渡，经过白砂、旧县新泉。

根据当时对敌斗争形势，为便于党的领导，动员群众，坚持斗争，并根据上级指示，成立上杭中心县委，方方同志为中心县委书记，共有10多人深入到东路各区、乡去检查、督促、指导工作。中心县委驻址不定，流动性较强，如太拔的罗坑、黄岩，茶地的官山、黄竹登，大阳区的樟坑、大丰、白砂笏、华地寨、下三溪、燕子岩、儒佳山、燕阳坑、三溪坪斜、兴彩寨等。

1933年春夏间，中央红军在江西的东黄陂与敌战斗，共消灭了敌方4个师。后中央红军立即回师汀州，与十九路军作战，在连城、文亨、金鸡岭、姑田等地共消灭十九路军5个团。这时十九路军才知道红军的厉害，立即退回福州，提出“抗日反蒋”口号，成立了福建省人民政府，并派了代表前来中央苏区。中央苏维埃政府与十九路军谈判，共同签署了“停战协定”。同时，红军第八团也攻克了白砂，消灭了驻白砂之敌。驻泮境的敌人闻风而逃。至此，整个红色区域比较缓和一些。上杭县委、县苏政府也根据上级指示，把东路7个区、54个乡总人口有7万余人，划归为代英县管辖。

庐丰区9个乡：老墟巷乡（现在的康济乡）、桐树园乡（现在的丰康乡）、岗下乡（现在的丰乐乡）、营里乡（现在的西边乡）、立英乡、新墟乡、大姑乡、湖洋乡、黄坑乡。

横岗区9个乡：安乡的上坊乡、中坊乡、下坊乡、将军地乡、横岗乡、山坪乡、黄坊乡、棉村乡、高官山乡。

茶地区7个乡：大燮乡、温宜隔乡、火寨乡、牵牛崇乡、樟树洋乡、茶地乡、官山乡。

大阳区8个乡：坑口乡、大丰乡、白石笏、三溪乡、石铭乡、大洋坝乡、当丰乡、井楻乡。

太拔区7个乡：太拔乡、院前乡、崇下乡、分霞乡、胡子里乡、大地乡、罗坑乡。

蓝家渡7个乡：黄潭乡、湖里乡、下坝乡、岐滩乡、曹田乡、际厚乡、泼水寨乡。

丰稔区7个乡：石牌前乡、燕竹乡、杨梢镇乡、官田乡、坝头乡、稔田乡、联四乡。

三、分设中共代英县委和代英县苏维埃政府

1933年农历七月间，成立了代英县工作委员会，主任黄加义等共八九人，准备筹划3个代表大会，地点设在太拔。全县有7个区委、54个支部，共有党员870多人、团员780多人（每乡1个党、团支部，党员人数不等，有的支部20多人，有的10多人，有的不到10人）。

农历九月间，在太拔召开了党的代表大会，出席代表100余人。会议选举产生了中共代英县委。

县委书记：吴钦上（后钟耀太，再后罗禄山）

组织部长：黄加义

宣传部长：丘庆华

妇女部长：江三妹

秘书：丘芳林

农历十月间，召开了代英县工农兵代表大会，出席代表100多人。会议选举产生了代英县苏维埃政府。

县苏主席：杨仰林（后廖海涛）

副主席：李竹清、丘林祥

财政部长：李竹清（兼）；副部长：江才端

粮食部长：江翘端

军事部长：雷桂林（后杨汝才）

裁判部长：陈如炘；副部长：江福康

邮政局长：伍同卿；副局长：杜锦恒

农历十一月间，召开了代英县团的代表大会，出席代表80多人。团中央派了组织部长李学鸣同志亲自前来参加会议并指导工作。会议选举产生了少共代英县委员会及选举出席省团代会代表15人。

少共代英县委书记：罗炳钦

组织部长：李万华（后张坤忠）

宣传部长：张廷化

妇女部长：李金龙

青工部长：张坤忠（后张全福）

秘书：李新万

少先队县队长：游和春（后丘道光，再后杜恒选）

县儿童局局长：赖如昌（后张初德，再后罗炳芳）

1935年3月间，闽西南军政委员会成立后，根据指示，把上杭县与代英县合并为杭代县军政委员会。

主席：廖海涛

副主席：蓝荣玉、陈必亨

财政部长：涂光雄

青年部长：邱相田

1937年农历七八月间，在龙岩白沙召开了闽粤边区党代表会议。方方同志从延安回来传达了党中央、毛泽东指示，撤销闽西南军政委员会，成立闽粤赣边区省委。同时也撤销了杭代县军政委员会，把杭代县归并为上杭县，并恢复了上杭县委员会，书记为邱相田（邱相田到部队后，由吴国祯担任）。1938年冬或1939年春，把上杭县委合并为杭永边县委，书记为马永昌。

以上回忆仅作参考。

（原载于《上杭党史资料》第9期）

雪山草地路茫茫

张纪南

举世闻名的二万五千里长征，以红军的胜利和敌人的失败而宣告结束，它在中国革命史上谱写了一页壮丽的诗篇。几十年的时间转眼即逝。现在，每当我满怀信心瞻望四个现代化的美好前程，阔步在新长征征途上的时候，就会回想起长征路上的艰苦岁月。那高耸入云的大雪山，那渺无人烟、纵横数百里的荒凉草地，顷刻间涌现在我的眼前……

1935年1月，党中央在遵义召开了具有重大历史意义的政治局会议，确定了以毛泽东为首的党中央新的领导，在中国革命最危急的关头，挽救了党，挽救了革命。遵义会议精神传达到部队，广大指战员群情振奋，斗志高昂，那种在“左”倾错误路线统治下产生的疑虑和不满情绪一扫而光。从此以后，部队在毛泽东的英明领导下，采取运动战的方针，整编队伍，精减行装，以神出鬼没的活动，同敌人百般周旋，移师北上。3月份，我们一方面军红九军团根据军委指示，暂时留在乌江北岸，掩护主力部队南渡乌江。我们从贵州打鼓新场（金沙）的马鬃岭一带与主力部队分手，折转向东，故意造成声势，以引诱敌人、牵制敌人。待主力部队顺利渡过乌江之后，我们又日夜兼程，灵活机动，向西挺进，跨过乌江、北盘江、金沙江，路经猫场、水城、宣威、会泽等城镇，用了两个多月的时间，转战数千里，在四川境内的西昌地区与主力会合。当时，我跟随军团政治部黄主任下到七团，同他们一块行军。七团的主要任务是担当全军的后卫和收容。由于长途跋涉和连续数次同敌人战斗，部队伤病号越来越多，后卫和收容任务也就越来越重了。但是，大家都有一个坚定的信念，那就是一定要赶上主力部队，跟毛泽东、党中央北上抗日，绝不让一个同志掉队。在行军的路上，身体强壮的同志不仅要多背上两三支枪，而且还要搀扶着伤病员，每迈出一步都要花费很大气力。抬担架的同志互相争着抢着，谁也不愿松开手，都想让其他同志多休息一会儿。部队休息，团里的“拉拉队”立刻活跃起来，说唱着好人好事，整个队伍显得非常热闹，仿佛大家忘记了行军的疲劳。黄主任身先士卒，有马不骑，让给了重病号，和战士一道步行。同志们见此情景，热泪盈眶，纷纷表示一定要跟上队伍，尽快投入战斗行列。

1935年6月，我们强渡大渡河铁索桥之后，经过几天的行军，来到了四川边境的天全、芦山、宝兴地区。前面就是大雪山——夹金山，它像一幕从天上挂下来的银白屏帐一样，挡住了我们的去路。这座海拔4000多米的大雪山，位于宝兴西北、懋功以南。当地的老百姓把它叫做“神山”，意思是说除了神仙，就连鸟也飞不过。从山下举目望去，漫山白雪皑皑，雪光耀眼，就像银子砌起来似的。山顶被云层笼罩着，仿佛一把把利剑刺破青天。

为使大家做好充分准备，部队进行了过雪山前的动员。军团政治部的党支部召开了党员大会，支部书记刘宝山同志告诉大家：“党中央、毛主席决定翻过这座大雪山，同山那边的四方面军会合，共同北上抗日。”毛泽东说：“神山不可怕。红军应该有志气，和神仙比一比，一定要翻过山去。”这些话，给了大家莫大的鼓舞。特别是听到和四方面军会合，非常高兴。因为这是我们从中央根据地出发，经过200多天、1万多里的征程，击退了敌人层层堵击，第一次与另一支主力红军会合，怎能不激动？怎能不欢喜若狂？动员之后，大家详细地研究了可能会遇到的困难和克服的办法。每个党员都表决心：一定团结互助，做到爬雪山不掉队，不丢一匹马，让每一个战友都安全地翻过这座大雪山。

第二天早晨四点钟，在洪亮的集合号声中，部队开始向雪山进发了。走出不多远，就明显地感到气温骤降，脚下的路硬邦邦，一踩“咯咯”响。起先，大家还都有说有笑。特别是我们这些南方的同志，过去很少见到雪，跨上这茫茫的雪山，不免要议论这壮观的雪景。同志的呼喊声、战马的嘶叫声交织在一起，发出了欢乐的回响。可是越往前走，路越艰难了。

小道弯弯曲曲，一边是深厚松软的雪岩，另一边就是险峻陡立的雪壁，路中间是结了一层薄冰的积雪。尽管经过先头部队的一番修整，但走起来仍需十分小心，稍一疏忽就有滑下去的危险。同志们拄着棍子，手拉着手，小心翼翼地走着。爬到半山腰，抬眼环视四周，上下左右一片银白，像是步入了冰川。后边的队伍沿着崎岖的小路从山下一直连到山上，形成一条灰色的长龙。再往上爬，空气越来越稀薄了，胸口像是压着千斤重担，每喘一口气都很费劲。山上的风也越刮越大，风卷着雪花，漫天飞舞，扑打在人们的脸上，像用尖刀刮的一样。有的实在走不动了，想停下来歇歇，但立刻被周围的战友扶起，继续向前进。因为在动员时，大家都知道了，绝不能在山上停下来休息，否则就永远也不能再起来。就是这样，我们拼着全身的力气，艰难地向山顶一步步爬去。大约在中午12点钟，我们爬到了山顶。为了尽快摆脱由于气压低带来的呼吸困难，大家都顾不上再看看周围的雪景，就直向山下走去。

下山要比上山容易些，顺着滑溜溜的雪道一滑就是几丈远。遇到较大的坡，干脆就往地上一坐，顺坡而下，大家叫“坐电梯”。直到傍晚，我们用了整整一天的时间，翻过了长征路上的第一座大雪山——夹金山。晚上，同志们坐在篝火旁，大声谈论着白天在雪山上的种种奇遇，不时发出爽朗的笑声，把这一天的紧张和疲劳抛到了九霄云外。

翻过夹金山，在川西的懋功与四方面军胜利会师。上级决定在这里整装待命。这时，中央在毛儿盖召开了会议，决定兵分两路继续北上。红九军团被编入左路军，由朱德总司令、张国焘率领。8月下旬，部队开始出发，从毛儿盖进入了草地。但是走到草地中心，张国焘擅自决定部队调头往南走，将左路军从草地拖回到川西。当时，作为一名普通的红军战士，我们虽然不知道张国焘的罪恶企图，但是许多人都想不通：为什么不北上，却从草地往南走？南下到底要去干什么呢？当时部队的思想比较混乱。事后才知道，张国焘拒不执行中央在毛儿盖会议上作出的关于统一北上抗日的决定，而是分裂党、分裂红军，以后又另立中央，成为历史的罪人。

部队返回川康边境的天全、芦山一带，停留了3个多月，受到国民党中央军周浑元部和四川军阀刘湘的前阻后击。经过几次恶战，部队伤亡很大，充分证明了张国焘右倾逃跑主义所造成的危害，此时不满和疑虑情绪更加高涨。在几乎陷于绝境的情况下，部队不得不向西挺进，于1936年2月再次翻过夹金山，之后又从丹巴翻越了终年积雪的党岭山。记得这次过雪山前，我得了伤寒病，发着高烧，浑身软弱无力，走路腿直打颤。见此，军团政治部民运部长朱明同志派通讯班王有才同志看护我过山。可爬到半山腰，我实在支持不住了，眼前发黑，腿一软，就滚到了一条10多丈深的大雪沟里，失去了知觉。等我醒过来后，发现王有才同志和另外一位同志（名字记不清了），正围在我的身旁。他们对我说："朱部长把你交给了我们，就是背也要把你背过去！"这坚定的话语，感动得我流出了热泪。患难与共的战友间的友情该是多么诚挚啊！他们俩搀扶着我的臂膀，艰难地向山顶爬去……

翻过党岭山，来到道孚、炉霍、甘孜一带，甩掉了尾追的敌人，获得了休整的机会。朱德总司令向部队作了动员。他说，毛主席率领中央红军已胜利到达陕北，我们在这里要等二方面军，要多搞些粮食和防寒用品，要求每个人至少多准备一至两件毛衣、皮衣或毛袜子，作为会师的礼物。于是，部队投入到筹集粮草的活动。这一带是藏族的游牧区，当地穷苦的藏民不仅受到封建农奴主的残酷剥削和压迫，一贫如洗；而且还受尽国民党反动派的欺骗宣传和大汉族主义的欺侮，对我军心存疑惧。针对这些情况，我们一方面分散到各个部落，反复宣传中国工农红军是毛泽东主席、朱德总司令的队伍，是为穷人的，是专打国民党反动派、北上抗日的；另一方面，我们消灭了当地反动武装，开仓分粮。当时，我跟随朱明部长在炉霍组织了百人的临时工作队，由朱部长带队，经过半个月左右的发动，很快形成了高潮。我们拿下了当地最大的喇嘛寺，里边金银财宝应有尽有，小麦、青稞、豌豆、扁豆等粮食一仓又一仓，有的甚至发了霉——这些都是从农奴那里剥削来的。粮食除一部分我们自己留用外，其余部分给了穷苦的藏民。由于我们的反复宣传和实际行动的感召，逐渐解除了藏民的恐惧，一部分曾跑出去躲藏的也纷纷赶回来，并且由他们领路，找回了农奴主的牛羊群。这样经过两三个月的准备，我们筹集了一批粮食和御寒品，部队的人马也得到了休整。5月下旬、我们终于同二方面军会师了。两军在甘孜开了庆祝大会，朱德总司令给大家讲了话。他反复强调，我们各方面来的同志，一定要搞好团结，共同北上，只有北上才有出路。离开中央红军一年来受到的苦楚，使我们更加懂得了欢聚的难得。全军上下又沉浸在一片欢乐之中。6月初，我们开始了第二次草地行军生活。由于有了前次过草地的经验，每人事先都准备了一条结实的木棍。这棍子的用处可大了。平时用棍子当扁担，挑着行李，身上觉得轻快了许多。遇到水草丛生的泥沼地，棍子成了走路的拐杖，用它试探道路的虚实和水的深浅，既避免了风险，也减少了疲劳。到了晚上，棍子又成了搭帐篷的好支架——因为草地上几乎见不到什么树木，找根支架是极困难的；用三四根木棍往地上一支，搭上被单，里边用草铺好当地铺，这就成了一架很好的帐篷。碰到下雨，在棍子顶端绑上扎成十字的小树枝，再用方包袱皮系在十字上，便成了一把遮雨的“雨伞”。所以在草地行军中，一根木棍是我们最有用的工具，被视为“珍品”。

草地生活的艰苦是预想不到的。鬼天气真是变化无常，往往上午火毒的太阳把草晒得抬不起头来，整个草地像扣在一个大蒸笼里，人们大口大口喘着气，被蒸发了的浊气和腐臭，熏得每个人头昏脑涨，肩膀也不知爆了几层皮。可是，中午一过，乌云密布，倾刻间大雨和冰雹俱下，又被浇成了“落汤鸡”。紧接着，就刮起阵阵刺骨寒风，雨变成了雪，整个草地又变成白茫茫的银色世界。身上的衣服和行装湿了干，干了再湿，到后来变得邦邦硬，像是帆布做的一样。晚上，有时又雷鸣电闪雨雪交加，用被单搭起的帐篷无济于事，同志们只好背靠着背一直熬到天亮。风雨、泥泞、寒冷的折磨，使同志们本来就很虚弱的身体变得更加衰弱了，许多战友就这样被夺去了宝贵的生命。这次过草地，我是跟朱明部长随同二方面军六师政治部行军。记得师政治部有个小通讯员叫李德才，江西永新县人，是个共青团员。在过草地前，他就生了病，发烧很厉害。因为我已经走过一次草地，所以党支部让我白天行军时和他一块走，负责照顾他。走进草地没几天，风吹雨淋，他的病情越来越重了，晚上在宿营地不停地咳嗽，第二天早上躺在那里已经不能动了。等大家跑过去，他费了好大劲，才说出最后一句话——“祝同志们胜利”，然后慢慢闭上了双眼。我们含着热泪将被单盖在他身上，然后挖一把泥土，算是给他筑个坟墓。尔后，我们又踏上了新的征程。

经过半个多月的行军，身上带的粮食已经不多了，这又给我们带来了新的威胁——饥饿。每个人只准备了一个月的粮食，最多不过30来斤，一般只有20多斤。但走了近20天，才知道仅走了一半路程。我们不得不到处寻野菜充饥，能叫上名的几种野菜都采光了。其他野菜轻易是不敢吃的，有时即使吃了一点也是提心吊胆——因为不少野菜是有毒的，吃后浑身虚肿，甚至中毒死亡。为采点能吃的野菜，在休息的时候，要跑出去很远很远。就这样日复一日，粮食越来越少，连首长的行军马也被统统杀掉吃光了。可是，离开这荒凉的草地，还得好几天的时间啊！仅剩的一点点粮食成了每一个人的救命粮。但即便是这样，同志们仍没有忘记自己的战友，往往一小块干粮传来传去，传过好几个人的手，最后只得每人啃上一小口。大家都晓得，不到走不动的时候，谁肯消耗这“命根子”啊！

难熬的时间总算过去了！我们用了40多天的时间，历经了千辛万苦，终于走出了这茫茫草地。从此，又踏上了毛泽东走过的道路。

（原载于《上杭子弟兵长征口述史》，中共党史出版社2016年10月出版）

长征途中的两次战斗

张纪南

1935年4月，我们红九军团根据党中央毛泽东主席的指示，执行掩护主力部队抢渡乌江的任务。为了甩掉跟在屁股后的敌人，部队经过两天两夜的急行军，到达贵州的羊场小市镇。当时大家都十分疲劳，准备在这里稍事休息一下。但刚要支起锅灶做饭吃时，忽然接到侦察连的报告，说迎面有一股敌人正向我军扑来。于是，我们饭也来不及吃，立刻背起行装，一口气撤离到几十里外的山林里隐蔽。大家到了休息地点后，开始找点东西吃。连续几天的行军，大家身上带的粮食不多了，有的已经没有了。为了搞点吃的，有的战士找到几户人家，但人却一个没有。原来这一带反动宣传很厉害，一些群众不了解我们红军的情况，所以一听说我们来了，都跑到山里去了。战士们在老乡家拿了些粮食，然后按价如数付了白洋，并留下便条。弄不到粮食，就干脆去挖野菜、采野果充饥。即便是这样，也削弱不了战士们的斗志，个个摩拳擦掌准备随时投入战斗。侦察连进一步侦察敌军情况，得知是贵州军阀尤国财部的三个团在追击我军。敌人赶到羊场扑了个空之后，又立即向我军隐蔽方向追来。面对这种情况，军团首长分析了当时的形势，认为我们刚刚脱离了敌军主力，现在这一股敌兵又向我军逼近，如果不瞅准机会狠狠打它一下，让敌人继续前堵后追，那么想摆脱困境是很困难的。接着，又对敌我双方力量进行了对比：我们和黔军打仗已经不是第一次了。他们虽然人数很多，但大都是身背大烟枪的“双枪兵”，战斗力较弱，装备也差，只有步枪和重机枪。而我们红九军团有三个团和军属机关，处的地形条件又很好，大道的两侧是丘陵地带，周围到处是茂密的竹林，很适于部队隐蔽伏击。特别是遵义会议后，有了毛泽东的正确的军事思想指导，大家战斗情绪高昂，纷纷请战，都想好好地教训敌人。于是，军团党委决定，就在这里设下埋伏，乘敌不备，吃它一块肥肉。具体的打法是：不打头，不打尾，集中优势兵力，伏击在中间的敌指挥机关，打乱敌人的指挥系统；打的时间尽可能选在中午前后——因为这正是敌军官和士兵烟瘾发作的时候，战斗力最弱。

部队的一切战斗准备就绪。当时我在政治部，也参加了这次战斗。我们从拂晓一直等到上午八点多钟，才把敌人等到。敌人沿着大路，以常备行军队列，一排一排十分拥挤地向西南方向走去。看来敌人急于追击我军，行军比较匆忙，他们万万没有估计到我们会埋伏在这里，因此连搜索一下也没有。我们屏住气观察着、计算着。一个团过去了，又一个团过去了……眼看过去了3个团，却仍然不见敌人的指挥机关，同志们不免有些焦急。原来侦察说是3个团，现在过去了这么多，仍不见指挥部到来，说明敌人的兵力大大超过了原来的估计（后来知道敌人是7个团的兵力）。但既已确定伏击，战斗就非打不行。所以，大家都睁大眼睛盼着敌指挥机关早些到来。等到下午1点多钟，大路上渐渐热闹起来了。敌人的行军队列越来越杂乱，有骑马的，有乘滑竿的，还有骡驮子、担架挑子……大概是大烟瘾发作了吧，一个个脚步蹒跚、懒洋洋的。这正是我们要伏击的目标，也正是我们预定的时间。

军团指挥所一声令下，战斗打响了。随着一排排的枪响，我们从竹林中一跃而出，高喊着“冲啊！”“杀啊！”向着敌群猛冲过去。在这突如其来的打击下，敌人顿时乱成一团，四散奔逃。跑得快的还可以带上“小枪”（烟枪），跑得慢的干脆跪在路旁，乖乖地举枪投降。这一仗是我们红九军团从福建、江西出发以来打得最漂亮的。战斗共打了3个多小时，取得了胜利成果，缴获各种枪1000多支，俘虏敌官兵

1800多人（其中团长1名、副团长2名）。我们迅速把缴获的枪支，拣好的换下来武装部队，坏的全部放火烧毁。因俘虏都是些鸦片鬼，难以补充部队，所以每人发给白洋3元作为回家路费，当场遣散。俘虏们见我们除收缴枪支外，不动他们一针一线，还发给回家路费，都非常感动。

伏击战斗结束后，接到军委电令，要求我们红九军团继续担任掩护任务，牵制敌人，以使主力部队完全抢渡乌江。因此，当天夜里，我们又迅速撤离羊场，折回头向黔西北的金县苗场方向前进。这一夜行军100多里，甩掉了赶来增援的中央军吴奇伟纵队的2个师。

第二天，在部队向金县方向行进中，又接到侦察连的报告，说前面路经岩镇有一个民团中队，共100多人（其中有团长1名、镇长1名）。因我大军南渡乌江，在国民党统辖境内。他们戒备松懈，所以是个可以利用的机会。于是，我们决定以化装冒充敌军的办法袭击岩镇，打通前进道路。那天，我也来到前卫，和侦察连的同志们一样换上国民党服装。曹连长带着在上次战斗中缴获的国民党军队的团长名片，直奔岩镇。镇上民团听说中央军的前卫到来，慌忙列队迎接。待民团集合好后，只见化了装的侦察连连长一声令下，我们立即行动，逼迫敌人放下武器。这时，那个鸦片鬼团长慌忙上前说："不要误会，都是自家人。"我们上去两个战士，下了他的枪。接着，连长放开喉咙严肃地宣布："我们是毛主席、朱总司令领导的中国工农红军，是为穷人的军队。我们要北上抗日，路过这里，你们都不要怕，只要放下武器，我们一个不杀。"这时，民团的士兵都呆若木鸡，老老实实地放下了枪支。就这样，我军一枪没放，干净利索地把这个民团中队给收拾了。在岩镇休息期间，我们立即向当地群众宣传中国工农红军北上抗日的道理，宣传红军是穷人的军队，是为了打倒地主老财、解放穷人组织起来的。同时，召开了群众大会，打开地主的粮仓，把粮食等东西分给群众。开始有群众不敢接受，我们就耐心地进行解释，宣传革命道理，并把东西送到各家各户，使群众很快对红军有了了解。许多老乡感动地流下热泪，说从来没有见过这么好的军队！当地群众由于受军阀土豪的长期压榨，生活极端困苦，有的连衣服都没有。他们拿着分得的粮物，十分高兴。有不少穷人当即要报名参加红军，有的把亲儿子送来交给部队。部队离开这里的时候，群众一直送出很远。

（原载于《上杭党史资料》第5期）

我所见到的白求恩同志

张纪南

白求恩是加拿大共产党党员，著名的外科医生。1937年，他带领一个医疗队来到中国，支援中国人民的抗日战争。白求恩同志的一生，是伟大的共产主义战士的一生，是伟大国际主义者的一生。他毫不利己、专门利人，全心全意为中国人民的解放事业服务，并献出了宝贵生命。毛泽东对他的高贵品质作了很高的评价，专门写了一篇文章纪念他，号召我们向他学习。白求恩同志有许多光辉的事迹，确实值得我们学习，特别是值得广大医务工作者学习。

我认识白求恩同志是在1938年。那时我在晋察冀八路军一二〇师政治部当行事员。白求恩大夫当时从延安带领一个医疗小组，来到晋察冀战地前医院，属于卫生部管。我们都能经常见到他。在我记忆中，印象最深的有这样几件事，可以充分看出白求恩同志高贵的品质。

一件是白求恩同志生活上非常简朴。抗战期间，八路军的生活是比较艰苦的，吃的是粗粮，菜和油都不够多，有时还没有；穿的衣服也都是粗布，要自己打草鞋穿。白求恩同志作为一个外国人，又要为许多伤病员治疗，工作上是非常劳累的。本来生活上应该得到较好照顾，可是他从来不肯特殊。他和我们一样，吃大锅饭，吃粗粮，穿的也是和我们一样，一身灰布军装，穿着草鞋，有时他还自己学着打草鞋。他总是说："我也是八路军，我要同其他人一样生活，你们不能把我当客人！"有时领导为照顾他的身体，特地为他做点好吃的送去，他总是非常不高兴，甚至批评服务人员，说今后不许再这样做。这些情况确实像电影《白求恩大夫》描写的那样。当时，我们看到一个外国医生，不远万里来到中国，帮助中国革命，而且不要一点特殊照顾，和我们同甘共苦，我们都非常感动，非常佩服他。

还有，白求恩大夫对工作是一丝不苟、极端负责任的。记得1939年四五月份，我们在冀东地区七会等地进行了一次战斗，仗打得很激烈，一连打了三天三夜。当时白求恩大夫就在前方的战地医院，搭起帐篷为伤员做手术。他每天要处理几十个伤号，工作非常紧张辛苦，有时连饭都顾不上吃。后来，敌人眼看要冲过来，离做手术的地点非常接近了，情况很危险。这时，同志们动员白求恩赶快撤退。可是他说："不要紧，做完手术再说。"并且对要做手术的伤员说："请你再坚持一下，我一定把手术做完，你放心好了。"说完，他又聚精会神去做手术。其他同志都对他的安全很着急，可是他想的是如何能多抢救一个伤员，对个人的安危却没有考虑。一直等他做完了最后一个手术，才和大家一起撤离到安全的地方。

还有一件事情给我的印象是很深刻的，这件事也充分体现出白求恩同志毫不利己、专门利人的革命精神，为了抢救伤员可以牺牲一切的高贵品质。那是在1939年2月，我们在河间地区进行了一次战斗，我们连的一排排长李贵才在战斗中负了伤，伤势很重，需要做大手术。经过白求恩同志检查，手术时要补充血液。但当时输谁的血就成了问题。有些同志对输血没有足够的认识，总认为输血对自己的身体有很大损伤。这时，白求恩大夫就让旁边的医务人员给李贵才验血型，结果是B型。白求恩笑着说："我是O型，万能输血者，我可以输，准备手术吧。"当时在旁边的一位领导考虑他的年龄和身体，劝他说："还是找另外一个人输吧！"可是白求恩同志说："用不着，我输不是一样吗？战士在前方流血牺牲，我们在后方抽点血补充给他们，有什么不应该呢？况且对身体没有多大妨碍。别耽误时间，救伤员要紧！"说着挽起胳臂就要抽血。这时，旁边的一位护士感动地流了泪，不让白求恩输血，要抽他的血。白求恩大夫连忙摇头说："来不及了，你也没验血型。”那个护士说：“那么，下一次一定让我输吧！”后来，白求恩大夫终于输了300毫升血给这位战友，并亲自给他做了手术。这位战友经过几个星期的治疗，恢复了健康，重返了前线。

白求恩大夫输血的事传遍了部队，后来大家都自愿报名要求输血。于是，在医务人员中组织了一个自愿输血队，先把血型验好，到需要时，马上就能用上。

白求恩同志对伤病员，不仅在治疗上非常精心，而且在照顾上也是体贴入微的。他每天检查病房，走到伤员身边，都要伸手摸一摸褥子，如果是湿的，当场就找护士给解决。如果碰一下伤员的身体，伤员猛一动，他就知道是生了褥疮。这时，他就要批评护士。他常说：“病人生褥疮，就是我们医务人员的罪过。一定要经常帮病人翻身，被褥湿了，就要马上换。”有时没有干净被子，他就把自己的被子给伤员换上。

还有一件事，也可以反映白求恩同志的崇高品质。就是白求恩大夫不仅要为八路军伤病员治病，还要为当地的老百姓看病。这样，有些群众为感谢他，就带上一些红枣、鸡蛋等自产品去看他。可是，白求恩同志从来不收这些礼物。送他东西时，他总是说：“我们八路军为人民服务，不要报酬！”从这件小事中，也完全可以看出，白求恩同志确实是一位伟大的共产主义战士，他心里想的是全中国人民的解放事业，想的是全心全意为人民服务，而不需要人民对他的报答。

以上是我所回忆的有关白求恩同志的几件事。我同他虽然直接接触的机会不算多，但是他对工作极端负责任、精益求精的革命精神，他毫无自私自利之心的革命精神，他对同志、对人民、对中国革命事业满腔热忱的忘我精神，都是使我非常感动的，也是我几十年来一直忘不了的。毛泽东在号召我们学习白求恩同志的毫不利己、专门利人的革命精神时说过：“从这点出发，就可以变为大有利于人民的人。一个人能力有大小，但只要有这点精神，就是一个高尚的人、一个纯粹的人、一个有道德的人、一个脱离了低级趣味的人、一个有益于人民的人。”毛泽东的这些话，对我们仍然有深远的教育意义。现在我们正在开展“五讲四美三热爱”活动，促进精神文明建设，这对改造整个社会风气将是个很大推动。讲心灵美，我认为白求恩同志的精神就是最美的，白求恩同志永远是我们学习的榜样，我们要永远学习白求恩同志毫不利己、专门利人的革命精神！

（原载于《上杭党史资料》第5期）

在抗战的艰苦岁月里

张纪南

1940年秋，著名的百团大战胜利结束之后，我从八路军一二〇师三五八旅抽调到师部的七分校。这个分校是由原来的教导团组成的，下属四个分队，每队约有150人左右。其中，有两个队都是参加过长征的连以上干部。装备也比较好，绝大部分是在前方从日本鬼子手中缴获来的武器。每个队配备4挺歪把子机枪，还有1门小山炮。来到分校后，我们立即投入紧张的训练，以迎接新的战斗任务。

1941年春上，七分校接到师部的命令，要求连夜整装出发，开往陕甘宁边区。部队渡过黄河，来到绥德、米脂、佳其一带。我当时所在的二队，驻守在双湖峪，距离绥德100里左右。这一地区的地理位置十分重要，它是晋西北和晋察冀通往陕北的咽喉和交通要道，从抗日前方到延安和后方去前线的人员都要经过这里。我们的主要任务就是配合一二〇师二旅，担任榆林方面敌伪军的警戒任务。二旅四团的驻地麻地沟，离我们双湖峪大约50里。我当时在二队四班担当班长，一个班有15人。

1942年，蒋介石掀起了第二次反共高潮。榆林方面的马步青部队经常到边区根据地进行骚扰，不是抢粮，就是抓人，搞得边区人民不得安宁。针对国民党反动军队的破坏活动，我方有理、有利、有节地给予了反击。记得1942年九、十月间，榆林马步青部又派出2个主力团和1个民兵团，出来抢牲口和抢粮食。我方得知情况后，立即同二旅四团二营一起出发，经过一天的急行军，到达战斗目的地。当地的民兵连长李友贵同志向我们介绍了敌人的活动情况。龟缩在鱼河堡和小河堡碉堡里的马步青部，每天早晨天不亮就进村子抓人抢粮和抢牲口。

因此，村里的老百姓日夜不得安宁，甚至有家不能归，纷纷逃到其他地区。为了打击马军的嚣张气焰，我们必须集中优势兵力，狠狠地教训他们一顿。部队到达目的地，稍事休息之后，部队领导作了战前动员。当时，我们的有利条件很多。从战斗力来看，我们这支队伍有许多同志都在抗日前线参加过战斗，几乎天天同日本鬼子打交道，能攻善战，素质很好。特别是我们这些参加过红军的老同志，经受过多次战斗考验，既是指挥员，又是战斗员。这次一听说要同我们的老对手——国民党反动派打仗，情绪非常高昂，心里有说不出的高兴。我们大队的5个队除留二队看家外，都拉出来了，加上二旅四团的同志，在兵力上要超过敌人的几倍，占有很大的优势。从政治条件来说，当时的国统区，由于反动派欺诈和剥削，搞得农民负债累累，民不聊生，很不得人心；而在解放区，实行二五减租，人民生活比较安定，对八路军十分拥护。因此，我们有着牢固的群众基础。这些都为打好打胜这一仗创造了良好条件。

进行了战斗部署之后，我们都到达了预定战斗地点进行了隐蔽。我们二排的任务是打敌人的退路。第二天一早，天刚蒙蒙亮，敌人从炮楼钻出，前呼后拥，进入了埋伏圈。这时指挥所一声令下，乘敌不备，发起了冲锋。由于我们采取了瓮中抓鳖的办法，打得敌人乱作一团，向前进不得，往后退不了。经过20多分钟，就结束了紧张的战斗。这一仗打得很漂亮，打死敌人80多人，俘虏20多人，并缴获各种枪支100多条。由于我们抗大不能收留俘虏，因此把这些俘虏和枪支弹药一起，都交给了当地的民兵连。在这次战斗中，我们班的同志个个表现勇猛。副班长刘汉同志是有名的神枪手，他在前方当连长时，就亲自端机枪。这次战斗打响后，他抱起机枪，猛打猛冲，打得敌人抬不起头。战斗结束后，我们班受到了部队首长的表扬。

1941年到1942年间，我们在陕甘宁边区驻守，除了担当警戒敌军进犯的任务外，还有参加学习和生产的任务。当时，抗日战争正处于战略相持阶段。由于日寇的残酷“扫荡”和国民党反动派顽固地坚持反共投降政策，对边区根据地进行长期的军事包围和经济封锁，致使根据地的财政经济处于十分困难的状况。粮食和蔬菜都极其缺乏，棉布、纸张、火柴等生活必需品都少得可怜，甚至洗脸、刷牙连肥皂、牙膏都没有，只能用盐面漱漱口。

在这种异常艰难的情况下，为了克服困难，坚持抗战，党中央、毛泽东主席向边区军民发出了“自己动手，丰衣足食”的伟大号召。毛泽东在分析当时的形势时指出：“是等着饿死呢？解散呢？还是自己动手呢？显然饿死是没有人赞成的，解散也是没有人赞成的。还得自己动手，这就是我们最好的回答。人不吃饭就要饿死。没有粮食，部队、机关、学校就吃不上饭。不吃饱，怎么打日本帝国主义？”毛泽东还说：“要自力更生，生产自给，讲丰衣足食，还得讲艰苦奋斗。没有艰苦奋斗，哪有丰衣足食？”

毛泽东的号召，极大地鼓舞了边区的广大军民。为了摆脱当时的困境，我们积极投入到大生产运动中。我们刚到双湖峪驻守时，生活环境非常艰苦。我们修旧庙当宿舍，食堂的梁柱是木头的，顶棚是蒿草的，墙壁是秫秸的，饭桌是土坯垒的。我们学员上的第一课，就是一手拿枪、一手扛着镢头上山开荒种地，抡起镐头挖窑洞建校舍。夜晚没有油点灯，就摸黑开会。粮食不够吃，只好上山挖野菜。每顿饭都掺和着野菜、黑豆、红薯或南瓜。冬天的棉衣、手套都是羊毛捻成线织的。有许多同志没有袜子，弄块布包上脚，用绳子一捆就算袜子。没有牙刷牙膏，洗脸时就在毛巾上放点盐擦擦牙。在窑洞教室里，桌椅也都是用石头砌的，合上石灰和泥土，抹平了桌面。没有粉笔，就从庙里起下墙皮写字用。这样简陋的“高等学府”，恐怕在全世界也少有。而对这些困难，大家豪迈地说：“金沙江、大渡河我们都过来了，雪山、草地、腊子口我们都爬过来了，这点困难算什么？”表现了革命战士无所畏惧的英雄气魄。

在大生产运动中，我们开荒种地，养猪养羊，自己纺线织布，自己办各种工厂。没有生产工具，就自己造。像镢头、犁杖、纺车等，都是我们自己做出来的。上级还给每个同志规定了具体任务，如一个人要交三斗粮食、几个南瓜、几尺布等等。交够任务后，剩下的归自己，就像现在的包产到户生产责任制那样。为了完成上级下达的生产任务，我们起早贪黑、日夜苦干，身上不知晒掉几层皮，手上的老茧也磨得很厚。有的同志手上磨出许多大血泡，但从来不叫苦。每天早晨鸡刚叫二遍，天还没亮，我们就背起粪筐去拾粪。有时没听见鸡叫，就望天上的星星看时间，到很远的地方去拾粪。天一亮还要赶回来出早操。我们终于用辛勤的汗水换得了丰硕的果实。

秋天到了，我们收获的小米、包谷等很多,各种蔬菜也应有尽有。棉花纺成线，又织成布，军装也不成问题了。自己开办的小工厂，生产出了纸张、肥皂、纸烟等各种生活用品。除了上交够规定的任务外，自己还剩下许多东西。我们就用这些东西到供销社换回了急需的生活用品。由于我们开展了大生产运动，不仅保证了自己的需要，减轻了人民的负担，而且彻底粉碎了蒋介石反动派对边区的经济封锁。看到这些丰收的果实，我们打心眼里高兴。

现在，党中央正领导全国人民为在本世纪末实现翻两番而奋斗。尽管面临的困难很多，但各方面条件要比抗战的艰苦岁月好多了。只要我们发扬艰苦奋斗的优良传统，就一定能克服前进道路上的困难，用我们的双手建设一个有中国特色的社会主义现代化国家。

（原载于《上杭党史资料》第 5 期）

走出草地迎曙光

张秋喜

1934年10月，我中央主力红军从江西瑞金出发，举行震惊世界的二万五千里长征。

我当时在红一师司令部担任警卫员，也参加了长征。长征的成功，决定当时中国革命的命运。我们工农红军不仅要打败国民党反动派的前堵后追，在每天只有二两炒面供应的情况下，还要行军数十里，当时的生活是极为艰苦的。特别是最后在过草地时，没有吃，没有穿，要穿过荒无人烟一望无边的草地时，生活更为艰苦。不少同志没有倒在敌人的枪炮下，而被饥寒交迫夺去了生命，光荣牺牲。下面就是我过草地的亲身经历。

1935年7月中旬的一天，我们红一师来到草地边沿毛儿盖。为了保证红军顺利前进，我们把固守在毛儿盖的敌胡宗南的一个主力营全部歼灭。除了派少数部队去收拾残敌外，其余都在毛儿盖休整。由于国民党反动派采取残酷的镇压，毛儿盖村镇上的老百姓都被国民党吓跑了，东西也都给国民党抢光烧光了。红军在毛儿盖吃粮发生了困难。我们每天除了两个小时的政治学习以外，其余时间都到野外挑摘野菜吃。毛儿盖是一个小镇，只有200多户人家。由于国民党的腐败统治，在少数民族地区实行大汉族主义，老百姓的生活是很苦的，住房是树枝撑起来，楼上住人，底下是猪棚、羊棚，吃的是青稞麦粉，烧火时大家围住一圈烤火吃饭。女人穿的是黑裙子，男人穿的是和尚衣，长年累月不洗脸、不洗脚、不理发，像野人。他们汉语也不会讲。镇上有个寺庙，逢年过节时，老百姓就杀牲口祭神、烧香，也集体吃饭。我们驻扎在镇上时，也对他们宣传党的政策，宣传我们红军的性质，告诉他们我们红军是为穷人服务的。由于我们红军铁的纪律，使这些少数民族由原来惧怕逐渐对我们亲近起来了。我当时在毛儿盖生了一场大病。由于当时条件差，又没有药吃，我只能用子弹里的火药当作西药。由于当时年轻，抵抗力也较强，终于战胜死神，活过来了。

在毛儿盖时，听到消息，中央要在毛儿盖开会。我们红一师直属机关和红一团向毛儿盖以东酒窝村转移，继续做好过草地的准备。事后才知道，中央当时开会是在批判张国焘右倾逃跑主义。我们部队当时到酒窝村时，村上的人受国民党的欺骗也基本上都走光了，我们要买粮食也找不到人。看到地里有粮食，我们就帮助剩下走不动的老弱病残的老百姓收割并打好粮食，按价付钱给老百姓，使老百姓都很感动，体会到红军是穷人的队伍、共产党是穷人的救星。我们每人发二斤多青稞粉作为过草地的口粮，且通知没有命令不准吃。为了解决吃的问题，我们只能到山上去挑摘野菜。有一次我们在山里摘野菜，看到走出一只又大又肥的牦牛，大家高兴极了，用枪打死后，除了骨头和毛以外，连皮都吃下去，大家饱餐了一顿。

国民党反动派为了堵死我红军北上，他们同当地的反动头人、地主勾结，在毛儿盖以东松潘县直至甘肃省兰州一带构筑了无数的防御工事，并利用当地的土匪及蛮子骑兵，企图筑成一条封锁线阻止红军北上，以此逼红军向西进发，进而消灭我红军。但是，我们红军在毛泽东主席的领导下，采取灵活机动的战略战术，以出其不意的战术绕过松潘县，冲到敌人后方，进入松潘以西的草地边沿。待敌人发觉时，我们已经顺利地进入草地。

1935年8月21日，我红一师在沙窝村接到通知，开始出发进入草地。这一天行军40多里，我们部队在树林里扎营休息，大家以班为单位围着火堆烤火。同志们经过一天的行军已经十分疲劳，大家都分了工，有的人烧水做饭，有的同志到树林里去摘野菜，准备做青稞粉面糊汤吃。大家围在一起怀念起中央苏区的老家。8月22日是进入草地的第二天，是晴天，我们行军七八十里路，到天黑时还找不到一块干燥的地方扎营，大家只能在潮湿的草地上露营休息。为了做好战斗的准备，我们都以班排为单位，围着火堆席地而睡。在广阔无边的草地上，我们红军战士燃起了一堆堆的火，异常壮观。我们连和炊事班近30个同志围在一起，把背包当凳子。由于草地潮湿，草根一下子也燃不起来，只冲出不少黑烟，呛得同志们直淌泪水。但是由于太辛苦了，即使在这样的环境下，大家还是能呼呼入睡。

草地地势很高，是南北分水岭之处，四面八方都是丘陵，长年不长树草。一眼望去，不见一只飞鸟，也听不到一声虫叫。这里也长着不少名贵草药。如果没有向导，一般都无法走出去。草地的天气变化无常，晚上雨水多，也十分寒冷；白天霜雪齐飞，阴风惨惨，见不到太阳。

我们虽然有向导（藏民通司），但也有好几次都走迷了路。草地上没有路，全靠我们红军的两条腿开辟出一条路。草地上有不少水塘，但是水不能吃，因为有毒。我们有的同志就是渴得无法忍受，喝了塘里的水中毒，肚痛胀，最后牺牲了。因此，在行军时，有时口干实在不行，只能找一些冰块含在口中，然后吐掉。另外，草地乱草丛生，长年累月的硬草根，把我们的鞋子刺破，刺伤了脚，被细菌感染。例如红三连一位江西籍的战士就是这样，尽管送到师卫生部治疗，虽然保住了生命，但还是造成了终身残废。草地的地质也比较特别，上硬下软，多年的草根盘绕在一起。我们走时，如不小心踩断草根陷入泥坑，就越陷越深，最后不能自拔。因此，在草地上行走就像在浮桥上一样，是十分危险的。

进入草地已经5天，当时发的二斤半干粮已经所剩无几，大家肚子饿得直叫。也不知道还有几天的路程，米袋里少得可怜的干粮，大家都只能看而不敢吃，怕断粮！原来每天二两的现在只能吃一两，每天还要行军，还要爬山越岭，当时是够艰苦。另外，我们在江西出发时发的两套单衣，近一年的行军打仗，到贵州遵义时，已完全破烂不堪。当时尽管也发了一套单衣，但也经不起日久的风吹雨打，也穿不上身。过草地时就靠这几件单衣，大家冻得牙齿直打哆嗦，全身都冻得发紫。如果生病的话，那更苦！因为当时条件差，没有什么药，只能靠自己的身体顶下去。我们有些身经百战的红军战士就这样倒在草地上，同我们永别了！想起他们，就使我们这些幸存者心中十分难过：多么忠诚的战士，就这样牺牲了！

我们就是在这样恶劣的条件下，经过10多天的艰难困苦，而走出草地，迎来了曙光的。回顾这10多天的艰苦生活，我们就是依靠对党的忠诚和为穷苦人民求解放的决心支持着，使我们意志更加坚强。在以后的岁月中，我们就是以这样的革命斗志打败日本侵略者，推翻国民党的腐败统治，而建立起人民当家作主的新中国的。

（原载于《上杭子弟兵长征口述史》，中共党史出版社2016年10月出版）

平型关战役的第一天

张秋喜

抗日战争胜利已经40周年了。但是，抗日战争岁月中，八路军、新四军在毛泽东主席、党中央领导下，依靠人民，浴血奋战，打败日本侵略者，终于取得抗日战争伟大胜利的历史，令人终生难忘。

七七卢沟桥事变后，日本侵略军肆无忌惮地发动大规模的侵略，并狂妄地吹嘘七天内占领太原、一个月内征服整个华北各省。为了打击敌人的嚣张气焰，鼓舞全国人民的抗日斗志，党中央决定在山西平型关一带狠狠地打击日本侵略者。我当时在八路军一一五师六八六团一营一连二排五班担任班长，曾参加平型关战役。1937年9月上旬的一天，我八路军部队由西安市三泉镇开往山西前线对日作战，路经山西侯马镇火车站时，看到站里有不少国民党军队。他们看到我们开往前线时说："你们八路军这些破烂武器，怎么能打日本人？"我们八路军战士听了后很气愤地对他们说："你们有这么好的武器，又这么多人不往前线，反而朝后方跑，你们有没有民族气节？我们是共产党领导的部队，就是要用这些武器打败日本侵略者。"当时我们这支队伍原打算开到山西省灵丘县打击日军，但到灵丘县以后看到地形不利作战，即返回山西省五台山的一个小镇，部队驻下来后休整待命。9月24日下午3点左右，杨勇同志（当时任一一五师六八六团团长兼政委）组织我们全团进行战斗动员。在会上，杨勇同志根据中央指示，并根据几天的侦察所得到的情报，选定在平型关打击日本侵略者。他在会上讲："我们不仅要保卫延安、保卫西北，而且还要保卫太原，使侵略者寸步难行。"

会议结束后，我即召开班会进行讨论。在会上，同志们情绪激昂，都纷纷表示一定要狠狠打击日本侵略者，为人民报仇。我们全班同志还向支部表了决心，一定要打好这一仗。当时我们部队驻扎在五台县的一个小镇，离平型关还有90华里。24日下午5点多，我们就向平型关进发。这天晚上下了整整一夜暴雨。为了完成任务，同志们冒着暴雨行军，并于25日拂晓准时抵达平型关东河南镇。到达目的地时，战士们都浑身湿透了，像从河里爬起来一样。东河南镇离平型关只有5里路，休息了近1个小时，刘先连长马上叫部队紧急集合，全连轻装准备打仗。刘先连长布置我们班担任前卫侦察班。接到任务后，我带领3个战士向平型关、老爷庙公路目标进行侦察。不久听到汽车声，我估计敌人来了。果然不错，由东向西开来一辆敌人的侦察车，我立即向连长报告。一会儿，又开来了5辆车，每辆车上有五六个日本兵。由于公路高低不平，敌车走得很慢。这时，副连长带来一个排准备阻击。我们班也迅速通过老爷庙公路，占据东北角的两个山头，并绕道向平型关公路把这股敌人包围在山沟里。待接到命令后，我们即用手榴弹、地雷、机枪向敌人进行猛烈的攻击。威震中外的平型关战役打响了！敌人当时很顽固，受到打击后，还连连向我军阵地进攻。但是，我们八路军战士都很勇敢，加上我们占据有利地势，我们都打退了敌人的进攻。战斗进行得很激烈，敌我伤亡很大。我们班15位同志一下子就牺牲了8位，留下了7位同志都坚守阵地。当时情况也很危急。正当打得难以分晓时，一营三连派来了同志支援我们。经过激烈的战斗，敌人先遣队全部被我们歼灭，6辆汽车也全部被击毁，并缴获不少军用物资。第二天上午9时左右，敌人为了挽回败局，出动了飞机对我们的阵地狂轰滥炸。但是，我们都坚守阵地，一次次地打退了敌人的反扑。当时，我们部队伤亡是很大的，副营长、副连长，一排的正副排长，一班长都先后牺牲了，我和连长也身负重伤。在这紧急关头，我方增援部队也赶到了，占领了平型关以东，控制南北两个高地，把敌人引进埋伏圈。经过一个星期的激烈战斗，我军终于全歼日本最精锐的部队板垣师团。平型关战役的胜利，大大地鼓舞了全国人民的抗日斗志，打破了“日军不可战胜”的“神话”，提高了我们党、八路军、新四军在全国人民中的威望。我们不仅在军事上，而且在政治上打了胜仗。

战斗结束后，我们伤员都转入后方进行治疗。在我们路经五台县和太原市时，受到当地人民和军队的热烈欢迎。当地的政府和军队还发给我们军饷（班长25元、排长35元、连长50元）以示慰问，但我们都谢绝了他们的好意。我们对他们说：“为国负伤是应该的。我们有自己的组织，组织上会帮助我们的。”尽管当时我们各方面条件都很差，特别是物质条件更是差，但是我们都表现出一个八路军战士应有的品质。

伟大的抗日战争胜利已经40周年了。回顾在那艰苦的岁月里我们的军队从小到大、从弱到强，都是在党的英明领导下取得的。离开了党的领导，我们是不可能取得的。可以相信，在新形势下，只要我们按照党的指示精神去办，努力搞好经济体制的改革，特别是城市经济体制的改革，“四个现代化”一定会早日实现。

（原载于《上杭党史资料》第 5 期）

我对自己革命历程的粗略回忆

范鲁

我是1934年10月左右参加三年游击战争的。那时，我年仅十五六岁，什么也不懂。一个信念理想就是：为了革命，为了中国人民的解放，不受压迫剥削；在中国要实现社会主义、共产主义，打倒国民党，消灭地主阶级。我们因有这个信念，所以能一直坚持斗争到1936年国共合作。在那三年游击战争岁月中，斗争是严峻的，生活是非常艰苦的，革命斗争意志是坚强的，在敌人数十次“清剿”中不怕苦、不怕死。坚持斗争，我们确实经受住了考验。

在那三年游击战争中，我们是以双髻山为中心坚持斗争。主力红军长征后，开始时我们白天上山、晚上下山，以后我们就上双髻山为营了。我那时在大丰乡苏维埃政府当文书，以后编到区游击队（武装工作队）。区游击队发了一支快枪给我，我就成为游击队员了。当时是范瑞章、廖海涛、蓝荣玉、罗炳钦等同志领导我们，后来改为七支队。

由于敌人“围剿”，形势紧张。1935年春夏，我和范瑞章、傅汗山3人被分到太拔区委，以马子崇为中心来做群众工作，建立基点村。基点村在太拔区有罗坑、田坑、黄岩村（杨屋黄屋河两边），还有丘陂、增坑、老鸦山，其余的记不清了。他们都一直支持我们，经常给我们送粮食，买日用品、电池等，探消息，经常上山来报告情况。他们的这些行动，在当时也是很危险的。记得在1935年秋，敌人对我们马子崇山进行烧山。近半个多月，白天上山来找我们的活动地点；晚上在各村口打埋伏，等我们下山去搞粮食时消灭我们。但我们知道情况后，很快就转移了。如果没有他们（群众）及时上山来报告情况，我们是不能坚持下去的。又例如1935年春，敌人到双髻山“围剿”时，我们就转移到岩下山一带来了，使敌人扑了个空。总之，斗争是反反复复的，是相当紧张的。如果没有党的领导，没有坚定的信心，是不能坚持下来的。由于我们有党的领导和同志们共同斗争的精神，所以能够克服一切困难，坚持到1936年“西安事变”国共合作。

1936年12月，“西安事变”后，党中央提出了抗日民族统一战线，团结各民主党派、全国人民一致对外，打倒日本帝国主义。当时，我们在山上的同志都说：为什么不把蒋介石杀掉后再抗战？对于让我们红军游击队下山，思想更不通，认为这是去投降蒋介石国民党的。一直到1937年春，我们才慢慢地认识到这是为了国家存亡问题。所以，我们才下山到大和坑集中，不久就开到龙岩白沙改编为新四军。我当时编在新四军二支队第三团一连当文书。经过半年左右集中训练后，经过长汀、南昌、皖南，开赴江苏苏南地区抗日前线。

1939年秋，我被调到二支队司令部做机要工作。我干机要工作时间比较长，于1950年从人民解放军第二十三军军部机要处转业到地方浙江省委机要处工作，当时是谭震林、谭启龙二同志当省委书记。

全国解放后，我先后在浙江省委、福建省委、上海市委机要处工作，任机要处处长。1955年，在上海党校学习毕业后，分到上海市民政局人事处当处长。1959年春调到安徽淮北地区参加煤矿工业建设，在淮北宿东煤矿筹备处（上海基地）担任过基建处处长、党委常委，后到淮北市担任生产指挥组副组长、市统战部副部长、市财贸办公室主任等职。1980年当选为副书记，进市人大常委会任委员。我是1981年正式离休在家的。在战争年代，我们保证了部队的无线电通讯工作，对每场战役的胜利作出了贡献。这就是我一生的斗争全过程。

抗日战争胜利后，我又参加了三年解放战争，先后参加过山东孟良崮战役、淮海战役、渡江战役，一直到1949年5月解放上海。1950年，转业到浙江省委。

回顾我的斗争生活，是为了革命，为了全国人民的解放事业，为了中国实现社会主义、共产主义的伟大目标。在数十年的斗争生活中，我们确实经受了严峻的考验。因我身体和文化水平关系，没有系统的材料，只是个人的经历给党组织了解。

我家是福建上杭溪口公社大丰大队宫上村人，母亲在我八九岁时因病去世了，父亲在敌人第四、五次“围剿”时，随区苏维埃政府撤退到南阳一带后病故。当时我们父子都分离了，情况不了解。这是听我后母说的，她住在茶地东边郑细姆家。因她以后改嫁了，我们也就没有联系了。现在我们已经老了，只能希望年轻的同志，在四化建设中作出新的贡献，为实现共产主义接好班了。

（本文根据作者1985年8月15日给上杭县委党史研究室来信整理，原载于《上杭党史资料》第7期）

我参加革命的一段经历

杨锦彬

我于1912年生于上杭县溪口镇锦坊村林家斜自然村的一户贫农家庭。我的家乡是一个四面茂林修竹、青山怀抱的小村。这里海拔有850米，且又处在杭永岩三县的交界线，地理位置十分险要。

一

解放前，由于反动统治阶级的疯狂摧残和残酷的压迫剥削，使村里广大贫苦群众生活极端贫困。全村群众除以种田为生外，其余就是生产土纸，出售换取油盐及其他一些生活日用品。我家也是一贫如洗。为了生活，从1923年2月开始至1929年这段时间，我以在石铭长滩的纸厂下做工为生。每当受到地主富豪凶神恶煞般地逼租逼债、欺压贫苦农民时，心里就忿忿不平。

1929年，毛泽东、朱德、陈毅等率领红四军从井冈山转战闽西来到上杭县。革命的喜讯如春雨滋润着我干涸的心田。不久，我家乡在外的共产党员罗寿春等回到了溪口（此处有误，罗寿春回家乡进行革命活动在前——编者注）。我经常与他们在一起交谈，听到了许多闻所未闻的革命真理。在罗寿春、杨子岐、郑秋伍等同志的启发帮助下，我终于选择了一条能救国救民的革命道路。从此，我投身于革命，义无反顾。1930年4月，我光荣地加入了共产主义青年团组织，并担任了团支书。之后，我积极与青年谈心，努力介绍他们加入组织，并协助动员青年参加红军。在工作中，我逐渐明白了：为什么我们种田人整年披星戴月地辛勤劳动，还是过着食不果腹、衣不蔽体的悲惨生活？这不是命中注定的，而是反动统治的黑暗、万恶土豪劣绅的剥削压迫造成的。现在我们穷人要出头，要得到翻身，就必须拿起枪杆子闹革命，捍卫苏维埃政权，广大群众自由幸福的生活才能得到保障。思想认识的提高，更加坚定了我参加革命的信心。

二

1930年5月，组织上决定，由我负责林家斜及东二区这一带的地下交通工作。工作任务是接待龙岩、上杭、永定三县的苏维埃机关工作人员、三县红军人员来往，以及伤病员来我村时组织群众帮助隐蔽护理伤员和上下级的信件、情报传送等。经过长时期革命斗争的锻炼，我在政治上更为成熟，对工作我倾注了最大的热忱。而党组织也在时刻关注着我这个贫苦青年的成长。1934年2月，经卢友明、李荣旺介绍，我光荣地加入了中国共产党。

三

1934年冬，主力红军北上后，国民党反动派在上杭地区布置了3个正规师的兵力，疯狂地向我红军游击队进攻。我村也几次遭到敌人骚扰、抢劫，甚至屠杀，群众被逼移民7次。组织上为了用革命的武装反对反革命的武装，在上级领导廖海涛、罗炳钦、卢友明、林日太等同志领导下，在我村组织了11人的地下游击小组，并让我当小组长。我们这支游击小队经常配合红军游击队一同作战，到处神出鬼没，巧妙地打击敌人。

四

1935年秋，敌人在大洋坝筑起了一个炮楼。在这炮楼里，反动民团四处乱窜，到处烧杀抢掠，群众怨声载道。为了保护群众，打击敌人的嚣张气焰，我们派了罗德源、罗德民两位同志打入敌民团内部，负责内应。经过周密部署，我游击小组与游击队配合袭击了大洋坝炮楼。这一仗大获全胜，炮楼被打下，歼灭反动民团20余名，缴获了长短枪计60多支，还有许多医药用品等。反动派得知大洋坝炮楼被攻下，气得暴跳如雷。当他们从叛徒罗德元嘴里知道林家斜游击小组也参加了这次战斗时，便处心积虑搜捕我游击小组人员。因我以及全体组员比较大意，结果我的这个游击小组受到较大的损失，队员被抓4名，牺牲了1名，我自己也不幸被捕。

我被捕后，所剩的队员杨炳豪知道这一不幸消息后，都很焦虑，他们商议如何设法赶快把我救出来，并且还担心地说："这次锦彬被捕，敌人已知他们身份，肯定没有那么轻易放过的。万一锦彬吃不了苦头，把情况告诉敌人，那我们可就都很危险了！"

但是，我被抓到星聚乡公所炮楼后，在没有审问之前，就已暗下决心，要与敌人斗争到底。我想，我是一个共产党员、游击小组长，今天任凭你使用何种残酷的手段拷打，也不能泄露党的秘密，绝不能出卖组织和同志，当叛徒。反正我活着要有骨气，死也要死得光荣，绝不投降。

敌人的审问开始了。敌乡长在棚厅里，瞪着眼睛，大声咆哮着问道："你是谁？今年多大年纪了？快说！"

"我的姓名你怎会不晓得？问我多大年纪，我又用不着你给我做生日！"我回答。

"你不是共产党员吗？这里有多少游击队员？有多少枪支，放在何处？快说！你只要说出来，我保证你的生命安全，并且还可以得到奖赏！"敌人又问。

"我不知道。谁要你的奖赏？你有多大的本事，就拿出来吧！"我坚决干脆地回答说。

我这么一说，弄得敌乡长恼羞成怒。他想来个下马威，把桌子一拍说："你还是老实点吧！告诉你，不要梦想共产党会再回来。你要懂得，你是我巴掌中的苍蝇，我要你死就死，要你活就活，你是逃不了的，还是老实地说出来好！"

"我没有什么可说！你既然懂得了，又何必要我再说。"我仍然不慌不忙镇静地回答。

敌乡长气坏了，大发雷霆地说："你胡说！不打不成招，给我打！”敌乡长这么一说，两旁站着的士兵立刻齐拥上来，用竹鞭朝我身上猛打。

我忍着疼痛，仍是不说一句话，最后一阵昏迷，昏过去了。敌人毫无办法，只得把我抬进一间又暗又湿的监房里关起来。这第一次审问，就这样收场了。

由于我在被审问时一句真话不说，弄得敌人很狼狈。但是他们不甘心，总想从我口中得到一点关于游击队的情况。于是，第二次审问又开始了。

敌乡长气势汹汹地手拿着一条木棍撑着腰说："今天应该清醒过来了吧？不要执迷不悟，已经有人告密了，你还是自己坦白直讲好，不要再自讨苦吃。"接着便问："山上有多少红军？经常在哪一带地区活动？快给我说！"

"我不知道！我是清醒的，执迷不悟的是你自己，为非作歹的人终有一天会受到人民的制裁！"被我这一反驳，他气极了，便扬起手中的木棍狠狠地往我身上打。他歇了一口气，接着说："你招不招？有讲没有讲？"

我说："招不来！没有讲！要我讲实话，除非太阳从西边升起来。"

敌乡长无可奈何地说："好！看你骨头有多硬！"接着指使队兵把我推倒，然后按住我的手脚，往我鼻子里灌辣椒水、石灰水，一连几次，弄得我死去活来。经过半天多时间的审问，敌人仍然没有得到一点红军游击队的情况。第二次审问，敌人又以失败告终。

一天又过去了，敌人还是不愿放过我。于是，第三次审问又来了。

这一次的审问，敌人改变了方式。开始的审问，敌乡长装得很和气、很客气，假惺惺地请我坐下来说。于是，采用了政治攻心、软硬兼施的办法。他说："真的肯死吗？老兄，你是聪明人，做一个人总想耀祖光宗，大家都活着，夫妻团圆多好，你怎么这样固执？我看，你还是讲出来吧！不但可以免去受刑，而且……"

没等他说完，我忍痛大声回答说："我为了广大人民的夫妻团圆、传宗接后，死可以，要我招绝对不行！绝不要梦想我会出卖组织和同志，我不是怕死鬼！别问了！难道共产党以后不会为我报仇吗？你要杀就杀，别啰嗦了！"

敌乡长一怔，说不出话来，好久之后才说："你好不识抬举！非叫你吃些苦头不可，让你尝尝我的厉害！"于是命令队兵，用一种叫做"雷公尖"的刑罚——将我两个拇指用铁线和破布紧紧捆扎在一起，在指头中间插上一根小楔子，然后用锤子打进去。这时，我的指头不仅裂而且断了，痛得我直绞肝肠昏过去；但我还是咬紧牙根，一句不说。

敌人三次审问都告失败，黔驴技穷了，只得拿出最后一招——枪杀我。

在一个没有星星、没有月亮，伸手不见五指的漆黑夜晚，我躺在一间漆黑肮脏的监狱里，思念着战友们。忽然听到外面有脚步声沙沙响，接着监门开了，进来了3个乡丁，一个提着轿灯火，另两个提着长枪。这时大约11点。监门一开，他们便喝道："乡长有令，解你上送。快走！"

走出牢门，我马上意识到这将是生死关头了，但我心想："为了革命，我绝不能投降！"

不觉已走到一个崩蓬上（塌方处）的悬崖上了。我眼角迅速观察了一下地形，心中明白这里将是我长眠的地方了。我忽然飞起一脚踢翻了前面一个持灯人，然后纵身跳下山崖。敌人清醒过来，慌忙开枪，但因夜空漆黑，不敢贸然下来寻找。这一次，我终于死旦逃生。后经群众搭救，游击队的照顾，一个多月后便恢复了健康，回到了战友们身边。

不久，敌人又强迫林家斜的群众移民搬到大洋坝等地去居住。

他们想用这一办法切断革命群众与游击队的联系。但这些办法都告失败了。群众的心永远向着共产党，即使发现了游击队，不但不会去报告，而且还会设法把敌人的情况告诉我们。敌人要搜山了，群众也会事先通知游击队转移，弄得敌人一点办法也没有。

我遇险归来后，组织上担心敌人知我行踪，便让我迁移到一个深山的纸厂里，白天做纸，晚上坚持工作。这时已是1937年的9月份了。我当时的职务是代英县太平中区的秘密交通员，同时还兼任了林家斜的党支部书记，工作任务是为党秘密地传递情报和组织群众与敌人斗争。

1943年11月至1948年5月，因部队撤离这一带，根据上级指示，组织上决定留下张招巴、林兴学、杨协豪和我共4人，继续留在当地大山的山场，隐蔽生产，领导群众坚持与敌人周旋。这时的工作任务则是组织队员开展各种形式的生产自救。如会做生意的，就化装小贩去做生意；会耕田的，就开荒生产；会烧炭的，便去伐木烧炭。真是“八仙过海，各显神通”。虽然山上生活很艰苦，但我还是满怀信心地坚持工作。

1948年6月至1949年5月，我七支队又回到锦坊与我们会合，从此形势愈来愈好，开辟了很多新区。

五

新中国成立后，林家斜和全国各地一样，拨开云雾，重见天日。国民党反动政权土崩瓦解，劳动人民扬眉吐气，当家作主了。锦坊一解放，紧接着就成立了锦坊乡政府，群众一致推选我当村长。当选为村长后，我带领村里群众先后开展了镇压反革命、土地改革和抗美援朝三大运动。由于工作出色，1951年12月，我被选为省人大代表，光荣地出席了福建省人民代表大会第一次会议。

（此文口述者为溪口镇五老人员，整理者为原上杭县革命历史纪念馆工作人员黄珠燕，时间为1985年5月10日）

土地革命的点滴回忆

张友白

一、东二区农民协会的成立

当时，大厚村的张善初、张彦初、张克顺，大岭下的廖海涛，合甲村的傅连勋、傅友涛，石铭的杨子海，大洋坝的罗千知，大丰的范家祠，坪斜的丘万里、丘仁高，大水源的袁潘丹，双华的张友松等先进知识分子，是东二区一带开展革命活动最活跃的人。他们于1929年成立了东二区农民协会。为了唤起广大农民觉醒，他们利用文明戏，宣传反对土豪劣绅压迫弱小贫苦人民群众。如1929年农历四月初十，在大厚村共有四五十人做文明戏。其中有一出戏我记得，内容是讲有个张劣绅带一把锄头到莲塘里村去看田水，莲塘里的吴弱小请了一个农民帮他铲田铲错了，铲到张劣绅的田塍上，竟被罚了八百银毫。坑口的张贫苦等几人杀狗打平伙，一土豪经常想白吃，又要吃大块。这一天，打平伙的几个人想戏弄他一番，就用个狗肛门袋了一个大骨在内中。这土豪拿来一吃，骨头射掉了，狗肛门却很韧。其他人吃了好几块，他一块还没吃下去。当时杀狗人因发笑，露馅了，结果被罚了三百银毫。为了使演戏达到更好的宣传效果，内容简单明了，他们全部演白话戏。

二、东二区暴动

东二区是原来的星聚、现在溪口公社的范围。以前庐丰、泮境、茶地是东一区，星聚是东二区，大拔是东三区，蓝溪是东四区，稔田是东五区。1929年农历四月间，在合甲石铭带动下，全东二区举行暴动，地点在大厚村大桥下溪坝里。当时召开了暴动大会，领导人有蛟洋的傅柏翠，以及傅连勋、傅友涛、张善初、张彦初、张克顺、丘仁高、丘万里、范家祠、罗知千、杨子海、袁潘丹、张友松、张志勋。暴动集中有步枪500余支。枪多的地方是合甲、石铭、锦坊、当丰，因此前为防灌洋郑鑫太的土匪侵袭。其余是大和、大厚两个地方。

三、组织武装力量和扩大苏区

全东二区成立了一个支队，支队长为傅友涛，大队长为张彦初。双华成立了一个小队，小队长为张志勋（后不坚定，出逃峰市）。

1929年农历四月三十，朱德军长到双溪埔廻澜学校洋楼里召开群众大会，并亲自讲话。他说，中国共产党是无产阶级的党，工农红军是帮助工农群众革命、打土豪劣绅争取男女平等、取消苛捐杂税分田地到户的。朱德军长的讲话给广大人民群众以深刻的启发和巨大的鼓舞。当日下午，我带他到大洋坝圩头上住宿。至五月初一吃早饭后，去打白砂。我带他经上三溪过，到蛇舌岗亭里我就回了。他们去打白砂，消灭敌军1个营（编者注：1个团）。本月农历十二，白砂暴动队去帮助茶地群众暴动。

第一次攻打上杭城时，全东二区组织了六七百人。其中，双华组织了一个中队，中队长为张来登，我也在内，由中都大胜石下过河向上杭城进攻。我们的武器很差，这次攻打上杭城失败了。张子美在中都过河时牺牲。

四、建立苏区政权

由群众选出代表来成立区乡苏维埃政府。同时，组织儿童团、少先队和赤卫军，加强军政训练。早晨学军事，白天大家搞生产，晚上学文化，抄写民歌，学唱学认。同时，还建立平民学校，村村每日早晨挂有识字牌，利用物品做榜样，宣传大家来学习，才有文化的进步。

县、区、乡苏政府动员少先队、赤卫军、儿童团和男女群众起来打土豪分田地，分山林，分地主多余的房屋。分田后，田里一年能收二年的粮食。收土地税实行一百斗只收二斗五升。一元银洋可买猪肉7斤、牛肉14斤、米三斗（等于现在的60斤）。加强军事政治训练，经常到县、区、乡检阅。苏区的男女青年人人都会打仗。东二区的儿童团在全县检阅时得了少先队的第一名、儿童团的第二名。白砂区得了儿童团的第一名、少先队的第二名。以后全县组织一个少先队模范队，配合二十三军打上杭城。由水西渡过河，从月光岭下攻击，这一次也没有取胜。在第三次打上杭城时，朱德带来的红军，还有全县的赤卫队配合，取得重大胜利。东二区赤卫队缴获敌人的驳壳枪1支、步枪100余支。其中，双华的张作其一个人缴获步枪 12 支。

五、利用民歌宣传

苏区贫苦人民英勇团结，打破封建迷信，真正实行男女平等、婚姻自主。在平民夜校中创作了很多好民歌来宣传苏区新生活。如下列民歌，我现在还记得：

土地革命地翻天，贫苦工农抓政权；
封建势力被镇压，男女老少笑连连。
共产主义好主张，粮食丰收谷满仓；
男女自由双方愿，同偕到老寿命长。
自由结婚不要钱，双方甘愿自主权；
同心工作同劳动，先吃苦来后吃甜。
自由结婚不怕穷，只要二人心爱同；
双方父母同抚养，同甘共苦喜融融。
土地革命爱认真，不怕世界乱纷纷；
只要穷人心团结，将来一定有出身。
党的领导不怕贫，只要穷人下决心；
边劳动来边战斗，艰苦奋斗为人民。

闽西所属十一县，穷人不受地富骗；
工农兵妇团结起，参加暴动大改变。
党的领导力量强，工农兵妇上战场；
发动农村夺城市，苏区政府亮堂堂。
革命红旗飘天空，斧头镰刀在当中；
红旗插上高峰顶，明月照耀四海红。
男女青年很热情，早学武来夜学文；
日里大家搞生产，多打粮食多支前。
男女青年劲头高，早晨习武兼做操；
日里劳动干劲大，夜学文化练民歌。
红军纪律要加严，三大纪律要执行；
八项注意要做到，启发群众多支援。
革命开花满地红，工农出身家贫穷；
可比松梅耐霜雪，牺牲流血立勋功。
红军战士爱护穷，穷人团结心更同。
艰苦生活过得惯，冲锋杀敌心胆雄。
敌人进攻真猖狂，随时准备上战场；
搞好农田多增产，粮食丰收谷满仓。
想起当初真苦情，穷人一定下决心；
武装紧握穷人手，打倒地主与劣绅。

六、劝郎参加红军十唱十应

女：一劝倨郎莫念家，郎当红军妹当家；
　　家里爷娘和子女，一概奴奴留心他。
男：劝郎当兵我应该，新结夫妻难离开；
　　青春年少情难舍，人人做过少年来。
女：二劝倨郎当红军，家庭一切放落心；

自动参加前方去，不要你郎挂在心。
男：劝郎参军我认真，晓得家贫苦出身；
英勇杀敌为革命，少年妻子难放心。
女：三劝俚郎当红军，不要思想我家庭；
夫妻感情你要舍，俚妹不会去反心。
男：本来有意当红军，又怕唔妹不老成；
行路要行石砌路，切莫去走妖田塍。
女：四劝俚郎莫甘呆，自由结婚哪里来；
田山分到穷人手，预防敌人覆转来。
男：共产主义好处多，穷人团结劲头高；
参加红军力量大，那怕恶劣武器多。
女：五劝俚郎笑连连，阿哥出去莫贪钱；
革命成功回家转，幸福光荣再团圆。
男：郎当红军你放心，我今全心为人民；
郎心可比王公子，老妹要像玉堂春。
女：六劝俚郎莫贪花，贪新丢旧害自家；
革命坚持要到底，反复思想自己差。
男：哥哥出去当红军，不要唔妹来挂心；
只有家庭团结好，恩爱夫妻一世人。
女：七劝俚郎要决心，光荣任务你担成；
武松打虎心要定，胜败都要下决心。
男：俚郎出去当红军，前方不要妹挂心；
全心为民做好事，冲锋杀敌我担承。
女：八劝俚郎上战场，加强团结有力量；
少年过活我不管，全心为民保国防。
男：俚郎参军意志强，不要唔妹挂心肠；
前方工作我担任，阶级敌人你要防。

女：九劝涯郎靠你心，艰苦奋斗练红心，
　　冲锋杀敌要勇敢，任何曲折莫变心。
男：夫妻离开日子长，二人坚定好商量；
　　青春年少我理解，我的家务你担当。
女：十劝涯郎听妹言，三大纪律爱实行，
　　八项注意要做到，后日光荣再团圆。
男：老妹劝郎记在心，英勇杀敌为人民；
　　后方一切妹担任，涯郎永远不忘您。

七、双溪铺设列宁师范学校

双溪铺与茶地交界地方原来做了一间洋楼准备设廻澜中学。1930年，我们党提出要培养大批文化教员来建设苏区，就在双溪铺设一列宁师范学校，校长为林一株。教员我记得的有丘仁高、丘万里、张友仁。邓颖超（编者注：有误）、贺子珍也在那里。东二区考进去的有27人。

八、上杭少年先锋队参加全省纪念“五卅”总检阅

1932年5月30日，在汀州参加苏区福建全省纪念“五卅”总检阅，有龙岩、漳平、永定、上杭、武平、连城、清流、归化、长汀、宁化、石城、新泉、汀州等县市竞赛，上杭获得第一名，长汀获得第二，新泉获得第三名。这次活动中，1932年5月4日，先由各区乡选拔出优秀代表到县集训。军事有步法、散兵立跪仰卧射击、队形、方向变化、赛跑、政治测验、音乐、游戏等。上杭县由青年团上杭县委派吴子明带队到汀州参加“五卅”总检阅。有朱德总司令、王顺荣总队在指挥台上参加评判。那时的少先队员年龄为16~23岁，儿童团为7~ 15岁。上杭的少年先锋队用梭镖，非常生动。后朱德总司令下令上杭少先队去福建军区领枪到竞赛地瞄准射击，同军队战士一样整齐。

1984年

（上杭县博物馆供稿）

第三辑　溪口礼赞

——社会各界记述溪口红色历史文章

智取大洋坝炮楼

李梓周

1934年，“围剿”苏区红军的国民党军和大洋坝地主武装罗某清民团，强迫当地群众数百人，在大洋坝圩场后山畲斗窠修筑了一座三层土炮楼。

炮楼居高临下，虎视眈眈地监视着整个大洋坝各条路上的来往行人，是一个地势险要、易守难攻的军事据点。炮楼建成后，先由“围剿”苏区红军的国民党军盘踞，后由大洋坝地主武装、民团等接管驻守。民团经常到各乡村抓丁、抓伕、派款、征粮，骚扰群众，为非作歹，无恶不作；又经常配合国民党军进攻“围剿”红军游击区，屠杀支持游击队的基点村群众。同时，还时常扮成土匪，在光天化日之下拦路抢劫，残害欺诈穷苦百姓。当地群众对民团恨之入骨，纷纷要求红军游击队摧毁这个炮楼，消灭反动民团武装。

1936年春，杭代县军政委员会根据群众强烈要求，要求在双髻山一带活动的红七支队和在林家斜一带活动的大阳区游击小组，派出力量化装成赶集群众到大洋坝侦察敌情，拔掉大洋坝炮楼这颗“钉子”，为民除害。

农历五月初的一天，闽西南军政委员会副主席谭震林和杭代县军政委员会主席、红七支队政委廖海涛等，悄悄来到林家斜，找到大阳区游击小组负责人卢友明、杨锦彬说："搞掉大洋坝炮楼的任务就交给你们。组织大家好好讨论，最好是智取，不要硬攻。有困难尽管提出来，需要什么我们一定支持。"

大阳区游击小组接受任务后，立即派人了解炮楼内部情况，召集游击小组全体成员讨论攻打大洋坝炮楼方案。大家一致认为，如果能争取到民团内部罗德良等人配合，就能进入炮楼消灭敌人。游击小组将讨论情况向杭代县领导廖海涛等报告后，廖海涛和卢友明、杨锦彬一起到鸡衍寨找到罗德良的胞兄罗德河，告知利害关系，唤起他的阶级觉悟，动员他争取弟弟弃暗投明。罗德河到大洋坝劝说弟弟罗德良改邪归正，不与人民为敌。通过罗德良的关系，卢友明、杨锦彬又多次秘密地同民团中队队长罗德元、一班班副罗福传接触，对他们进行耐心宣传，激发他们的正义感，希望他们站到人民一边，不要再与反动势力同流合污。在卢友明、杨锦彬和罗德河兄弟的耐心劝导下，罗德元、罗福传都愿意配合红军游击队攻打炮楼。几天后，杭代县军政委员会接到大阳区游击小组报告，谭震林、廖海涛亲自到林家斜，同卢友明等讨论研究攻打大洋坝炮楼的具体方案。廖海涛再三叮嘱卢友明要继续做好罗德良等团丁的思想工作，落实每一个作战步骤和细节，做到万无一失。

6月22日，廖海涛指示曾毓华带领红七支队20名短枪队员、太平区江金超带20名游击队员配合大阳区和高陂游击小组共80余人到林家斜集中，实施行动。吃过晚饭后，全体人员由卢友明指挥，乘黑经过鸡衍寨，悄悄来到大洋坝后岗的鸡麻皮山上隐蔽。晚上10时左右，杨锦彬与事先派往炮楼对面山上侦察的江文波联系上，了解到这一天炮楼里的民团无异常动静。这时，游击队决定兵分三路：一路由曾毓华带 20人埋伏在一字岽山上，准备阻击石铭、溪口方向的来援之敌；一路由陈志喜带 20人，埋伏在庚树祠堂背后山上监视永定方向的动静；其他游击队员由卢友明带领，从庚树祠堂左侧摸过陈屋小河，从土楼背的三口塘直插畚斗窠，埋伏在炮楼附近的草丛中准备战斗。

当时，天色漆黑，四周寂静，游击队员以胸前第二个衣扣上用手帕打结为记号。时近午夜，炮楼内最底层住的各乡、保长和带来的家属已进入梦乡，住在二楼的团丁们也已呼呼入睡。已换班上岗的罗德良对中队长罗德元一个暗示，罗德元默默点头走上三楼。这时罗德良招呼罗福传乘团丁熟睡之机，悄悄地将排靠在墙边上的枪支收拢起来。他们不时地从小窗探视炮楼外黑夜中的动静，希望游击队能按时到来。

三楼上，8个乡、保长还在蜡烛光下吞云吐雾抽着大烟，打牌赌钱。中队长罗德元带着异常复杂的心情来到楼上，强作镇定走到牌桌边，为赌兴正浓的乡、保长们频频倒茶、敬烟。罗德元看到他们毫无警觉，紧张的心情稍为安定一些。他有意走到乡长罗××的座位边递上一支烟，划着火柴奉承地说："罗乡长，今晚又发财了吧？""哪里！哪里！"罗××侧过头对火点烟后，心不在焉地应付了罗德元几句，眼珠子又继续盯回牌桌上。深夜12点，罗德元走下三楼，暗示罗德良行动时间到了。他拿下挂在二楼的手提风雨灯，招呼罗福传像查哨的样子走到炮楼底层，静听片刻，就走向大门，轻轻搬开闩在炮楼大门上的大圆门闩，让大门虚掩着。罗德良一直站在二楼窗口处注视内外动静。不久，他装着点火抽烟的样子，用点着的火柴向外发出了信号。

这时，早已埋伏在炮楼外的杨锦彬看到信号，就带领廖松章、江文波、江金超等冲上占领了大门口。接着，伏在后面的游击队员在卢友明的指挥下迅速包围过来。杨锦彬轻轻推开炮楼门，廖松章第一个闪了进去，紧跟着江文波等短枪队员迅速进入炮楼，与炮楼内接应的罗德元直冲三楼。"不许动！举起手来！"如同晴天霹雳惊呆了8个正在打牌的乡、保长。可是，狡猾的乡长罗××乘举手之机故意打翻了桌上的蜡烛火，顷刻间一片漆黑。廖松章当机立断，对准黑暗中的乡、保长猛地打出一梭子弹。枪声惊破夜空，围在炮楼外的游击队员高喊“冲啊”的口号，进入占领二楼和底楼。二楼团丁从梦中惊醒，底层的家属们吓得尖声哭叫，整座炮楼都沸腾了。有几个团丁掀开被子企图拿枪负隅顽抗，被击毙在被盖上。这时，罗德元喝令团丁们不要反抗，放下武器投降。紧接着，杨锦彬从三楼下来叫人点起火把，并安定团丁和家属的情绪。卢友明指挥人将炮楼内的所有武器、弹药集中起来，叫俘虏到门外集中，并且将物资立即转移。杨锦彬带着廖松章等清理被打死打伤的敌人，结果未发现乡长罗××。经过搜查炮楼内外，发现在不远的草丛中有一袋大米被丢弃，就断定狡猾的罗××是乘乱时混出大门逃跑了。游击队员清理完物资后，就利用楼里现存的煤油从三楼浇到二楼，然后放火把炮楼烧了。

这次战斗很顺利。炮楼里的敌人除乡长罗××一人漏网外，其余死的死、被俘的被俘。游击队无一伤亡，还缴获了长短枪60余支和大量物资。

畲斗窠烧炮楼的冲天大火，极大鼓舞了当地群众。当晚，大洋坝人民奔走相告，高举火把涌向大洋坝圩场看热闹。游击队连夜在圩上召开群众大会，根据群众强烈要求，枪毙了几个罪大恶极的反动头目，把剩下的团丁和家属给予教育后当场释放，把缴获的大部分物资分给群众。卢友明、杨锦彬等在群众大会上宣传了中国共产党抗日讨蒋政策，号召人民群众积极支持红军游击队的斗争。天亮前，游击队在群众的欢呼声中兵分两路，安全撤回林家斜。

（根据杨锦彬口述整理）

双髻山大捷

李梓周

1936年年初，我闽西南军政委员会根据党中央关于开展抗日反蒋统一战线的指示，将杭代县红军游击队改编为“中国工农红军闽西南抗日讨蒋军第七支队”，由廖海涛任七支队政委、黄火星任支队长。红七支队坚持活动在杭岩边界的双髻山周围，依靠基点村革命群众的积极支持，不断发展壮大，经常寻找机会出其不意地袭击敌人，使得国民党闽西驻军和地方民团惶惶不可终日，昼夜不得安宁。因此，他们处心积虑，随时妄图找机会剿灭我红七支队。1937年春节期间，国民党广东军黄涛部的一五七师和驻闽西的钟绍葵民团等2000余人，得知我红七支队集结在双髻山下的大和坑准备过年，便兵分三路向大和坑发起进攻，企图一举歼灭红七支队。

根据事先得到的确切情报，闽西南军政委员会决定来个将计就计，给敌人一次沉痛打击，准备将敌人引到双髻山东边的杀人岽和中华山。我方事先在三条路口设下埋伏，等待敌人爬上千米高山疲倦不堪之际，出其不意给予狠狠打击。在军政委员会的统一指挥下，从永定迅速调来一个新兵排，由我红七支队指挥，加上红八团的20余人，总共300多人，在2月1日深夜到达大和坑村后背的一个山窝里集结。首先，杭代县委书记、红七支队政委廖海涛作了战前动员，然后由支队长黄火星宣布作战部署。战士们就地休息待命，支队干部集中到指挥部布置了具体的作战方案及各路联络的信号。

次日黎明时分，我军进入预定位置，修筑工事，准备战斗。红八团的战士分为三路下山打探敌人动静，并负责将敌人引上山来。天刚亮，山上晨雾一片茫茫，阵阵刺骨寒风在林中呼啸。“砰！砰！”山下传来枪声。红八团战士在山下看到开出来的敌群，故意虚放几枪，暴露目标；看到敌人中计上钩后，迅速撤退上山。人多势众、装备精良的敌人气势汹汹地朝双髻山巅峰杀人崇方向扑去。

东路，游击队员四五十人在蓝荣玉带领下，埋伏在大池方向的路口，密切注视着从山下大和坑上来的敌人。同志们同仇敌忾，埋伏在山石后背一齐将枪口对准“之”字形的上山通道。这时，廖海涛带着警卫员巡视阵地前沿。他睁大双眼，望着快要爬进我埋伏圈的敌人，低声说道：“同志们，要沉住气，尽量节约子弹，让敌人靠近后一齐开火消灭敌人。”“是！”同志们轻声回答后屏住呼吸，默默地注视着敌人喘着粗气，在敌军官的驱使下吃力地往山上爬来。待敌人已全部进入我军的伏击圈后，我军居高临下，占有地形优势，一声“打”后，一阵排火，前面几十个敌人尚未清醒即被送上了西天。数十枚手榴弹呼啸着从空中落下，在敌群中开花。敌人鬼哭狼嚎，乱作一团，有的当场毙命，有的滚下山崖，也有的被炸成重伤。未被打着的敌人抱头鼠窜撤退到几百米外，龟缩在山道拐弯处的石缝中。

东路战斗打响后，东南路莲塘里方向的中华山边和西北路的白砂方向，在黄火星支队长的指挥下，也同时打退了敌人的进攻。我方利用靠近山顶的有利地形，居高临下，封锁了仅有的3条通往顶峰的山道。敌人不断变换战斗方式，反复组织冲锋10多次，都被我军英勇反击打得落花流水，无法向上推进半步。山道上污血浸染，横七竖八地堆满了敌人的尸体。

近黄昏时，敌人增援部队到达。随即，他们仗着人多势众，又重新组织力量分3路向游击队阵地猛扑上来。开始冲锋前，敌人用小钢炮猛烈攻击我军阵地。正在密切注视敌人动向的廖海涛，听到联络员报告东路方向敌人进攻猛烈而嚣张，而我一机枪手受了重伤，即联系上黄火星注意东南、西北方向的敌情变化，天黑以前一定要击退敌人。他走出观察所，命令警卫员巫先科带领一个班并调来一挺机关枪，出其不意地绕到东路敌人侧背，突然向敌军开火，并利用树林、山石作掩护，不断变换位置，大量杀伤敌人。正在往山顶冲锋的敌人听到侧背枪响，怕自己被断了退路，也无心恋战。黄火星乘机组织三路守卫打伏击的游击队员发起了冲锋。顿时，“同志们，冲啊！”叫喊声在整个山顶发出，在山谷中回响，好似春雷般地威慑着敌军。敌人不得不丢下80多具尸体和无数的枪支弹药，仓皇败退。

这时，夕阳的余辉刚刚消逝，迷茫的夜幕笼罩了崇山峻岭。敌人领教了我游击队的厉害，深知黑夜更是游击队的天下，若坚持围攻下去，必遭游击队袭击，将败得更惨。最后，敌酋黄涛无奈地带着残兵败将，悻悻溜回他的老窝。

这次战斗，红七支队等游击队以4死4伤的小损失换取了大胜利，打死打伤敌人200余人，缴获了大批武器弹药，有力打击了敌人的嚣张气焰，粉碎了国民党军的“围歼”美梦，极大鼓舞了闽西人民的革命信心，为后来闽西停止内战，国共合作建立抗日民族统一战线打下一定基础。

坑口乡消费合作社发行“毫半”纸币（消费券）

刘长生

1931年一、二月间，随着经济贸易的发展，为便于贸易流通、刺激消费，坑口乡消费合作社在征得第三区苏维埃政府同意后，在该乡发行“毫半”消费券。该券由木刻套印，在乡苏维埃政府内印制完成。

“毫半”券正面底色为粉红色，图案设计为马克思、列宁头像，在马克思、列宁两头像的左右及中间有“毫半”字样，正面上方用半月形自右至左印着“全世界无产者联合起来”字样。左右上角印有1.5（即毫半），下方自右至左印有“苏维埃政府准许发行”字样，左右两角各有经理、主任扁印章一枚。背面印有“开设杭武县第三区第二乡”11个字。全券纸张大小为纵8.5厘米、横14.5厘米。

“毫半”券的流通范围仅限于坑口一带，其他地方不流通；发行数量约1千元（以光洋计算，当时1个光洋等值3毫）。

“毫半”券的发行，对促进该乡贸易和经济发展起到了积极作用，很受农户欢迎。坑口乡消费合作社发行纸币在福建省是独有的。

此“毫半”券实物现仅存一枚，由福建博物院珍藏。

闽西工农通讯社在高寨坑的一段经历

罗陈喜

上杭县溪口镇东南部有一个小山村，名叫“高寨坑”。1931年1月至1933年3月，闽西工农通讯社驻扎在该村，历时2年3个月。

1928年，中共六大后，为了加强同各地苏区的联系，党中央指示组建通往各地苏区的秘密交通线。其中，通往中央苏区的秘密交通线是1930年10月组建的，对外称“工农通讯社”。

闽西工农通讯社于1930年10月在永定虎岗建立，由中央交通局直接领导。中央调广东省委交通科科长李沛群担任闽西工农通讯社主任，陈连顺任副主任，委员为游昌炳、雷德兴，交通员有赖奎贤、张发春、王德洪等，共50余人、20多支枪。同年10月，蒋介石对苏区发动了第一次军事“围剿”，国民党四十九师张贞部进攻闽西苏区。由于敌强我弱，无法抵挡敌人的进攻，12月25日，中共闽粤赣边省委、闽西特委、闽西苏维埃政府被迫从龙岩撤退到永定虎岗。

上杭县高寨坑村与虎岗毗邻，距虎岗7.5公里，位于虎岗通往大洋坝、坑口、白砂、张芬、太拔、蓝稔、永定合溪的交通要道上，是虎岗的西大门。这里地处偏僻，山高林密，群众基础好，建立了农会、儿童团、少先队、妇女会、赤卫队和乡苏维埃政府，革命工作搞得轰轰烈烈，热火朝天。为了保卫中共闽粤赣边省委、闽西特委、闽西苏维埃政府驻地虎岗，打破敌人的军事“围剿”和经济“封锁”，中共闽粤赣边省委、闽西特委、闽西苏维埃政府决定并报请中央交通局同意，于1931年1月，将闽西工农通讯社从永定虎岗迁往高寨坑村，并派闽西红十二军模范营到高寨坑驻防。从此，高寨坑村成为上海通往中央苏区秘密交通线上的一个重要驿站。其线路是：上海（乘船）—香港—汕头—潮州—大埔县茶阳—青溪—多宝坑—永定县铁坑—桃坑—永定县城关—合溪—虎岗—上杭县高寨坑—大洋坝—坑口—白砂—旧县—南阳—长汀县涂坊—四都—茶坑—江西瑞金。

闽西工农通讯社和红十二军模范营从永定虎岗搬迁到高寨坑后，驻在高寨坑众厅里和学堂下。闽西工农通讯社与中央交通局实行单线联系，主要任务是：配合苏区和红军反“围剿”、反“封锁”，使交通线路畅通无阻；安全护送上海中共中央与苏区间的人员往来和文件、信件、书报的传递；运送粮食、食盐、布匹、纸张、煤油、药品、医疗器械、通讯器材、武器弹药等军需物资——这些物资要从上海经香港、汕头、潮州、大埔、永定、上杭、长汀运到江西瑞金，很不容易，是由交通站（工农通讯社）一站接一站地负责护送和保护，依靠当地群众一站接一站地运送，才能到达目的地。

在执行任务时，闽西工农通讯社交通员主要是担任护卫和向导，过境干部及文件、书信由交通员直接护送和传递，物资在交通员的保护下由高寨坑群众肩挑运送。高寨坑村成立了一支近百人的运输队。队员们政治思想好，责任心强，严守纪律，吃苦耐劳，不怕牺牲。一旦接到通知，无论严冬酷暑，还是刮风下雨，或是深更半夜，都准时来担运物资。物资主要是从永定合溪、金砂古木督、虎岗挑来，由高寨坑闽西工农通讯社负责验收和保卫，组织高寨坑群众担往大洋坝、坑口、白砂、旧县。每次担运，近者往返要走20多公里，远者往返要走120多公里，历时两天两夜。遇到敌情紧张或途经敌占区时，为了通过敌人的封锁线，白天不能去，只能夜间去，不能点火把，不能打电筒，不准说话，不能发出响声，只能以暗号联络，摸索行走。但运输队员不怕苦、不怕累，运送了许多物资，还经常在交通员的带领下，以挑担赴圩做掩护，到敌占区与苏区有联系的商店接头，通过商人在敌占区收购物资，然后在交通员的护卫下担回苏区。

1931年9月，中共闽粤赣省委撤退到长汀。闽西工农通讯社主任李沛群奉调长汀，任闽粤赣省委代理秘书长。中央任命蔡翼清为高寨坑闽西工农通讯社主任。

1931年12月下旬，周恩来从上海通过红色交通线到达长汀，此时闽西工农通讯社主任蔡翼清调离。周恩来要李沛群立即移交秘书长职务，调回闽西工农通讯社任主任，并交代了多项任务：一是把闽西工农通讯社搬迁一部分到永定金砂古木督；二是为巩固和扩大苏区，中央要增调60%的干部到苏区工作。要做好安全护送工作；三是要从上海运送大型电台、药品等军需物资到苏区。随即，李沛群离开长汀，回到高寨坑村，把闽西工农通讯社分出一部分，以“闽西工农通讯社第一分社”名义，在李沛群率领下，于1932年1月3日搬迁到永定金砂古木督；一部分以“闽西工农通讯社第二分社”名义留在高寨坑村，有交通员20多人、10多支枪。陈玉恒任闽西工农通讯社第二分社主任（又称站长）。不久，陈玉恒调离，由刘永游任主任。

1933年3月13日，国民党十九路军蔡廷锴部、四十九师张贞部，在当地民团的配合下，分3路进攻高寨坑村。由于这次敌强我弱，无法抵挡，第二分社被迫撤退。

闽西工农通讯社从1930年10月建立以来至1933年3月，在高寨坑村驻扎了2年3个月，后撤退到大洋坝牛轭岭斜里，不久又撤退到茶地黄竹墩。

1934年10月，主力红军长征后，工农通讯社的使命宣告完成。

（本文原载于《中央红色交通线研究》，中共党史出版社2015年12月出版，编入本书时略作修改）

共和国师范教育摇篮

——双溪铺闽西（上杭）列宁师范学校

溪口西部与茶地乡交界处，有一个小山村叫“双溪铺”。清光绪三十一年（1905），由于新文化运动的兴起，许多爱国人士为了振兴中华，实施教育救国，兴办民间教育事业，造福于民。当时，胜运里坪畲村的丘信夫（曾任武平县知事），联络下三溪吴屋的吴思源（字玉廷）和白石笏的张翰鹏等，倡议在官道的交通枢纽双溪铺内于咸丰七年（1857）兴建的一座文馆里创办新学，邀集调河溪和三溪两溪水域13乡53村乡民捐资，得到乡民积极响应，仅用很短的时间就修缮好了文馆，仍取名“迴澜文馆”。

双溪铺闽西（上杭）列宁师范学校旧址——迴澜文馆

1929年9月底，红军攻下上杭城后，在县城召开了上杭县第一次工农兵代表会议，提出要“开办列宁师范，制造教师人才”。此后不久，在溪口双华村双溪铺廻澜文馆创办了闽西列宁师范学校。这是一座为培养和训练苏区党员、干部和初、高级列宁小学教师及各类人才而开办的学校，是中国共产党创建的第一所师范学校，被誉为共和国师范教育的摇篮。

中共闽西特委、闽西苏维埃政府与上杭县委在廻澜文馆联办闽西（上杭）列宁师范学校，首批学员100多人，校长由闽西苏维埃政府秘书长、文化部长林一株兼任。开学那天，邓子恢、张鼎丞等来到学校，参加开学典礼。学校的宗旨是：执行苏维埃政府的教育方针和教育政策，扫除资产阶级教育，灌输无产阶级思想，用马列主义武装工农群众，争取革命的胜利。学校的主要目标是：1.教育党员、干部用马克思、列宁主义武装头脑，提高思想认识和政治理论水平，使党员、干部明确共产党的性质、宗旨、任务，发挥先锋模范作用，积极投身革命斗争，努力完成革命任务。2.培养能运用新的教育、教学方法，从事实际的普通教育、社会教育的小学教员。

学制以短期培训为主，修业时间为3个月。课程主要是政治、军事、经济、语文、数学、体育、音乐等。教学方法主要是理论联系实际，课堂教学与理论相结合。教师由中共上杭县委和上杭县苏维埃政府审查登记，选拔具有革命思想，有较高文化水平、教学水平和管理水平者任教。教师有袁竹秋、罗唱初、张善初、罗云舫、丘万里、丘仁高、李敏文、张友仁等10余人。薪金按照苏维埃政府工作人员的标准发给。教师和红军、政府工作人员一样，享受减免土地税、代耕、免费医疗等。

学员由县、区、乡苏维埃政府推荐，招收党员、干部、教师中的骨干和工农群众中的优秀人员。学员中有两位女生：一位是魏慎如，龙岩人；一位是身材颀长、一身戎装的红军女战士，名叫贺子珍。当时，贺子珍化名杜小秀，身怀有孕。老师和学员都很尊敬她。贺子珍虽是学员，有时也当老师，在讲台上讲课，讲革命道理，讲井冈山革命斗争故事，讲得很生动，老师和学员很爱听，博得全场热烈掌声。

闽西（上杭）列宁师范学校设有三个班级，学员免收学费，书籍由苏维埃政府发给。

开学不久，由于前方战事紧迫，红军部队急需政治军事人才。为此，闽西苏维埃政府在该校挑选两批优秀学员，设立高级政治军事培训班，第一批挑选了60多名，第二批挑选了30多名，毕业后分配到部队担任基层指挥官。如罗闽初被分配到红十二军无线电台担任政治委员；卢凤鸣被分配到红十二军政治部宣传队担任副队长，后任汀东县苏维埃政府军事部长兼赤卫军司令员、汀西独立营营长。

1930年5月左右，第一期学员毕业后，闽西列宁师范学校迁往龙岩城，招收第二期学员（学员于1930年8月毕业后）。闽西列宁师范学校于1930年9月12日开办第二期政治训练班，招生80人。

1930年5月初，闽西列宁师范学校创办校刊《晨光》，发行第一期刊物。

1930年5月左右，闽西列宁师范学校迁往龙岩后，上杭县委下属的双溪铺上杭列宁师范学校继续办学。1930年8月15日，在第二期学员毕业后，又举办了一期教员训练班，培训期限一个月。1930年冬，因敌人进攻庐丰，学校从双溪铺紧急迁往大洋坝星聚小学。1931年7月，永定虎岗被敌人占领后，闽西列宁师范学校及闽西红军学校（红军彭杨军事政治学校第三分校）随闽西苏维埃各级机关迁往白砂，一起在双溪铺廻澜文馆继续办学。

上杭列宁师范学校采用短期、速成、理论联系实际、学以致用的办学方式，不仅为闽西苏区培养造就了一批具有一定马列主义水平，作风踏实，既能从事政治工作和群众工作，又能带兵打仗的干部人才，而且为闽西苏区的教育事业培养了一批师资，缓解了闽西苏区干部和师资紧缺的困难，为闽西苏区的政权建设、军队建设、教育建设作出了很大的贡献。这些经过短期培训的干部人才，被安排输送到部队和地方工作后，大多数能发挥骨干作用。

迴澜文馆位于溪口西部与茶地交界的双溪铺，根据清同治年间《上杭县志》记载："迴澜文馆在胜运里双溪铺，咸丰七年，张以谐（华地科举人）、丘晋章、张藻、吴汝昌、丘和桂、吴春耀等倡捐众建。"后因内忧外患，民不聊生，课业凋零，文馆关闭。清光绪三十一年（1905），废除科举，新文化运动兴起，许多乡绅名士兴办民间教育事业。此时，胜运里坪畲村曾任过武平县知事的丘信夫（又名丘帝中），联络下三溪的吴思源（字玉廷）和白石笏的张翰鹏等，倡议在古官道的交通枢纽站双溪铺内原迴澜文馆创办新学，邀集调河溪和三溪两溪水域13乡53村乡民捐资。广大乡民捐粮出钱、投工献料，仅用不到两年时间，就将原已报废多年的旧文馆修缮一新，仍保留原名叫"迴澜文馆"。迴澜文馆大门为石砌门楼，门楣上横刻"迴澜文馆"

迴澜文馆旧址

四个大字，系丘信夫亲题。文馆内有前、后大厅各一间，为师生活动场地。后厅两边厢房为校长、教师办公、住宿房间。厢房左边是厨房、膳厅；右边是教室、学生宿舍，共13间。中间有一口大天井，天井里设有花坛，种有名贵花木。大门外有一块平地，为文馆的体育活动场地。四周建有围墙。校园里种有一棵枝叶繁茂的桂花树。金秋八月、桂花绽放、芳香扑鼻、沁人心脾。廻澜文馆是一所高级小学，丘信夫任董事长，吴思源任校长。第二任校长为张翰鹏，第三任校长为袁竹秋（后曾任白砂崇实中学校长；中华人民共和国成立后，任上杭县人民政府副县长）。还有吴雪汀（箭竹隔人），于1924年前，曾在廻澜文馆（系上杭县第三区公立第一高等小学校）担任校长。教师除吴思源、张翰鹏、袁竹秋兼任外，先后还有丘復（丘荷公）、丘仁高、廖笏成等。

廻澜文馆办学经费除买100多亩良田租给农民耕种，每年收取租金外，还成立了“文馆尝”。丘信夫还通过在北伐军担任旅长的女婿曹万顺帮助，得到一笔资金，并经各乡村捐助，在文馆右侧增筑了一座二层洋楼。

新学廻澜文馆从民国初年重建以来，包含苏区时期的“闽西列宁师范学校”“红军彭杨军事政治学校第三分校”，历时近30年，培养出6届高小毕业生、2届师范学员、1届军事政治学员。1934年，第五次反

廻澜文馆的活动及碗具

“围剿”失败后，廻澜文馆被国民政府封闭，学校停办，藏书散失。由于年久失修，到1949年，文馆及附属洋楼大部分已经倒塌，残余部分房间归双溪铺生产队集体所用。20世纪70年代初，因开杭星（上杭县城至五星公社）公路和建设上杭县双溪水电站，全部被拆除。

列宁桥

列宁师范学校附近的调和溪中有一座古桥，已有数百年历史，三座古桥墩，呈分水刀形，古韵十足。因紧邻列宁师范学校，亦称列宁桥。此桥位于太拔至白砂、溪口到上杭县城的交通枢纽，为当年中央红色交通线太拔、白砂路段的必经之桥。1930年春，贺子珍在此读书时，何长工从江西前往漳州、厦门，途经此地，与老战友贺子珍相见。几番寒暄后，何长工告之有关王佐、袁文才遇害的消息。听到王佐、袁文才被误杀的消息后，贺子珍常常在此木桥上黯然神伤。原木桥面损毁后，当地寿星捐资重建水泥桥面，故亦称寿星桥。

星聚乡起义

罗陈喜

1949年春，人民解放军百万雄师渡过长江，攻克南京，向江南各地进军。蒋家王朝倒台，全国革命胜利已成定局。当时，在闽西双髻山一带活动的上杭工作团和游击队决定，攻打大洋坝星聚乡公所，消灭其民团，迎接解放大军解放闽西。

通过内线得知，星聚乡乡长丘镗禧某日傍晚要回老家坪畲，其回家要走院洋坑到坪畲的山路。张昭娣、蓝汉华等带领上杭工作团游击队，事先埋伏在院洋坑去兴寨窠岭头的牛汶湖路亭周围。那天黄昏，丘镗禧只带一个警卫人员丘美凤，走在院洋坑山路上。当到达岭头路亭里时，两人便坐在亭内，一边歇息抽烟，一边谈起当时的国内形势。丘镗禧对丘美凤吐露了自己内心的想法。他认为国民党不得人心，大势已去，共产党必然取得天下。他已不想死心塌地跟随国民党，当国民党的殉葬品，要给自己留一条后路。他说："乡长的饭不好吃，作田管山才是本分……"

早在路亭周围埋伏的游击队原想活捉丘镗禧，利用他智取大洋坝炮楼。可是，张昭娣等游击队员听到他们俩的谈话后，认为可以和平争取丘镗禧，不必强取。于是，便放弃袭击，让其回家了。事后，工作团交代事先打入大洋坝炮楼当乡公所交通员的吴维岗，设法接近丘镗禧（丘与吴父系师生关系），争取他投诚。

不久，丘镗禧辞去乡长职务，推荐罗冠斌接任乡长，自己回家后到鱼子岩下（即龙子村）做纸。后由吴维岗引荐，找到上杭工作团负责人，也是从小和他一起长大的叔伯养女张昭娣和李学山接头。接头后，丘镗禧表示愿意投诚，要求参加工作团和七支队，并去说服乡公所人员及民团起义，争取星聚乡和平解放。上杭工作团接受了丘镗禧的要求。

4月，丘镗禧率领部属卢凤鸣、张克畴等人率先起义，并参加了中国人民解放军闽粤赣边纵队第七支队。5月20日，他亲自写信给星聚乡乡长罗冠斌，向其讲清解放战争的发展形势，以及共产党的一贯主张，陈述利害关系，动员他带领乡公所人员起义。结果，罗冠斌等都表示愿意放下武器，投诚起义。

5月23日，张招巴和丘镗禧率领七支队部分武装从竹坝里出发，到达大洋坝。罗冠斌带领乡公所工作人员和放下武器的民团、各保保长及群众，到星聚庄渡口隆重迎接。之后，顺利接收了星聚乡乡公所，并宣布星聚乡和平解放。同时，任命罗钦福为星聚乡农会主席、官浪标为闽西起义军临时行动委员会上杭分会星聚乡支会会长。

溪口人民当年如何支援游击队

——溪口部分群众访谈记录

编者按： 溪口镇附近的双髻山、灌洋山，是三年游击战争期间闽西南红军游击队生存、发展的重要区域之一。溪口人民冒着白色恐怖，千方百计为坚持在这里斗争的红军游击队提供了大量支持，也付出了巨大代价和牺牲。20世纪80年代，上杭县革命纪念馆等单位组织人员深入溪口做了广泛调查访问，取得了不少当年人民群众支援游击队的感人经历资料。现将部分被调查人的口述记录刊行如下，以飨读者。这些访谈资料虽然篇幅不长，但却从不同侧面反映了当年溪口人民对游击队的生存、发展付出的艰辛和作出的贡献。

老游击队员： 当年游击队的主要活动地点，有永定的金砂，上杭的林家斜、大岭下、岩下山和九州等地。我们每到一个村都有接头户。当时，我们与群众联络的方法有好几种。

一种是不见面的送信方式。就是把矾水写到草纸上，干了以后折好，然后假装上厕所，看看有没有人注意。如没人注意，便把信藏在厕所畚箕底下。然后约定，如果信被取走，要把回信放在同样的地方，这样就完成了送信的任务。

另一种方法是：双方确定一地，把一截竹筒穿洞，把信装在竹筒里，塞在岩缝里或石头下面。隔天再去看一看，如果竹筒不见了，信便是被取走了。

群众送粮食给我们也没有固定的方法。有方便的时候，游击队便到群众家去拿。如群众家临时有，那就带走。如群众家暂时没有，便把大洋给他们，让他们明天去买，游击队则过几天再去拿。有的群众要上山种地瓜，便把粮食藏在地瓜藤下面，上面看去是地瓜藤，这样到了山上便把粮食送给游击队。也有的群众把粮食放在畚箕底下，上面盖粪，然后送到山上。有些群众则结伙上山劳动，每一袋里都装一点米，积少成多送给我们。

国民党反动派强迫群众移民并村时，群众不得不离开村子，但仍把粮食藏在山上，做上记号，让游击队没有粮食时便去挖。基点村群众分头到龙岩大池、永定等地方去买，晚上挑回来，送给游击队。

一次游击队攻打兰田大桥，因敌人事先知道，便在桥两边埋伏了兵。群众知道后，则偷偷派人翻山越岭抄近路赶来通知我们，使部队免遭损失。群众与游击队的关系是鱼水相依、血肉相连。游击队当时打土豪，如果没收了地主富农的牛、猪，就会把这些猪肉、牛肉分发给群众。

那时群众生活很困难，但他们宁肯自己饿肚子，也要把粮食给我们。如果没有粮了，便把地瓜或地瓜干也给我们。

龚细妹（76岁）：1929年，我在大洋坝当过洗衣队队长，还经常与一批妇女群众开会，唱山歌，动员自己的亲人参加红军，动员村里的青年上前线打敌人，保家园。敌人复辟后，就把我家的谷仓给封了。说我是红军婆，犯了私通红军罪，把我抓了一段时间。因无确凿的证据，又把我放了。

游击战争期间，有时送些粮食给游击队。因村口到处都有民团站岗，所以要上山送粮只能在谷箩上面盖一些东西，米藏在下面，骗敌人说要到山上，然后送给游击队

龚玉娣（81岁）：当时形势很紧张，我们都是晚上为游击队送

米、送菜的。一个人不敢上山，就叫邻居与我较好的同辈妇女同我一起去送。不知敌人怎么怀疑上我，便把我扣去，问我有否给游击队送粮食，支持“红鬼”。我说，我家中老公去世得早，有老、有小，自己都没有粮食吃，怎敢支持游击队？敌人毫无办法，就把我放了。我回到家里一看，东西都给砸坏了，粮食也没了，只得向人家借些粮食，暂度一时。

有一次移民并村时，我曾把粮食藏在山上圹窟（即墓穴——编者注）里面。晚上游击队来时，我便壮着胆子，到圹窟里把粮食取出来给游击队。

后因国民党反动派迫害得厉害，我逃到外乡去了一段时间。回来时，家中的荒草都长得有半人高了。

张占元：中央主力红军长征时，中央苏区组织了一支正规部队为“抗日先遣队”。

我是1933年调往瑞金临时中央政府财政部工作的。主力红军长征后，我就回乡了。溪口这一带在1935年5月这段时间，形势虽很紧张，但各区、乡都还有秘密党组织在活动。我回乡便自己开了一间小杂货铺，货铺号为“永和兴”，经营电池、感冒药、退热片等一些小杂货。游击队当时经常叫箭竹甲的接头户吴子天到我店买一些日用品。我心里也知道是帮游击队购买的，也没声张，并尽量备货给吴子天。那时听吴子天说，是直接与游击队见面，然后代买日用品。直到1936年、1937年时，形势就愈发恶劣了。那时与游击队联系，就只有约定秘密地点，把货放在约定地方，游击队员暗暗下山来取走。

王富莲（81岁）：当年游击队都在我们村附近山上杀人崇一带活动。反动民团驻在杨屋，中间只隔一条河。

游击队白天都在山上隐蔽起来，只有到晚上才下山到我们家拿些粮食、菜等食品。我一般都是给三四斗，有粮食时多些，没有的时候少些。又怕被别人发现，都是暗中给他们的。我丈夫罗寿春在世时，我这里就成了游击队的中转站，当时永定灌洋、苏家陂、庐丰都有人送信经过我家歇脚。我不管他们半夜来，还是傍晚来，都会起来给他们烧水做饭。有一个晚上来好几批，就要一夜做饭到天明。有一段时间，张鼎丞也在我家住了一个星期左右。我丈夫27岁牺牲后，我也没改嫁，仍是住在这里。游击队员也还是经常到我家拿米、菜、番薯等食品。

（资料来源：上杭县博物馆）

母亲回忆苏区时期的斗争生活

李梓周

1929年春，农民暴动后，我区（东二区——编者注）建立了苏维埃政府。母亲当时才十二三岁，参加了贫民夜校识字班，积极参与苏维埃政府领导的各项革命活动。1930年春，加入儿童团。1931年，参加少先队。这段时间，她曾多次受训，参加过县苏、区苏举办的儿童团、少先队的各种竞赛活动。一次，县苏在蓝溪黄潭举办全县少先队大检阅，我母亲等人代表区苏少先队参加，在出操、唱歌、识字等比赛中获得了奖旗，为区苏争得了荣誉。从此，她也成了苏区一名出色的女少先队员、全乡一名小有名气的活跃分子。当年秋天，母亲由邱园金介绍，光荣加入了中国共产主义青年团。

她入团后，宣传群众发展生产，动员青年支前扩红，工作更加积极，始终站在斗争的前列，得到了苏区干群的好评。她经常对我们回忆当时艰苦的斗争生活。她说，过去她们参加团的组织活动都是秘密的。要开会，通知谁，只能打暗语或做某种暗示动作。晚上黑灯瞎火，去某个山坑、田寮或小溪边集合，传达上级指示。共青团员要无条件执行指派的各项任务，还要时常警惕，防止敌特分子的捣乱破坏活动。

1932年春，母亲到上杭县苏维埃政府接受培训一个月后，正式成了一名苏区干部，被县苏安排到共青团茶地区委任宣传委员兼妇联干事。到职后，先后被派往千龙村、大燮村、黄竹墩、久太村等地，走村串户，宣传群众，发动群众；同时，协助区苏妇代主任江三妹开展工作，动员青年男子扩红参军，组织发动妇女群众支持和配合赤卫队投入保卫苏维埃、巩固红色政权的斗争。

扎。几天后，又转移到丰稔联四的余坑里。派去打探消息的同志回来报告，红八团正在永定的金丰地区与敌人作战，十分激烈，我们同红八团会合十分困难。上级要求我们转移隐蔽活动。因此，赤卫队和其他非战斗人员，只好白天在山上隐蔽，晚上摸黑走山路，天亮时回到太拔和溪口交界的一个十分偏僻的山村鲜水坑。这时，从各地撤退到鲜水坑的人数有好几百人，其中妇女就有100多人。他们在鲜水坑一边休整，一边派出部分人员到附近山村秘密活动，发动群众坚持斗争。不久，因叛徒告密，国民党县保安团和太拔等地方民团联合"围剿"鲜水坑村。赤卫队遭袭击损失很大，绝大部分人员被冲散。当时的处境十分困难与危险。上级为了保存革命力量，决定所有人员都分散隐蔽活动。

那时，接到上级通知后，母亲与一个叫阿珍的官田人和来娣子（大洋坝人）3个妇女被分派到苏前隐藏，白天藏在山坑密林里做草鞋，采摘蘑菇、野菜充饥，晚上下山宣传发动群众，尽力支持红军游击队开展游击战争。

1934年农历十一月底，母亲因跟随苏区工作人员在杭永边山区转战数月，早已染上的皮肤疾病（俗称"大头疮"）越来越严重，无法坚持工作，只得报请组织同意，在群众的帮助下，几经周折，秘密回老家下三溪。母亲回家后，坚持以耕田管山为业。

解放前夕，为迎接人民解放军入闽，她与我父亲主动与杭岩工作团接上关系，置办米菜、打探情报、购买药品和电池等物资，秘密送往我工作团和游击队驻地——双髻山下的梧世洋等地。游击队几次也来我家借宿，直到1949年春夏之交上杭解放。

1984年春，在党的亲切关怀下，落实有关政策，我的母亲被认定为"老苏区干部"，享受到"五老"人员的政治待遇和每月的生活津贴。

（原载于李梓周著《闲文散集》，编入本书时稍作修改）

游击队借宿我家的回忆

李梓周

解放战争时期，刘永生、张昭娣等领导的闽粤赣边游击队为配合解放大军南下，在闽西南地区坚持开展游击战争。

一天，在溪口周边双髻山一带活动的游击队员几十人路过我村时，已近子夜时分，他们决定在我家借宿。他们到来后，我三叔婆急忙帮大家烧水、煮饭，照顾大家吃完饭后，又忙着收拾房间和厅堂，准备让大家住在屋里。游击队员游昌炳、李学山等见状忙阻止："婆婆！别忙了，我们睡在大门外的石坪上就行了。"三叔婆过意不去，执意要大家住在屋里，可大家怎么也不肯。三叔婆拗不过，只好帮他们在石坪上、屋檐下铺上一些稻草，让他们睡在那里。

第二天天刚蒙蒙亮，三叔婆就把我叫醒，要我起床帮她为游击队员烧水、煮饭。但待我睡眼蒙眬地起床后，走出门一看，游击队员们都走了。原来铺在地板上的稻草都已捆扎好，放回原处，地板打扫得干干净净。走进厨房一看，一切用具也已收拾、洗刷好，水缸里的水也挑满了，灶沿上放着一块光洋（银圆）和一张纸条，原来这是给我家的柴火钱。三叔婆见此情景，不禁连声赞道："好人，好人啊！"

这时，大门口突然又走进两个带枪的年轻人。我吓得连忙躲到三叔婆身后，呆呆地探视着，连大气也不敢出。三叔婆也以为是"民团鬼"来了，紧张得脸都变色了。

"婆婆，真对不起，我们忘了把茶壶放回桌上。"走在前面的那人说道。三叔婆这时才回过神来，急忙让座。另一个在大门外的人从角落里找回茶壶小心地放到桌子上，并从口袋里摸出一个银毫子，说道："婆婆，打扰您了，这是给您作茶钱的。"他把钱往三叔婆手里一国民党反动派为了消灭苏区红色政权和工农红军，1933年后，中央军对我们闽西革命根据地进行了多次“围剿”。在反“围剿”斗争中，母亲和其他苏区干部一起，没日没夜地深入山村农户，动员群众支前扩红、参军参战。白天，组织各村儿童团、少先队员站岗放哨，保护群众生产生活，防止敌特分子的破坏活动；晚上，协同区乡赤卫队员设防伏击，严防来犯之敌。

1934年10月，第五次反“围剿”失败，主力红军撤离中央苏区。国民党军步步逼近，地方反动势力反攻复辟，区、乡苏维埃政府机关工作人员转为地下活动。母亲也和他们一起转移，跟随茶地区苏先后转移到村尾、调和、黄竹墩等地活动，秘密开展各种群众工作，进行反复辟斗争。母亲记得，当时茶地区苏机关转移到黄竹墩时，还遇到由少数留下的红军战士组成的通讯社。随着形势越来越紧张，斗争环境越来越复杂，为了适应形势变化，机关工作人员除部分分散隐蔽活动外，大部分被整编为赤卫队。赤卫队队员都得拿起长矛、大刀、鸟枪、土铳等武器，同敌人周旋，尽可能地袭扰地方反动势力，保护苏区群众利益。

母亲说，她跟随区书记陈尔洪同志带领的赤卫队从黄竹墩转移到华地科活动期间，有一天黄昏，赤卫队在白石笏和下三溪交界的神坛水口与白军发生遭遇战。当时，通讯社为保护其他赤卫队同志，有3位不知名字的战士壮烈牺牲。赤卫队被迫转移到余家山，有不少人被冲散失去联系。而母亲则跟着陈尔洪书记等同志，从华地科转移到秋竹坝河对面的罗溪背住了好几天。后来，到牛轭岭斜里村碰到了张全福（白石笏人）带领的赤卫队，会合后一起辙到崇背、桥头坑一带坚持斗争。当时，因为敌强我弱，斗争形势十分严峻，临时组建的赤卫队由于没有武器，战斗力很差。为了寻找主力红军撤退时留下的红八团，向他们靠拢，所以，陈尔洪和张全福同志带领赤卫队和部分苏区干部，从桥头坑出发，途经双康湖子里，到达大地的一个山寮里驻塞，转身走了。

这是我童年时亲历的一件事。虽然波澜不惊，却于细微处体现了人民军队公道、亲民、爱民的本质。所以，虽然数十年过去了，但至今我仍难以忘怀。

写于1990年春

溪口流传的苏区歌谣

李梓周

救穷歌

你也穷来我也穷，
穷人痛苦一般同。
只要大家团结紧，
赶快起来约工农。
赶快起来约工农，
举起红旗闹暴动。
打到豪绅闹“五抗”，
穷人共产一片红。

结婚歌

赤色苏区主工农，
穷人莫愁单只公。
真相爱，
自然成双。
共产主义真是好，
恋爱自由合到老。
哈哈笑，十分快乐。
唔问娭来唔问爷，
登记就到苏维埃。
结婚时，大家欢迎。
希望共产久久长，

得意妻儿喜洋洋。
做事情，有话商量。

游击队歌（两首）

革命哪怕费心机，
山当床板树当被。
干粮没了吃野果，
坚持游击不怕饥。

五月初五过端阳，
游击队下山打“团防”。
落花流水杀一阵，
吓得团丁无处藏。

土地革命民歌

土地革命闹翻天，贫苦工农掌政权；
封建势力被镇压，男女老少笑连连。
当年一九二九年，朱毛红军入闽来；
领导工农闹暴动，打倒土豪建政权。
白旗拔掉插红旗，共产世界到来哩；
打倒土豪分田地，穷人翻身做主人。
共产主义信仰真，不怕世界乱纷纷；
只要穷人心团结，将来一定会开心。
你也穷来我也穷，穷人团结心更同；
土豪劣绅除干净，牺牲流血也甘心。
想起当初真可怜，辛辛苦苦做无钱；
父母手上欠老债，做来不够还利钱。

团丁白军众士兵，个个也是穷苦人；
争取他们斗顽恶，快快拿枪投红军。
革命纪律最严明，三大纪律要执行；
八项注意爱做到，依靠群众讲真心。
分田分地好主张，粮食丰收谷满仓；
苏区人民心团结，扩大红军力量强。
男女平等好主张，买卖婚姻废除光；
自由结婚双方愿，白头到老情意长。
自由结婚不要钱，双方自愿结良缘；
同心同德同劳动，志同道合幸福甜。
自由结婚不怕穷，只要俩人心爱同；
双方父母同扶养，同甘共苦乐融融。
红旗一展飘天空，斧头镰刀在当中；
红旗插上高山顶，明灯照耀四海红。
男女青年很热情，早学武来夜学文；
日里大家搞生产，支前扩红当尖兵。
红军战士出身穷，穷人团结心更同；
艰苦生活过得惯，冲锋杀敌当英雄。
春风吹来花开香，共产党来天就光；
分田分地废租债，穷人掌权把家当。
阿哥穿上红军装，糠菜拌粥味也香；
以前比人矮三寸，如今走路挺胸膛。
桃花山上叶有香，蜜橘河边水溶糖；
妹妹支前哥光彩，郎当红军妹站岗。
羊角开花满山红，红军到来样样红；
红星红旗红缨枪，脸上开朵红芙蓉。
新做草鞋千万针，拿郎穿哩当红军；

全心全意为革命，革命永远不变心。
行路不怕道路弯，爬山不怕荆棘拦；
革命不怕苦和累，黄莲树后有甜柑。
割了早稻扶晚禾，烧了茅屋做洋房；
革命不怕血流尽，篾刀削竹难断行。
砍柴不怕簕树头，革命不怕鲜血流；
革命志士杀不尽，野草烧了春又稠。
五月杨梅满树红，苏区男女心更同；
革命全靠心团结，杀尽恶劣寄生虫。

（原载于《溪口人民的骄傲》）

上杭溪口红色五兄弟

温云远　罗陈喜

上杭县溪口镇是一片红色的土地。在土地革命战争时期，“父送子、妻送郎、父子兄弟一同上战场”这样感人的场景，在乡村里经常上演。其中罗珍城一家，便有红色五兄弟。

罗珍城是溪口镇石铭村大坑头（又名天壁寨）自然村人。他生了五个儿子，分别取名为罗喜昌、罗贵昌、罗福昌、罗禄昌和罗寿昌。五个儿子的名字连起来包含着“喜贵福禄寿，五福皆昌盛”之意，表达了他对幸福生活的向往和追求。但是，在黑暗的旧社会，由于受到地主豪绅和苛捐杂税的盘剥，尽管罗珍城一家子一年到头辛勤劳作，但仍然吃不饱、穿不暖。正如当地客家山歌唱的：“大坑穷人真凄凉，冇屋冇舍又冇床。日里冇个喂鸡米，夜晡冇点老鼠粮。”这首山歌真实地反映了当时穷苦人民的生活状况。罗珍城渴望过上幸福生活的愿望难以实现，他那求平安盼富贵的梦想更似村里的溪水付之东流去。

1929年5月，毛泽东、朱德率领红四军第二次入闽，石铭村人民迎来了第一次解放。在党的领导下，打土豪分田地，建立了苏维埃政权。罗珍城一家的苦难生活终于获得了改善。罗珍城高兴地握紧拳头说：“只有跟着共产党闹革命，才能过上好日子！”于是，他自己带头参加了农会，他的五个儿子一起参加了工农赤卫队，参加了“攻打铁上杭”的战斗。

1930年10月至1933年3月，国民党反动派对中央苏区连续发动了四次军事“围剿”。为了打破敌人的“围剿”，苏区人民进行了三次“扩红”运动。在“扩红”运动中，罗珍城为了党的事业，积极响应苏维埃政府的号召，带头送子当红军。他先后将五个儿子全部送到乡苏维埃政府报名参军，这使乡苏干部和红军首长十分感动。考虑到罗珍城年事已高，首长握着罗珍城的手说："大伯，大伯啊，您一定要留下一个儿子照顾家庭，不然我们实在放心不下。"但罗珍城坚决不同意。他说："哎呀，首长，不要担心，不要担心，我还能照顾好自己。孩子们，去吧去吧，放心去吧！"就这样，五个身强力壮的儿子全部参加了红军。

在参加红军前夕，他们五兄弟分别在村口种下了一棵杉树——客家人叫"长生树"，也叫"平安树"，寓意吉祥平安，表达在革命胜利后能平安归来的美好愿望。罗珍城的五个儿子先后参加了中央苏区的第五次反"围剿"战争、保卫中央苏区的温坊战斗、红军长征前的最后一战——松毛岭战役以及举世闻名的长征。但是，在这一次又一次残酷的战斗中，罗珍城的五个儿子全都光荣牺牲了。当消息传回村里，乡亲们纷纷上门安慰。罗珍城强忍着眼泪说："革命总会有牺牲，革命也终会有胜利的那一天。"他蹒跚地走到村口的五棵杉树下，用他那颤抖的双手轻轻地抚摸着每一棵树。他终于抑制不住内心的痛苦，大声哭着说："儿子呀，原谅你们的阿爸吧！阿爸也没有想到，你们一个都回不来了！可怜你们的阿妈天天在村口等啊、盼啊，可你们再也回不来了！"罗珍城的哭喊声在村子上空久久飘荡。

如今，战争的硝烟已离我们远去。但是在烈士的故乡溪口镇石铭村大坑头村口，当年红色五兄弟种下的杉树已高高耸立。为缅怀烈士，这五棵树被人们称为"红军树"。

（原载于2021年8月5日《闽西日报》）

第四辑　钢铁堡垒

——溪口镇革命基点村简史

移民不移心

——大岭下村革命简史

大岭下位于溪口镇东北方向，东接石铭，西连三溪，南邻莲塘里，东北毗大和坑，西北倚白砂、蛟洋。现有61户、278人。属溪口大连村管辖。

大岭下后面有一座大山，名叫双髻山，海拔1440米。山上森林茂密，怪石嶙峋，风景秀丽，是当地著名的旅游胜地，有杭川第一名山之美称。山顶远远望去，恰似仙女头上挽着的双髻，山名因此而得。三年游击战争和解放战争时期，这里是革命武装的游击根据地。在革命战争年代，大岭下有许多不平凡的历史事件是和这座山联系在一起的。

第二次国内革命战争时期，大岭下有5个居民点，村民分别居住在梅里坑、中村里、牛头宅、八石窠和村里。1929年4月21日统计，全村有121户、298人、1329间房屋、363亩耕地、30座纸厂。但是，土地革命前，土地、山林大部分集中在地主富农和封建的“蒸尝会贵”那里，大多数村民只能靠出卖劳力换来微薄收入，生活处在水深火热之中。

1928年6月25日蛟洋暴动失败后，原北四区党总支书记、上杭县委宣传部长罗寿春受组织派遣，回到东二区（即现溪口镇一带）传播革命思想，发展共产党员，建立东二区党支部，领导农民运动。不久，正在石铭村教书的大岭下青年教师廖海涛、廖炎初以及在莲塘里教书的大岭下青年教师廖道行，在罗寿春的宣传下，接受了革命思想，参加了革命工作。1929年3月，廖海涛、廖炎初、廖道行在罗寿春的介绍下，加入了中国共产党，成为东二区第二批共产党员。他们参加革命后，利用教书的机会，创办农民夜校，向农民宣传革命思想，号召农民起来闹革命，组织秘密农会，准备举行武装暴动。大岭下人民对国民党反动派的苛捐杂税和地主豪绅的高租重利剥削普遍不满，纷纷加入秘密农会。1929年4月，在石铭天后宫召开农会会员大会，成立东二区农民协会时，大岭下有会员60多人。

1929年5月24日，罗寿春、张善初等共产党员在大厚下罗墩召开小河（包括大厚、大丰、大岭下、莲塘里、三溪、建竹甲等地）群众大会，大岭下有廖海涛、廖道行、廖炎初等几十人参加。5月29日（农历四月二十一日），大岭下人民在廖海涛、廖道行、廖炎初的领导下，在本村举行暴动，打土豪、烧田契，没收地主豪绅财产。这时，傅柏翠根据毛泽东的指示，在蛟洋将他率领的红军教导队整编为闽西工农红军第五十九团。在整编过程中，国民党郭凤鸣旅钟铭清团进攻蛟洋。傅柏翠为了避敌锋芒，率领部队从蛟洋转移到大和坑。消息传到东二区后，为了联合革命力量，对付共同敌人，5月30日（农历四月二十二日），大岭下暴动队伍与石铭、莲塘里、大厚村的暴动队伍一起，在罗寿春率领下，带着武器，浩浩荡荡北上，翻越双髻山，到达大和坑，与傅柏翠领导的队伍胜利会师。

部队胜利会师后，大岭下暴动队伍与东二区及蛟洋的暴动队伍一起，再次翻越双髻山，回到大岭下，然后到石铭、合甲等乡村指导革命工作，并在合甲完成整编任务。整编中东二区的暴动队伍分成二支：第一支编入傅柏翠、曾省吾、罗瑞卿领导的红五十九团第三营；大岭下的暴动队伍编入第二支，与石铭、莲塘里、大厚村的暴动队伍一起留在东二区活动。此时，大岭下成立了赤卫队、少先队、儿童团、妇女会等红色组织。6月7日，毛泽东、朱德率领红四军攻打白砂、大岭下暴动队伍和赤卫队员与东二区暴动队伍、赤卫队一起，配合红四军第一纵队为左翼，直扑白砂犁头咀，消灭驻敌钟铭清团，一举攻下白砂。6月中旬，东二区革命委员会领导群众打土豪、分田地，实行土地革命。大岭下暴动队伍、赤卫队员、农会会员都吃“血酒”，表示坚贞不二的决心。暴动队伍冲进土豪、恶霸家里，没收了他们的财产。然后进行土改分田，每人分得1.2亩耕地和一份山林。同月，大岭下暴动队伍与东二区暴动队伍一起支援了茶地樟树洋、官山等地的农民暴动。6月下旬至7月9日，大岭下暴动队伍先后三次参加攻打太拔，第三次大获全胜，歼灭驻敌张清球团，策动了太拔的农民暴动。暴动后，大岭下人民的革命斗争热情更加高涨，农会、赤卫队、少先队、妇女会、儿童团等红色组织进一步扩大，全村百分之八十以上的人参加了各种红色组织。同年7月，大岭下成立了中国共产党支部，由廖道行任书记；同时，成立了共青团支部，由廖海涛任书记，并联合莲塘里、建竹甲、洋头、西模坑村，成立了东二区第九乡苏维埃政府。此时，大岭下参加乡以上苏维埃政府工作的有18人，参加红军的有29人。

8月19日后，大岭下暴动队伍三次参加攻打上杭城战斗。在第三次攻打上杭城时，被编入攻城突击队。

1931年秋，由于第三次反“围剿”需要，闽西红军兵工厂在方方率领下，从永定虎岗迁移到大岭下，设在细溪坝里廖海涛家里。兵工厂主要制造单发步枪、刺刀、西瓜炸弹以及修理枪支等，供给红军使用。次年春节后，迁到本村梅里坑廖道行家里。4个月后，因敌军侵犯，又先后迁到本村白岩头山上和老虎坑一带。半年后，迁到长汀南阳。1931年秋，闽西红军医院也从大洋坝陈屋土楼先后迁移到大岭下廖善年家里和白岩头山上。兵工厂和红军医院驻在大岭下期间，大岭下人民从人力、物力、财力各方面给予了很大支持。

1933年9月，在太拔成立中共代英县委，大岭下人廖海涛当选为县委副书记。1934年4月，成立中国工农红军代英独立营，廖海涛任营长，大岭下有许多赤卫队员编入该营任战士。1934年7月，省委派吴坤林接任代英县委书记，廖海涛任县苏主席。但吴坤林未到职，县委工作实际由廖海涛负责。

1934年10月，主力红军长征后，留下的各级党、政干部和红军指战员在大岭下村旁的双髻山建立游击根据地，在这一带坚持了艰苦卓绝的三年游击战争。双髻山成为闽西南重要游击据点之一。在这一带领导和指挥游击战争的，先后有方方、廖海涛、黄火星、曾毓华、杨汝才、谭震林、刘国宪、邱相田以及廖乾祥、江烈涛、范鲁、罗炳钦、游昌炳、张招巴等。

1935年2月，张鼎丞从江西瑞金回闽西领导游击战争。途中，在双髻山会见了廖海涛、黄火星等领导人。得知廖海涛领导的游击队缺乏游击战争经验，给养十分困难时，张鼎丞把廖海涛领导的游击队带到永定调虞参加整训。整训后，廖海涛把队伍带回双髻山，继续坚持游击战争。

为了消灭红军游击队，国民党军先后纠集十九路军蔡廷楷部、第三师李玉堂部、八十三师刘勘部、五十三师卢兴邦部、一五七师黄涛部和保安十四团钟绍葵部以及地方民团，采取“清剿、会剿、围剿、驻剿、堵剿、追剿和搜剿”同时并举的毒辣手段，对双髻山游击根据地疯狂进攻。同时，残酷地对大岭下村实行烧光、杀光、抢光的“三光”政策，强迫大岭下人民移民并村，以切断人民群众对游击队的支持。他们实施“保甲连坐”法，强化保甲制度，将大岭下群众编入特别保甲，严加看管，限制群众自由，每天早、晚两次点名，实行“计口购粮”“计口购盐”。在通往双髻山的路口和隘口设立排哨、关卡，严禁群众上山，并颁布“五光”“十杀”令，凡“通匪、济匪、窝匪”的人都要杀。移到大乡村后，群众就像进了集中营，周围圈了竹篱笆，只留下一个进出口的栅门，门口有兵把守，不准群众带粮食饭包出门，不准群众进山；下地干活，规定要迟去早归。在敌人的严密封锁和监视下，游击队的活动变得十分艰难。同时，也给大岭下人民带来无穷的灾难。但是，大岭下人民没有被敌人的白色恐怖所吓倒——他们不畏强暴，怀着对游击队的深厚感情，在三年游击战争中，利用一切可能条件,自始至终支援红军游击队。他们为支援游击队，在敌人的枪口下和屠刀面前坚贞不屈，涌现了许多气壮山河、可歌可泣的动人事迹。如廖新垣当时已65岁，自己出钱，经常步行到坑口圩买电池送给游击队，并为游击队探消息；廖新来担任秘密联络工作，经常将信件、情报、物资送到游击队驻地老虎坑、倒吊岭等地；廖炎初将情报写成书面材料，派人送给游击队……全村不论男女老少，人人都支援游击队，有钱送钱、有粮送粮、有菜送菜、有物送物，各尽所能。敌人为了割断大岭下人民与游击队的联系，3年中残酷地对大岭下革命基点村实行了多次洗劫，并强迫大岭下群众实行了4次移民并村。

第一次移民。1934年农历十二月，驻上杭的国民党保安十四团团长钟绍葵，奉命“围剿”双髻山，到大岭下“搜剿”，烧掉廖海涛的房屋1座，抢去群众的耕牛5头，全村财物被抢一空，并强迫群众移民并村，不移者杀。1935年正月，全村移至石铭、西模坑等地。第二年农历二月，国民党上杭县政府委令张镜明任溪口乡联保主任。张镜明上任后，顾虑大岭下移民后，联保少税收，少了一块鱼肉之地。为了更好地搜刮民财，他以爱民为幌子，令全村人民搬回大岭下居住，耕种土地，缴交税收。村民于三月后回村。此次移民，移出时间达3个月。

第二次移民。村民回村不到2个月，即1935年农历五月，国民党保安十四团来“清剿”，又强迫大岭下人移民并村，并要限日移到石铭等地，否则见人就杀。敌副团长李佩琼驻在莲塘里，他带领部下到大岭下“搜剿”，在大岭下岭头深山里捉去廖海涛的母亲江细妹、妻张菊秀、儿子廖民新（又名廖顺文）。李佩琼与廖海涛虽是同学，但李佩琼抓到廖海涛的家属后，却把廖海涛的家属当人质，写信给廖海涛，劝廖海涛带红军游击队下山投降。信中说：若廖海涛带游击队投降，可保证廖海涛全家平安无事。廖海涛收信后，在复给李佩琼的信中说：“只有铁骨铮铮的共产党员，没有屈膝投降的布尔什维克。”表明了他和敌人斗争到底的决心。敌人无计可施，就将廖海涛的家属押往坑口关押。关押期间，江细妹组织被关押的同志挖墙洞越狱，她和媳、孙3人留下掩护。待同志们越狱后，她才率媳、孙钻出洞口。但为时已晚，被敌人发现，她和媳、孙三人再次被敌抓捕。江细妹在被押送上杭途中，在洋境定达岭上遭敌杀害；张菊秀被敌强迫改嫁到中都，不久郁郁而死；刚满周岁的廖民新被敌抛入汀江河中活活淹死。此次移民正是饥荒五月，移出后举目无亲、无家可归的罗三妹、张开连在大厚村饿死，廖奎元在石铭村饿死。全村早稻被敌抢割一空。至农历十一月初才有人回到村里。此次移民，移出时间达7个月之久。

第三次移民。村民回村才2个月，1936年农历正月，国民党县大队和第三区队及各乡民团联络龙岩大池各地主武装“会剿”双髻山，在猪菽窠搜到红军伤病员休养的迹象，便逼迫村民供出廖海涛和游击队的驻地。村民宁死不供，敌人又强迫大岭下移民并村，移到石铭、合甲等地，至四月才陆续回村。此次移民，移出时间达2个月。

第四次移民。1936年农历六月二十二日晚上，廖海涛指挥红军游击队攻克了大洋坝龚斗窠民团炮楼，消灭星聚乡乡长、豪绅地主及民团100余人，并烧毁民团炮楼。国民党上杭县政府得到报告后，于二十六日夜，出动国民党军第三师李玉堂部胡辉旅第十六、十七、十八3个团及地方民团“围剿”双髻山，包围大岭下、莲塘里、大和坑等3个革命基点村，扬言要血洗大岭下、莲塘里。此时正值早稻收割季节，又是深夜，群众都睡在家里，除小部分逃脱外，大部分来不及逃脱。大岭下群众被敌抓捕八九十人。敌人将他们押解到田间草地上，想用机枪扫射。此时，有一个姓廖的敌营长得知大岭下村民也是姓廖，认为这些群众大部分都是老弱妇幼，就向团长刘洪恩建议，把这些群众押到乾上屋里，逼他们供出游击队的下落。群众虽免受机枪扫射，但多数人被严刑拷打。雷婆婆受刑当场死去；83岁的老汉廖珍文和雷新人被敌杀害；大部分妇女被敌强奸，孕妇张启连也受重刑。28日，被抓捕的群众被转到近20里外的大洋坝监狱关押，再受牢狱之灾。一段时间后，除由亲朋赎保的人外，有42人被押解到漳州师管区监狱关押，一路上受尽皮鞭、枪托击打。因天暑路遥，身手被捆，有17人染病而死，妇女被嫁卖12人。待再押回上杭县监狱关押时，只剩下13人。后又被县政府、团防部舞弊再嫁卖4人，最后只有9人生还回来。这次“围剿”，使大岭下人民遭受空前劫难。据不完全统计，被敌杀害、折磨致死20人，被敌卖掉的妇女、儿童16人，烧毁房屋23座、高楼3座、纸厂27座，抢去耕牛21头，生猪、禽畜、粮食等其他财物不计其数，田间成熟的禾稻也被抢割一空，整个村庄变为一片废墟。这还不算，还要移民并村，被移到古田、大厚等地。至1937年国共合作后，9月始才有人回村盖竹屋、搭茅草房居住，靠采野菜、摘果充饥度日。这次移民，移出时间达16个月之久。1936年至1937年，村民两年没有收到颗粒粮食。

闽西南红军游击队改编成新四军二支队北上苏皖抗日后，还有部分共产党人留在双髻山一带活动，进行发动群众支持抗日救亡工作。大岭下人民继续给予大力支持和方便。卢友明、曾毓华在大岭下恢复了共产党支部，由廖炎初担任支部书记。

1938年，卢友明等告别大岭下，带领武装从双髻山转移到丰稔连四一带活动。1939年冬，国民党顽固派撕毁国共和谈协议，在庐丰、安乡等地制造了几起暗杀共产党人事件。为了更好地开展斗争，大岭下党支部转入地下活动将近7年。

第五次移民。全面抗战胜利后，国民党蒋介石集团为实行独裁统治，继续向共产党人和革命群众举起屠刀，发动内战。

1945年11月，闽西人民武装王涛支队攻打茶地乡公所炮楼。敌人非常惊慌，以为游击队又来自大岭下。当月21日，国民党上杭县政府纠集自卫大队并联络茶地、溪口等各地民团600多人，由星聚乡乡队副张作化带领，星夜偷袭包围大岭下，把全村人押到乾上屋里，不管男女老少，一律捆绑吊打，威逼群众供出共产党。但全村人民任其严刑拷打，总是闭口不说。敌人得不到线索，又对大岭下人民大肆抢夺，将耕牛、生猪、粮食、禽畜等财物抢劫一空。还把廖海涛的再婚妻子张招巴抓往县监狱关押5个多月，把廖顺章押解到上杭警察局关押审问。同时，强迫群众把1937年后新盖的房屋砖瓦全部拆下，不给共产党利用；强迫群众3天内移民并村，移到大厚、石铭、西模坑等地。1946年6月初才搬回村里。这次移民，移出时间达半年之久。

第六次移民。1946年11月，中国人民解放军闽西支队罗炳钦、蓝汉华、游昌炳等率领杭岩工作团（后改为上杭工作团）和一支武装回到双髻山开展游击战争。工作团成员有游昌炳、郑金旺、陈炳江、张招巴等。大岭下人民见到阔别八九年的亲人回来，十分高兴，又满腔热情地为工作团送情报、送物资，支持工作团工作。1947年8月，上杭工作团在罗炳软指导下，在大岭下肃反，搞得轰轰烈烈。不料，由于叛徒供出上杭工作团和游击队驻在双髻山的秘密，1948年8月22日，国民党杭水岩边境剿共指挥官李定琨协同星聚乡自卫大队长等人，带领国民党军和地方民团到大岭下“围剿”，强迫大岭下移民并村。廖顺章、廖寿山、带娣子等群众被抓去吊打，廖忠林被抓到莲塘里折磨致死。敌人通令各村保甲长，不许大岭下人寄居，否则以“通匪”论罪。由于敌人的恐吓，亲戚朋友都怕收留大岭下人居住。大岭下人也怕连累亲友，搞得无家可归。后来，经群众反复与当局交涉，才准大岭下人在莲塘里、大厚等村住宿。到11月13日，才有人回村。这次移民，移出时间达4个月。

1948年年底，中共上杭县委从三溪竹坝里转移到双髻山，发动溪口一带群众开展反“三征（征粮、征税、征兵）”斗争；发布《告青年同胞书》，由大岭下群众带到各地散发，号召青年群众不要为国民党卖命，不要拿枪杆子打自己人。1949年6月底，国民党胡琏兵团从江西溃退入闽；7月4日，王靖之部败窜上杭，并向白砂窜犯。此时，闽西起义领导人傅柏翠、李汉冲等为了防止胡琏兵团报复，与中国人民解放军闽粤赣边纵队司令部联系人马宁一起转移到双髻山。在双髻山的50多天期间，大岭下人民又从各方面给予大力支持。虽经6次移民，被搞得九死一生，但大岭下人民在敌人面前仍不屈服，始终以极大热情支援革命，直至1949年8月底县委撤离大岭下进入上杭城办公。

从1929年至1949年，大岭下人民因支持革命事业，招致敌人无以复加镇压、摧残。据统计，共经历6次移民并村，移出时间共达38个月；共被烧毁房屋1317间（占全村房屋的99.9%）、纸厂27座（占全村纸厂的88.5%）；荒芜土地210亩；直接被杀群众37人（其中儿童3人），上百名群众因受敌摧残非正常死亡；被逼嫁妇女16人，被卖儿童1人，被捆绑、关押、吊打群众达80多人；移民后未回村的2户、3人；被抢、杀耕牛26头，被掠生猪、粮食、禽畜、财物不计其数。到1949年4月，全村5个居民点只剩下八石窠和村里2个，梅里坑、中村里、牛头宅3个被灭绝。全村只剩下33户，比暴动时少了88户；人口只剩114人，比暴动时少了184人。新中国成立后，大岭下有12人被评为革命烈士。

“真金不怕烈火焚”“千磨万击犹坚劲”。大岭下人民心中由于有正确的、坚定的理想、信念，虽九死一生，仍然一如既往，在中国共产党领导下，坚持二十年红旗不倒，终于迎来充满希望的春天。

（原载于林英健主编《上杭革命基点村简史》，中共党史出版社2010年12月出版。作者：罗陈喜；图片拍摄：吴清梅）

“连骨头都红了”的村庄

——莲塘里村革命简史

莲塘里村位于溪口西北部，东与石铭村交界，南与大厚村毗邻，西连三溪，北接大岭下，是大连行政村管辖下的一个自然村。第二次国内革命战争前，该村居住着吴、邱、聂、卓、梁5姓，共59户、258人，有房屋203间。在革命战争年代，该村谱写了一页页悲壮的革命斗争历史。

1928年秋蛟洋暴动失败，原北四区委书记罗寿春回到家乡溪口开展革命宣传后，莲塘里村青年教师廖道行、吴品纯首先接受了革命思想，参加了革命工作。翌年春，他们加入中国共产党后，利用教书便利，创办农民夜校和组织秘密农会，宣传进步文化和思想，使越来越多的农民有了革命倾向。

农历四月初六晚上，罗寿春、何登南、傅边勋、邓秋伍、罗传善、杨子岐、廖海涛、廖道行、廖炎初、张善初、张彦初、罗云舫、杨先荣、吴品纯等共产党员和进步农民，在莲塘里村崇业小学召开会议，安排部署革命工作，研究如何组建农民协会和开展“五抗”（抗租、抗税、抗捐、抗债、抗粮）斗争。随后，莲塘里村成立了赤卫队、少先队、儿童团、妇女会等红色组织，农会会员迅速扩大。直至石铭天后宫召开大会，成立东二区农民协会时，莲塘里村有农会会员58人、青年团员6人、赤卫队队员12人、妇女会会员31人。

5月24日，罗寿春、张善初等在大厚下罗墩召开小河（包括大岭下、莲塘里、大厚、大丰、三溪等地）群众大会，莲塘村吴钦上等几十人参加了会议。会后，杀猪祭旗，举行暴动，在大厚村打土豪，没收地主豪绅财产。随即，吴钦上等几十人回莲塘里村举行暴动。5月30日（农历四月二十二），莲塘里村暴动队伍与其他村暴动队伍一起，带着武器北上大和坑，与傅柏翠领导的武装队伍会合。会合后，队伍又返回溪口，开往合甲整编。整编后，莲塘里村暴动队伍编为第二组，留在东二区活动。

6月7日（农历五月初一）早上，红四军第一纵队从大洋坝经莲塘里村攻打白砂，由莲塘里村赤卫队队员吴开六引路。白砂战斗胜利后，莲塘里赤卫队得到红军发给的一部分武器。

6月中旬，东二区革命委员会领导群众打土豪、分田地，实行土地革命。莲塘里村暴动队伍、农会会员在喝过“血酒”，表示誓愿后，冲进地主豪绅家里，把地主豪绅抓起来斗争，没收他们的财物田产。土改分田后，每人平均分得一份田地、山林。为了策应邻近地区的农民暴动，莲塘里村暴动队伍和赤卫队队员与东二区暴动队伍、赤卫队队员一起，支援了茶地、樟树洋、官山等地的农民暴动。6月下旬和7月9日，莲塘里村暴动队伍和赤卫队队员与东二区暴动队伍、赤卫队队员一起，先后三次攻打太拔。7月9日大获全胜，歼灭驻敌张清球团。攻克太拔后，参与策动了太拔的农民暴动。

7月，莲塘里村与大岭下、建竹甲、阳头、西模坑等村联合，成立了东二区第九乡苏维埃政府。同月，罗寿春、廖道行等领导人在莲塘里村崇业小学召开党员会议，成立莲塘里村党支部，选举吴钦上为党支部书记。支部成立时，党员有吴钦上、吴树康、吴宽禧、吴开存、吴针上、吴开龙、聂根养、聂水梅、邱细妹、邱正全、邱洪耀、邱锦河、邱集耀、廖新娣、张四妹等15人。同时，成立了莲塘里村青年团支部，团员有聂彩梅、卓寿康、范玉娣、吴国钧、吴国华、罗兰巴、杨炳连、杨保娣、吴友三、吴国祥、邱才金、张福兰、吴锦其、吴洲上、吴作孚、黄细妹、邱永科、龚谷娣、龚有娣等19人。

8月19日、27日和9月19日，莲塘里村暴动队伍和赤卫队队员先后三次参加攻打上杭城。在第3次攻打上杭城时，被编入攻城突击队，从东门攻进城里，一路上英勇杀敌，取得了战斗的胜利，并带回缴获的步枪7支。

在扩大红军时，该村有邱煌辉、邱林辉、邱瑞辉、邱银科、邱永科、邱金华、邱日荣、邱锦河、吴开贵、吴信康、吴永康、吴锦沂、吴荣上、吴应端、聂彩梅、吴国华、吴国祥等17人先后参加了红军。

1931年2月，国民党对中央苏区实行第二次“围剿”时，罗介人、张镜明纠集国民党陆军第四十九师张贞部杨逢年旅，从龙岩经虎岗进攻上杭东二区。在烧毁了大厚千年台后，攻入莲塘里，在莲塘里烧山、烧纸厂，抢劫猪、牛、粮等财物。1932年8月，合甲乡反动民团又到莲塘里骚扰，抢劫耕牛20头、生猪18头和粮食等物。红军一支小分队得到消息后追击敌军，在石铭黄坑与敌打了一仗，夺回粮食3担，挑回莲塘里送还给群众。1933年3月，国民党十九路军窜犯莲塘里村，又抢、杀耕牛18头。

1933年五六月间，国民党十九路军和广东军阀黄任寰部进攻杭、永、岩边区。因敌强我弱，当地党政军机关只得率领工作人员和武装部队节节转移。为了加强对上杭南路地区的领导和更好地开展革命斗争，七八月间，在庐丰横岗成立代英工作团（后改为代英工作委员会），莲塘里村共产党员吴钦上任工作委员会主任。9月3日（农历七月十四日），代英县工作委员会在莲塘里黄土垅召开党员代表大会，正式成立中共代英县委和代英县苏维埃政府，选举吴钦上（莲塘里村人）为县委书记、廖海涛（大岭下人）为县委副书记、杨仰林（石铭村人）为县苏主席、李竹清为县苏副主席。同时，将来自杭、永、岩、武等县的武装人员组成的太拔独立团整编为中国工农红军独立第八团（简称“红八团”），由邱金声任团长、邱织云任政委，全团600余人。不久，由于红军不断出击，入侵上杭南路之敌溃退。敌军退出太拔后，形势迅速好转。中共代英县委、县苏及红八团离开该村黄土垅，开往太拔驻扎。1934年7月，吴钦上调任国家政治保卫局局长。

1934年10月，主力红军长征后，中共上杭中心县委、中共代英县委、杭代县军政委员会、中共上杭县委等党政军组织和中国工农红军代英独立营与独立连、代英县游击队、大阳区游击队、杭代县游击队、红七支队等红军游击队先后集中到了莲塘里村附近的大山——双髻山建立游击根据地，在这一带坚持了艰苦卓绝的三年游击战争。

此时，在国民党军队任连队副官的张镜明，因与敌连长的老婆有染，被敌连长发现后逃回家乡。张镜明是大厚村人。1929年5月农民暴动时，因是革命对象而逃往白区。苏区沦陷后，他组织“农复党”“还乡团”卷土重来。1935年3月，他被国民党上杭县政府委任为坑口伪联保主任后，在大厚、石铭、大洋坝等地成立乡公所，组织民团、联防队、壮丁队等反动武装，对人民实行反攻倒算，配合国民党军疯狂地“清剿”红军游击队，残酷地摧残革命基点村，犯下滔天罪行。

敌人为了消灭双髻山一带的红军游击队，纠集第三师李玉堂部、八十三师刘堪部、五十三师卢兴邦部、一五七师黄涛部和保安十四团钟绍葵部以及地方民团，多次对我双髻山游击区实行疯狂的“清剿”“会剿”“驻剿”“堵剿”“追剿”和“搜剿”。同时，为切断群众对红军游击队的支持，他们对莲塘里等游击队群众也先后采取了种种野蛮手段进行控制。如强迫莲塘里人民移民并村；强化保甲制度，实施“保甲连坐”法，将莲塘里群众编入“特别保甲”，严加看管，限制群众人身自由。

1935年，张镜明纠集国民党保安十四团钟绍葵部和当地民团入侵莲塘里村，莲塘里村群众邱正全、邱正标被敌勒索，青年妇女卢某、张某、赖某、张某等4人遭敌强奸后还被抓去卖掉。当地反动民团头目张某不仅强奸了卓某妻子，还把卓某打得死去活来。邱正标被敌勒索300元，因交不出钱，忍痛将儿子卖掉；邱金赠因不愿当国民党的兵，被保长江某端勒索；民团小头目张某贤勒索邱正标80毛子银圆，并强迫邱正标给他作田塍；联保主任张镜明勒索邱金华、仟老（外号）2人各50元。

1935年12月，共产党员、革命接头户邱洪耀因为游击队送粮而被敌抓捕，赤卫队队员邱燕科因为游击队放高山哨侦察敌情而被敌抓捕。这些革命群众被捕后被敌关押很久，待设法出狱后，又继续支援游击队，直至“莲塘里惨案”中被敌杀害。共产党员、革命接头户张四妹，青年团员、革命接头户吴国钧，经常为游击队送粮、送菜、送情报、送物资。1935年农历正月二十三晚上，张四妹、吴国钧在将设法买到的食盐、电池、大米、蔬菜等物资送往双髻山老虎坑游击队接头地点时，被敌发现，被抓捕到炮楼里关押半个多月，吃尽了苦头。出狱后，他们继续支援游击队，直至解放。西模坑村有一个富农，外号叫银保子，经常放高利贷剥削贫苦农民。为了打击他的剥削行为和支援红军游击队，有一天晚上，莲塘里村革命接头户黄妹子和大岭下村革命接头户廖宇山等10多名群众潜入他家，将他养的一头大肥猪赶到大岭下宰杀，将猪肉送往双髻山慰劳红军游击队。食盐是三年游击战争时期敌人控制得最严的一项物资。但莲塘里村人民为了支援红军游击队，他们把每人每圩仅能购到的3钱盐也节省出一部分来，冒着生命危险送给红军游击队。

1936年8月8日晚上，游击队袭击大洋坝龚斗窠民团炮楼，击毙乡长罗某生、副乡长罗某岳及反动民团骨干24人，缴获军用品甚多，并烧毁炮楼，取得重大胜利。

第二天早上，游击队攻破大洋坝民团炮楼并打死乡长等人的消息传到坑口联保处，张镜明吓坏了，立即打电话向国民党县政府报告，要求县政府派兵来溪口“围剿”游击队和摧残基点村。与此同时，在大洋坝炮楼逃脱的民团团长罗某清，也跑到上杭向县政府报告，要求伪县政府迅速派兵“围剿”游击队，镇压革命群众。

8月9日晚上，国民党第三师师长李玉堂率领胡辉旅（下辖第十六、十七、十八三个团）火速赶到溪口，纠集地方反动武装，在杭、永、岩边境再次“围剿”游击队。可在山上搜索3天，连游击队的影子也没有见到。

8月12日晚上，他们在坑口伪联保办事处召开会议，策划新的行动。他们不仅仇视游击队，同时也仇视革命群众。经过密谋策划，他们决定兵分3路——十八团到莲塘里，十七团到大岭下，十六团到大和坑，地方反动武装分别配合十七团、十八团行动，要对这3个村再次实行烧杀抢夺，血腥镇压。

8月13日（农历六月二十七）凌晨，3路敌人出发了。一路上他们气势汹汹，扬言要血洗莲塘里、大岭下，要把这里的群众斩尽杀绝。

游击队摧毁大洋坝民团炮楼后，莲塘里人民料定敌军会来报复，就派3个人到联保驻地坑口打探消息、侦察敌情。当得知敌军果然前来侵犯时，莲塘里人民就做好了隐蔽准备。还在敌人从联保驻地坑口出发前，群众就已上山隐蔽。待敌人走进村里时，已空无一人。

但是，狡猾的敌人不甘罢休，一计不成又生一计。他们把武器放在村里集中起来，由专人看管。然后一个个赤手空拳，分头向山上喊话，用花言巧语欺骗群众，说什么国军只抓游击队，不伤害群众，叫大家不要怕，下山回村等。喊了一阵话后，便带着武器回坑口去了。

敌人走开后，村子里一片平静，一点异常情况也没有。一些老实交巴、思想麻痹、警惕性不高的群众，被敌人的假象蒙住了，错误地认为这次敌人的一举一动都比以前善良，不像以前那样凶恶，既没有烧房屋，又没有抢财产，以为敌人真的不会伤害群众了，于是想下山回村。老人们首先回到了村里，接着一部分群众也相继下山回到了村里。

但是，群众的想法全错了，他们中了敌人的圈套。

第二天清早，敌人又悄悄摸进了村里，和昨天一样，把武器先隐蔽起来，一个个空着手，满脸堆笑，到各家各户“慰问”群众；然后通知群众到保里“开会”，说什么给群众讲清楚不要私通“共匪”。群众万万没有料到，这是敌人的狠毒之计，一场空前的灾难正向他们逼近。群众在敌人的“带领”下，先后来到“开会”的地方，敌团长周庆云和军官们正在“会场”上“热情恭候”。但是待群众到齐后，敌团长周庆云一声哨令，四周立即冲出一队队气势汹汹、杀气腾腾、全副武装的敌兵，把“会场”团团围住。敌军官一改刚才“热情”笑容，露出狰狞面目，掏出驳壳枪指向群众，凶神恶煞地喝令群众不许动，然后下令把群众一个个用绳子捆绑起来，并相互联系在一起。

这突如其来的情况，使群众惊呆了。大家如梦初醒，方知上当。

没有被通知“开会”的老人和小孩，得知亲人被敌抓捕，有的气得倒在地上，有的嚎啕大哭，有的想再往山上避难。但村子已被敌包围，道路已被敌封锁，欲往村外走已无可能。

幸亏还有大部分群众警惕性高，没有轻易下山回村，幸运地躲过了这惨绝人寰的劫难。但他们已无家可归，只得怀着满腹悲愤出走他乡。

被敌抓捕的40多名群众，受尽严刑拷打。敌人为了使他们供出游击队的情况，对他们极尽刑讯逼供。起初是打耳光、拳打脚踢、抽皮鞭、砸枪托，不少群众被打得鼻青脸肿、血流满面。后来见仍不奏效，就逐步加重用刑，直至杀害。

中共地下党员、革命接头户卓集能最先遇难。敌人开始用粗铁丝绞紧卓集能的双脚，叫他招供，但卓集能不招。接着，敌人把他按在大石板上痛打，卓集能还是不招。直至双脚被敌人绞断了，他仍坚贞不屈。在被敌人折磨得几次昏死过去之后，敌无计可施，最后把他枪杀了。

敌人看到男的不招，想找女的和小孩作为突破口。敌军官用凶残的目光扫视着群众，在人群中一个一个地打量着，然后把妇女卢妈子（革命接头户）和13岁的小孩卓寿坤拉出来用刑。先是把两人的双脚用铁线套住，再用绞车绞紧，两人痛得昏死过去，卢妈子双脚被绞得不能动弹，卓寿坤被绞成重伤。可两人都不招供。最后，卢妈子被敌人枪杀了。

接着，敌人又对群众逐个审问、逐个用刑，有的被灌辣椒水、石灰水，有的实施“雷公尖”……被抓捕的40多名群众，个个受尽酷刑。但是，任凭敌人施展各种毒刑，群众仍然宁死不屈、视死如归，个个守口如瓶，无一人泄露。敌人没有得到一句口供，只好把群众押回牢房，并在群众背脊上写上“通匪犯×××”等几个大字。

被敌人抓捕的40多名革命群众，有一部分于当日被押解到坑口联保驻地关押，继续被捆绑吊打刑讯逼供。但他们个个意志如钢，没有一人招供。

面对莲塘里群众的坚贞不屈，敌人不仅黔驴技穷，而且恼羞成怒了。于是，一场在上杭三年游击战争历史上最大的国民党反动派屠杀游击区群众的惨案就要发生了。

1936年8月16日（农历六月三十日）下午1时，敌军官对坑口联保主任张镜明说：“大岭下、莲塘里人私通共产党，成为我们‘清剿’共产党的最大障碍，十分可恶！今天我们要血洗大岭下、莲塘里，来他个茅草过火石过刀。”显然，敌师长既是自己在狂妄叫嚣，也是在征求张镜明的意见。

“对对对！”张镜明一边回答，一边在敌酋面前点头哈腰，表现出一副十足的奴才相。他虽然当了联保主任，但有点耳背，用一般的声音对他讲话，他难以听到。平时对他讲话的人，要用很大的声音。

但是，他在敌军官面前死要面子，从不暴露自己耳聋，在与国民党军官交谈时，总是看敌军官的嘴巴行事。只要敌军官一张口，不管说什么，他就一边点头哈腰，一边回答“对对对”或者“是是是”“好好好”。他这三句话，既讨好了敌军官，又掩饰了自己的耳聋。今天，他又用这三句话，助推了“莲塘里惨案”的发生。

接着，敌师长对张镜明说：“今天，我们要把关押在牢里的群众统统枪毙！”

“是是是！”张镜明一边回答，一边点头哈腰。其实，敌师长讲的话，他一句也没有听清楚。

“这还不行，要斩草除根，把这两个村的人全部杀光，房屋全部烧光！”

“好好好！”张镜明又是一边忙不迭地乱回答。

就这样，敌酋在征得张镜明的同意后，于下午2时开始行动了。他派出十八团及地方反动武装，又窜到莲塘里继续抓捕被敌控制、无法逃脱的群众，用绳子反绑着他们的双手，分别押解到野外4块地里集中起来，四周架起机枪，准备动手。

行刑前，敌人决定对群众进行最后逼问，看看是否有人贪生怕死，最后招供。面对敌人的残暴，群众仍从容不迫，没有一个人求饶。敌人就把聂彩梅（中共地下党员，革命接头户）及其母亲、妹妹拉出来逼问，聂彩梅及母、妹3人仍缄口不言。敌军官就下令把聂彩梅及母、妹3人活埋。这时群众恼怒了，聂彩梅和吴洲上（中共地下党员，革命接头户）带头高呼革命口号：“共产党万岁！”“红军万岁！”“苏维埃政府万岁！”“打倒国民党反动派！”群众也一齐跟着高呼。一阵阵口号声，惊天动地，气壮山河。

面对这一阵势，敌人惊恐万状。他们万万没有料到，莲塘村群众面对死亡仍这么坚决。敌军官暴跳如雷，气急败坏地说：“他妈的，都这么坚决，看来莲塘里人连骨头都红了！不要再审问了，统统把他们干掉！”

就这样，约下午3时，随着凄厉的枪声响起，群众一个个倒在血泊里。青山为他们垂泪，溪流为他们哀鸣！

这次惨案，仅一天时间，莲塘里村就被敌人杀害40多人。其中18户、38人全部杀绝。吴洲上、聂彩梅2户一家3代被杀。梁、聂二姓被杀光。被杀群众中，有革命干部10人、70多岁老人1人、60多岁老人6人、青年夫妇9对、孕妇1人、出生才96天的婴儿1人。

在这次惨案中，莲塘里村被杀的群众有姓名可查考的共34人，他们是：

丘端辉　邱洪耀　邱燕科　邱正钦　邱才娣　吴洲上
吴开存　吴开梅　张保金　罗　三　何九妹（孕妇）
赖细妹　江细妹　黄细妹　杨细妹　卓寿康　张银姑
聂彩梅　聂惠梅　梁端美　龚谷娣　龚友娣　吴带禧
邱芦辉　吴友福　赖满姑　赖三妹　罗三妹　吴开宝
邱炳辉　卓寿坤　卓集能　卢妈子　吴某（96天婴儿）

另外还有7人系梁、聂二姓，因全被杀光，名字未留下记载。

在40多名遇难者中，除大多数被枪杀外，还有被活埋的。如有一位群众名叫邱振钦，因患麻风病，被伪民团、联防部、壮丁队等反动武装强迫他自己挖墓穴，挖好后被敌活埋。

敌人实施屠杀后，到各家各户实施抢劫，把生猪、耕牛、禽畜、粮食、财物全部抢光。

财产抢完后，敌人还带着煤油、稻草、干柴等易燃物品，到各家各户烧房屋。整个村子很快就成了火海。共被烧毁房屋15座、125间，其中邱、聂、梁三姓房屋全部被烧光。

在血洗莲塘里时，敌人看到被捕群众中有一些年轻力壮的，于是就挑出了卓寿全等10多人，留作为他们当挑夫的壮丁，暂未杀害。这10多名青壮年群众，在为敌挑担往上杭途中时伺机逃脱，成为“莲塘里惨案”的幸存者。

敌军撤走后，人们在群众蒙难的地方挖了两个4丈深的大坑，安葬了蒙难群众。

敌人虽然血洗了莲塘里，制造了骇人听闻的“莲塘里惨案”；但是，莲塘里人民没有被敌人的嚣张气焰吓倒，他们继续一如既往地支援红军游击队。

1936年8月，“莲塘里惨案”发生后，敌人又强迫莲塘里群众第二次移民并村，移到了石铭、合甲等地。后来，在游击队的领导下，莲塘里村移民群众与各基点村群众联合起来，与反动当局展开有理有节的斗争。他们一起到联保办事处请愿，要求回村居住。在群众的强烈要求下，当局只好同意群众回村居住。莲塘里村群众回村后，采取隐蔽、灵活的对敌斗争策略。当敌人来侵犯时，故意打出一条白旗，假装欢迎，实为游击队暗示有敌情。

新中国成立后，为了追悼在“莲塘里惨案”中蒙难的群众，党和政府及社会文化人士为蒙难群众书写悼亡词，张贴在莲塘里村祠堂里。1955年11月，上杭县人民委员会在莲塘里村群众遇难的地方修建了一座墓冢，墓碑上用红漆写上“莲塘里革命基点村蒙难群众之墓”。1982年12月，上杭县人民政府又在这一墓碑后兴建了一座比较高大的纪念碑，纪念碑上用红漆写上“莲塘里革命基点村蒙难群众纪念碑”15个大字。2003年，上杭县人民政府在此墓附近建成一座“革命纪念亭”，由王直将军题写亭名，亭中竖立纪念莲塘里蒙难群众和纪念抗日名单廖海涛的纪念碑各一块。

（原载于林英健主编《上杭革命基点村简史》，中共党史出版社2010年12月出版。作者：罗陈喜；图片拍摄：吴清梅）

威武不屈铁骨铮

——洋头村革命简史

洋头村是溪口大连行政村所属的一个自然村，距溪口镇政府所在地1.5公里。1929年暴动时，该村有11户、36人。由于国民党反动派的摧残，到1949年解放时，只剩下5户共25人，比暴动时减少了6户，人口减少了11人。

1928年秋天蛟洋暴动后，在罗寿春等人的宣传发动下，洋头村贫苦农民江继昌、江美盛、江佑昌接受了革命思想，在村里秘密成立农会小组和武装暴动小组，由江继昌担任农会小组组长、江美盛担任暴动小组组长。1929年5月24日（农历四月十六日），罗寿春、张善初等在大厚下罗墩召开东二区小河片群众大会，领导东二区人民举行武装暴动，在大厚村打土豪，没收地主豪绅财产，分给贫苦农民。同年5月30日（农历四月二十二日），洋头村暴动队员和大厚、西模坑、箭竹隔、莲塘里、大岭下、石铭等乡村的暴动队员一起，在罗寿春、张善初率领下，浩浩荡荡北上大和坑，与傅柏翠领导的蛟洋武装暴动队伍会合，在合甲完成整编任务。

1929年7月，洋头村与大岭下、莲塘里、箭竹隔、西模坑村联合，成立了东二区第九乡（大连乡）苏维埃政府。江继昌当选为乡苏宣传员，并组织群众慰劳红军。在以后的扩红运动中，江继昌和赤卫队队员江美盛、江佑昌报名参加了红军。

在艰苦卓绝的三年游击战争中，洋头村成立了地下党支部和地下游击小组。他们发动群众为游击队秘密提供粮食、蔬菜、情报，购买物资等。洋头村经常支援红军游击队的有江继昌、刘桂秀夫妇和儿子儿媳江海标、赖佛兰，江怀龙、张五妹夫妇，江佑昌、华冬娣夫妇等。后来，由于形势越来越严峻，江继昌跟随廖海涛、邱相田、张清顺、吴国华等参加了红军游击队。不久，他因8岁的二儿子病亡，从大池山上回来处理，不料被敌发觉而被捕。被捕后，虽受尽各种摧残折磨，但他始终守口如瓶，保守了游击队的秘密。被关押了20多天后，由儿媳赖佛兰及亲友江尚明、江仲端保释才得以放回。

江继昌出狱后，虽然没有再上山去打游击，但他仍然在家里继续坚持革命，秘密支援红军游击队，游击队仍然对他很信任。洋头村后面有一座山，名叫科里山，是暴动时分给江继昌耕管的山林。山上森林茂密，游击队员廖海涛等经常轮流到这座山上隐蔽，侦察敌情。江继昌、刘桂秀夫妇及其儿子江海标、儿媳赖佛兰经常将饭菜、物资和情报送到山上给游击队。江继昌还常起早摸黑，绕开敌人的岗哨，到邻近各市场为游击队购买粮食、菜类、电筒、电池、盐巴、油纸布、斗笠等物资。江怀龙、张五妹夫妇，江佑昌、华冬娣夫妇也经常为游击队提供粮食、蔬菜、物资和情报。廖海涛等在洋头村路过时，有时会到江继昌家投宿，了解敌情动态，商量革命对策。

1936年8月14日至16日，国民党第三师及当地民团、壮丁队大肆搜剿双髻山，残酷摧残革命基点村，在莲塘里、大岭下进行烧杀抢夺。8月16日（农历六月三十日），该师在莲塘里制造了骇人听闻的“莲塘里惨案”，一次屠杀革命群众40余人。此时正是夏收季节，敌人为了抢夺田间成熟的稻谷，坑口联保主任张镜明强迫洋头村群众与箭竹隔、西模杭、大厚村的群众一起，到莲塘里收割田间的稻谷。由于伏天酷暑，被害群众的尸体严重腐烂，一具具腐尸发出刺鼻难闻的臭气，整个田间臭气熏天。被迫到这里收割稻谷的所有群众，个个反胃作呕。但在国民党当局的高压政策下，没有办法，只得忍着这难闻的臭气，完成规定任务。当收到一大担稻谷担到坑口伪联保办事处炮楼里后，一个个头晕脑胀，好像大病了一场。敌人为了割断洋头村群众对游击队的支持和联系，强迫洋头村群众移民并村。全村群众移到箭竹隔整整居住了一年，至1937年冬才迁回原村。移民前，敌人在洋头村实施抢劫，抢去张友金户耕牛1头，江继昌、江美昌、吴吉娣、江怀龙户生猪4头（每户1头），刘桂秀手镯1对，吴吉娣玉石镯1对，以及大批粮食和鸡、鸭、兔等。

1948年春，洋头村群众又在国民党军的胁迫下，遭受第二次移民。全村群众移到祖籍地西模坑村居住，在西模坑过了一个春节，到第二年春才回到洋头村居住。这次移民，移出时间也是整整一年。

在革命战争年代，洋头村群众在党的领导下，积极参加暴动，支援革命战争，为中国人民的解放事业作出了很大的牺牲和贡献。

（原载于林英健主编《上杭革命基点村简史》，中共党史出版社2010年12月出版。作者：罗陈喜；图片拍摄：吴清梅）

劲节虬枝历峥嵘

——箭竹隔村革命简史

箭竹隔村是溪口大连行政村所属的一个自然村，距溪口镇政府所在地1.5公里。

1928年秋天，中共北四区区委书记罗寿春，回东二区传播革命思想，领导农民运动。第二年春，在箭竹隔发展了贫苦农民吴洲喜、吴学太、吴富钦、吴相生、杨五妹等加入中国共产党，并组织秘密农会、成立农民武装（吴洲喜担任农会小组组长，吴学太担任武装暴动小组组长）开展活动，为举行武装暴动做准备。

1929年5月24日（农历四月十六），罗寿春、张善初在大厚下罗墩领导东二区人民举行声势浩大的武装暴动。箭竹隔共产党员吴洲喜、吴学太、吴富钦、吴相生、杨五妹带领群众一起参加了暴动。随后，箭竹隔成立了暴动队，在村里开展烧田契、焚借据等斗争。

5月30日，箭竹隔村暴动队员在罗寿春、张善初率领下，与傅柏翠领导的蛟洋暴动队会师。会师后，箭竹隔村暴动队员与东二区暴动队伍回东二区，在合甲完成整编，并留东二区活动。

随后，箭竹隔村成立了赤卫队、少先队、儿童团和妇女会，吴富钦担任赤卫队小队长，杨五妹担任妇女会小组长。在区革命委员会领导下，开展打土豪、分田地、建政权斗争。箭竹隔妇女会组长杨五妹发动妇女为红军做草鞋，组织了洗衣队、慰劳队，在红军驻地开展慰问活动。群众积极响应党和苏维埃政府的号召，成立了合作社，选举吴富寿担任合作社社长。

1929年7月，箭竹隔村与西模坑、洋头、莲塘里、大岭下等村联合，成立了东二区第九乡（大连乡）苏维埃政府。1930年3月闽西苏维埃政府成立后，箭竹隔村共产党员吴洲喜、吴富恒担任闽西苏维埃政府的交通员，吴富培任交通局收发员。1933年9月，共产党员吴学太担任代英县委、县苏情报员。

1930年10月，为了支援革命战争，箭竹隔村掀起了“扩红”热潮，青壮年吴富长、吴子兰（又名吴紫銮）、吴紫元、吴富培、吴富良、吴富恒、吴森椿、吴紫城、钟宝如等参加了红军。其中，吴子兰在连城四堡对敌作战中光荣牺牲，解放后被评为革命烈士。钟宝如1930年8月参加红军，在第一次反“围剿”作战中，与部队失去联系，后在广东大埔参加了茶阳游击队。1934年8月，茶阳游击队奉命转移到闽西，途经茶地黄竹墩时，遭敌袭击。钟宝如被敌捕杀，解放后被评为革命烈士。

1934年6月11日，国民党军及坑口民团再次进犯箭竹隔。吴学太（时任中共代英县委情报员）将敌情报告县委，途中被敌抓捕。敌人闯进村后，实行大抓大杀。当时，吴洲喜（时任闽西苏维埃政府交通员）在家里被敌抓捕。吴学太、吴洲喜被敌押往合甲，遭刑讯逼供；但他们坚贞不屈，始终守口如瓶。敌人一无所获，结果残酷地把他们杀害了。解放后，吴学太、吴洲喜被评为革命烈士。

苏区时期，坑口民团时常侵犯箭竹隔村。有一次，吴镜昌等几位群众被敌抓到坑口炮楼关了三四天，并对他们实施捆绑吊打，后经亲友出钱保释出狱。

1934年10月，主力红军长征后，留下的红军游击队在杭永岩边境坚持了三年游击斗争。箭竹隔、洋头成立了地下党支部和地下游击小组。箭竹隔村群众在白色恐怖下，常常冒着生命危险，为游击队提供粮食、蔬菜、食盐、日用品和情报，积极支持游击战争。

1936年农历七月上旬，坑口联保主任张镜明为了割断箭竹隔群众对游击队的援助，企图强迫村民移民并村。在地下党领导下，箭竹隔村民经过合法斗争和进步人士说情、帮忙，因此斗争取得胜利，箭竹隔未被移民。

1947年农历六月的一天晚上，解放军闽粤赣边纵队七支队队长蓝汉华（化名阿唐，人称唐队长）及其警卫员等人，从大岭下去庐丰，途经莲塘里水口福寿亭附近时，遇上去莲塘里亲友家串门的箭竹隔村民吴紫城（失散红军）和吴运昌二人。吴紫城、吴运昌喜出望外，立即回到箭竹隔村里，把邻居吴维纲从床上叫起，将见到解放军的事告诉他，邀他一起去双髻山参加解放军。第二天，3人来到双髻山，陈炳江等工作团负责人当即接收吴紫城、吴运昌加入工作团武装班；接收吴维纲担任地下交通员，安排他回到箭竹隔村，以开商店做生意经商为掩护，为游击队代买物资、传送情报。吴维纲接受任务后，回家开了一间商店，开始做地下交通工作。他经常到大池圩进货，工作团、县委和游击武装就经常派人来取或叫接头户将物资送到双髻山。箭竹隔村的吴维纲、廖梅招夫妇，吴紫城、魏三连夫妇，吴富然、张五妹夫妇，吴富仁、张三妹夫妇等，经常与工作团、县委及游击武装联络接头，送粮食、物资和情报。

吴维纲继续以开店经商做生意为掩护，为工作团、游击武装提供物资、情报。1948年，邱堂禧看到商店里有不少人，怀疑吴维纲可能“私通共匪”，于是写了一张通知给他：“一、不准吴维纲开商店，现开商店立即关闭；二、吴维纲到大洋坝乡公所工作，三天内到乡公所报到。”吴维纲接到通知后，立即向工作团和武装部队负责人张招巴、李学山汇报。经工作团研究，决定将计就计，派吴维纲混入大洋坝星聚乡乡公所，摸清情况，以便里应外合，攻打乡公所，消灭敌人。吴维纲接受任务后，立即前往大洋坝星聚乡乡公所上班，被安排把守炮楼大门。吴维纲很快摸清了敌方全部情况，包括乡公所及炮楼的人数、武器装备、作息时间、活动规律及房屋结构、地形地貌等，并巧妙地剪断了炮楼围墙竹篱笆上的铁丝。内应工作做好后，吴维纲乘请假回家之机，将情况向县里汇报。

一天，乡长邱堂禧带了随行人员，从大洋坝经坑口回老家坪畲村。他们在亭子里歇息时，邱堂禧对身边人员说：“看形势，现在又会‘红’了。我们不敢在乡公所工作了，不如回家种田好。”埋伏在山上的游击队员听后，认为邱堂禧有悔改之意，可以争取，就放弃了伏击。县委和工作团也认为，邱堂禧可以争取，对他进行党的统一战线政策攻心，使他弃暗投明，率部起义；并决定由吴维纲向邱堂禧做工作，动员他起义。吴维纲接受任务后，向邱堂禧讲形势、讲政策，动员他弃暗投明，率部起义。邱堂禧当机立断，辞职回家，并推荐罗冠斌担任星聚乡乡长，然后动员罗冠斌起义，并通过他通知全乡各保起义。1949年农历四月，邱堂禧在县委和工作团的策动下，弃暗投明，率部起义，星聚乡宣告和平解放。

1949年农历正月，邱堂禧辞职回家，离开大洋坝星聚乡乡公所时，混入大洋坝伪星聚乡乡公所的吴维纲，根据县委和工作团的指示，也离开大洋坝星聚乡乡公所，前往双髻山，参加了县委武装，跟随县委隐蔽在双髻山周围，在竹坝里、温屋坑、蕉坑、莲塘里、大岭下、白砂、黄柏坑、大水元、禾仓角、郭坑等地活动。1949年5月，张昭娣在白砂郭坑召开县委扩大会议。会上成立县委警卫班，任命李立中为班长、吴维纲为副班长。

（原载于林英健主编《上杭革命基点村简史》，中共党史出版社2010年12月出版。作者：罗陈喜；图片拍摄：吴清梅）

“上杭的西柏坡”

——竹坝里村革命简史

竹坝里位于溪口镇北部，东与大岭下交界，南与温屋坑毗邻，西与白砂镇梧田村接壤，北与大水源相连。因1949年上杭县解放前夕，县委曾在这里工作，这里是县委部分领导人员入上杭城前的最后一站，故被人称为“上杭的西柏坡”。

土地革命战争前期，竹坝里村有50余户、260余人。村民以种田、耕山、造纸为业。土地革命前，竹坝里村大部分耕地和山林都被外村的地主豪绅霸占；贫苦农民没有土地，只得租种地主豪绅的土地或给地主豪绅做长工、打短工，饥寒交迫，过着牛马不如的生活。

1928年秋天，中共上杭县委宣传部长、北四区区委书记罗寿春回东二区传播革命思想，建立东二区党支部，领导农民运动。竹坝里贫苦农民李立先、李兰芳、李立光、李绍书等接受了革命思想，于

1929年加入了中国共产党。在东二区党支部的领导下，他们在本村发动群众组织秘密农会和暴动队。

1929年5月24日，竹坝里共产党员李立先、李兰芳、李立光、李绍书带领群众参加了坑口暴动。5月29日，又参加了三溪暴动。在斗争中，竹坝里人得到革命斗争锻炼。

1929年7月暴动后，竹坝里村与温屋坑、蕉坑、上三溪、坪畲、俞家桥、兴彩窝等村联合，成立了东二区第六乡（三溪乡）苏维埃政府，该竹坝里村李立光曾任过乡苏主席。

穷苦农民分到田地后，广大青年纷纷参军。当时村赤卫队员李绍书参加了红军，在部队担任炊事员。1930年1月上旬，李绍书跟随部队转战江西。后在一次撤退时被冲散，与部队失去联系。不久回到家中，继续坚持革命斗争。

1929年6月中旬，赤卫队员李立藩参加了红军，参加了攻打华仰桥、詹方珍、刘烈波等反动武装的战斗。1931年，在漳平永福作战中光荣牺牲。

1930年4月，赤卫队员李立先、李兰芳、李立凉光荣入伍，参加了红十二军。参军后，他们参加了出击东江等许多战斗。1931年，李立先在江西东黄坡作战中光荣牺牲，李兰芳、李立凉无音讯。解放后，他们3人都被评为革命烈士。

1931年3月后，蒋介石对中央苏区连续发动军事“围剿”。国民党八十三师刘勘部、四十九师张贞部杨逢年旅二次经过竹坝里，在竹坝里烧、杀、抢、夺，全村群众住房、纸厂全被烧光，生猪、耕牛和禽畜全被抢去，粮食、财物被抢劫一空，造成群众妻离子散、无家可归。

1932年4月，毛泽东率领中国工农红军进军漳州。竹坝里妇女袁银金积极参加工农运输队，抬担架、救伤员，协助做宣传工作。

1934年10月，主力红军长征后，留在当地的党政军领导和红军部队，在双髻山及杭永岩边坚持了艰苦卓绝的三年游击战争。

竹坝里位于双髻山东部，地处偏僻，游击队经常在这一带活动。竹坝里群众为游击队送粮、送菜、送情报、送日用品。李华芳、李成阶、李桂芳、杨秋连等经常支援游击队，其中李华芳担任游击队的交通员。游击队积极领导竹坝里群众渡饥荒灾荒，帮助竹坝里群众劈竹麻、砍木材、插秧、收稻子等。

敌人为了消灭红军游击队，先后纠集了大批国民党军队和各地民团，多次对灌洋山、双髻山游击根据地“清剿”“围剿”，残酷地摧残革命基点村；实行“计口购粮、计口购盐”；在通往双髻山的路口和隘口设立排哨和关卡，严禁群众带饭包出门，要昼出早归；并颁布“五光”“十杀”令，妄图割断竹坝里群众与游击队的联系，把游击队困死、饿死、冻死在山上。

1935年12月26日，杭代县军政委员会主席、杭代游击队政委廖海涛率领一支游击队小分队驻在竹坝里水口与温屋坑交界的学堂里。次日清早，由于叛徒告密，白砂乡公所出动民团100多人，扛了一挺花机关枪，分3路包围游击队驻地，向游击队猛烈射击。经过一段激战，游击队向双髻山一带转移。

此战过后，国民党反动派为了阻止这里的群众支持游击队，强迫这里的群众第一次移民。当时正值春节前夕，国民党反动派却限定3天内竹坝里群众要移到古田模坑和白砂梧田、中洋一带，逼得群众背井离乡。此次移出时间将近半年。

1936年6月，游击队里应外合攻下大洋坝粪斗窠民团炮楼后，国民党反动派强迫竹坝里群众第二次移民并村，竹坝里人被迫移到上三溪、白砂等地，并强迫被移民的群众为他们担粮食、砍柴火等。1937年8月国共合作时，群众才得以迁回竹坝里。这次移出时间达1年2个月。

1945年11月下旬，上杭县国民党政府派出“自卫”大队纠集茶地、坑口等地民团600多人，到双髻山附近的革命基点村疯狂进行“清剿”，强迫竹坝里群众第三次移民。这次移民，被移到白砂、坑口、上三溪，到1946年9月才回来安置，历时10个月。

虽经3次移民，历经苦难，但竹坝里群众依然和共产党心心相印。村民回到竹坝里后，共产党人又到该村活动。1946年11月4日，中共杭岩工作团在竹坝里成立，游昌炳任团长。成立后，工作团当即决定以竹坝里、禾仓角为基点，以双髻山为中心，领导和发动人民群众开展游击战争，并配合南下大军解放闽西。当时，竹坝里成为上杭革命领导的中心。

1947年7月，杭岩工作团改名为上杭工作团，在杭永岩边境一带村庄发动群众开展反高利贷剥削、反征兵、反征粮、反征税斗争；并印发《告青年同胞书》，号召青年群众不要当国民党的兵，不要为国民党卖命，不要拿枪杆子打自己的人。

1948年年底，上杭县委在竹坝里村组建武工队（对外称复征队），竹坝里青年李立湘、李立忠、李荣芳、李成阶、李培芳参加了武工队。成立后，他们分驻在竹坝里、禾仓角、吾莳洋、杀人崇、老虎坑、大水源等地。竹坝里群众腾出房间，并为他们提供粮食、蔬菜、购买日用品、做饭、烧水、洗衣服、做草鞋等。其间，李立湘和他的家属经常把粮食、蔬菜和物资送到武工队驻地。县委工作团及武装部队经常帮助竹坝里群众搞生产，如帮助群众翻土、莳田、割禾、破竹麻、砍木材、造土纸等。工作团还在杭永岩边各村庄恢复和建立了农会、民兵、救荒会等组织。

1949年年初，国民党反动派到竹坝里、禾仓角一带“搜剿”。竹坝里群众李桂芳获悉情况后，及时将情报送到上杭县委，使之迅速转移，安全脱险。

5月，上杭县委在白砂阁坑召开县委扩大会议，成立县委警卫班（后成立警卫排）。竹坝里人李立忠曾任班长、排长，李培芳也曾担任班长。

1949年8月下旬，上杭县委进入上杭城办公。竹坝里的李立忠调任县看守所所长，李立湘调任公安班长。

在20多年的革命事业中，特别是三年游击战争后，竹坝里人民为革命事业的胜利付出了巨大牺牲。到1949年10月，全村4大族灭绝了3大族，人口也由50多户、260多人减少到12户、70余人。

（原载于林英健主编《上杭革命基点村简史》，中共党史出版社2010年12月出版。作者：罗陈喜；图片拍摄：吴清梅）

斗雪傲霜迎春温

——温屋坑村革命简史

温屋坑村位于溪口镇北部，是三溪行政村所属的一个自然村。1929年农民暴动时，居住着温、张、沈3姓，共25户、105人，有房屋200多间、纸厂18座。村民以耕山、种田、造纸为业。

1928年秋天后，罗寿春回家乡开展革命活动。在罗寿春等共产党员的宣传发动下，温屋坑贫苦农民温茂坤、温海荣、温海森、温海义、傅招金等开始接受革命思想，于1929年春先后加入中国共产党，并成立了党小组，在本村组织和发动群众参加秘密农会，组织武装暴动队伍，准备进行武装暴动。

1929年5月24日，温屋坑群众在温茂坤、温海荣、温海森、温海义、傅招金、温坤成、沈运吉、张可庆的率领下，到大厚下罗墩参加东二区暴动领导人罗寿春、张善初、傅柏翠等召开的群众大会。在大厚村处理了6名地主豪绅，没收了他们的财产，分给贫苦农民。5月29日，温屋坑群众又参加了共产党员杨同兴（又名杨伯朋）领导的三溪暴动，在上三溪打土豪、烧田契、毁债券，没收地主豪绅财产。

1929年7月，温屋坑村与竹坝里、蕉坑、上三溪、坪畲、俞家桥、兴彩窝等村联合，成立了东二区第六乡（三溪乡）苏维埃政府，该村温坤成当选为乡苏主席。乡苏成立后，该村人民分别参加了乡赤卫队、少先队、妇女会、儿童团等红色组织。随即开展土地改革，每人分得一份田山产业。

1934年10月，主力红军长征后，留下坚持革命斗争的党政军领导和武装部队在双髻山、灌洋山一带建立游击根据地，开展游击战争。温屋坑群众在三年游击战争中冒着白色恐怖，大力支援游击战争，付出了很大代价和牺牲。

为了消灭红军游击队，国民党先后多次对双髻山游击根据地实行疯狂的“清剿”“会剿”。同时，用毒辣手段，对温屋坑革命基点村残酷实行烧杀抢夺，强迫温屋坑群众移民并村；强化保甲制度，实行“保甲连坐法”和“计口购粮”“计口购盐”；在通往双髻山的路口和隘口，设立排哨、关卡，严禁包括温屋坑在内的群众带饭包出门，要求每天干活昼出早归；颁布“五光”“十杀”令，对支持游击队的群众严厉制裁，妄图以此割断温屋坑群众对游击队的支持与联系，把游击队冻死、饿死、困死在山上。

但是，温屋坑群众怀着对共产党和革命事业的坚定信仰，对红军游击队的深厚感情，依然顶着白色恐怖，支援红军游击队。无论是在移民前还是移民期间，他们常常趁敌不备，绕过敌人岗哨，把粮食等物资给红军游击队送去。

因这里的群众对游击队怀有好意，故游击队会到这一带活动。1935年12月26日，廖海涛、黄火星率领的代英独立营的一支武装，驻扎在温屋坑与竹坝里交界处的学堂里。不幸的是，被敌人发现后分3路包围。所幸凭着游击队的机智勇敢和当地群众的策应支持，使得游击队得以突围。

1936年8月14日，国民党八十三师刘勘部和坑口民团、壮丁队进攻温屋坑、竹坝里、蕉坑、大水源、禾仓角、吾莳洋等地，对这一带的革命基点村实行残酷摧残，烧毁温屋坑村房屋170多间，杀死该村温元清、温传灶、温文军、张文应、沈华钦等5人。抢走耕牛5头、生猪10头，还把全村粮食及其他财产抢劫一空。并抓走温文永、温开祥、张寿荣、沈宗林、沈开荣等5人，被先后押到坑口伪联保办事处、上杭伪县政府监牢里关押，受尽敌人的严刑拷打。后因坪畲村在坑口伪联保办事处担任文书的邱志夫（进步人士）出面作保，这5名群众才得以获释回家。

从1934年至1944年的10年间，在国民党反动派的强迫下，温屋坑村民共进行了5次移民并村。

1934年12月底，正是春节前夕，家家户户忙着过年。可是国民党反动派不顾群众死活，强令温屋坑群众移民，规定移到白砂中洋、梧田一带，并限定3天内要全部移出。当时，由于国民党反动派的摧残，温屋坑人口比暴动时减少了30人，全村只剩下75人。移到白砂中洋、梧田后，又死亡20多人，妇女被迫改嫁13人。到1936年夏迁回时，全村只剩下40余人，比移出时减少了30多人。此次移民，移出时间达半年。

1936年6月，群众回村不久，国民党八十三师某团五连连长命令温屋坑群众第二次移民。这次移民移到古田模坑、白砂等地，移出时间达一年之久。到1937年夏返回时，只回来温姓群众，张、沈两姓群众一个也没回来，下落不明了。

1937年10月底，驻在双髻山、灌洋山、岩下山一带的红军游击队，与国民党当局谈判达成协议，停止内战，联合抗日。11月，游击队奉命下山，到大和坑集结，后到白砂点编。1938年1月，游击队下山后，双髻山成为土匪活动重地，各股土匪打家劫舍，残害群众。在无法安居的情况下，温屋坑群众于1938年10月被迫进行了第三次移民，移到上山溪居住。移出时间长达一年。

1940年，温屋坑群众为了躲避土匪抢劫，被迫进行第四次移民，至1942年3月才返回。

1944年，温屋坑再次受到土匪的残酷洗劫，村民无法忍受土匪的暴行再次出逃。其中，罗来金被迫将儿子温和仁卖给大丰宫下村范家忠家，温海森举家搬到大丰宫下村。

1946年11月，闽西特委杭岩工作团在竹坝里成立。由于中共闽西特委杭岩工作团和游击武装在双髻山一带活动，民团土匪被赶出了双髻山，温屋坑群众才得以回村返家。此时，温屋坑只剩下4户、9人。

1948年11月，饶良新、罗炳钦率领上杭县委和中国人民解放军闽西支队一支武装（1949年1月改编为中国人民解放军闽粤赣边纵队第七支队）进入双髻山，与上杭工作团及游击武装会合。不久，温屋坑青年温和初参加了县委武装，曾随同县委一起到白砂、旧县、大和坑、蓝家渡、丰稔等地作战。1949年9月，因遭受国民党胡琏兵团袭击，在撤退时没有跟上部队，失去联系，只得回到家中。

（原载于林英健主编《上杭革命基点村简史》，中共党史出版社2010年12月出版。作者：罗陈喜；图片拍摄：吴清梅）

历尽风霜叶弥青

——蕉坑村革命简史

蕉坑村位于双髻山西麓，属溪口镇三溪行政村的一个小自然村。因村中有条小坑流过，小坑两岸长满芭蕉树，故取村名为蕉坑。1929年农民暴动前夕，这里居住着李、吕、袁三姓，共有20户、96人，221间房屋，9座纸厂。村民以种田、耕山、造纸为业。

1929年5月，东二区人民在党的领导下，举行了轰轰烈烈的武装暴动，打土豪、烧田契、毁债券，没收地主豪绅财产。6月7日，林彪率领红四军第一纵队，从大洋坝经莲塘里、黄土垅、蕉坑、蛇舌屶，直扑白砂犁头嘴，与红四军其他纵队及闽西地方红军一起，一举攻下白砂，消灭驻敌钟铭清团。当红军在蕉坑村经过时，蕉坑村群众夹道欢迎，惊喜万分。

轰轰烈烈的农民暴动，如火如荼的革命斗争，红军的节节胜利唤醒和鼓舞了蕉坑村人民。该村贫苦农民李崇善、李桂喜、李菊喜、李钦喜、吕明义、罗细妹等人，在党的领导下，积极投身革命斗争，组织群众，成立了农民协会小组、赤卫队小组、少先队小组、儿童团小组、妇女协会小组等红色组织。李贵喜、刘进娣先后担任农民协会小组长，李崇善担任赤卫队小队长，李腾洪担任少先队小队长，罗细妹、刘进娣先后担任妇女协会小组长。

1930年，蕉坑村成立了党小组和团小组，共产党员有李崇善、李菊喜、吕明义、刘进娣、李友生、李由招、李友亮、李腾洪等8人，党小组长由李崇善担任；共青团员有李美招、罗细妹、袁化吾、杨细妹等5人。

1930年，蕉坑村共产党员李由招、李腾洪、李友亮以及共青团员李美招等4人带头参加红军，分配在红十二军三十四师。李友亮先后担任班长、排长、连长，李腾洪担任政治工作人员，李由招担任事务长。他们在战场上冲锋陷阵，英勇杀敌，最后都光荣地牺牲了，被评为革命烈士。

1934年10月，主力红军长征后，中共上杭中心县委、中共代英县委、杭代县军政委员会等党政组织和中国工农红军代英独立营与独立连、代英县游击大队、大阳区游击队、杭代县游击队、红七支队等在蕉坑村后面的双髻山和灌洋山一带建立游击根据地，在这里坚持了艰苦卓绝的三年游击战争。

在三年游击战争中，蕉坑村群众怀着对红军游击队深厚的革命感情，自始至终支援红军游击队，为红军游击队送粮、送菜、送盐、送物资、送情报，有力地支援了游击战争。

敌人为了消灭红军游击队，先后纠集了第三师李玉堂部、八十三师刘勘部、五十二师卢兴邦部和保安十四团钟绍葵及地方民团，多次对双髻山、灌洋山游击根据地实行疯狂的“清剿”“会剿”“围剿”“驻剿”“堵剿”“追剿”和“搜剿”。为断绝人民群众对红军游击队的支援，他们残酷地压制和摧残游击据点周边村群众，实行烧杀抢夺，强迫基点村人民移民并村。

1934年12月7日，国民党第八十三师师长刘勘和坑口联保主任兼乡长张镜明分别率领国民党军和当地民团进攻蕉坑村、竹坝里、温屋坑、大水源、吾莳洋、禾仓角等地，对这一带的革命基点村实行烧、杀、抢“三光”政策。其中，烧毁蕉坑村房屋182间、纸厂9座，抢走耕牛3头、生猪51头、被席40床、农具100余件，其他生活用具不计其数。是还打死村民李茂古、李书保、吕连河3人，抓捕群众12人。被抓群众中，年龄最老的是李钦喜，62岁；年龄最小的是李元皆，12岁。他们被敌人押送到上杭县政府监牢里关押10多天，遭到捆绑吊打。袁化吾受刑最重，当场吐血。幸亏坪畲村在坑口联保办事处担任文书的邱志夫（进步人士）出面，打电话给县政府，要求将关押的12名群众保释，被抓群众才得以回家。

同月，坑口联保主任兼乡长张镜明下令，强迫蕉坑村人民移民并村。全村17户、90多人分别移到白砂梧田、大田等地。群众移民后无饭吃，只得外出流浪乞讨。年纪较老的人，大部分因饥饿、染病客死他乡。妇女大部分改嫁，儿童大部分被卖掉。到1935年12月回来时，只剩下7户、23人，大部分是单身汉；而吕姓群众则没有1人回来，都在移民中死亡了。此次移民，移出时间整整1年。

1936年6月28日，张镜明又强迫蕉坑村群众第二次移民。这次移民移到上三溪。当时，国民党反动派为了消灭红军游击队，在上三溪尚德堂大屋里驻有1个连（连长姓伍）兵力，并在上三溪大桥头建筑了1座坚固的炮楼——炮楼里驻有1个班，每天有12个兵丁把守。他们强迫蕉坑村移民群众做苦工，为他们担粮食、砍柴火。到1937年8月国共合作后，移民群众才回到蕉坑村来。回来时，只剩下7户、20人。这次移民，移出时间达1年2个月。

1945年11月，刘永生率领王涛支队攻打了茶地乡公所炮楼，引起敌人巨大惊慌，以为游击队又到了双髻山。11月下旬，国民党上杭县政府纠集自卫大队联络茶地、坑口等地民团600多人，到双髻山附近的革命基点村进行疯狂“清剿”。星聚乡自卫大队长带领一支人马侵犯蕉坑村，强迫蕉坑村群众第三次移民。这次移民，有的移到白砂，有的移到坑口，有的移到上山溪，移出时间达10个月。到1946年10月回村时，只剩下3户（其中李姓2户、袁姓1户），总人口9人（其中男5人、女4人）。李元皆在移民中积劳成疾，回村后于本年冬早逝。他的妻子魏细妹带着年幼的儿子，被迫改嫁到白砂排背。

3次移民，给蕉坑村群众的生命财产带来严重的损失。移民前，全村有17户、90多人。3次移民后，全村只剩下3户、9人。李友亮、李美招、李腾洪、李由招4位红军的家属，全部都在移民中死去。3次移民，移出时间共达3年。移出时间最久的李友生户，3次合计长达7年。

1946年11月至1949年5月，我杭岩工作团（1947年7月改名为上杭工作团）、中共上杭县委、中国人民解放军闽粤赣边纵队第七支队先后进入双髻山、灌洋山，驻在蕉坑一带开展游击战争，在杭永岩边境地区搞肃反，开展反“三征”（即反征粮、反征税、反征兵）斗争，宣传党的统一战线，策动国民党军政人员起义。1946年12月2日晚上，张昭娣、罗炳钦、赖祖雄、饶良新、游昌炳、蓝汉华、陈炳光、张招巴、李学山、何满等同志在蕉坑村路过，来到李海皆家里，与李海皆及其母亲刘进娣联络接头，并在李海皆家里开会吃夜点。李海皆由张昭娣、罗炳钦等同志安排，担任工作团、县委及七支队的通讯员和联络员。接受任务后，李海皆尽职尽责做好工作，经常战严寒、冒霜雪，顶烈日、斗酷暑，风里来、雨里去，把粮食、钱款、蔬菜、肉类、药品、情报、信件等送到工作团、县委及游击队驻地双髻山、猪屎窝、吾莳洋、杀人岽、大水源、禾仓角等地。他灵活机警，每次都出色完成任务，得到县委、工作团和游击队领导同志的好评。从此，蕉坑村和李海皆家里成了杭永岩三县游击队的交通站和联络点之一，杭永岩三县游击队的领导人不时在这里开会、联络和接头，罗炳钦还在李海皆家里住过一晚。

1947年7月15日，工作团和游击队负责人游昌炳、李学山决定将部队迁移，要在吾莳洋深山密林里建茅草房。李海皆考虑到吾莳洋大坑头自己的山上森林茂密，不仅工作团和游击队便于隐蔽，自己的家人也可以乘上山干活之机更好地支援工作团和游击队。于是，他就主动地将此地，提供给游昌炳、李学山参考。游昌炳、李学山听后很高兴，就由李海皆领路，到吾莳洋大坑头李海皆山上实地察看。果然山上古木参天、翠竹竞秀，一片深山密林，不仅环境优美，而且便于隐蔽和活动，是开展游击战争的好地方。于是，游昌炳、李学山当即决定在此地建茅草房。李海皆率领家人带来柴刀、锯子，劈竹子、锯木头。经过几天努力，建成了3座竹木结构的小茅房、1座竹木结构的大茅草房。茅草房建成后，工作团及其武装人员从杀人崁迁来。在这里居住的有游昌炳、张招巴、李学山、刘三妹、陈阿生、陈阿降、何满、陈阿七、吴子城、邱贤崧等18人。

在这里居住，还有一个有利条件就是：距茅草房不远处，有一个高大的石壁。此石壁坐落在崎岖的山坡上，四周被又高又大又茂密的树木掩护着，显得十分隐蔽。在石壁上方的峭壁上，有一个石洞，洞口不大，洞内可容纳三四桌人，有小股泉水。石壁上长着几十株山茶，还长着几根又长又粗又坚韧的山藤，藤身沿峭壁向上延伸。洞口无路可上，人只能从山藤上攀登上去。站在洞口，有一夫当关，万夫莫进之势。由于洞口十分隐蔽，知道此洞的人寥寥无几，就连当地也很少有人知道。因此，这18位同志从杀人崁迁到这里后，形势稳定时就住在茅草屋里；敌情紧张时，就转移到石洞里居住。他们在这里坚持对敌斗争一直到1949年5月，解放后才迁入上杭城。

距游昌炳、张招巴、李学山居住的茅草房2.5公里处，有一座深山叫禾仓角，也建了一座茅草房。茅草房里住着一个游击小组，他们是陈炳光等5位同志。他们经常来蕉坑村李海皆家里联络接头，由李海皆家人提供粮食、蔬菜。李海皆和父亲李友生、母亲刘进娣、嫂子罗桂娣、妻子陈妹、侄儿李开祥，全家6人，人人支援游击队，经常乘赶集之机到圩上为游击队购买粮食、食盐、肉类、药品、电池等物资，有时游击队派人到李海皆家中领取，有时由李海皆家人送到工作团、县委及游击队的驻地。

李海皆担任联络通讯员期间，还随同工作团和游击队一起，在双髻山周围及其附近一带村庄开展肃反，帮助筹集经费，工作非常积极。1948年秋，李海皆遵照张昭娣指示，随同县委一起工作，续任通讯员和宣传员，曾和工作团和游击队一起到过白砂、旧县、大和坑、蓝家渡、丰稔等地发动工作。

1949年农历正月十八，国民党星聚乡保队副张作化率领民团一个连，由上山溪杨××等3人领路，配合白砂民团到吾莳洋、大水源、禾仓角、竹坝里一带“清剿”县委、工作团和游击队。李海皆和袁如钦（白砂人）看到后，飞快地抢先赶到山上向县委、工作团和游击队汇报敌情。县委、工作团及游击队得到报告后迅速转移，使敌人又一次扑了个空。

在前后20年的革命斗争中，虽受敌人多次摧残，但蕉坑革命群众始终前赴后继，不屈不挠支持革命。正如那满村的芭蕉，任你砍掉一茬，又长出一茬，常长不停，常青不败。

（原载于林英健主编《上杭革命基点村简史》，中共党史出版社2010年12月出版。作者：罗陈喜；图片拍摄：吴清梅）

红星闪闪映三溪

——上三溪村革命简史

上三溪位于溪口镇西北部，东与莲塘里交界，北与蕉坑村毗邻，南与院洋坑接壤，西与俞家桥相连，东南接箭竹隔，西南连坪畲。该村位于3条小溪上游，取名上三溪。

上三溪村是溪口乡规模较大，户数、人口较多的革命基点村。1929年农民暴动时，该村有70多户、400多人。村民以种田、耕山、造纸为业。土地革命前，大部分耕地和山林被地主豪绅霸占；贫苦农民少有田山，多靠租种地主豪绅的田山或给地主豪绅做长工、打短工过日，生活牛马不如。人们都盼望能翻身解放，过上好光景。

1928年秋天，罗寿春回东二区传播革命思想后，上三溪村贫苦农民杨同兴（又名杨伯朋），进步教师杨立廉、杨宝福等很快觉悟起来，于1929年春加入了中国共产党。他们在东二区党支部领导下，在本村创办农民夜校，组织秘密农会和纸业工会。当时农会会员有杨同兴、杨立廉、冬娣子等60多人，由杨日京担任农会主任兼纸业工会主任。接着，在农会和纸业工会会员中先后发展了杨营辉、范六妹、杨才章等40多人加入中国共产党，发展了赖雪香（又名赖四妹）、杨广章等人加入青年团。

1929年5月，继石铭乡农民暴动后，上三溪群众成立了由杨同兴担任队长的上三溪农民武装暴动队。

1929年5月24日，根据东二区党支部的决定，杨同兴率领上三溪群众和暴动队参加坑口暴动。5月29日，领导本村武装暴动，在奇峰宫召开群众大会，把没收的地主豪绅的财产分配给贫苦农民，革命斗争轰轰烈烈。

6月19日，红四军第三次攻下龙岩城后，在闽西各县进行短距离分兵。部分红四军开进上三溪，宣传、发动群众进行土地革命斗争。在红四军的帮助下，上三溪成立了赤卫队、少先队、妇女会、儿童团等红色组织。杨辉田担任赤卫队队长；赖招娣担任少先队队长，李德担任副队长；杨同康担任儿童团团长，邱五妹担任副团长；江翠英担任妇女会主任，罗雪娣担任副主任。他们常在村口清代建筑奇峰宫（又名仙师宫）前的草坪上，进行集会和军事训练。后在此建了千年台，成为集会重要场所，赤卫队、少先队、儿童团经常在此检阅。有一次，东二区举行少先队检阅和比赛，三溪乡少先队获得奖旗。

1929年7月，东二区成立了第六乡（三溪乡）苏维埃政府。杨营辉、杨宝书、杨维纲（又名杨维光）、杨辉田、杨立华（又名杨立和）先后担任过乡苏主席（杨营辉后到县苏担任财政委员），杨森章首任乡苏肃反委员会主席，杨日京任乡苏农会主任兼纸业工会主任，杨培麟任乡苏互助会主任，江翠英（又名江六妹）任乡苏妇女部长，杨同康任乡苏儿童团团长，赖招娣任乡苏少先队队长，范六妹、杨福柱、罗雪娣、张金连（又名张清连）、罗带娣、张德连任乡苏委员兼宣传队队员，杨松周（又名杨丛周）、杨受辉、赖雪香（又名赖四妹）、温秀兰、杨松凯（又名杨纵凯）在区苏工作，杨炳光在县苏宣传部工作，杨维新、杨喜柱在县苏保卫局工作，杨喜柱担任排长，杨宝福在省苏长汀列宁书室工作，罗雪娣、罗带娣、范六妹当选为代表在长汀出席福建省苏维埃工农兵代表大会，杨春和（又名杨最梅）任乡苏秘书。

从1929年5月至1933年间，杨立朝、杨福柱、杨营辉、江翠英（又名江六妹）、杨喜柱、杨炳光、杨受辉、杨志春、杨立城、杨维新、杨端章、杨维汉、杨海柱、杨文光、杨永和、杨同康、杨敏传、杨广章、杨庆辉、杨进章、杨双辉、杨立元等先后参加红军。其中部分人光荣牺牲，成为革命烈士，如红十二军某班班长杨海柱于1932年在江西省石城县牺牲；杨广章于1934年在江西省南丰县牺牲、杨志春于1934年5月在武平县永平寨牺牲、杨端章于1932年在建瓯县牺牲、杨敏传于1931年6月在庐丰文馆背牺牲。

1929年八九月间，上三溪赤卫队队员与各地赤卫队队员一起，3次参加攻打上杭城战斗。1932年2月，红十二军复克上杭城时，上三溪红军战士杨维汉、杨维新、杨喜柱、杨海柱、杨辉田、杨文光等，参加了在水西渡的激战，其中杨文光壮烈牺牲。

1931年春，国民党四十九师杨逢年旅进攻杭武县苏驻地白砂，在上三溪烧杀抢夺，烧掉千年台、纸厂和部分民房，生猪、耕牛、禽畜、粮食和财物也被抢光。

1932年4月，毛泽东率领红军东征漳州，上三溪红军战士杨立朝、杨永和参加此次战役。攻克漳州回来时，上三溪群众担着饭菜、茶水和慰问品欢迎红军凯旋。杨立朝、杨永和年迈的父母得知儿子打了胜仗平安回来十分高兴，特地到路上等候看望。但后来，杨立朝、杨永和在战场上英勇牺牲。

东征漳州时，上三溪妇女林定香与兴彩窝妇女高福秀、竹坝里妇女袁银金、坪畲妇女张金兰等，参加了运输队随军东征，历时一月，她们担物资、抬担架、救伤员、贴标语、搞宣传，工作很出色。

1934年五六月间，范六妹、邱庆乾、黄院林到樟黄参加县委、县苏会议，返回途中与国民党保安十四团钟绍葵军队相遇，范六妹、黄院林脱险，邱庆乾不幸被捕牺牲。

1934年10月，红军被迫举行二万五千里长征。上三溪红军战士杨立朝、杨同康、杨永和参加了这一壮举。杨立朝在湘江战役后无音讯。杨同康在一次战斗中负伤被捕，被关押多年。获释放后，留在杭永岩边境坚持了艰苦卓绝的三年游击战争。

上三溪位于双髻山麓。游击队上山前，在上三溪杨家祠设立红军医院。上三溪群众每天都有人带着粮食、蔬菜、禽蛋前去慰问，为医护人员和红军伤病员洗衣服、砍柴火、煎草药、洗伤口。当时杨福柱、杨才章、杨宝书参加了游击队，杨维纲担任地下交通员，杨同亨、杨营辉、杨观仁、杨辉田、杨旭辉等经常为游击队提供粮食、蔬菜、盐巴，购买药品、电池、雨具，提供情报，热心支持游击战争。

1936年的一天，国民党坑口联保主任张镜明纠集反动武装扑到上三溪，威逼红军战士杨立朝生母廖金娣、养母江德秀寻回儿子杨立朝，寻不回杨立朝，就要杀他的孙子；又把游击队员杨福柱（上三溪人）抓去关在联保办事处民团炮楼里，施用各种毒刑。因杨福柱坚贞不屈，敌人无计可施，最后把他杀害了。杨营辉因父病故，请假回家料理丧事，遭敌被捕，被施以各种毒刑，逼迫他在墙壁上书写反共标语。他只好在墙壁上写了“打倒共匪土匪杨营辉”9个字，言下之意是打倒杨营辉自己一个人。此后，敌人强迫杨营辉当保长。游击队将计就计，让杨营辉当“白皮红心”保长，表面上为敌人当保长，暗中却做保护群众的工作。江翠英原是乡苏妇女部长，不久随丈夫参加红军，后随夫回家料理丧事，同遭敌抓捕关押，受尽严刑拷打。

为了“清剿”红军游击队和监视革命群众，国民党八十三师一个连驻在上三溪尚德堂里，在大桥头修筑了炮楼，每天有12个敌兵把守；并强迫上三溪群众移民并村到其他地方，然后又强迫竹坝里、温屋坑、蕉坑村的群众移民并村到上三溪；同时，强迫移民户给他们担粮食、砍柴火、洗衣服、做苦工，不准移民群众回村种田、耕山，导致上三溪、蕉坑、温屋坑、竹坝里一带农田荒芜，山林无法垦复，生活无着。

在人民群众的强烈要求下，游击队连续3次攻打上三溪炮楼。最后一次，敌人败逃，游击队立即烧毁炮楼。

为了割断上三溪群众对游击队的支持，反动派强迫上三溪群众三次移民并村。第一次是在1933年春，全村群众分别移到石铭、坑口等地，时间达一年半之久。第二次移民是在1935年夏天，移到白砂、坑口、石铭、合甲等地，时间达一年之久。第三次移民是在1936年的夏末秋初，被移到古田、石铭、坑口等地，移出时间达半年。

1947年7月，中国人民解放军闽粤赣边纵队第七支队一支武装，驻扎在竹坝里、禾仓角、吾莳洋一带，在杭永岩边领导群众，开展反高利贷剥削，反对国民党征兵、征粮、征税斗争，并秘密联络上三溪接头户暗中开展活动。杨立中、杨立昌、杨丰光经常送物资、药品、情报到双髻山、吾莳洋等地游击队。邱凤连、杨同荣、杨立生、杨同丰、杨同明、杨灿荣、杨保元、杨敏发、杨立章、林金妹、温林金、卢五妹、林兰英、林连姐、杨养贤、杨宝元、杨京松等，把药品、物资、情报及时送到工作团和七支队驻地。1948年，上三溪青年杨立中、杨立昌、杨丰光加入县委武装，参加了攻打中都豪坑战斗。1948年7月，根据李学山、陈炳光嘱咐，杨立中与战友吴紫城、李成阶一起，到当丰侦察敌情，出色完成了任务。1948年冬，杨立中、杨丰光在李学山率领下，化装成造纸工人，袭击当丰地主龚某某家，缴获长短枪各一支，并将龚某某抓获教育后，将其释放。

1948年，国民党星聚乡保队副张作化带领反动武装窜到上三溪，抓走杨维汉、杨敏和及其妻子陈兰芳等3名群众，押到大洋坝星聚乡公所民团炮楼里关押20多天，严刑拷打，残酷折磨。后经亲友及邱堂禧、杨子鹤保释回家。同年冬，张作化又带反动武装侵入上三溪。杨立中闻讯机智脱险；杨丰光来不及转移遭敌抓捕，幸好在被押往白砂途中巧妙逃脱。

1949年春，星聚乡乡长邱堂禧在党的政策感召下，弃暗投明，率部起义。农历四月初二，星聚乡和平解放。上三溪群众燃放爆竹，张贴标语，庆祝解放。5月，在上三溪得月楼成立上三溪村人民政府，杨立昌为村长，杨立中任农会主任兼治保主任。

在革命战争年代，上三溪全村有44人参加共产党、32人参加赤卫队、32人担任过苏区干部、22人参加红军，有20多位群众为革命牺牲生命，有13名英雄儿女被评为革命烈士。上三溪人民为革命事业胜利作出很大贡献，也付出了重大牺牲。到1949年解放时，全村只剩下40余户、200余人，纸厂只存2座。但是，革命的理想信念，任凭狂风暴雨摧残，也不曾须臾动摇。它如闪闪红星之光，无时不映照在三溪水上。

（原载于林英健主编《上杭革命基点村简史》，中共党史出版社2010年12月出版。作者：罗陈喜；图片拍摄：吴清梅）

情系灯笼岭

——余家山村革命简史

余家山地处溪口镇西部。追溯历史，该村先有王家，后有钟家。大量山林均为王家耕管，唯村后有一座山，属王家耕管外的无主山林。钟家到这里开基后，这座山林便由钟家耕管起来，故此山名为余家山，村名也因此而得。余家山村庄较小，土地革命前夕，该村有10多户、六七十人。村民除耕种少量耕地外，以耕山、造纸为业。三年游击战争中，部分闽西南游击队力量曾依靠余家山等村群众的支持，在余家山西南的灯笼山中活动一段时间，故灯笼山在游击队和当地群众中都魂牵梦绕。

1929年春天，余家山贫苦农民钟育华、钟求应在东二区党支部培养下，接受了革命思想，加入了中国共产党。5月24日，东二区人民在党的领导下，举行了轰轰烈烈的武装暴动，打土豪、分田地，革命斗争搞得如火如荼。5月29日（农历四月二十一日），暴动领导人罗寿春、张善初派共产党员张彦初率领武装暴动队伍三四十人到达白石笏，策应和支援了双华一带乡村的农民暴动。在这次暴动中，余家山群众在共产党员钟育华、钟求应率领下一起参加行动。他们在白石笏召开全乡群众大会，宣传和发动群众打土豪、分田地，建立苏维埃政权。当日成立双华乡农民协会，选举张行先为农会主席。

1927年7月，余家山村与下山溪、鱼子岩、白石笏、华地科、双溪铺等村联合，成立了东二区第十一乡苏维埃政府。该村共产党员钟育华曾先后担任乡苏主席、中共茶地区委书记；后参加红军；不久后又转到地方，先后担任中共长汀县委特派员、中共福建省委巡视员等职。钟求应担任乡苏交通员。

1932年，国民党反动派对中央苏区发动了第四次军事“围剿”。在反“围剿”作战中，闽西苏区进行了几次扩大红军。余家山村共产党员钟育华、钟求应，共青团员钟育芳，赤卫队队员钟育存积极响应党的号召，参加了中国工农红军第十二军。1932年12月，国民党第十九路军蔡廷锴部和四十九师张贞部进攻永定虎岗、洽溪等地。钟求应在永定洽溪与红军战友一起，与侵犯敌军作战，取得了战斗胜利。钟育芳在永定虎岗对敌作战中光荣牺牲，被评为革命烈士。

1934年10月，主力红军长征后，留在当地坚持革命斗争的党政军领导，把地方武装集中起来，在双髻山、灌洋山一带建立游击根据地，在杭永岩边境地区坚持了艰苦卓绝的三年游击战争。余家山村庄虽小，但群众基础很好；加上这里地处偏僻，交通不便，四周深山密林，便于隐蔽和迂回，是开展游击战争的好地方。游击队经常到这里活动，并在村庄对面山上和村后的流机坑山上挖战壕、筑工事，伏击前来“搜剿”的国民党军队和地方民团。

在余家山西南方，有两座大山，一座叫马子崇，一座叫灯笼岭。这两座山延绵横亘，山高谷深，其支脉一直延伸到余家山。1935年春夏，由于敌人的“清剿”，游击战争的形势显得非常紧张。为了分散活动，建立和扩大游击区域，闽西南军政委员会派区委书记范瑞章、游击队员范鲁（又名范桂良）、傅汉山分头到太拔区委，以马子岽为中心，以后又派杭代县军政委员会副主席陈必亨、游击队员邱相田等人以灯笼岭为中心，做群众工作，建立革命基点村，发动群众支援游击战争。在陈必亨、范瑞章、邱相田、范鲁、傅汉山等的宣传发动下，余家山等革命基点村建立起来了。在三年游击战争中，余家山群众怀着对红军游击队深厚的革命感情，热情支援红军游击队，坚持游击战争。他们白天搞生产，晚上为游击队编织草鞋，提供粮食、蔬菜、食盐、物资和情报。有时由钟育华、钟求应、钟育存轮流将粮食、蔬菜、食盐、物资和情报送上山去，有时游击队派人来拿。敌人获悉钟育华、钟育存、钟求应与游击队有联系后，一天派来两批敌人，到余家山“搜剿”，上午来了二三十个敌人，把钟育华、钟育存、钟求应抓到坑口伪联保监牢关押，对他们进行严刑拷打，灌辣椒水，把他们折磨得全身浮肿，伤痕累累。下午又来了二三十个敌人，把全村的粮食、禽畜全部抢光，还威吓群众说：“今后谁再与游击队联系，就把你们统统杀光！”但是，下定决心坚决与国民党反动派斗争到底的革命群众是吓不倒的，他们一如既往，继续支援游击队。

有一天上午，邱相田、范瑞章、马发贤、杨汝才等游击队员的衣服被大雨淋湿后，在余家山大坑里深山中晾衣服。双华村一个挖笋的民团团丁发现后，到双华村向保长报告。保长立即纠集民团偷偷摸摸潜入该山，妄图活捉或消灭邱相田等游击队员。幸被余家山群众发现后，及时按游击队约定的信号放铳向游击队报告敌情，邱相田等游击队员立即转移，使敌人扑了个空。

1934年11月，国民党保安十四团钟绍葵部“围剿”双髻山，我红军游击队派出一支武装到余家山进行伏击。双方展开激战，我上杭县苏维埃政府政治保卫局工作人员、共青团员杨传发光荣牺牲。牺牲后，余家山群众料理了他的后事。

1935年秋，敌人对马子岽、灯笼岭游击根据地进行疯狂地“搜剿”，历时半个多月。他们白天上山“搜剿”，晚上在余家山等村口设伏，妄图待游击队下山活动时消灭游击队。余家山群众发现敌人的阴谋诡计后，及时将这一重要情报向游击队报告，使敌人的阴谋一次次落空。

在敌人的白色恐怖下，余家山群众不畏强暴，常常冒着生命危险秘密支援陈必亨、邱相田、范瑞章、范鲁、傅汉山等游击队员，经常为他们秘密提供粮食、蔬菜、食盐、物资和情报，直至游击队北上抗日。

1945年11月，刘永生率领王涛支队攻打茶地伪乡公所炮楼。有一天下午5时，刘永生亲自率领100多名游击队员到达余家山。余家山群众热情接待，忙着做饭菜、烧茶水。饭菜做好后，游击队员在钟育华、钟育存家吃晚饭。钟育华、钟育存派他们的儿子钟天仁、钟天录在门口放哨。刘永生亲自将饭菜送到门口给站岗放哨的钟天仁、钟天录吃，还热情地叫他两人为“小鬼”，并嘱咐他们人如发现有陌生人来时就将碗筷用力摔在地上，作为报信暗号。游击队在余家山吃完晚饭后向茶地进发，于第二天袭击茶地伪乡公所，消灭了国民党驻茶地的吴佩昌民团一部分兵力，取得了战斗胜利。

在王涛支队攻打国民党茶地伪乡公所后，敌人得知游击队是在余家山出发的，伪县政府命令伪星聚乡公所纠集一批民团从大洋坝出发到余家山，强迫余家山群众进行第三次移民，并限定3天内全部移走，否则全部杀光。敌人得知游击队是在钟育华、钟育存家吃晚饭的，就把钟育华、钟育存家的锅灶全部砸坏；又把钟育华、林赛金、钟育存、钟育康、钟求应等革命群众抓捕，用绳子绑在长凳上灌石灰水和辣椒水，逼他们供出共产党游击队的下落。钟育华等被抓群众宁死不屈，巧妙应对。

1946年，钟育华、钟育存、钟育康、钟求应在双髻山为杭岩工作团送信、送物资途中，被敌抓捕。敌人把钟育华等被抓群众押到双髻山下的大岭下，要把他们处死。后来，他们伺机逃脱，幸免于死。

由于国民党反动派的统治和摧残，到1949年解放时，该村只剩下3户、8人，比1929年暴动时减少了10余户，人口减少了五六十人，王姓被灭绝。但灯笼山不朽的革命斗争历史，如黑夜里的灯笼，永远高高挂在人们的心头。

（原载于林英健主编《上杭革命基点村简史》，中共党史出版社2010年12月出版。作者：罗陈喜；图片拍摄：吴清梅）

革命不怕征途险

——官屋村革命简史

官屋村地处溪口镇东北部，是溪口石铭行政村所属的一个自然村。1929年农民暴动前，全村共有10户、38人。村民以种田、耕山、造纸为业。

1928年秋天，蛟洋暴动后，在罗寿春的宣传发动下，该村贫苦农民官元标、官生标、官建标、邱凤梅接受了革命思想。翌年初夏，他们加入中国共产党，并先后在村里成立了秘密农会和武装暴动队伍，准备进行武装暴动。

1929年5月20日（农历四月十二日），官屋村农会会员和武装暴动队员在罗寿春、傅柏翠等人的领导下，举行武装暴动，收缴了石铭民团的枪支，并在石铭天后宫大坝里举行群众大会，烧田契、毁债券，打击了5个地主豪绅；然后到地主豪绅家开仓放粮，没收财产，分给贫苦农民。5月30日（农历四月二十二日），官屋村武装暴动队员和石铭、西模坑、大岭下、大厚等村的武装暴动队伍北上大和坑，与傅柏翠领导的蛟洋暴动队伍胜利会师。会师后，官屋村暴动队员随部队回师东二区的大岭下、莲塘里、石铭、合甲等村开展革命活动。在合甲完成整编后，被编入东二区石铭村工农赤卫队，留在当地开展打土豪、分田地。同时，与邻村合并成立了少先队、妇女会、儿童团等红色组织。1929年7月，又与寨背、大坑头、桥下滩、石乾里、茶排里、石铭、塘背等村联合，成立了东二区第一乡（石铭乡）苏维埃政府。

苏维埃政府成立后，官元标担任区苏维埃政府交通员，官生标、官建标、邱凤梅等参加了中国工农红军新编第十二军，官彩标担任石铭乡赤卫队员。后来，官彩标在"肃社党"中蒙冤受害；官生标在第三次反"围剿"作战中杳无音讯，解放后被评为革命烈士；邱凤梅由于身体状况不佳，参加红军一年后回家乡坚持革命斗争；官建标因在永安战斗中失利负伤，与部队失去联系，患病致残，一路讨饭回家，在家乡继续坚持革命。

三年游击战争中，为了扩大游击区域，建立和发展革命据点，谭震林、廖海涛等红军游击队领导人，派罗炳钦、杨仰林、杨怀林、罗炳芳等，以双髻山为中心，在石铭一带做乡村群众工作，动员群众支援游击战争。他们接受任务后，深入双髻山下一带村庄开展游击活动，建立了官屋、寨背、大坑头、茶排里、石乾里等5个革命基点村，成立了地下党支部和地下游击小组。此后，罗炳钦等游击队员又经常到官屋村活动，在官屋村北部1公里处的寨背村革命接头户杨巴、赖三妹家里设立秘密交通站和接头联络点，接收和转送从茶排里、官屋、石乾里等革命基点村群众送来的情报、粮食及其他物资。在三年游击战争中，官屋村群众怀着对红军游击队深厚的革命感情，自始至终支援红军游击队，为游击队提供粮食、蔬菜、盐巴及其他物资和情报，有力地支援了游击战争。

1935年农历十月下旬，游击队员罗炳钦、杨怀林等受谭震林、廖海涛派遣，到石铭一带乡村做敌后工作，隐蔽在距官屋村2公里的大坑头村。农历十一月初二，正是大池圩天，官屋村地下党支部和地下游击小组交通员、革命接头户官元标在去大池圩为游击队买粮食、菜类、药品等物资，准备晚上将这些物资送给游击队时，被叛徒、国民党甲长官绪标觉察到。敌人分3路包围了寨背村。官元标和游击队及寨背村群众发现敌情后分散突围，官元标在突围时光荣牺牲。前来接应米菜、药品、物资的游击队员杨怀林、罗桂交、张绍炎遭敌兵包围和追捕，除杨怀林冲出重围得以脱险外，罗桂交、张绍炎2人被敌抓捕，被押到石铭民团炮楼里遭严刑拷打。第二天清早，敌人在官屋、寨背、大坑头一带大肆“搜剿”，强迫官屋、寨背、大坑头、石乾里、茶排里等村群众移民并村；把革命接头户全家抓捕关押，财产抢劫一空。官绪标率领民团到大坑头村“搜剿”，把全村8户群众的房屋全部烧光。官元标牺牲后，他的妻子罗明娥不因丈夫牺牲而退却，与刘金娣、赖三妹、赖四妹等一道继续支援游击队。

新中国成立后，该村被评为革命基点村，官元标、官生标被评为革命烈士，江连连、邱茂婆被认定为革命基点户。

（原载于林英健主编《上杭革命基点村简史》，中共党史出版社2010年12月出版。作者：罗陈喜；图片拍摄：吴清梅）

留取丹青耀千秋

——大坑头村革命简史

大坑头村位于溪口镇东北部，是溪口石铭行政村所属的一个自然村。据有关记载，该村是清朝咸丰七年（1857）罗氏族人祖先从大洋坝旧宅村到这里耕山时开基的。该村原名叫天壁窠，后取名为大坑头。

开基建村以来，这里的人们世世代代安分守己，只顾种田、耕山，从不涉及世事，怕招祸惹灾，只图过平安日子。尤其到了罗岳尧这一代，人们求平安、盼吉祥、祈富贵的愿望更加突出。就连生育子女取的名字，也充满着平安吉祥、荣华富贵之含义。他生了4个儿子，分别取名为罗珍城、罗珠城、罗宝城、罗贝城，包含了“珍珠宝贝，价值连城”之意；5个孙子分别取名为喜昌、贵昌、福昌、禄昌、寿昌，这也反映了他们对“喜贵福禄寿”吉祥的期盼。但在那个年头，这些愿望难以实现。

1928年秋天，蛟洋暴动过后，中共上杭县委原宣传部长、北四区原区委书记罗寿春回到家乡，在东二区领导农民运动。罗寿春是石铭村茶排里人，经常到大坑头村，向大坑头群众宣传革命思想，动员该村群众起来闹革命求解放，加入秘密农会，参加武装暴动。但是，一向老实巴交、只顾劳动、怕惹是非的大坑头群众，开始时任罗寿春怎样做宣传发动工作，均无动于衷，拒绝参加一切革命活动。

1929年春天，毛泽东、朱德率领红四军挺进赣南和闽西，首战长岭寨，三克龙岩城，先后消灭土著军阀郭凤鸣、陈国辉两个混成旅，在闽西燃起革命熊熊烈火。他们的节节胜利，极大地鼓舞和震醒了大坑头村群众，他们在黑暗中看到了光明、看到了希望，激发了寻求真理、走上革命道路的热忱。在党组织领导下，他们开始行动起来，投身革命斗争。这个只有8户、21人的小村庄，参加秘密农会的人达18人，参加武装暴动队伍的有11人。

1929年5月20日，大坑头村农会会员和暴动队员在罗寿春、傅柏翠的领导下，臂戴红袖章，手持武器，与石铭一带各村庄的农会会员和暴动队员一起，在石铭村首先举行暴动，揭开了东二区农民武装暴动的序幕。他们在蛟洋红军教导队的支援下，收缴了石铭民团的枪支，在石铭天后宫召开群众大会，烧田契、毁债券，镇压了5个地主豪绅；然后到地主豪绅家开仓放粮及没收地主豪绅财产，分给贫苦农民。在成立红色组织中，大坑头与寨背、官屋村联合，成立了赤卫队、少先队、儿童团、妇女会等组织。1929年7月，与寨背、官屋、石乾里、茶排里、石铭、圹背、桥下滩等村共同成立了东二区第一乡（石铭乡）苏维埃政府。

1930年10月至1933年3月，国民党反动派对中央苏区连续发动四次军事“围剿”。为了粉碎敌人“围剿”，保卫胜利果实，苏区进行了三次扩大红军。大坑头村贫苦农民罗岳尧，把过去“求平安盼富贵”的思想转变为“求翻身盼解放”，积极响应党和苏维埃政府号召，带头送子送孙参加红军。他将4个儿子“珍、珠、宝、贝”和5个孙子“喜、贵、福、禄、寿”全部送到乡苏政府，报名参加红军。乡苏干部被感动得流下热泪。但由于4个儿子有的年岁较大，有的体质较弱，未被批准；而5个孙子因年轻力壮，被全部批准参加红军。在罗岳尧的带动下，罗庆城也将身边唯一的儿子罗森昌送去参加红军。罗喜昌、罗福昌、罗禄昌、罗寿昌、罗森昌参军后被分配到红十二军；罗桂昌在红二十一军，后担任代英县苏维埃政府主席的警卫员。参军后，这些大坑头村的优秀青年在炮火纷飞的战场上冲锋陷阵，英勇杀敌，最后全部壮烈牺牲。新中国成立后，均被评为革命烈士。其中，罗喜昌、罗福昌、罗寿昌、罗森昌等4人牺牲时尚未娶妻生子，现无后代。

1934年10月，主力红军被迫举行二万五千里长征后，苏区沦陷。国民党反动派卷土重来，对苏区革命力量进行疯狂摧残。留在当地坚持革命斗争的党政领导和武装力量被迫转入深山，坚持游击战争。其中在双髻山、灌洋山一带，也建立起游击根据地。游击战争中，为了扩大游击区域，建立和发展革命基点村，闽西南军政委员会领导人谭震林、杭代县军政委员会主席廖海涛等，派熟悉该地区情况的石铭籍游击队员罗炳钦、杨仰林、杨怀林、罗炳芳等来到该山，建立了大坑头、寨背、官屋、石乾里、茶排里等据点，在这些村中成立了地下党支部和地下游击小组，由张绍炎、罗桂交、官元标等同志组成。其中，张绍炎担任地下党支部书记兼游击小组组长，官元标任交通员。地下党支部和地下游击小组的任务是帮助红军游击队侦察敌情、提供情报、购买物资，动员群众支援游击战争。此后，红军游击队经常来到大坑头村开展游击活动，并在该村和位于该村南部、距该村2.5公里处的寨背村设立秘密交通站和接头联络站。此时，大坑头村总人口比暴动时减少了一半，全村只剩下11人。除“喜、贵、福、禄、寿”和罗森昌参加红军光荣牺牲外，罗岳尧和他的4个儿子中的罗珠城、罗贝城以及罗宝城的孙子也先后因病早逝。剩下的11人中，尽是老弱妇孺。如罗珍城的孙子罗敏谦当时还是个幼童，罗岳春和罗长城已年过花甲，罗近城和罗珍城夫妇、罗宝城夫妇都年过五旬，只有罗贵昌的妻子张五妹、罗禄昌的妻子郑细妹、罗森昌的妻子廖氏是中青年妇女。但是，他们很坚强。面对在反“围剿”作战中牺牲了6名亲属，他们没有退缩，没有寒心。在艰苦卓绝的三年游击战争中，依然怀着对红军游击队的深厚革命感情，自始至终支援红军游击队。尽管自己生活极为艰苦，依然省吃俭用，努力节省出一些粮食、蔬菜及购买一些物资供给游击队，并在寨背等地，建立了地下交通站和联络点，将其他地方送来的粮菜、情报、信件、物资及时转送给红军游击队。

1935年农历十月下旬，游击队员罗炳钦、杨怀林等到石铭一带工作，隐蔽在大坑头村。农历十一月初二，正是大池圩天，官屋村共产党员、地下党支部和游击小组交通员、革命接头户官元标去大池圩，以赶集为掩护，秘密为游击队购买回米菜、药品和物资，晚上正准备将米菜、药品、物资送到寨背村革命接头户杨巴、赖三妹家，但不慎被叛徒、内奸官绪标觉察。官绪标立即到石铭向保长杨某等密报，杨某等立即联络民团到寨背村路上埋伏。当官元标把米菜、药品、物资送到寨背村革命接头户杨巴、温三妹家时，敌人分三路包围了寨背村。官元标和前来接应米菜、药品等物资的游击队员杨怀林、罗桂交、张绍炎及寨背村群众陷入包围。除杨怀林一人突出重围外，官元标在突围时中弹牺牲，罗桂交、张绍炎和寨背村群众被敌抓捕。罗桂交、张绍炎被押到石铭民团炮楼里关押。敌人对他们进行了严刑拷问，但他俩宁死不屈。第二天罗桂交在石铭大坝里被敌人用刺刀乱捅致死，新 国成立后被评为革命烈士。张绍炎也遭敌兵杀害。第二天清早，敌兵在大坑头、寨背、官屋一带大肆搜剿，强迫大坑头、寨背、官屋、石乾里、茶排里等村群众移民并村，移到石铭等地；把革命接头户全家抓捕关押，财产抢劫一空。官绪标率领民团到大坑头搜剿，把全村8户群众的房屋全部烧光，使这个具有80多年历史的村庄变为一片废墟。

移民并村后，大坑头村的群众就像进了集中营，日夜受敌人监视，行动无自由。其中，罗岳春因年老体弱，生活无法自理，只好到石铭墩下投奔夫婿张立邦，不久便去世。罗珍城夫妇、罗宝城夫妇、罗长城、罗近城都在移民期间先后去世。

1938年春，国共两党停止内战，一致抗日时，移民群众方回村居住。但大坑头村只剩下3户、4人，其中男1人、女3人。他们是张五妹及其儿子罗敏谦（罗桂昌烈士之妻儿）、郑细妹（罗禄昌烈士的妻子）、廖氏（罗森昌烈士的妻子）。由于村庄被毁、房屋被烧、丈夫牺牲、长辈去世，她们已无家可归、无依无靠，只好改嫁。

张五妹被迫携年幼的儿子罗敏谦改嫁到20里外的桥下滩；郑细妹在移民期间生下一个男孩，因生活困难，无法抚养，弥月后夭折，不久被迫改嫁到兰田；廖氏也被迫改嫁他乡。

1946年至1948年，游昌炳、陈炳光、张招巴、李学山、罗炳钦、饶良新、张昭娣等先后率领中共闽西特委杭岩工作团（后改为上杭工作团）、中共上杭县委和中国人民解放军闽西支队一支武装进入双髻山、灌洋山一带开展游击战争，在杭永岩边境搞肃反，开展反“三征”（即反对国民党征兵、征粮、征税）斗争，在石铭等地恢复了秘密农会。此时，罗桂昌烈士之妻张五妹虽已改嫁到桥下滩，但支援革命的一颗红心没有变。母子俩又和罗炳钦、张昭娣、张招巴等同志接头，为他们秘密提供粮食、蔬菜和物资，直至解放。

从1929年至1949年，大坑头群众为中国人民的解放事业作出了很大牺牲和贡献。这个只有21人的小村庄就有6人参加红军（约占全村总人口的30%）。在艰苦卓绝的三年游击战争期间，他们家家户户支援红军游击队。到1949年解放时，全村只剩下1户、3人，比1929年暴动时减少了7户、18人。

（原载于林英健主编《上杭革命基点村简史》，中共党史出版社2010年12月出版。作者：罗陈喜；图片拍摄：吴清梅）

风雨同舟渡难关

——寨背村革命简史

寨背村地处溪口镇东北部，东与桥下滩交界，南与官屋村毗邻，西与大岭下接壤，北与大坑头相连，是溪口石铭行政村所属的一个自然村。

1928年秋天，蛟洋暴动后，罗寿春受组织派遣，回东二区传播革命思想，动员群众起来闹革命、求解放，组织农民协会，进行武装斗争。1929年5月20日（农历四月十二日），寨背村农会会员和武装暴动队员臂戴红袖章、手持武器，与石铭一带村庄的农会会员、武装暴动队员一起，在石铭村首先举行暴动。

暴动后，为了联合革命力量，共同对付敌人，5月30日（农历四月二十二日），寨背村武装暴动队员与石铭、大岭下、大厚等村的武装暴动队员一起，在罗寿春、张善初率领下，翻越双髻山，北上大和坑，与傅柏翠领导的蛟洋暴动队伍胜利会师。在合甲完成整编后，各村成立红色组织。寨背村与官屋、埔上、大坑头等村联合，成立了赤卫队、少先队、儿童团、妇女会等红色组织。1929年7月，成立了东二区第一乡（石铭乡）苏维埃政府，东二区一带革命根据地建立起来。

革命根据地建立后，寨背村与全区人民一道，进行了轰轰烈烈的建设苏区和保卫苏区斗争。按中共闽西一大决议，平均分配了土地、山林，经济建设通过互助合作等措施，取得明显成效，收入明显增加。同时，社会秩序明显好转，没有了人剥削人、人压迫人的现象，人民群众开开心心生活在苏区的新天地里。大家都非常珍惜这幸福日子，非常感恩共产党、红军带来的好处，热烈响应上级号召，积极参军扩红，为前线捐款捐物，支持保卫苏区的斗争。

三年游击战争时期，为了扩大游击区域，建立和发展革命基点村，闽西南军政委员会军事部长谭震林、杭代县军政委员会主席廖海涛等游击队领导人以双髻山为中心，动员周边村群众支援游击战争。罗炳钦、杨仰林、杨怀林、罗炳芳等经常到寨背村等地乡村开展活动，在寨背、大坑头、官屋、茶排里、石乾里等基点村成立了地下党支部和地下游击小组。在三年游击战争中，寨背村群众怀着对红军游击队深厚的革命感情，自始至终支援红军游击队，源源不断地为红军游击队提供粮食、蔬菜、物资。

1935年农历十月下旬，游击队员罗炳钦、杨怀林等，受谭震林、廖海涛派遣，到石铭一带乡村做敌后工作，隐蔽在寨背村北部的大坑头村。农历十一月初二，正是大池圩天，官屋村地下党员、地下游击小组成员、革命接头户官元标去大池圩为游击队买米、菜、药品和物资，晚上准备将米菜、药品、物资送到寨背村革命接头户杨巴、赖三妹家时，被叛徒、内奸官绪标觉察到。敌人分3路包围寨背村。官元标和前来接应米菜、药品、物资的游击队员杨怀林、罗桂交、张绍炎及寨背村群众遭敌包围和追捕，除杨怀林1人冲出重围脱险外，官元标在突围时中弹牺牲，罗桂交、张绍炎及寨背村部分群众被敌抓捕并押到石铭民团炮楼里关押。敌人为了得到游击队的情况，对罗桂交、张绍炎进行严刑拷打，实施酷刑。罗桂交宁死不屈，坚决不招供，于第二天在石铭大坝里被敌人用刺刀乱捅致死，光荣牺牲。新中国成立后，他被评为革命烈士。张绍炎也被敌兵杀害。与此同时，官绪标率领民团到大坑头村搜剿，把全村8户群众的房屋全部烧光。这次惨案，在当地三年游击战争史上称“寨背事件”。

寨背村群众被强迫移民并村到石铭村居住后，革命接头户杨巴、赖三妹等生活十分艰苦，但他们依然怀着对红军游击队的深厚感情，千方百计躲过敌人耳目，想尽一切办法为红军游击队提供粮食、蔬菜、盐巴、物资，与红军游击队同生死、共患难，结成了深厚的鱼水之情。

1947年至1949年春，游昌炳、张招巴、陈炳江、李学山、饶良新、罗炳钦等重返双髻山一带开展游击战争，在杭永岩边境搞肃反，领导群众开展反“三征”斗争，在石铭村恢复了秘密农会。此时，阔别10多年的游击队员罗炳钦、游昌炳、张招巴、张昭娣等同志再次到了寨背村，久别重逢，悲喜交集。杨巴、赖三妹等寨背村群众，像当年支援红军游击队一样支援工作团、县委和游击武装，直至解放。

（原载于林英健主编《上杭革命基点村简史》，中共党史出版社2010年12月出版。作者：罗陈喜；图片拍摄：吴清梅）

东二区的星星之火

——茶排里村革命简史

茶排里位于溪口镇东北部，是溪口石铭行政村所属的一个自然村。据大洋坝罗氏族谱记载，该村是大洋坝千四郎公第16代裔孙罗云凤于清道光二十二年（1842）七月初八从石乾里迁移到这里开基建村的。1929年农民暴动时，该村有4户、13人。因为土地革命时东二区一带的革命火种由这里最先点燃，故这里有“东二区的星星之火”之誉。

1903年，茶排里村贫苦农民罗积庆、张林金夫妇生下了一个男孩，取名罗寿春。到了上学年龄，罗寿春在舅公的帮助下，进了石铭村一所私塾学校，后又到双溪铺廻澜高级小学、广东蕉岭中学念书。1919年6月毕业后，先后在大埔县石上小学和永定县金砂小学任教。任教期间，在当地张鼎丞等一些共产党员的影响和引导下，罗寿春阅读了许多马列主义书籍和革命刊物，接触了新文化、新思想，并被派到广东参加农民运动讲习所第6期学习。回来后，在永定先后参加了反抗北洋军阀曹万顺及县政府的示威请愿和大埔县农民武装暴动。1927年7月，罗寿春在张鼎丞的介绍下加入中国共产党，成为东二区第一名中国共产党党员。

1928年2月，罗寿春担任中共上杭县委宣传部长兼北四区区委书记，与郭柏屏、傅柏翠一起，领导了蛟洋农民运动和武装暴动。同时，东二区革命青年何登南、傅连勋、郑秋伍、罗传善、杨子岐等5人，也在蛟洋参加了农民运动和武装暴动。期间由于表现积极，经罗寿春、傅柏翠、雷时标等共产党员的介绍，加入了中国共产党，成为东二区第一批共产党员。

8月下旬，罗寿春回到家乡茶排里后，首先在教师和茶排里贫苦农民中宣传革命思想，在茶排里组织成立了东二区第一个秘密农会，茶排里群众纷纷加入。接着，罗寿春又向东二区其他乡村发展。他提着煤油吊灯走山路、串村户，向教师和农民宣传马列主义，传播革命思想，在各乡村创办农民夜校，组织秘密农会和武装暴动队伍，逐渐点燃了东二区农民中的革命烈火。

1929年1月4日，罗寿春召集何登南、郑秋伍、傅连勋、罗传善、杨子岐等东二区第一批共产党员，在茶排里自己家开会。会议在传达贯彻中共六大精神和罗明在庐丰召开的中共上杭县委扩大会议上的指示及县委对当前的工作决定后，成立了中共东二区支部，选举何登南为书记、郑秋伍为副书记。这是东二区最先成立的一个中国共产党支部。会议还决定在各乡村进一步开展革命活动，要求每个党员负责发展14个以上新党员。

东二区党支部成立后，许多会议都在茶排里召开。有时，傅柏翠、雷时标也来茶排里指导东二区的革命斗争，与罗寿春和东二区党支部成员一起研究工作。茶排里成为东二区革命斗争活动中心。

1929年年初，石铭乡以茶排里为中心，成立了秘密农会。4月，东二区党支部在石铭天后宫召开全东二区农会会员大会，正式成立东二区农民协会，茶排里全体农会会员出席了大会。

1929年5月20日（农历四月十二日），茶排里群众在罗寿春领导下，与石铭乡农民一起揭竿而起，首先举行暴动，打响了东二区人民武装暴动第一枪。

5月30日（农历四月二十六），茶排里暴动队员在罗寿春率领下，北上大和坑，与傅柏翠领导的队伍会合。之后，茶排里暴动队员与石铭等村暴动队员一起，又回到东二区的大岭下、莲塘里、石铭、合甲等乡村活动。在合甲进行了整编。整编时，罗寿春把暴动队伍分成两组，一组编入红五十九团第三营，包括茶排里暴动队员在内的另一组留在东二区活动。

7月初（农历五月底），东二区党支部在石铭天后宫大坝里召开全区群众大会，成立东二区革命委员会，傅连勋为主席，罗寿春任党代表。本月，茶排里村与桥下滩、大坑头、寨背、官屋、石乾里、塘背等村联合，成立了东二区第一乡（石铭乡）苏维埃政府。8月，成立中共东二区委和东二区苏维埃政府，罗寿春当选为区委书记，区苏维埃主席由傅铭勋担任。

1929年10月，上杭县苏维埃政府成立，罗寿春当选为执委常委。1930年3月18日和9月1日，在闽西第一届、第二届工农兵代表大会上，罗寿春均当选为闽西苏维埃政府经济部长。他在闽西苏维埃政府主席张鼎丞领导下，为发展闽西合作事业，统一财政、金融、税收，繁荣闽西苏区经济作出了重要贡献。

1934年1月，在国民党对苏区进行第五次军事"围剿"中，调集第二十六师、三十八师进攻东二苏区。红十二军二十四师一个营和代英县游击大队在石铭一带阻击敌军，双方展开激战。茶排里群众与石铭各村的群众一起，帮助红军挖战壕、筑工事、烧茶水、做饭菜、抬担架、救伤员，支援了部队作战。

1934年10月，主力红军长征后，留在当地坚持革命斗争的党政军领导和红军游击队，在双髻山、灌洋山一带建立游击根据地，在杭永岩边境地区开展了艰苦卓绝的三年游击战争。

期间，闽西南军政委员会副主席谭震林、杭代县军政委员会主席廖海涛等派熟悉该地区情况的石铭籍游击队员罗炳钦、杨仰林（原代英县苏维埃政府主席）、杨怀林、罗炳芳等，以该山为中心，建立了茶排里等5个革命据点，成立了地下党支部和秘密游击小组。茶排里共产党员罗桂交参加了地下党支部和秘密游击小组，担任游击队地下交通员，经常为红军游击队侦察敌情、提供情报、购买物资，联络群众支援游击战争。

1935年农历十月下旬，游击队员罗炳钦、杨怀林等受谭震林、廖海涛派遣，到石铭一带乡村做群众工作，隐蔽在大坑头村。

有一天晚上，杭代县军政委员会主席廖海涛率领游击队员5人，到茶排里召集石铭一带基点村的干部开会。民团偷偷摸摸地包围了他们开会的房子。廖海涛发现后，率领游击队员和与会人员，猛地拉开前门，4支短枪一齐向守在门前的敌兵开火，杀出一条血路，安全脱险。

事情发生后，茶排里群众不知道廖海涛等游击队员的安危。为了弄清实情，有几位群众凑集了一袋笋干和一袋地瓜干，派人悄悄放在革命接头户黄大妈家中（群众与游击队的联络点）的饭桌上。这样，既可试探游击队的情况，又可解游击队的燃眉之急。第二天晚上，一名游击队员悄悄来到茶排里黄大妈家，发现饭桌上放了一袋笋干和一袋地瓜干后，回山向廖海涛报告。廖海涛嘱咐游击队员不能拿群众的东西，要注意观察动静，以了解真实情况。

一连3天，茶排里群众发现黄大妈家饭桌上的笋干和地瓜干一片也没有少。第四天傍晚，接头户陈大伯隐蔽在黄大妈家墙角边的树丛里窥望，被隐蔽在附近树丛中观察动静的游击队员巫先科（乳名华古子，时任廖海涛的警卫员）发现。两人相见，十分高兴。当得知游击队没有伤亡，廖海涛就在附近时，陈大伯迅速跑入黄大妈家，带上放在饭桌上的笋干和地瓜干，在巫先科的带领下，见到了廖海涛。看到廖海涛安然无恙，陈大伯十分高兴，即把笋干和地瓜干交给廖海涛，又伏在他的耳边告诉他，在村边的一棵大树下还埋了一袋粮食和一包盐。廖海涛激动得连声道谢。

就这样，茶排里群众在党的领导下，前赴后继，英勇斗争，20年红旗不倒，为中国人民的解放事业作出了很大的牺牲和贡献。其间，经历过两次移民并村，全村群众移到石铭，每次移民，移出时间达几个月。经过艰苦的斗争岁月，终于迎来了胜利的新纪元。

（原载于林英健主编《上杭革命基点村简史》，中共党史出版社2010年12月出版。作者：罗陈喜；图片拍摄：吴清梅）

铁肩担道义

——西坑村革命简史

西坑村是位于溪口镇东部的一个小山村，海拔460米。东南与蓝田村交界，西南与凹头村毗邻，南接旧宅，西北倚西模坑，东北与石铭村接壤。由于该村坐东向西，村西有一条小坑绕村流过，村名因此而得。

1929年，苏维埃政府成立时，由于村民向往革命，曾将西坑村改名为苏康村，取走苏维埃康庄大道之意。其时，全村只有罗姓，共13户、39人。解放后，人口逐年增加，现已有20余户、上百人口。属溪口大洋坝村委会管辖。

1929年5月，西坑村农民在党的领导下，先参加大洋坝农民暴动；后回本村暴动，将富豪罗某某管理的敦睦堂蒸尝会的田产、山林及庄稼全部没收，由农会会员罗兆光负责，采取分青苗的办法，分配给村里的贫苦农民。

暴动分田后，西坑村人民的革命热情空前高涨，各项活动迅速开展起来。该村虽小，但工作却搞得非常活跃，农民协会负责分田分地分山林；党团员、赤卫队员积极参军参战；少先队员、儿童团员站岗放哨，预防敌人入侵破坏；妇女会员为红军做草鞋、洗衣服，慰问红军等。赤卫队员在罗荣春带领下，曾参加攻打上杭城的战斗。妇女江桃金带头参加妇女会、洗衣队、担架队等。共产党员罗雄春参加赤卫队后又参加红军，曾在红四军第四纵队担任司令员傅柏翠身边警卫员。傅柏翠脱离革命队伍后，罗雄春毅然离开，到南阳、长汀等地参加革命工作。共产党员罗荣春担任赤卫队小队长，曾带领赤卫队员参与攻打上杭城，还在购买中华苏维埃政府发行的货币、公债中发挥了带头作用。赤卫队员罗培槐、共青团员罗耿光，都先后参加了红十二军。罗耿光在长汀对敌作战中失散后，回到家中继续参加革命斗争。青年罗国光虽然出身富农家庭，却与自己的家庭彻底决裂，积极投身革命，于1933年在通贤障云岭参加红军，在红十二军三十四师三三四团当战士。农会会员罗兆光积极参加赤卫队，各项工作很积极，斗争很勇敢，当选为苏区代表，后又参加红军游击队。

1934年1月，福建事变结束后，蒋介石国民党加紧对中央苏区进行第五次“围剿”。3月5日（农历正月二十日）晚上，代英县代东游击队近百人，因敌情紧张，从杭永边境的茫荡洋大山撤退，深夜经过西坑村，得到西坑群众热情接待，家家户户忙着为游击队煎茶、做饭。该村共产党员罗荣春、罗开春、罗雄春及赤卫队员罗兆光、罗周福等人还为游击队做向导、挑粮食、送药品等，将游击队领到莲塘里、大岭下一带。

1934年农历五月初三傍晚，合甲民团一个班窜到西坑村背头岗埋伏，并派罗景福、罗宜华两个团丁偷偷潜入革命工作人员罗棕元家，将罗棕元的儿媳魏细妹抓到合甲做人质，关押13天，对罗棕元实施敲诈。罗棕元的妻子卢细妹到处借钱，花80元光洋才将儿媳魏细妹赎回。

1934年10月，主力红军长征后，留在当地坚持革命斗争的党政军领导把武装部队集中起来，组成红军游击队，在双髻山、灌洋山一带坚持了艰苦卓绝的三年游击战争。在这三年中，西坑村人民积极支援红军游击队，为游击队送粮、送菜、送物资、送情报。如共产党员罗雄春，主力红军长征时，组织上让他留下来，回当地坚持斗争。回来后，他积极支援红军游击队。张鼎丞率领游击队员几次路过该村向他借粮，他每次都尽力借给。每次借给的粮食，张鼎丞都有写借条给他。解放后，他从未提起要求政府归还所借粮食之事，而是把借给游击队的粮食作为自己支援革命的应尽义务。共产党员罗荣春担任地下交通员，负责与莲塘里地下交通站接头户牛头罐（代号）联系。有一段时间，红军代英独立营班长江烈涛奉命率领一班游击队员来到西坑村，居住在该村细坑里鲜水坑口的一个石洞里，经常不定期地在晚上率领游击队员来村里，与革命接头户罗荣春接头。接头时，江烈涛和游击队员利用约定的暗号，在罗荣春房屋的一个窗口上用手指轻轻敲三下，罗荣春就打开房门让游击队进屋拿粮食、蔬菜、盐巴、电池等物，或将粮食、蔬菜、盐巴、电池等物送到屋外给游击队。有紧急情报时，罗荣春就让妻子江桃金以砍柴名义，将情报送到山上给游击队。

1935年，是三年游击战争中最困难、最艰苦的时期，国民党反动派纠集重兵对双髻山、灌洋山游击根据地实行疯狂的“围剿”。然而，在这最艰难困苦的时候，西坑村共产党员罗开春、苏区代表罗兆光，却为了人民的革命事业和解放事业，毅然走出家门，参加红军游击队，上山打游击。红军战士罗明光在长汀对敌作战中失散回来后，又参加了红军游击队。

敌人为了割断西坑人民对游击队的支持和联系，对西坑人民实行残酷的迫害和摧残。先后有7名群众因无法生存下去而被迫背井离乡，逃亡到蛟洋等地。全村荒芜土地120亩。1934年间，张菊娣的一头耕牛在细坑里放牧时，被大和坑民团抢走。

1935年，大厚民团张聪聪（乳名）带了两个全副武装的团丁窜到西坑村袭击罗棕元家，并开枪射击。罗棕元一听枪响立即就跑，其妻魏细妹也立即跑到江桃金家躲藏。人虽未被抓着，但被抢去银手镯一对。

1936年，西坑村共产党员、革命接头户罗荣春被国民党当局抓去，关在大洋坝监牢里，要罚罗荣春光洋6元。罗荣春因家里贫困，交不出罚款，只好忍痛将大儿子罗赠光过继给本村农民罗雄孚为孙，获得光洋3元。钱还不够，他又将次子罗根光过继给罗金春为子，获得光洋3元。交清6元罚款后，罗荣春才获释放。

革命接头户江桃金，原是三溪坪畲村人。前夫邱冯春也是共产党员，病故后，江桃金与西坑村共产党员罗荣春结婚。1934年10月，主力红军长征后，坪畲村民团还勒索罗荣春，要罗荣春补交几年前娶江桃金的聘金。因罗荣春生活困难，交不出聘金，坪畲村民团每年都来索要几次，并步步紧逼。罗荣春被迫于1942年东贷西借，花光洋49元送去，坪畲民团才罢休。

但是，西坑人民没有被敌人的嚣张气焰所吓倒，自始至终以各种方式支援游击队，直至游击队北上抗日。

1949年5月22日，李汉冲、傅柏翠、练锡生、邱师彦等闽西军政人员4000多人在上杭通电起义。但国民党军王靖之部又随即占据上杭城。中共上杭县委工作人员只得转入农村，在全县农村组成4个作战分区拒敌。7月7日（农历六月十二日），中共上杭县委及县独立三团在西坑村罗银春家里召开重要会议，县委全体成员、县独立三团负责人以及星聚乡（含溪口、大池镇的合甲村）起义人员出席了会议。会议由县委书记饶良新主持并发表讲话。会议内容包括：认清形势，收缴武器；搞好夏收，完成公粮；执行政策，二五减租；起义人员安置。会议期间，西坑村共产党员罗荣春、罗雄春和罗银春负责筹集与会人员的粮食、蔬菜。革命青年罗赠光负责送信到蓝田等地，供应与会人员茶水等。

由于国民党反动派的摧残，到1949年解放时，西坑村只剩下13户、39人，比1929年暴动时减少了4户人。

西坑村户数虽少，人口不多，村庄不大，但在革命战争年代却先后有9人参加革命队伍，有4人为革命牺牲，其中3人被评为烈士。此外，还有老接头户6人。

（原载于林英健主编《上杭革命基点村简史》，中共党史出版社2010年12月出版。作者：罗陈喜；图片拍摄：吴清梅）

红心永向共产党

——凹头村革命史

凹头村位于溪口镇东南方约2.5公里处，东北与西坑村交界，西与大厚村毗邻，东南与旧宅村接壤，南与均和圩、大竹园相连，西北靠西模坑。由于村后有个山凹，恰似一顶凹形的冠帽戴在村的头上，故取名凹头。属溪口镇大洋坝村管辖的自然村。

由于该村地处偏僻，交通不便，解放前，经济条件很差，村民只有少量田山，靠租赁邻村富人的田山耕种。一年到头辛勤耕作，除缴交田租地税外，余下的粮食不够吃半年，只得向地主豪绅借粮借债。加上反动政府巧立名目，向群众强征各种苛捐杂税，抓丁勒索，村民过着饥寒交迫的生活。

1928年6至8月，蛟洋暴动和稔田暴动的消息先后传到凹头村，极大地激发了凹头人民的革命热忱。1929年3月，毛泽东、朱德率领红四军首次入闽，在长岭寨击溃敌军郭凤鸣旅，解放了汀州城。消息传到凹头村，更使凹头人民看到了希望和光明前途。

1928年8月，蛟洋暴动失败后，中共上杭县委原宣传部长、北四区原区委书记罗寿春受组织派遣，回东二区传播革命思想，领导农民运动。1929年年初，凹头村青年罗林先、罗招村、罗钦福等人接受了革命思想，加入了中国共产党。从此，凹头人民在党的领导下，积极参加革命活动，成立了秘密农会。当时，该村虽小，只有12户、34人，但这里的革命工作却搞得很活跃又出色，全村30%的群众参加了乡苏维埃各种红色组织。

1929年5月26日（农历四月十八日），是凹头村历史上一个辉煌的日子：村民们在党的领导下，手执长矛，张贴标语，高呼革命口号，参加了轰轰烈烈的大洋坝农民武装暴动。在大洋坝一带参加打土豪，打击了5个地主豪绅，没收他们的财产，分配给穷苦农民。

暴动后，各种红色组织进一步壮大。凹头村成立了党小组，共有党员7人——罗林先、罗招村、罗钦福、罗炳喜、龚玉娣、龚细妹、许秀英，由罗钦福兼任党小组组长。同时，该村与西坑、兰田、旧宅、均和圩、大竹园等村联合，成立了东二区第五乡苏维埃政府。乡、区苏维埃政府成立后，该村共产党员罗林先、罗招村、罗钦福等3人先后被选调到乡、区苏维埃政府工作。罗林先、罗招村2人先后担任过乡、区苏维埃政府主席，罗钦福担任区农会主任。

凹头人民在党和苏维埃政府的领导下，各项苏区建设工作搞得热火朝天。农民协会负责分田地、分山林。赤卫队配合红军作战，参加攻打上杭城等战斗。少先队员和儿童团员做好站岗放哨。妇女会为红军做草鞋、洗衣服，慰劳红军等。大家团结一致，齐心协力，搞好生产，支援前线。扩大红军时，该村青年罗如阑、罗唐福响应党和政府号召，参加了红十二军。少先队员许秀英积极参加少先队训练，练就了一身本领，经常被选拔参加县少先队比赛。她和东二区少先队员一起努力拼搏，使东二区少先队多次获得全县比赛第一名，获县表彰和奖励，第五乡少先队被县授予模范少先队称号。罗炳喜、罗周福、龚细妹、卢四妹等经常帮助红军家属莳田、割禾、种地瓜等。

1930年10月至1934年10月，国民党反动派对中央苏区连续进行了五次“围剿”。其间先后有国民党陆军第四十九师张贞部、保安十四团钟绍葵部、十九路军蔡廷锴部、广东军阀黄任寰部、第三师李玉堂部及二十六师、三十八师等重兵及地方民团多次进攻东二区，使凹头人民深受其害。有一次，凹头籍红军战士罗唐福因妻子生孩子，部队批准他请假回家料理，被国民党军队突然包围袭击，罗唐福在祠堂背山上遭枪击而遇难。此外，敌人这次进攻，还使凹头人民经济上受到严重损失，共被抢去耕牛2头、生猪7头、鸡鸭兔数十只，粮食、被帐、衣服等被抢一空；连门板、谷笪也被敌人抢去，拿到凹头村最高的山顶上供敌兵哨所使用。据当时目击者回忆，敌人袭击凹头村时，经常把生猪用枪打死后，像背人一样把生猪背走。其时，罗招喜养有一头耕牛恰好被亲友借去干活，免遭敌劫。但由于敌军经常前来侵犯，因而怕牵回家，只好托亲友卖掉。

在那兵荒马乱的年月，凹头人民经常“走兵”，无法安心生产，致使农田50%以上荒芜，给生活带来极大的困难。

1932年11月，为了粉碎敌人第四次“围剿”，中共上杭县委响应闽粤赣边省委号召，广泛发动群众参军参战，扩大红军。担任大阳区苏维埃政府主席的凹头村共产党员罗林先，以身作则，带头参加红军。在他的带动和宣传发动下，大阳区有72人先后参加了红军，其中第一期47人、第二期25人，得到《红色中华》报赞扬。

1934年1月，蒋介石对中央苏区发动第五次“围剿”，国民党第三师进攻大阳区。为避敌锋芒，凹头人民根据区苏通知，外出“走兵”避难。这次“走兵”人数最多，走得最远，时间最长。走出的人有罗钦福、卢四妹、罗炳喜、张银娣、龚玉娣、许秀英、罗如连、龚细妹、罗荣阑，西坑村的罗开春，大洋坝村的罗钦顺、罗寿疆夫妇、细石子（乳名）夫妇等共30多人，由共产党员、区农会主任、负责红军家属转移工作的罗钦福率领，从家里出发，经白砂将军桥、旧县，在凹头人民为了革命事业胜利，受尽国民党反动派的残酷压迫。如村民许秀英，因丈夫当红军，每年的土地税要加征二点五成（即加25%计征），并强迫挑到离村15里远的石铭村去缴交。1938年，大洋坝民团做炮楼时，她被罚做苦工。敌人将红军家属视为“土匪”家属，给予严密监视，限制人身自由。

由于参加革命后牺牲和受国民党反动派摧残迫害，凹头村从1929年后的20余年中，村民人数锐减。1929年暴动时，凹头村有12户、34人；但到1949年解放时，只剩下3户、9人。

解放后，凹头村被评为革命烈士的有2人，被评为革命接头户的有10人。

（原载于林英健主编《上杭革命基点村简史》，中共党史出版社2010年12月出版。作者：罗陈喜；图片拍摄：吴清梅）

革命精神永留人间

——北坑村革命简史

北坑革命基点村位于溪口镇大洋坝行政村的北部、灌洋大山的南麓，是一个地处偏僻、交通不便、自然条件较差的小山村。属大洋坝行政村管辖，距大洋坝6公里。

北坑村四周是山，没有农田，村民以管山为业，土纸是该村唯一的经济产品。

北坑村没有民房，只有纸厂，村民都居住在纸厂里。纸厂既是村民的家，又是生产土纸的场地。纸厂有两处，分别为内厂、外厂。内厂是由太拔湖子里村刘坑自然村一位姓邱的农民（名字失考）于清朝咸丰三年（1853）开基兴建的。兴建前，此地全是树林，没有竹林。邱某在这里开基创业时，栽了18株毛竹。后来，毛竹逐年发展，逐步成了大片竹林。进入20世纪初，该竹林每年可生产土纸1000多片。

旧县裁判部住了1个余月。敌军又来进攻旧县，罗钦福率领30多人又从旧县出发，一直走到汀州水口，在汀州水口住了2个余月。因突然“走兵”，时间仓促，思想上、物质上都无准备，身上带的粮钱很少，走出时间长达3个多月，所带粮钱早已用光。为了生存，只好把较好的衣服拿去换米。待身边无任何物品变卖时，只好沿途讨饭。开始讨饭多少能讨到一点，日子一长就讨不到饭了——因为各路“走兵”的人也多，来自四面八方，大家都要讨饭。最后，罗钦福召集大家商议，认为这样“走兵”只有活活饿死，不如回家碰碰运气，要死都宁愿死在自己家里，总比客死他乡好。结果，罗钦福又率领30多人，受尽艰难困苦，一路讨饭回家。

1934年10月，主力红军长征后，上杭苏区大部分沦陷，留在闽西的党政机关人员和部分红军部队来到溪口边上的双髻山区坚持游击战争。凹头人民克服一切困难，千方百计支援红军游击队。除向游击队提供粮食、油盐、蔬菜外，还为游击队代购电池、火柴、黄烟等，还提供情报。如该村农民罗炳喜，年纪较大，素喜赌博。但这也正好使他利用这一便利，经常到坑口、大洋坝一带，以打麻将赌博为掩护，在民团中打听敌情，掌握了解动态，还顺便为游击队代购电池、火柴等物品，从未引起敌人怀疑。乡苏代表卢四妹积极发动妇女做草鞋，每人每月做一双，分期分批送给游击队。三年游击战争期间，凹头村妇女共为红军游击队做了200多双草鞋。在为游击队提供粮食方面，比较固定的有2个月时间。这段时间里，凹头人民为游击队代购稻谷，做成大米，游击队不定期派人来接洽。有几次全村人民赶时间，星夜突击为游击队做大米。1936年正月的一天夜里，廖松章、江金超等游击队领导人率领大阳区游击队员八九十人来到凹头村。因天寒地冻，他们在罗钦福、罗如连、张银娣家中生起3个火堆，烤火取暖。接着，家家户户忙着做饭煮菜，给游击队吃。由于游击队人数较多，岗哨放出一里多远，群众到村头村尾上厕所都要答口令。

外厂是大洋坝农民罗尧文于20世纪初期所建。建后居住着锦坊村农民如林头、蒲妹头（均为乳名，姓郑）等2户共3人，是罗尧文请来为他造纸的造纸工人。他们常住这里，以造纸为业。

新中国成立前，由于受帝国主义、封建主义、官僚主义三座大山的剥削压迫，民不聊生，北坑村人口发展很慢。邱某从开基到1936年，虽然在这里繁衍了3代，经历了80多年的发展历史，到孙辈时，也只繁衍到4户、14人。他们被人们称为邱氏四兄弟，都是勤劳忠厚、老实巴交的农民。他们也无田耕种，以管山、造纸为业。

邱氏兄弟的祖辈原是太拔湖子里村刘坑自然村人。自从到这里开基创业以来，由于势单力薄，常受附近村庄的恶人欺侮。因此，从祖父到其孙辈，一家三代养成了勤劳、忠厚、朴实、守份的生活习惯。他们热情好客，除管山、造纸，搞好自己的生产生活外，很少过问其他世事，目的是避免招惹是非，以保平安。他们把生产的土纸担到大洋坝市场上出售，将卖得的钱换取粮食、油盐等生产生活资料。但是，由于旧社会世风险恶，他们常常受到不法商人的压等压价和当地反动政府苛捐杂税的压榨。邱氏兄弟虽一年到头辛勤劳动，仍然过着饥寒交迫的生活，除此以外，还常常受到土匪的抢劫和恶人的敲诈勒索。

1928年秋天，东二区早期党员罗传善、杨子岐参加蛟洋暴动后，回东二区大洋坝一带向教师和农民传播革命思想，发展共产党员，组织秘密农会，领导农民运动。他们有时也到北坑村，向邱氏兄弟及其工人宣传革命思想。可是，深受世道惊扰、怕涉世事的邱氏兄弟，思想上却顾虑重重，怕这怕那，不敢参加秘密农会，不敢起来斗争。

1929年5月，大洋坝人民在党的领导下，举行了轰轰烈烈的武装暴动，打土豪、分田地，建立了苏维埃政府。苏区万象更新，给邱氏兄弟以强烈震撼。

古往今来，土地是农民的命根子。邱氏兄弟的祖辈在北坑开基创业以来，一家三代盼望能有土地。北坑附近虽有一些荒地，但旧社会，这些荒地也被别人霸占。农民暴动后，在打土豪、分田地时，党和苏区政府把这些荒地的一部分分配给邱氏兄弟开垦耕种。从此，邱氏兄弟有了曾使他们祖孙三代朝思暮想的耕地，欣喜异常。他们开荒造田5亩，走上了农林牧副并举的生活道路，不仅能收到粮食，而且还可以养猪。同时，苏区还废除了苛捐杂税，市场上买卖公平、价格合理，不法商人也不敢欺行霸市，邱氏兄弟的日子过得一天比一天好。

革命斗争胜利果实的获得，极大地鼓舞和唤醒了邱氏兄弟。他们深刻地认识到，共产党好，只有共产党才能使穷苦人过舒心的日子。全新的生活，使他们一改过去只管耕山造纸，不涉其他世事的习惯，热心起党和政府布置的各项活动和任务来。在为革命捐款捐物、慰劳红军、支援攻打上杭城等方面，他们都积极投入，表现出高度的热情。特别是在三年游击战争时期，他们作出了更突出的贡献。

三年游击战争时期，由于这里山高林密，交通不便，信息闭塞，便于红军游击队生存。因此，坚持在灌洋山一带打游击的红军游击队常来这里活动，使该村成为东与林家斜、锦坊，南与磜角里、鸡衔寨，西与莲塘里、大岭下等革命基点村联络的秘密联络站和接头站。在敌人严密的经济封锁下，邱氏兄弟常常利用到大洋坝出售土纸的机会，冒着生命危险为游击队购买和提供粮食、蔬菜、食盐、肉类、电池、草鞋、衣服、斗笠等物，游击队不定期地派人来取。磜角里、鸡衔寨、林家斜、锦坊等村的革命接头户、地下交通员，也常常把物资、信件和情报等秘密送到邱氏兄弟干活的地方，由邱氏兄弟藏匿在与游击队商定的地点，由游击队派人来取。

外厂居住的是罗某某雇来为他造纸和干活的外地人。因罗在当地的反动政府中有任职，因而思想比较反动。他雇来为他造纸和干活的工人，虽然与邱氏兄弟同饮一溪水、同烧一山柴，但因受罗某某的影响，思想倾向也较为反动。因此，邱氏兄弟支援游击队和游击队在北坑的一切活动，都得小心从事、秘密进行，一举一动都得躲过这些人的耳目。

有一次，罗某某请来造纸的外厂工人林某某等4人发现游击队会来北坑活动，就到大洋坝向罗某某报告，致使民团配合国民党军开到北坑一带“搜剿”游击队，并在纸厂附近的路上设立排哨，监视群众和游击队的行动。邱氏兄弟设法将这一重要情况向游击队作了报告。不久后，大阳区游击队长杨銮声（曾任上杭县游击大队长和代英县游击大队长）得知这一情况后，为了打击敌人、警告坏人、教育群众，率领游击队员到北坑外厂附近的路口上攻打敌人排哨。打退敌人后，游击队把林某某等4人抓捕，起到了“杀鸡儆猴”的作用。从此，外厂工人对游击队的敌对情绪有所收敛，虽偶尔发现游击队的行踪，也就睁一只眼闭一只眼，再没有人敢向罗某某报告了。

1936年7月的一天晚上，闽西南军政委员会副主席谭震林率领警卫员罗炳钦、毛炳文等五六人从永定高陂回灌洋山，打道磜角里，想与磜角里共产党员、革命接头户罗连荣接头，不幸在磜角里桥头蕉寮边受到民团的伏击。谭震林率领警卫员边打边撤，当夜撤退到北坑内厂。在这次战斗中，罗炳钦左手负伤，毛炳文身负重伤。毛炳文负重伤后，由于无法行走，趁着夜幕掩护，爬到一条坑子里隐蔽。敌人撤退后，磜角里共产党员、革命接头户罗连荣、罗德焱连夜把他秘密背到北坑内厂。罗连荣、罗德焱与邱氏兄弟一起，采用土办法给毛炳文治疗，用盐开水清洗伤口，煎草药解毒。但毛炳文终因伤势过重，于几天后光荣牺牲，由邱氏兄弟及罗连荣、罗德焱埋葬。

又有一次，国民党保安十八团罗介人部奉命“搜剿”灌洋山，在北坑与谭震林率领的10多名游击队员遭遇。战斗中，磜角里为游击队送物资的革命群众罗安旺被敌打死，谭震林也不幸负伤。这时，北坑内厂邱芳院（乳名四老子）看到谭震林负伤倒地后，在枪弹纷飞中，冒着生命危险，与游击队员一起迅速把谭震林背到老鹰岩头深山密林中的山洞里藏起来。后又经邱氏兄弟秘密治疗和精心护理，谭震林得以转危为安，伤口逐渐痊愈。

1936年8月8日（农历六月二十二日）晚上，游击队内应外合，攻打大洋坝畲斗窝民团炮楼，打死国民党乡长罗集生、副乡长罗寿岳及反动民团骨干24人，缴获各种枪支64支、子弹12箱及一批物资，并烧毁炮楼。战斗中，副乡长兼民团团长罗其清侥幸逃走，跑到上杭城向国民党县政府报告。随即，国民党纠集第三师李玉堂部和保安十八团罗介人部以及地方民团“围剿”灌洋山，对北坑、鸡衍寨、磜角里、林家斜等革命基点村实行烧杀抢夺，并强迫基点村群众移民并村。在这次洗劫中，北坑村集民房、纸厂为一体的房屋和山林全被烧毁。邱氏兄弟一家三代历尽艰辛、艰苦奋斗84年所创造的基业全被付之一炬，村庄成了一片废墟，房屋成了一堆灰烬，竹林成了一片秃山。邱氏兄弟在经受了几次移民并村后，经过这次浩劫，已是无田可种、无山可管、无纸可造、无家可归了。在敌人的逼迫下，他们只好离村背井，忍痛辞别居住了80多年、养育了一家三代的北坑，无可奈何地回到太拔刘坑村祖籍地。从此，这个具有84年历史的北坑村，变成杂草丛生、荆棘满地、荒无人烟的山沟。

新中国成立后，中央慰问团来闽西慰问老区人民时，时任中共中央华东局领导的谭震林还捎信委托时任中共龙岩地委常委罗炳钦，带中央慰问团的人到上杭星太区（即溪口、太拔），寻找和慰问当年冒着生命危险为他送物资、送情报，千方百计为他救死扶伤的革命接头户邱芳院四兄弟。可惜，邱芳院四兄弟当年回到太拔祖籍地后，一穷二白，一无所有，历尽沧桑，还未捱到解放，就都在贫病交加中相继去世。除老三邱腾院在北坑时生有一个女儿并嫁给本乡大丰村农民张清生为妻，至今还健在外，其余兄弟均无后裔。

北坑村虽然被毁，邱氏兄弟也已殁，但北坑村和邱氏兄弟的不朽业绩和革命精神将永留人间。

（原载于林英健主编《上杭革命基点村简史》，中共党史出版社2010年12月出版。作者：罗陈喜；图片拍摄：吴清梅）

艰难险阻志不移

——磜角里村革命简史

磜角里位于溪口镇东部，是溪口大洋坝行政村所辖的一个自然村。1929年农民暴动时，该村有30多户、100多人。村民以种田、耕山、造纸为业。

1928年秋，蛟洋暴动后，罗寿春及在蛟洋加入共产党的何登南、郑秋伍、傅连勋、罗传善、杨子岐等回东二区，传播革命思想，领导农民运动。此后，郑秋伍、罗传善、杨子岐经常到磜角里活动。在他们的宣传发动下，饱受旧社会剥削压迫的磜角里贫苦农民罗德焱、罗连荣、罗富溪、罗德根、罗汉溪、罗德松、罗运溪、罗德耀、卢冬连等接受了革命思想，加入了中国共产党。他们在东二区党支部的领导下，在村里秘密组织成立农会和武装暴动队伍，准备举行武装暴动。

1929年5月25日（农历四月十八日），磜角里村在罗德焱、罗连荣、罗富溪等共产党员领导下，家家户户在门槛上插上红旗，暴动群众手持钯头、钩刀、长矛、大刀，一路上张贴革命标语，高呼革命口号，到大洋坝参加罗寿春、傅柏翠、罗传善、罗云舫等人领导的革命暴动。他们在大洋坝市场上召开群众大会，打土豪、烧田契、毁债券，没收地主豪绅财产，开仓放粮，分给贫苦农民，斗争了4名地主和1名劣绅。

轰轰烈烈的武装暴动，极大地鼓舞和锻炼了磜角里群众。在党的领导下，该村农会进一步扩大，同时成立了赤卫队、少先队、妇女会、儿童团等红色组织。1929年7月，该村与北坑、上坪头、鸡衍寨、大洋坝等村联合，成立了东二区第四乡（大阳乡）苏维埃政府，罗德焱当选为乡苏主席，罗连荣当选为乡苏代表。此后，磜角里人民在党和苏维埃政府的领导下，深入开展打土豪、分田地，没收地主豪绅的田山，每人分得了一份田地和一份山林。

1929年6月5日，毛泽东、朱德在龙岩大池主持召开红四军前委干部会议，决定攻打白砂。6月6日，红四军第一纵队奉命从永定坎市开到大洋坝集结。磜角里群众接到东二区党支部的通知后，带着粮食、蔬菜、柴火等物资连夜赶到大洋坝慰问红军，忙着为红军战士做饭菜、烧开水。红军第一次来到大洋坝，磜角里群众第一次见到红军，感到特别高兴，对红军倍感亲切。红四军七月分兵以后，红四军再度到达大洋坝。磜角里群众在党和苏维埃政府的领导下，成立了慰劳队、洗衣队，由妇女会小组长卢冬连担任队长。他们白天往返10余里，担着粮食、蔬菜和柴火，到大洋坝红四军驻地慰劳红军，为红军战士洗衣服、补衣服；晚上为红军做草鞋。

1930年春，闽西列宁师范学校在双溪铺开办后，东二区许多进步青年到该校学习。磜角里共产党员罗德根也被组织上安排到该校学习。毕业时，正值第一次反“围剿”作战。由于前方需要人才，罗德根积极响应党和苏维埃政府号召，报名参加了红十二军。他在部队参加了第一、二、三、四次反“围剿”作战。1933年春，他在江西兴国参加著名的草鞋岗战斗中，左臂负伤致残，组织上安排他到长汀四都红军医院治疗。后被派回东二区坚持革命斗争。

1930年至1933年，东二区根据上级的指示，进行了三次扩大红军。在扩大红军时，磜角里共产党员、乡苏主席罗德焱，共产党员罗德耀、罗汉溪、卢冬连、罗运溪积极响应党和苏维埃政府的号召，先后参加了红军。他们分别被分配在红十二军、新十二军任战士，投入反“围剿”作战。罗德耀被分配到红十二军机枪连任战士，后无音讯，新中国成立后被评为革命烈士。卢冬连在南阳参加红军，在一次战斗中被敌抓捕后，被押到永定湖雷强行嫁卖；1941年才伺机逃离，回到磜角里家中。罗运溪在一次战斗中被敌打散，与部队失去联系后，回到家中坚持革命斗争。

1932年，在第四次反“围剿”作战期间，永定虎岗反动民团配合国民党十九路军和四十九师“围剿”大阳区。虎岗民团到磜角里群众家里大肆抢劫，把全村所有耕牛、生猪、粮食及其他财产抢劫一空。罗安旺11岁的儿子罗德芹、8岁的养女陈秋连，罗连荣的妻子郑冬冬，罗连忠11岁的养女赖德娣、8岁的儿子罗财溪被敌抓到灌洋、虎岗关押。罗德芹被敌卖到广东松口，1942年才回到磜角里。陈秋连、罗财溪不知被敌卖到何处，始终下落不明。郑冬冬、赖德娣由于与该民团头目同姓，没有被敌卖掉，在虎岗关了很久，敌人强令家属出钱赎回，于当年回到家中。

1932年11月，磜角里村原乡苏主席、红军战士罗德焱从部队转到长汀南阳地方工作。一次他请假回家探亲，在家里被当地民团抓捕杀害。解放后，被评为革命烈士。

1934年10月，主力红军长征后，留在当地的党政军领导及武装部队，以双髻山、灌洋山为屏障，坚持了艰苦卓绝的三年游击战争。在三年游击战争中，磜角里群众怀着对红军游击队深厚的革命感情，始终为游击队送粮、送菜、送情报、送物资，有力地支援了游击战争。

磜角里地处灌洋山下，是敌星聚乡乡公所驻地大洋坝通往北坑、林家斜、上锦坊和灌洋山的必经之道。村后的灌洋山，是红军游击队的宿营地。因此，该村信息比较灵通，能够及时掌握了解敌情，游击队非常重视与该村的联系。三年游击战争期间，代英县游击大队、大阳区游击队、太平中区游击队、林家斜游击小组、灌洋游击小组、锦坊游击小组、高陂游击队等，先后驻在灌洋山；领导人谭震林、杨銮声、卢友明、廖松章、江金超、梅子干等，经常秘密到礤角里活动，以了解敌情，发动群众支援游击战争等。礤角里群众在谭震林等游击队领导的动员下，常常冒着生命危险，秘密与红军游击队联络接头，为游击队提供粮食、蔬菜、盐巴、情报，购买物资。经常为游击队联络接头的革命接头户有罗连荣、罗富溪、罗运溪、罗德根、罗德松、林新人等。其中，罗富溪、罗运溪担任游击队的交通员。他们常常把物资、信件和情报秘密送到游击队的秘密交通站北坑村，按规定的地点存放，由北坑村邱氏兄弟转送给游击队或由游击队派人来取。

距礤角里东部2公里处的圆墩岗上，礤角里共产党员、革命接头户罗连荣在这里兴建了一座纸厂。三年游击战争期间，李荣盛率领的闽西苏维埃政府机关工作人员10余人，从永定虎岗撤退到这里，驻在纸厂及周围山上。杨奎声领导的代英县游击队一排人也驻在这里，谭震林、罗炳钦等也经常驻在纸厂。罗连荣、郑冬冬夫妇利用到纸厂干活之机，经常为游击队送去粮食、蔬菜、物资和情报。

礤角里村共产党员、革命接头户罗德根多次与游击队员罗炳钦接头。他在南坑山上有一口纸湖，纸湖里每年腌有竹麻。罗德根利用到南坑山上和纸湖里干活的机会，多次与罗炳钦联络和接头，并多次把粮食、蔬菜、盐巴、电池等物资秘密送到纸湖边草丛里藏好，便于游击队派人来取。他在纸湖里剥竹麻时，专门坐在一块可移动的石凳上。在三年游击战争中，这块石凳成为罗德根与游击队相互联络的好帮手。罗德根如有情报送给游击队或游击队有信送给罗德根时，都将信件放在石凳底下压着，对方都能由此方便地取到信件。有一次，罗炳钦将游击队写给罗德根的一封信送到石凳底下藏着，料定罗德根会及时去取走。不料，这天罗德根因病卧床，他的家属请了一个本村妇女邱妹子去取竹麻。邱妹子有点精神病，她在纸湖里搬动石凳取竹麻时，发现石凳底下藏着一封信。因她不识字，不知道这封信是谁的，就把这封信带在身上。快回到村里时，遇上本村甲长罗德贤。罗德贤将信拆开一看，知道是游击队写给磜角里革命接头户的，就不动声色，将信件送到驻在大洋坝的星聚乡乡公所。乡公所立即出动民团到磜角里“搜剿”，将共产党员、革命接头户罗连荣、罗德根、罗富溪、罗德松等4人抓到大洋坝粪斗窠民团炮楼里关押。罗富溪被抓捕后，趁敌不备，逃往兰田村，后又在兰田村落入敌手。敌人对他实施“雷公尖”等酷刑，最后把他押到石铭残酷杀害了。罗德根、罗连荣、罗德松在大洋坝粪斗窠民团炮楼里关押了3天。敌人为了得到他们有关游击队情况的口供，对他们实施刑讯逼供，如用泥匠做泥墙用的大扇尾打他们的屁股等；但他们坚贞不屈，巧妙应答，始终未向敌吐露半点有价值的东西。最后，敌人无计可施，只好恐吓他们的家属出钱赎回，否则就要枪毙。罗连荣、罗德松因家境贫寒，出不起钱，各自卖掉一个儿子。而罗德根当时既无钱也无儿女，无物可卖，被敌人绑在烈日下暴晒一天后才得以放回。

有一次，谭震林率领的10多名游击队员在北坑，与正奉命到灌洋山“搜剿”我游击队的国民党保安十八团罗介人部遭遇，双方展开激战。战斗中，谭震林不幸负伤，被北坑村革命接头户邱芳院冒死相救。磜角里为游击队送物资的革命群众罗安旺不幸被敌杀害。

1936年春，敌人再次对灌洋山游击根据地实行疯狂“搜剿”，前后1个多月，白天上山“搜剿”，晚上在山下各革命基点村路口设伏，以待打击下山活动的游击队。1936年2月的一天晚上，闽西南军政委员会副主席谭震林率领警卫员罗炳钦、毛炳文等五六人，从永定高陂回灌洋山，打道磜角里欲与磜角里共产党员、革命接头户罗连荣、罗德根、罗德松、罗富溪等人接头，不幸在磜角里桥头蕉寮边受到大洋坝民团的伏击。谭震林只好率领警卫员边打边撤，当夜撤退到北坑内厂。在这次战斗中，罗炳钦左手负伤，毛炳文身负重伤。毛炳文负重伤后，由于无法行走，趁着夜幕掩护，爬到坑子里隐蔽。敌人撤退后，磜角里共产党员、革命接头户罗连荣、罗德根、罗富溪、罗德松等连夜把他背到北坑内厂。罗连荣等革命接头户与北坑村邱氏兄弟一起，采用土办法给毛炳文治疗，用盐茶水清洗伤口，煎草药解毒。但毛炳文终因伤势过重，于几天后光荣牺牲。磜角里革命接头户罗连荣的妻子林新人和罗安旺的妻子范新人，各人拿了一袋地瓜干和一把蔬菜送到北坑内厂，给谭震林、罗炳钦等游击队员吃。

敌人为了割断磜角里群众对游击队的支持和联系，强迫磜角里群众进行了3次移民并村。第一次是在1935年，国民党八十三师刘勘部和保安十八团罗介人部“围剿”灌洋山时，强迫磜角里群众移到大洋坝。第二次是在1936年8月（农历七月初），游击队里应外合攻下大洋坝龚斗寨民团炮楼后，敌人强迫磜角里群众移到很远的地方去。群众只好各奔他乡，投靠亲友。为了生计，大部分移到郭车。第三次是在1937年，也就是游击队写给磜角里共产党员、革命接头户的信被甲长罗德贤交到伪星聚乡乡公所，革命接头户被抓捕关押后，敌人强迫磜角里群众移民。这次移民，大部分移到白砂金钟山一带。

每次移民并村后，磜角里群众在共产党员罗连荣、罗德根、罗德松、罗运溪、罗富溪的秘密领导下，同国民党反动派开展反移民斗争，并与其他革命基点村群众一起，多次到大洋坝星聚乡乡公所请愿。乡公所当局只好在上级政策比较松时，同意移民群众回村居住。由于开展了反移民斗争，3次移民，磜角里群众移出时间都没有很久，最长一次也不过几个月。

解放战争时期，杭岩工作团（1947年7月改为上杭工作团）、中共上杭县委、中国人民解放军闽西支队（1949年1月改编为闽粤赣边纵队第七支队）一支武装先后进入双髻山一带开展游击战争。礤角里共产党员、革命接头户罗德根得知情况后，多次到双髻山与工作团和县委及七支队武装接洽。后来，他参加了县委武装。1949年6月，国民党王靖之部在强大的中国人民解放军南下大军追击下，从江西溃退入闽，窜犯上杭。7月4日窜犯白砂，在双髻山一边“围剿”一边放火烧山。罗德根所带的物品全部被烧毁，在撤退时手又负伤。后回到礤角里，他在村里组织恢复了农民协会。

（原载于林英健主编《上杭革命基点村简史》，中共党史出版社2010年12月出版。作者：罗陈喜；图片拍摄：吴清梅）

里应外合烧炮楼

——鸡衍寨村革命简史

革命基点村鸡衍寨位于溪口镇大洋坝村东部，海拔700余米，是一个地处偏僻、交通不便的小山村。

土地革命前夕，该村有28户、86人（其中男47人、女39人），纸厂11座，耕地30.1亩，山林1190亩。由于人多耕地少，加上山高水冷，阳光气候条件差，农业生产只能种单季，且产量低。因此，村民难以靠本地资源维持生计。除耕种少量田山、生产少量土纸外，农闲时都得外出打短工，有的还给地主富农做长工。村民吃不饱、穿不暖，生活贫困。土地革命时，全村各户清一色被评为贫农。

1928年春天，该村青年农民罗传善在进步青年教师郑秋伍的宣传下，接受了革命思想。其时，中共上杭县委、蛟洋共产党员正在北四区领导农民运动，正在蛟洋打工的罗传善参加了农民运动。因其表现积极，斗争勇敢，经罗寿春、雷时标（中共上杭县委委员）、傅柏翠等人介绍，包括罗传善在内的5位在蛟洋做工的溪口籍青年在蛟洋加入了中国共产党，成为东二区第一批共产党员。

1928年8月，罗寿春回东二区开展革命活动，罗传善、何登南、郑秋伍、傅连勋、杨子岐等也同时回来。他们回来后，分头到各乡村，秘密向教师和农民传播革命思想，组织秘密农会。罗传善首先在自己的家乡鸡衍寨和大洋坝秘密宣传革命思想，开展农民协会的组织发动工作。在罗传善的宣传发动下，清一色贫农成分的鸡衍寨人民纷纷参加秘密农会。最终共有38人参加农会，并选举罗锦章为农会主席。

1929年1月4日，罗传善接到罗寿春通知，到石铭村茶排里罗寿春家开会。参加会议的有罗寿春、何登南、郑秋伍、傅连勋、罗传善、杨子岐共6人。会议的主要内容为：一是传达贯彻中共六大精神和罗明的指示；二是成立东二区党支部，选举何登南为支部书记、郑秋伍为副书记。支部近期的工作任务主要是根据党的六大会议精神和罗明的指示，在各乡村扩大革命宣传，创办农民夜校，发动农民加入农民协会，增强党的力量，壮大党的组织，要求每个党员发展14个以上党员。

会后，罗传善根据支部会议精神，秘密深入到大洋坝、陈屋、当丰等乡村及大洋坝星聚小学发展共产党员，组织秘密农会，创办农民夜校，培养革命骨干。

1929年5月26日，大阳乡（大洋坝）人民在共产党员罗寿春、罗传善、罗云舫、罗唱初、杨先荣、张梦悟等领导下，举行轰轰烈烈的武装暴动时，鸡衍寨村人民也在罗传善、罗锦章的率领下，积极投入暴动洪流。暴动那天，他们和全乡人民一样，家家户户在大门上插上红旗，并组织起队伍，人人臂戴红袖章，手持长矛、梭镖等武器，一路上高呼革命口号，和其他村的暴动队伍一起，冲进地主豪绅家里，把地主豪绅抓起来游街示众，在大洋坝市场上召开群众大会，烧田契、毁债券，将没收的富豪劣绅的财产平分给贫苦农民。

在暴动前后，鸡衍寨村贫农罗德豪、罗德良因表现积极，斗争勇敢，在罗传善等人介绍下，加入了中国共产党。罗来喜、罗德煌加入了青年团。参加赤卫队的有罗德良等18人，参加少先队的有罗德煌等4人，参加儿童团的有罗其潜等5人，参加妇女会的有罗来喜等33人。

1929年10月，鸡衍寨与礤角里、北坑、大洋坝、蓝田、西坑、凹头、均和圩、大竹圆等村联合，成立了东二区第四乡（即大阳乡）苏维埃政府。鸡衍寨村罗传善担任区苏干部，罗德煌当选为乡苏代表。此后，鸡衍寨人民开始投入了建设苏区、保卫苏区、生产支前、参军扩红的热潮。在扩大红军时，该村有罗其潜、罗德嵩、吴来喜等3人参加红军。

在三年游击中，由于鸡衍寨地处灌洋山麓，山高林密，因此，游击队经常在这一带活动。鸡衍寨人民经常为游击队送粮、送菜、送情报、送物资，有力地支援了游击战争。

1935年年初，大洋坝星聚乡乡长兼民团团长罗其清为了维护他的反动统治，在大洋坝粪斗窠兴建了一座坚固的炮楼。炮楼建筑在山顶上，视野开阔，居高临下，地势险要，易守难攻。山下有黄潭河、灌洋河作屏障；山后峰峦叠嶂，可作退路。乡长罗集生、副乡长罗寿岳、副乡长兼民团团长罗其清率领一个中队团丁龟缩在炮楼里。当地的地主豪绅由于怕受到游击队的袭击，每天晚上也带家属到炮楼投宿。因此，此炮楼成了远近闻名的“恶狼窝”。当地的反动势力就依仗这座炮楼作威作福，横行霸道，欺压百姓，配合国民党军进攻红军游击队等，无恶不作。人民群众视之为眼中钉、肉中刺。

为了保护人民群众的利益和红军游击队的安全，打击敌人的嚣张气焰，红军游击队决定拔除这座炮楼。因敌人占据有利地形，拥有较强的军事实力，并有国民党军队和附近民团支援，游击队决定不予强攻，而是采取争取民团做内应，里应外合、内外夹攻等办法智取。

早在此前，鸡衍寨贫苦农民罗德豪、罗德良、罗德元已混入该炮楼的民团，罗德元当上了中队长，罗德良当上了班长。游击队决定把他们作为起义内应的对象，派大阳区区委书记卢友明、林家斜游击小组长杨锦彬到鸡衎寨做罗德豪、罗德元的思想工作，动员他们起义，配合游击队打炮楼。罗德豪、罗德元接受了这个任务，并向卢友明、杨锦彬汇报了炮楼里的民团人数和武器准备等情况，商定了里应外合打炮楼的行动方案。行动的当天夜里，游击队在规定时间内进入预定位置。首先，由罗德元发出暗号。其暗号是：罗德元站在炮楼的栏杆上连续3次划火柴点香烟，每次点燃后都把火柴、香烟丢弃，然后打开炮楼木栅大门。行动方案商定后，罗德元又很快做通了民团一班长罗德良、二班副班长罗福传、团丁罗德银的思想工作，策动他们一起起义做内应。

农历六月二十二日上午，鸡衎寨游击小组接到游击队关于当晚攻打炮楼的命令后，随即进行部署：由罗德豪、罗德元、罗德良率领罗福传、罗德银等在炮楼里做内应，控制炮楼里的敌人；罗其潜、罗锦章、罗德嵩到外围配合游击队主力。当天傍晚，游击队主力从林家斜来到鸡衎寨，与罗其潜、罗锦章、罗德嵩汇合。

当天晚上，天色漆黑，四周寂静。游击队员胸前的第二个纽扣上扎上了手帕作为标记。负责进攻炮楼的20多名游击队员在规定的时间内悄悄进入炮楼门外潜伏，等待炮楼里做内应的罗德元发信号；其余部分战斗小组分别控制了各个路口和炮楼后面的山头，防止敌人从后面逃跑和外来敌人增援。午夜11时，罗德元按照约定的暗号，站在炮楼栏杆上向游击队主力发出进攻信号；罗德豪、罗德良、罗福传、罗德银等起义人员迅速打开炮楼大门，让等候在外门的游击队员冲进炮楼。当游击队员冲到第二楼时，睡在二楼的七八个民团猛见游击队进来，想拿枪射击，罗德元立即喝令他们不要开枪，把枪放下。随即和罗德良、罗德豪、罗德银、罗福传一起，立即把枪支集中收缴起来。这次战斗，击毙星聚乡乡长罗集生、副乡长罗寿岳及民团骨干24人，缴获各种枪支64支、子弹12箱和军号1把；并用炮楼里储存的煤油从三楼浇到二楼，然后点火燃烧。顷刻间，炮楼里火光冲天，浓烟滚滚。不多时，这座坚固的炮楼即全部被烧毁。

战斗结束后，游击队满怀胜利的喜悦，于深夜1时到大洋坝圩上召开祝捷大会，将缴获的粮食等物分给贫苦农民，并释放俘虏。会后，游击队员分二路，一路沿着鸡衍寨的小路、一路沿着磜角里的小路撤退回山。

令人遗憾的是，当天晚上也在炮楼里龟缩的星聚乡副乡长兼民团团长罗其清，在游击队袭击炮楼时，因躲在门角里，在混乱中乘机逃脱，跑到上杭县政府报告。国民党当局闻此消息后，恼羞成怒，随即纠集国民党第三师、保安团再次对双髻山、灌洋山游击队的游击根据点实行大规模军事“清剿”报复，残酷摧残革命基点村，制造了惨绝人寰的“莲塘里惨案”，并强迫莲塘里、大岭下、林家斜、鸡衍寨等村人民移民并村。

在这次“清剿”中，鸡衍寨惨遭浩劫，全村28户100多间住房、10多座纸厂、大片山林，群众衣服100多套、粮食1万多斤全部被烧毁。罗德豪、罗德元、罗德良、罗锦章、罗德珍、罗德波等起义人员、游击队员和革命群众被敌抓捕杀害（解放后，罗德豪被评为革命烈士）。村民无家可归、无山可耕，被敌人强迫移民并村，于1936年7月移到大洋坝居住。从此，这个具有155年历史的山村，变成一个杂草丛生、荒无人烟的荒野。

1929年，鸡衍寨有28户、86人。由于国民党反动派的摧残，到1949年解放时，只剩下17户、54人，比暴动时减少了11户、32人。

新中国成立后，鸡衍寨被评为革命基点村。在党和政府的领导下，鸡衍寨人一直在大洋坝定居，过着安居乐业的幸福生活，未再回鸡衍寨居住。但是，鸡衍寨这个红色小山村的革命历史，将永远载入光辉史册。

（原载于林英健主编《上杭革命基点村简史》，中共党史出版社2010年12月出版。作者：罗陈喜；图片拍摄：吴清梅）

锦绣丹青谱热血

——上锦坊、下锦坊村革命简史

上锦坊村

下锦坊村

上锦坊、下锦坊地处上杭与新罗、永定两区的交界处，距溪口镇政府19公里。因该村四面环山，山上长满树木，村旁有灌洋河流过，从山顶上俯瞰，该村好像两个又深又大的水井似的木楻，因此，人们取该村村名为“井楻”。两个“井楻”相距约1公里，以寨子凹为界，寨子凹以上称为“上井楻”，寨子凹以下称为“下井楻”。后来，随着时间的推移和为表达人们追求社会文明进步的愿望，人们便把该村的村名更改为“锦坊”（系“井楻”二字的谐音），“上井楻”更改为“上锦坊”，“下井楻”更改为“下锦坊”。

下锦坊现有40余户、200余人。上锦坊有湖洋头、石屋、三友、岭下、梅子坝等5个居民点，共150多户、700余人，是溪口镇规模最大，人口、户数最多，地处最边远的革命基点村。上锦坊、下锦坊与九州、林家斜合为一个行政村，统称“锦坊村”。

上锦坊、下锦坊土地肥沃、资源丰富，村民以种田、耕山、造纸为业，土纸、木材、毛竹、烤烟是该村主导产业。但是，在旧社会，由于受反动统治阶级的剥削，村民过着饥寒交迫、牛马不如的生活，渴求翻身解放的愿望日益迫切。

革命春芽动

1924年，上锦坊青年学生郑秋伍在永定县第四中学（高陂中学）毕业后，以优异成绩考入龙岩省直第九中学。在九中读书期间，他与该校进步学生一起参加了该校的左派组织，并参加了龙岩白土邓子恢等创办的《奇山书社》，阅读了许多马列主义书籍和革命刊物，接触了新文化、新思想。1927年，从龙岩省直第九中学毕业后，他到永定县虎岗乡大竹园小学任教。1928年春，又回到东二区大厚村红光小学任教。此时，他的学友雷时标已加入中国共产党，担任中共上杭县委宣传委员，经常与郑秋伍有联系。1928年春，郑秋伍根据雷时标的指示，前往上杭北四区蛟洋，在中共上杭县委和蛟洋区委的领导下，开展革命活动。1928年6月，参加了蛟洋暴动。因工作积极、斗争勇敢，经罗寿春、雷时标介绍，加入了中国共产党，成为东二区第一批共产党员。

1928年8月，在中共上杭县委宣传部长、北四区区委书记罗寿春的率领下，郑秋伍与何登南、傅连勋、杨子岐、罗传善等一起，回东二区传播革命思想，领导农民运动，创办农民夜校。他首先在上锦坊、下锦坊培养了张昌茂、郑炳生等几个革命骨干，组织他们在村里开展革命的宣传工作，以学校为阵地，一方面教农民学文化，一方面向农民灌输革命思想，对农民进行阶级启蒙教育，点燃农民心头革命怒火。并以地主豪绅放高利贷和一些农民妻离子散、家破人亡的悲惨情景为主要内容，编写《长工歌》《妇女痛苦歌》《救穷歌》《土地革命歌》等充满革命激情的歌谣，以打动农民的心弦。

郑秋伍、张昌茂、郑炳生创办的农民夜校，像黑夜中的一盏明灯，照亮了上锦坊、下锦坊群众的心。群众的革命烈火很快就点燃了。他们积极响应党的号召，纷纷参加秘密农会。在此基础上，郑秋伍、张昌茂、郑炳生在农会会员中物色培养革命骨干，挑选一批思想基础较好、革命热情较高、立场比较坚定的农会会员，组织秘密的革命武装组织——锦坊农民武装暴动队伍，并秘密筹集暴动武器，等待时机举行武装暴动。

暴动前，永定县灌洋乡有几股较大的民团和土匪武装，当地群众称之为“喽罗队”。虽然他们经常用各种颜料涂面，在灌洋山各条山路上拦路抢劫，在杭永岩边境村庄打家劫舍、敲诈勒索、抢劫民财，但他们中的不少人也是出身贫苦家庭，慑于恶势力被迫跟随匪首做坏事的。郑秋伍认为，这些民团土匪如有革命思想指引，有的人是可以争取过来的。于是，在他向罗寿春汇报这一情况后，罗寿春即派郑秋伍、杨子岐到灌洋一带物色可靠分子，打入民团土匪中去，做分化瓦解工作，终于争取到部分土匪起义，为农民武装暴动准备了一定军事基础。

长期以来，由于受反动统治阶级统治，上锦坊、下锦坊土地兼并严重，地主豪绅霸占着大量的耕地，贫苦农民只占少量。有些农民甚至没有耕地，只好给地主豪绅做长工、打短工，吃不饱穿不暖。

1929年春天，时值春耕大忙季节，锦坊一带春荒严重。国民党当局和地方势力又对锦坊村群众任意敲诈勒索，可谓无人不派捐、无物不课税，名目多如牛毛，致使上锦坊、下锦坊群众不仅遭受封建的地租剥削，而且受苛捐杂税的重重压榨。为了度过春荒，上锦坊、下锦坊群众在郑秋伍的领导下，积极响应东二区党支部提出的“借粮度荒，搞好春耕”的号召，开展“借粮度荒斗争”，向地主豪绅借得一些粮食。但到了四五月间，缺粮和无粮的群众越来越多，春荒问题仍未得到解决，群众要求打土豪、分田地、要地主豪绅开仓放粮的呼声日益高涨。此时，郑秋伍看到农民暴动的时机已经成熟，决定领导上锦坊、下锦坊群众举行武装暴动。

暴动杭永边

1929年5月下旬，毛泽东、朱德率领红四军第二次进入闽西。在红四军声威鼓舞下，石铭和坑口片群众先后举行武装暴动。随后，为了扩大武装暴动的声势和战果，上锦坊、下锦坊群众根据东二区党支部的指示，与林家斜、九州村的群众一起举行武装暴动。此时，郑秋伍、杨子岐在锦坊、灌洋一带物色到的可靠分子，已打入灌洋民团土匪内部，分化瓦解了土匪，争取了灌洋民团土匪林妙太、沈漏瀨部下100多人起义，有单响步枪100多条。

5月28月（农历四月二十日）凌晨，上锦坊、下锦坊暴动队伍与林家斜、九州村的暴动队伍一起，共200余人，手擎红旗，臂戴红袖章，在郑秋伍、杨子岐、张昌茂、郑炳生的率领下，带着鸟枪和长矛、大刀、钯头、勾刀等武器，在林家斜集中，举行声势浩大的武装暴动。他们在林家斜召开誓师大会后，即从林家斜出发，翻越灌洋大山，于当日上午到达灌洋，策应灌洋群众举行武装暴动。次日，又从灌洋出发，到虎岗区城下乡策动农民暴动。当日，再返回锦坊打土豪。5月30日（农历四月二十二日），把劣绅郑××抓捕，押到大洋坝镇压；继而在大洋坝打土豪，没收了地主罗宗太的财产。此时，国民党郭凤鸣旅钟铭清团勾结丘坊反动民团进攻蛟洋。蛟洋暴动武装领导人傅柏翠为了避敌锋芒，率领队伍从蛟洋转移到大和坑。东二区暴动领导人罗寿春得知这一情况后，为了对付共同敌人，率领石铭、苏福坑、大岭下、大厚四个村的暴动队伍北上大和坑，与傅柏翠领导的队伍胜利会师。郑秋伍获悉这一情况后，也率领上锦坊、下锦坊、林家斜、九州村的暴动队伍和起义人员从另一路到达大和坑，与罗寿春、傅柏翠率领的队伍胜利会师。途中先后与土匪罗藻的部队和钟铭清团相遇，打了两场遭遇战，把土匪罗藻的部队击退到庙前去了，钟铭清团也败退回白砂、丘坊去了。

部队胜利会师后，他们开到东二区大岭下、石铭、合甲等乡村指导革命，在合甲完成整编任务。整编时，罗寿春把东二区的暴动队伍分成两组，把上锦坊、下锦坊、林家斜、九州的暴动队伍和起义人员编入傅柏翠、曾省吾、罗瑞卿领导的红五十九团第三营，将石铭、大岭下、大厚、西模坑的暴动队伍留在东二区活动。

锦坊农民暴动，震撼了杭永岩三县八乡，打击了地主豪绅，鼓舞了革命群众斗志，为开辟苏区建设打下了基础。

暴动后，上、下锦坊的暴动队被编入红军第五十九团第三营，配合红四军第二次攻打龙岩城和攻克白砂。在攻打龙岩城战斗中，锦坊的张灿书、张松书不幸牺牲，多人受伤。以后，他们还被编入红四军第四纵队，跟随毛泽东、朱德转战闽赣边，为开辟和巩固革命根据地作出了一定贡献。

建立苏维埃

暴动前，上锦坊、下锦坊创办农民夜校，成立了秘密农会，是东二区最先成立秘密农会的村庄之一。农会主任由郑树飞担任。与此同时，郑秋伍在贫苦农民中物色革命骨干，培养发展共产党员。张昌茂、郑炳生最先加入中国共产党。随后，上锦坊郑树飞、郑锦春、郑树先、郑洪标等15人，下锦坊郑海州、郑海聪、郑新太等6人加入了中国共产党。锦坊党支部成立，张昌茂担任党支部书记，郑炳生担任副书记。此外，还培养了大批上、下锦坊进步青年加入共青团，成立了锦坊团支部，郑其金担任团支部书记。暴动后，上锦坊、下锦坊成立了赤卫队、少先队、儿童团、妇女会等红色组织。郑春全任赤卫队队长，少先队队长由郑其金兼任，儿童团团长由郑金荣担任，张德连任妇女会主任。1929年7月，上锦坊、下锦坊与林家斜、九州等村成立了东二区第八乡苏维埃政府，选举张昌茂为乡苏主席（后张曾任太拔区区委书记、上杭县苏维埃政府主席）。上、下锦坊共有10多人在苏维埃政府工作。其中，郑炳生、郑海州、郑洪太、郑树先、郑春全、郑石太、郑振梅曾先后担任乡苏主席，郑荣秀、郑炳生、张昌茂还分别在闽西苏维埃政府、大阳区苏维埃政府、太拔区委担任领导职务。

投入反“围剿”

1930年6月初，上锦坊、下锦坊农民武装300多人，与红四军第四纵队官兵一起，由红四军转编入红十二军，不久又编入红二十军第二纵队第二支队，郑秋伍被任命为支队政治委员。编入红二十军后，奉命在蛟洋、古田一带活动，以保卫苏区建设。

同年10月，蒋介石对中央苏区发动了第一次“围剿”。其陆军第四十九师张贞部进攻闽西苏区，东二区是该敌进攻的目标之地。为了抵抗敌人的“围剿”，上锦坊、下锦坊群众在党和苏维埃政府的领导下，积极参加和支援反“围剿”作战，成立了运输队、担架队、救护队、慰劳队、洗衣队等组织，罗连秀担任洗衣队队长，林细连担任慰劳队队长。同时，改编赤卫队，成立赤卫连，全连有赤卫队员100多人；又从中挑选出30多名精干的赤卫队员，组成赤卫排，以配合红军作战。郑其金担任赤卫连连长。同时，组织少先队员、儿童团员站岗放哨。上锦坊青壮年郑洪标、郑忠标、郑润元，下锦坊青壮年郑彬秀、郑乾太、郑荣秀、郑城照、郑海桥等还在此时参加了红军，分配在红十二军三十五师任战士。郑树发、郑贞太、郑金太等一批男女分别加入了赤卫队、运输队、担架队、救护队、慰劳队、洗衣队等组织。

此年冬，闽西红军医院从永定虎岗迁到大洋坝，设在陈屋土楼里，医治在反“围剿”作战中从前方各地转来的红军伤病员。上锦坊、下锦坊妇女会主任张德连、副主任张吉娣，洗衣队队长罗连秀，慰劳队长林细连等，曾率领慰劳队、救护队、洗衣队等30多名妇女，带着慰劳物品前往陈屋土楼，慰问红军伤病员和医护人员，并为他们洗衣服。1931年1月，红十二军一〇〇团支队旗手、副班长陈月娥在反“围剿”作战中身负重伤，从前方抬到陈屋土楼治疗。罗连秀看到她脸色苍白，伤势很重，乳部严重淤肿，伤口已发炎化脓，疼痛难忍，不断呻吟，又得知她是漳平永福人，丈夫叛变投敌后，她仍然坚持革命，参加了红军，是一名英勇善战的红军战士，既同情又感动，主动当她的护理员。在医护人员的指导下，罗连秀日夜操劳，为陈月娥洗伤口，清除乳部脓血水，为她喂饭菜、倒屎尿、洗衣服、洗脸擦身，整整护理了她3个月。但终因当时医院设备简陋、缺医缺药，虽经医护人员的精心治疗和罗连秀等人的精心护理，陈月娥最后仍伤情恶化，医治无效，于同年4月在该院牺牲。

在反“围剿”作战中，上锦坊、下锦坊妇女日夜加班，为红军做了几百双草鞋；还组织宣传队贴标语、演戏，入户宣传参军参战，使支前扩红工作高潮迭起。

在第二次反“围剿”作战中，上锦坊青壮年郑汝东、郑春来、郑申标、郑春全、郑石太、郑其渊、郑上太、郑友进、郑金太、郑高煌、郑高廷（又名郑高腾），下锦坊青壮年郑海荣（又名郑海崇）、郑传桂等，积极响应党和苏维埃政府关于扩大红军的号召，参加了红军。在以后的反“围剿”中，上锦坊青壮年郑树先、郑其金、郑锦春、郑其洲，下锦坊青壮年郑和金、郑元太、郑来太又参加了红军。

1932年4月，毛泽东率领红一军团攻打漳州。上锦坊的罗连秀、张美英、张福英、赖子、张德连、郑丹标、郑锦富，下锦坊的郑洪太等群众参加了工农运输队，随军到漳州担物资、救伤员。战斗结束后，又深入漳州市区、郊区贴标语、做宣传，表现出色。

1933年8月16日，中央人民委员会第十八次会议通过内务部提议，决定在福建省上杭县南路地区增设代英县（为纪念恽代英烈士而命名）；并于9月3日，正式成立代英县委、县苏。同时，把该县原东二区改名为大阳区。锦坊乡苏维埃政府主席郑炳生当选为大阳区苏维埃政府主席。此时，正是第四次反“围剿”作战期间。为了更好地开展反“围剿”作战，大阳区成立游击大队，郑炳生兼任大队长。与此同时，下锦坊青壮年郑海洋、郑松照、郑煌太以及青年妇女林凤兰等参加了中国工农红军代英独立团。1934年4月，郑海洋、郑松照、郑煌太、林凤兰等被编入代英县游击大队；9月，编入代英独立营。

在反“围剿”作战期间，上锦坊、下锦坊赤卫队还同地主豪绅斗争，为红军筹集军饷。

1934年10月，郑炳生带了六七个锦坊人去江西瑞金参加红军。但由于中央苏区和红军未能粉碎敌人的第五次“围剿”，主力红军被迫进行战略大转移。部队到达于都后，组织上安排郑炳生等六七个锦坊人回转家乡开展游击战争。

在举世闻名的二万五千里长征中，锦坊籍红十二军三十五师战士郑忠标、红五军团政治部警卫员张纪南也参加了这一壮举。郑忠标进入贵州后，在一次战斗中被冲散，与部队失去联系。后流落贵州，客死他乡。张纪南到达陕北，后成为八路军、解放军，参加了抗日战争和解放战争。

在反“围剿”作战中，上锦坊、下锦坊参加红军的38人中，张纪南、张昌茂、郑炳生、张济茂、郑忠标等5人参加了历次反“围剿”作战。郑洪标、郑锦春、郑乾太、郑荣秀、郑金太、郑友进、郑海荣（又名郑海崇）、郑其洲、郑彬秀、郑高煌、郑高腾、郑申标、郑城照、张锡南、张海南、张济茂、张贞茂、张集书、张灿南等19人在对敌作战中光荣牺牲。郑其金、郑树先、郑润元、郑汝东、郑上太、郑春全等6人在反“围剿”作战中无音讯。郑春来在战斗中左手被敌打断，负伤致残，被截去。

开展游击战

在三年游击战争中，上锦坊、下锦坊是最先建立游击根据地，并开展游击战争的地方。

该村后面有一座大山，叫灌洋山，海拔1400多米，方圆百里，峰峦绵亘，大小山峰有几十座，树木茂密，山高谷深。由于便于隐蔽和迂回，不易被敌发现，加上其支脉向西延伸到双髻山，与双髻山遥相连接，因此三年游击战争时期，中共代英县委、杭代县军政委员会在这里建立游击根据地，先后有10多支红军游击队在这里打游击，成为我国南方三年游击战争的重要据点之一。

1934年10月，主力红军长征后，国民党反动派卷土重来，梅子坝的一些反动土豪劣绅组织成立了民团。一些阶级立场不稳、革命意志薄弱的人，在民团头目的拉拢下，也投靠了国民党反动派，加入了反动民团组织。他们与国民党反动派及外地民团狼狈为奸、互相勾结，配合国民党军"围剿"红军游击队，镇压革命群众，给上锦坊、下锦坊、林家斜等革命基点村群众的革命斗争和人民群众的生命财产安全带来严重威胁。如1934年冬，有一次正是永定虎岗圩天，上锦坊革命接头户林大妹、张桂英因游击队急需物资，以赶集为掩护，去虎岗圩每人购买了几把手电筒、几盒电池、几封火柴和一些盐巴、菜类，装在大竹篮里最底层。不料在返回途中路过虎岗城下村时，被埋伏在此地的梅子坝民团团丁拦路检查，除所购物品全部被没收外，林大妹、张桂英还被拘捕，在虎岗民团炮楼里关押5天，每人被处以罚款10元，后经当时拥有一些名气的亲友保释才获出狱。

为了打击敌人，锦坊地下党支部、游击小组，拿起代英独立营、独立连留下的武器，开始伏击敌人。1934年冬天的一个夜晚，梅子坝民团团丁郑××哼着小调到石屋居民点闲逛。在石屋路口不远处，被早已埋伏在狗子树下的游击小组成员一枪击毙，尸体倒在路下杂草丛中。次日早晨，梅子坝民团即兴师动众，气势汹汹来到石屋，对群众大肆谩骂，敲诈勒索，实施抢劫和镇压；把游击队员郑春发寄托在邻居家住宿的一个7岁儿子从床上被窝里拖出来，用刺刀活活刺死在郑洋光门前的石板上；并将郑春发的一个15岁童养媳林炳娣抓去卖到永定；强迫郑金太、郑正太、郑丹标、罗连秀、张吉娣等革命群众，将被游击小组击毙的民团团丁郑某的尸体扛到梅子坝溪里擦洗、穿衣、装棺和埋葬；把郑石太的妻子罗连秀母子等拘捕关押，实施捆绑吊打，灌辣椒水、石灰水等酷刑，严刑逼供，被打得死去活来，但罗连秀坚贞不屈，始终守口如瓶，保守了地下党支部和游击小组的秘密，使敌人没有得到一句口供。

有一次，下锦坊地下党员和游击小组成员郑海周、郑海聪被梅子坝民团抓捕，在分水凹被敌杀害。下锦坊地下党员、地下游击队交通员郑新太送信到上锦坊给地下党员、游击队员郑石太时，被民团发现。郑新太在脱险时，脚被敌弹打伤。上锦坊地下游击队员郑元太被敌抓捕，在灌洋被敌杀害。

为了打击敌人的嚣张气焰，中共代英县委决定铲除梅子坝民团，以打开灌洋山游击战争的局面。

1934年冬，大阳区苏维埃政府主席郑炳生、锦坊地下游击队队长郑德福、锦坊乡苏维埃政府主席杨集豪等率领游击队员100余人，围攻梅子坝民团炮楼。正在实施合围时，被敌发现。敌人闻风而逃，溃退到虎岗。游击队烧毁了民团炮楼及民团头目的房屋3座，共20余间。

可是，敌人不甘心失败。梅子坝反动民团在国民党当局的操纵下，从虎岗回来，于1935年上半年重新修建民团炮楼，继续配合国民党军“围剿”红军游击队，更加猖狂地镇压革命群众。

1935年夏，上锦坊地下党员郑某、下锦坊地下游击队员郑某某经不起革命的考验，叛变投敌，充当了反动民团团丁，供出锦坊地下党支部和地下游击小组的情况。在一天深夜，敌军突然袭击，锦坊地下游击队队长郑德福、副队长郑海柱、游击小组长郑炳太和游击队员郑海芹被敌抓捕，押往漳州监狱关押。郑海柱、郑炳太死在狱中，郑海芹被敌折磨致死。

由于叛徒的出卖和敌人的破坏，上锦坊、下锦坊地下党支部和游击队遭到严重的挫折。但是，敌人的残暴没有吓倒坚持革命的上、下锦坊群众。在敌军突然袭击时，没有落入敌手的地下党员和游击队员，在杭代县军政委员会的领导下，和红军游击队一起上山打游击，迂回在崇山峻岭、高山、峡谷之间，过着风餐露宿、饔飧不继的艰苦生活。但他们凭着坚强的革命意志、熟悉的地形，顽强而巧妙地与敌人周旋；更凭着与人民群众的血肉关系和鱼水之情，以各种各样的方式联系群众，争取人民群众的支持。

1935年夏，张鼎丞、邓子恢、谭震林、刘永生、黄火星等先后率领红二十四师一个营和代英独立营等从双髻山来到灌洋山，在乌坑里山上驻扎了一天一晚，其间会见了大阳区委书记范瑞章、区苏主席郑炳生等。对上、下锦坊游击小组如何开展游击战争进行了有力指导，如教他们怎样与红八团、红九团、独立营联系等，使上、下锦坊地下党支部、游击小组成员受到很大鼓舞，坚定了坚持游击战争的决心和信心。

1935年春至1936年秋，是游击战争最艰苦、最困难的时期，国民党先后纠集八十三师刘勘部、第十师李默庵部、三十六师宋希濂部、第三师李玉堂部和保安十四团钟绍葵部、十八团罗介人部及地方民团，对灌洋山、双髻山游击根据地实行疯狂的“围剿”。敌人有时带着帐篷，营宿在各个山头上，在山上、山下、路口、隘口、水坑边设立岗哨和排哨，日夜把守；在山顶上设立瞭望哨，白天看炊烟，晚上看火光，清晨看山路上的露水和蜘蛛网是否有人路过碰破；并在山上寻找米粒、菜叶、木炭、脚印、痰水、粪便等遗留物，在山下各路口泼放泥浆，挖空心思，以寻找和获取游击队的蛛丝马迹。

在这艰难困苦的日子里，上锦坊、下锦坊游击小组成员和游击队员一样，处处都得小心行事。白天做饭怕冒烟，晚上做饭怕火光；在无法烧水做饭的情况下，只好吃生米、喝生水。有时粮食接济不上，就根据不同的季节，采野菜、摘野果、挖竹笋。采不到这些时，就只好饿肚子。没有盐巴，手脚酸软，浑身无劲。生病无药治，只好任其发作。游击队迂回性大，经常转移，有时上半夜在这座山住草棚，下半夜就转移到那座山宿山洞，或在密林间过夜，风餐露宿，挨冻受饿，饥寒交迫，过着妻离子散、有田不能耕、有家不能归、有房不能住、有床不能睡的艰辛生活。

为了稳定游击小组成员的情绪，增强他们的革命斗志，上锦坊、下锦坊地下党支部、地下游击小组和林家斜地下党支部、地下游击小组一起，编了10首《锦坊游击队竹板歌》和5首顺口溜：

锦坊游击队竹板歌

一

各位队员听分明，
我们都是锦坊人，
参加农会闹暴动，
团结起来斗敌人，
打倒土豪和劣绅。

二

锦坊处处有大山，
山上山下路弯弯，
革命群众跟党走，
暴动跨越灌洋山，
闹红龙岩杭永边。

三

会师北上大和坑，
合甲整编穿军衫，
进军两池和铜钵，
攻下龙岩和白砂，
胜仗打得顶呱呱。

四

建立政权苏维埃，
分田分地又分山，
劳动果实大家得，
家家粮食堆成山，
喜庆丰收人人欢。

五

辛未年杀“社党”，
柏翠叛变我回乡，
继续革命跟党走，
参加红军理应当，
支援作战下龙漳。

六

甲戌年九月秋，
红军长征离江西，
地主豪绅搞复辟，
锦坊上空乌云布，
白色恐怖群众苦。

七

今日又上灌洋山，
游击战争不怕难，
斗争环境虽艰苦，
群众助我渡难关，
军民团结斗敌顽。

八

我们游击灌洋山，
声东击西把敌斩，
只要大家英勇战，
打败敌人就下山，
高高兴兴把家还。

九

我们大家要坚强，
不怕今日住山岗，
坚持游击到胜利，
凯旋下山回家乡，
重建家园住新房。

十

各位队员莫担忧，
太阳出来乌云收，
等到革命成功日，
山路弯弯变坦途，
幸福日子乐悠悠。

顺口溜

一

我唱正气歌，大家听分详；
中国要革命，人民要解放。

二

口唱正气歌，手中拿刀枪；
打倒蒋介石，推翻国民党。

三

跟着共产党，家家有福享；
建立苏维埃，户户有田山。

四

打倒大地主，有吃又有住；
打倒大土豪，有钱又有粮。

五

打倒蒋介石，餐餐有饭吃；
打倒国民党，人人得解放。

这些山歌和顺口溜，在修辞上虽不怎么推敲和讲究，但却表达了该村群众革命到底的决心和革命必胜的信心，鼓舞了该村地下党支部、地下游击小组成员和革命群众的斗志。在当时的环境条件下，虽不能放声高唱，只能小声默念，或者在雨天小声吟唱，但在人们心中却留下了刻骨铭心的记忆。1965年，溪口公社召开全社生产队长以上干部参加的忆苦思甜大会，当年的地下党支部、地下游击小组成员杨炳豪、罗连秀在会上发言时仍一字不漏地重新唱起这些山歌，博得全场热烈掌声。

有一次，大阳区苏主席、游击队领导人郑炳生率领大阳区军政人员转移，在大丰洋泥坑遭到敌军追击。上锦坊郑石太、罗连秀等11名后卫人员在撤退时被河水挡住。因当时正是洪涝季节，水急浪大，十分惊人，渡船又有破洞。郑炳生立即脱下衣服，把破洞塞住，催促郑石太、罗连秀等11名游击队员迅速上船。船工用尽全力撑船，但因水流太急，船沿着河水向下游漂去，情况万分危急。郑炳生水性很好，他立即跳下河去，用尽全身力气，配合船工，把船推向对岸，全船人员得以脱险。这时，敌人尾追而来，追到河边，无法过河。眼见郑炳生率领郑石太、罗连秀等11名游击队后卫人员消失在石山坑里山上的深山密林中，敌人气得朝山上胡乱放枪。

1935年12月，廖海涛、刘国宪、黄火星率领游击队员攻打石铭民团炮楼。大阳区苏维埃主席、游击队领导人郑炳生奉命率领上、下锦坊游击小组成员郑石太、郑海柱等组成尖兵班，到炮楼附近诱敌，想用引蛇出洞的办法，将敌军引到路上伏击。但在过石铭大桥时，被对岸桥头的敌排哨发现。敌人首先开枪，几排子弹射来，郑炳生中弹倒下，牺牲在大桥上。敌人把他的头颅割下，领得赏金五百银圆。郑炳生牺牲后，遗体由石铭村两个生意人出钱请人掩埋。中共大阳区委书记范瑞章秘密召开简短的追悼会，追悼郑炳生烈士。当时张鼎丞的夫人范乐春来大阳区指导游击战争，也参加了郑炳生的追悼会。

上、下锦坊地下党支部、游击小组成员转移到灌洋山和红军游击队一起打游击后，梅子坝反动民团在国民党当局的操纵下，不仅配合国民党军“围剿”游击队，还经常欺压和敲诈地下党支部、地下游击小组成员的家属和革命群众。

为了打击敌人的嚣张气焰，更好地开创灌洋游击战争的新局面，杭代县军政委员会决定再次打击梅子坝反动民团。

1935年冬，上锦坊岭下居民点圹背祠举行一次三天三夜的“建醮祈神”活动。永定县虎岗区民团头目邱信周等四五人，肩挎驳壳枪来这里聚众赌博。革命接头户、地下游击小组成员郑发秀侦察到这一敌情后，迅速向游击队密报。游击队由郑松照做向导，星夜前往岭下村袭击邱信周等人。待游击队员赶到此地时，邱信周等人已于当晚将该赌场转移到郑树藩家中，故得以侥幸逃脱；但负责醮坛理事的2名民团团丁被游击队击毙。此后，游击队在上锦坊、下锦坊地下党支部和地下游击小组及革命群众的配合下，先后捕杀了民团团丁7人和勾结民团的地痞5人，还捕杀了叛徒2人。

同年冬天，代英独立营排长郑海洋率领下锦坊籍游击队员郑松照、郑煌太、林凤兰等红军游击队战士30余人，攻打梅子坝反动民团，打死团丁3人。

这些民团骨干和叛徒被游击队捕杀后，敌人的嚣张气焰受到重挫，梅子坝反动民团的力量大大削弱，剩下的民团团丁害怕游击队捕杀，不敢像以前那样放肆了。同时，也极大地鼓舞了革命群众，上、下锦坊地下党支部、游击小组成员看到下山的时机成熟，先后下山，回到村里，开展隐蔽斗争。

情系灌洋山

在三年游击战争中，活动在灌洋山一带的党政军机关和红军游击队先后有中共代英县委、县苏及中国工农红军代英独立营与独立连、代英县游击大队、中共大阳区委、大阳区苏、大阳区游击队、太平中区游击队、高陂游击队、灌洋游击队、林家斜游击小组、锦坊游击小组、杭代县红七支队等；领导人有闽西南军政委员会副主席谭震林，闽西南军政委员会委员、中共代英县委副书记、代英独立营营长廖海涛，中共代英县委书记罗禄山，代英独立营政委黄火星，代英县游击大队长杨銮声，大阳区苏维埃政府主席、大阳区游击大队长郑炳生，大阳区委书记卢友明，太平中区游击队长廖松章、江金超，代英独立连连长曾毓华、指导员杨汝才等。上锦坊、下锦坊群众怀着对红军游击队深厚的革命感情，在艰苦卓绝的环境中，与红军游击队同甘共苦、同仇敌忾，结成了深厚的革命感情，从人力、物力、财力各方面都对红军游击队千方百计地支持，涌现出许多可歌可泣的英勇事迹。

1934年11月，敌人步步为营、村村筑垒，向代英县委、县苏驻地上锦坊、下锦坊进攻。为了转移敌人的目标，保护代英县委、县苏和后方机关，代英独立营和独立连转移到杭永边境及永定金砂一带，与永定独立团配合，开展游击战争。此时，代英县委、县苏及后方机关仍在锦坊。为了保证县委、县苏和后方机关的安全，上锦坊、下锦坊地下党支部、游击小组及革命群众把县委、县苏及后方机关隐蔽在上锦坊与林家斜交界处的长坑头深山密林里，为他们搭山寮、盖茅草房居住，并为他们提供粮食、蔬菜、物资、情报，帮助他们侦察敌情。

1935年3月，代英独立营根据张鼎丞的指示，从永定回到上锦坊，与代英县委、县苏会合。此后，为了扩大游击区域，建立和发展革命据点，县委、县苏负责人率领武装部队分头活动，以宣传发动群众。县委书记罗禄山、大阳区委书记卢友明、代英县游击大队队长杨銮声率领各路游击队员留在灌洋山，以灌洋山为根据地，在杭永岩边境流动游击。县委副书记、代英独立营营长廖海涛，政委黄火星率领代英独立营和独立连到双髻山，以双髻山为根据地，活动在杭永岩边境地区，开展游击战争。

1935年3月，谭震林、邓子恢率领红二十四师和工人师的二三十名伤病员从永定虎岗撤退转移到上锦坊、下锦坊。这里的地下党支部和游击小组迅速把他们安置隐蔽在长坑头深山密林里，给他们搭山寮、建茅草房，并经常送去粮食、蔬菜、食盐、肉类等。

上锦坊、下锦坊位于灌洋山南麓，有良好的海寨洋、大坑头、长坑头、鬼坑、海螺窠、鬼子坑、叶子地、九州崇等水源充足、视野开阔、地势险要、便于迂回和转移的环境，红军游击队各路官兵和党政军机关就分别居住在这里。

在下锦坊村后的叶子地、乌坑里一带山上隐蔽的党政军机关及红军游击队领导人有中共代英县委副书记廖海涛、县苏主席杨仰林、代英县裁判部长杨怀林、代英县游击大队长杨銮声、代英独立连指导员杨汝才、大阳区委书记卢友明。游击队员还有罗炳钦、范鲁、江烈涛、邱相田、廖乾祥、赖太超、张绍炎、杨游兆、傅颂声等。

1935年4月闽西南军政委员会成立后，为了加强对灌洋山、双髻山、岩下山等地区游击战争的领导，闽西南军政委军事部长谭震林（后任闽西南军政委员会副主席）到灌洋山、双髻山一带，领导杭永岩边境地区的游击战争。此后的两三年间，谭震林基本驻在灌洋山，其中在瞒老岩整整住了一年多，得到上锦坊、下锦坊等村群众的支持，相互结成了深厚的革命感情。

有一次，谭震林驻在鬼坑山上，因患重病，需到灌洋山西麓的合甲附近山上游击队救护所治疗。大阳区苏维埃政府主席、大阳区游击队长郑炳生自告奋勇，率领几名锦坊游击小组成员，亲自背谭震林去治疗。经郑炳生和锦坊游击小组几名队员的努力，终于把谭震林安全背到目的地。

另有一次，红军工人师在暗坑与虎岗开来的国民党八十三师刘勘部遭遇，双方打了一仗。战斗持续了2天，工人师从下锦坊村后山上撤退到鸡衍寨、北坑一带。罗荣等2名战士被敌打散后与部队失去联系，2天没吃东西，饥饿难忍，便到上锦坊郑炎昌家里讨饭吃。郑炎昌知情后，便联合村里群众把这2名红军战士隐蔽在村里干农活，直到1937年国共合作后才离开上锦坊重返前线。

敌人为了割断群众对游击队的支持和联系，在军事上对游击队采取“会剿”“围剿”“清剿”“驻剿”“堵剿”“搜剿”“追剿”并用战术；对群众政治上实行“移民并村”“保甲连坐法”，经济上实行“计口购粮”“计口购盐”“计口购物”，不准群众随便进山，不准群众带饭包出门，下地干活要昼出早归；并规定“五光”“十杀令”，凡“通匪”“济匪”“窝匪”者都要杀，规定“一家通匪，全村连坐”“一家济匪，全村同祸”“一家窝匪，全村同殃”。

但是，上锦坊、下锦坊地下党支部、游击小组和革命接头户，怀着对红军游击队深厚的革命感情，在敌人的白色恐怖下，不怕强暴，不怕敌人的恫吓，仍想方设法把粮食、蔬菜、盐巴、物资送上山去。上锦坊、下锦坊游击小组成员转移到山上与红军游击队一起打游击期间，经常潜回村里，所到之处，群众都秘密地热情接待，尽量为游击队提供一些粮食和物资。

1935年冬天，是一个严寒的冬天。大雪盖遍了灌洋山，树上、竹上、悬崖上到处结满了又长又大的冰条，地上堆满了白皑皑的积雪，通往灌洋山的山路全都冰封了。无论白天黑夜，北风呼啸，寒气袭人。这样的大雪一连下了好几次。在这天寒地冻、冷风刺骨的日子里，敌人无法忍受折磨，全部撤回驻地，不敢上山搜剿。而游击队则为了安全不能回家，仍坚持在冰山雪地里，许多人都冻伤感冒了。这时，也幸喜正是群众支援游击队的大好时机，地下党支部和游击小组成员的家属和革命接头户经常冒着风雪，将粮食、米菜、盐巴、药品、电池、火柴及取暖物资、情报等秘密送到预先约定好的接头地点千斤斜、长坑头等山上给红军游击队，帮助他们度过严寒的冬天。

1936年春节，灌洋山上仍然大雪封山。这时，家家户户忙着过年，敌人也回到驻地过春节了。上锦坊、下锦坊地下党支部、地下游击队员为防止敌军袭击，无法回家过年，仍然坚持住在山上。上锦坊、下锦坊地下党支部、地下游击队员的家属和革命接头户首先想的是游击队员，他们不仅准备御寒物资，还购买了一些年货、肉类送上山去给游击队过年。

1936年夏天，灌洋山区几次遭受暴风雨的袭击，灌洋河发生了百年未有的大洪灾，沿河两岸桥梁道路、纸厂车碓、水陂水圳、农田庄稼及房屋都被洪水冲毁。这次洪灾，历史上称为“丙子年洪灾”。在整个雨季中，上锦坊、下锦坊地下党支部、地下游击小组成员及革命接头户经常冒着狂风暴雨，秘密将粮食、斗笠、棕衣、油纸布等防雨物资送上山去给游击队，帮助游击队度过了一个百年罕见的多雨季节。

在三年游击战争中，上锦坊支援游击队最多、贡献最大的是赖子。她在敌人的白色恐怖下，经常冒着生命危险，把自己全家节省下来的粮食等物资，千方百计绕过敌人的监视，秘密送上山去给游击队。在敌人的经济封锁下，由于敌人实行“计口购盐”，盐比黄金还要贵，她把购得的盐，三分之一留给自己，三分之二留给红军游击队。为了便于携带和不易被敌发现，她经常把蔬菜和盐巴制成咸菜。她有个年幼的儿子名叫郑仰贤，见了咸菜就要赖着吃，还会将制咸菜的事往外讲。因此，赖子制咸菜时，要瞒着儿子，一点咸菜也不给儿子吃，全部送给游击队。

游击队在上、下锦坊等基点村群众的支持下，终于度过了最艰苦、最困难的岁月。

敌人为了割断基点村群众对游击队的支持和联系，强迫基点村群众移民并村。林家斜群众被强迫移民7次，其中一部分6次移到上锦坊的石屋居民点。石屋村群众怀着深厚的同情心，纷纷腾出自己的房间，帮助安置林家斜移民群众，并从各方面给予极大的帮助和照顾，使林家斜群众度过了艰苦的移民岁月。

翻身得解放

1937年8月，国共谈判达成协议，停止内战，一致抗日。我红军游击队奉命下山，于12月改编为新四军第二支队，于1938年3月奔赴抗日前线。此时，上锦坊、下锦坊地下党支部、地下游击小组成员奉命留在当地坚持斗争。在中共上杭县委和新四军后方留守处丰稔办事处的领导下，做好敌后工作，领导和发动群众搞好生产和捐粮、捐款、捐物，支援抗日战争。1942年“皖南事变”后，根据上级指示，采取“分散生产，隐蔽斗争”的策略，在群众的掩护下，实行生产自给，有的搞开荒种地、烧木炭、煎樟油、做竹木器或打工，有的教书或经商。此时，杭永岩边境地区共组织了18个生产单位，每个生产单位少则3人，多则不超过10人。下锦坊游击队员郑海洋、郑松照被抽调到龙岩，在魏金水的领导下，以造纸为掩护，在白土一带开展隐蔽斗争；郑海洋担任魏金水的警卫员。1943年秋，国民党反动派纠集反动武装，袭击杭永岩边境地区各生产单位，抢劫粮食及生产果实。上锦坊、下锦坊生产单位也遭敌人破坏。郑海洋、郑松照被敌抓捕后，被押往湖南长沙，强迫他们当国民党的兵。后来，郑松照伺机逃脱，回到家中；郑海洋则下落不明，至今杳无音讯。

在革命战争年代，上锦坊、下锦坊群众在中国共产党的领导下，前赴后继，英勇斗争，20年红旗不倒，为中国人民的革命事业和解放事业作出了很大的牺牲和贡献。下锦坊经历过几次移民，其中一次移到永定虎岗，有几次分散到山上居住。在国民党反动派的摧残下，下锦坊被敌抓捕强行嫁卖的妇女有4人，4人被敌强行抓壮丁充当国民党的兵，4户群众和游击队郑炳生、郑元太、郑松照的妻子被迫到外地谋生。1929年暴动时，下锦坊有38户、120余人，12座房屋；到1949年解放时，只剩下18户、48人，4座房屋，比1929年暴动时减少了20户、70余人，房屋减少了8座。

1984年，时任安徽省人民政府生产指挥处主任、当年的游击队员、老红军范鲁（又名范桂良）回家视察时，专程到上锦坊、下锦坊村慰问和看望基点村群众。回忆往事，他感慨万千，激动地说：“如果当年没有上锦坊、下锦坊群众的支持，早就没有我范鲁了！”

（原载于林英健主编《上杭革命基点村简史》，中共党史出版社2010年12月出版。作者：罗陈喜；图片拍摄：吴清梅）

革命潮涌连天接

——林家斜村革命简史

林家斜位于上杭、新罗、永定3个县区的交界处。海拔800多米，是溪口镇海拔最高的自然村之一。现有50户、254人，属溪口镇锦坊村委会管辖。

林家斜已有400多年历史。最先在林家斜开基的是林姓，因当时其房屋建在斜坡上，故名林家斜。后来，林家衰退，杨、罗二姓先后到这里开基兴业。1929年农民暴动时，该村有16户、71人，其中杨姓14户、63人，罗姓2户、8人。全村有耕地45亩及大片山林。但由于受国民党反动派的统治和地主阶级的剥削压迫，70%的耕地及80%的山林都被地主富农霸占，村民只剩下13亩耕地及少量山林，只得租赁地主富农的田山耕种。由于海拔高，气候寒冷，土地贫瘠，粮食生产只能种单季，亩产不到200公斤。一年到头辛勤劳动，除缴交田租地税外，剩下的粮就极为有限了。因此，大多数村民长期过着饥寒交迫的生活，与剥削阶级的阶级矛盾日益加深，从而也就为该村人民坚持20年不屈不挠干革命求解放打下了基础。

坚强的革命堡垒

1928年夏天，林家斜青年杨子其在曾参加过邓子恢等创办的奇山书社的锦坊村青年教师郑秋伍的宣传下，接受了革命思想。1928年6月25日，杨子其参加了蛟洋农民武装暴动。暴动中，杨子其表现积极、斗争勇敢。后经罗寿春、雷时标、傅柏翠的介绍，加入了中国共产党，成为东二区第一批共产党员。

蛟洋暴动后，杨子其回东二区传播革命思想，分头到各乡村，向教师和农民传播革命思想，并发动贫苦农民纷纷参加秘密农会。1929年春，林家斜村进步青年杨集豪等3人加入了中国共产党。杨锦彬等11人加入了共青团。同时，建立了林家斜党支部和林家斜团支部，杨子其任党支部书记，杨锦彬任团支部书记。为了举行武装暴动，林家斜人民还成立了由杨子其等22人组成的武装暴动队伍。

轰轰烈烈的武装暴动

1929年春天，时值春耕大忙季节，东二区春荒严重，农民要求地主豪绅开仓放粮的呼声日益高涨。东二区党支部看到农民暴动的时机已经成熟，准备举行武装暴动。

为了筹集暴动武器和增加暴动力量，杨子其受罗寿春的派遣，和郑秋伍一起，到灌洋一带物色可靠分子，打入灌洋民团土匪内部，做分化瓦解工作。后争取了灌洋土匪民团林妙太、沈漏濑部100多人起义，取得单响步枪100多支。

1929年5月28日（农历四月二十日）凌晨，林家斜暴动队伍与锦坊、九州村暴动队伍联合，共200多人，在郑秋伍、杨子其、张昌茂、郑炳生的率领下，带着鸟枪60多支和长矛、大刀、梭镖等武器，从林家斜出发，翻越灌洋大山，到达灌洋与起义人员会合后，在灌洋举行武装暴动，赶走了灌洋土匪，没收了地主豪绅的粮食财产，并把它们分给贫苦农民。次日凌晨，暴动队伍及起义人员共300多人带单响步枪100多支、鸟枪60多支，在郑秋伍、杨子其等率领下，从灌洋出发，到永定虎岗城下乡打土豪，策动城下乡农民暴动，没收地主赖锦皆财产，分给穷苦农民。当日下午，暴动队伍返回锦坊打土豪。5月30日（农历四月二十二日），把上锦坊岭下村的劣绅郑树标（又名郑果才）抓起来，押到大洋坝镇压，并在大洋坝打土豪。当得知罗寿春率领小河片暴动队伍北上大和坑与傅柏翠队伍会师时，郑秋伍、杨子其等即率领暴动队伍300多人从另一路到达大和坑，与罗寿春率领的暴动队伍和傅柏翠率领的队伍会合。途中，在鸡妈孵蛋岗上与连城土匪罗藻的部队打了一场遭遇战，取得胜利。

这次暴动，在永岩边境影响很大，有力地鼓舞了人民群众，打击了敌人。同时，又为暴动队伍筹集了经费。

3支暴动队伍会合后，统一由罗寿春、傅柏翠率领，来到大岭下、莲塘里、石铭、合甲等地推动革命工作，并在合甲完成自身的整编任务。在整编中，东二区的暴动队伍分为两组，林家斜、锦坊、九州村的暴动队伍及起义人员共300多人被编入傅柏翠、曾省吾、罗瑞卿领导的红五十九团第三营，另一组留在东二区活动。

林家斜暴动队伍编入红五十九团后，支援了中共龙岩县委领导的大池、小池、铜钵等地的工农武装暴动，配合红四军2次攻打龙岩城。

暴动后，林家斜人民在党的领导下，成立了赤卫队、少先队、儿童团、妇女会等红色组织，组建了洗衣队、慰劳队等；并与上锦坊、下锦坊、九州村联合，成立了东二区第八乡苏维埃政府。林家斜人民在党和苏维埃政府的领导下，积极参军参战，杨子其、杨选彬、杨易彬、杨宏彬等人参加了红十二军。

1932年4月，红军东征攻打漳州时，林家斜村共产党员罗嵩福、妇女罗桂娣等参加慰问团，随军东征漳州。攻克漳州后，他们帮助红军挑战利品凯旋。

1934年10月，主力红军长征后，林家斜村妇女赖兰香、陈发秀随林兴学夫妇、黄运金（卢友明之妻）等，从江西瑞金回到东二区坚持革命斗争。

红色交通线上的明珠

1934年冬，为了联络杭永岩3县游击队，代英县委、县苏在林家斜成立了地下交通站，由杨锦彬兼任站长。

地下交通站的任务是：秘密开展革命斗争；为红军游击队筹备粮食、蔬菜、食盐、肉类及其他物资；为游击队送信、送情报、送物资、当向导；与邻近各交通站及各基点村群众联络，坚定群众革命斗志，团结和发动群众，支援游击战争；配合游击小组站岗、放哨、侦察敌情、搜集情报，制造“四大阵营”；配合妇女会发动妇女为游击队做草鞋等。在整个三年游击战争期间，林家斜地下交通站围绕上述任务，在艰苦的环境条件下开展工作，为红军游击队坚持游击战争发挥了很大作用。在地下交通员中，最出色的是杨炳豪，为游击队引路最多，基本上每次他都参加。

1937年2月初，红八团一个排20多人从永定经九州、林家斜到双髻山，由杨炳豪带路。途经林家斜时，在背头岩豪猪垅住了一个晚上。第二天，在介子坑凹上与国民党保安十八团罗介人部一个连相遇。敌人居高临下，红八团只好迅速撤退。当撤退到大人崇蓬垅岭时，被敌人追上，双方打了一仗。因敌强我弱，红八团只好又撤退到白水寨、谢坑里、豪猪垅一带。在白水寨山寮边、谢坑里田角上各牺牲一名战士，其中一名为机枪手，又在豪猪垅田角上牺牲一名卫生员。同时，还有几人受伤。机枪手牺牲后，机枪掉在他身边。机枪是游击队的重要武器。为了不使机枪落入敌手，第二天，杨炳豪冒着生命危险，回去寻找。找到后，将机枪扛到瞒老岩石洞里藏好。晚上10时，杨炳豪将机枪取回交红八团。并继续将红八团带到双髻山，与红七支队会合。过了几天，这挺机枪在中华山杀人崇对敌作战中大显神威。

三年游击战争时期，林家斜地下交通站的交通员，无论天晴或下雨，无论白天或黑夜，无论春夏和秋冬，都冒着生命危险，绕开敌人的岗哨，将信件、情报等送到大岭下、灌洋、高寨坑、鲜水坑等地下交通站和锦坊、大洋坝、石铭、大连等地的游击基点村。同时，又将大岭下、灌洋、高寨坑、鲜水坑等地的情报、信件及时送给红军游击队。为了胜利完成任务，林家斜地下交通员在执行任务时，一般都在晚上行动，一路上还要小心翼翼，防止遇上敌人。在执行紧急任务需要白天行动时，经常由女地下交通员2至3人假装探亲，将信件藏在头发里面。为了防止遇上敌人，先由一位男交通员在前面探路，探路人与送信人相距半里路左右；一旦发现敌情，走在前面的探路人就发出入山干活的人经常打的"哟嗬"声，走在后面的女地下交通员听到后，就立即做好隐蔽。

在整个三年游击战争期间，因林家斜交通站位于江西大余油山—汀瑞边—障云岭—岩下山—双髻山—灌洋山—连四—金砂古木督—金丰大山—龙岩白土这条红色交通线上，并发挥了很好的作用，因此，它成了杭永岩三县红色交通线上的一颗璀璨明珠。

深厚的军民鱼水情

1935年3月，谭震林和邓子恢率领二十四师和工人师的二三十名伤病员从锦坊大坑里转移到林家斜。林家斜人民迅速把他们隐蔽安置在院南岗深山密林里，给他们搭寮建房，把自己床上的被席让给伤病员用，并经常前往慰问，给他们送去粮食、蔬菜、食盐、肉类、蜂蜜、中草药，为红军伤病员洗衣服、洗被席等，争取使红军游击队伤病员早日伤好归队。

早在1929年，红四军入闽后，在大洋坝一带活动期间，林家斜的妇女就积极参加洗衣队、慰劳队，到大洋坝、石铭、坑口等地，为驻在那里活动的红军将士和大洋坝红军医院的伤病员洗衣服、洗被席、补衣服等，并给他们送去粮食、蔬菜和物资。参加洗衣、慰劳次数最多，工作最积极的有林翠连、黄秋香、卢赛兰、罗桂娣等6人，她们经常丢下家里繁忙的活儿，克服老人和孩子拖累，给红军洗衣服，慰劳红军等。1934年冬，游击队进入锦坊、林家斜、灌洋山一带后，林翠连等妇女一如既往，更加积极地为游击队洗衣服，特别是先后四次为红军游击队做草鞋。林翠连、黄秋香、卢赛兰、罗桂娣、陈发秀、陈德兰等做的最多，每次每人都在十几双以上。

威震敌胆的阵营

历史上，林家斜人民利用山高林密、兽鸟资源丰富这一得天独厚的优势，建立了“四大阵营”，并世代相传。一是家家户户饲养蜜蜂，少的几十群，多的上百群。房前屋后，田头地角，深山野洼，到处放养蜜蜂。二是打猎，家家户户有长短鸟铳、野铳几十支。三是捕捉野兽的陷阱，遍布山头地尾，家家户户有十几甚至几十个。四是捕捉野兽的兽夹、兽箭和兽勒，家家户户有几十个，田头地角、深山野地到处都有放置。由于有这“四大阵营”，林家斜成为坚强的山寨，令外村人生畏。外村人如无特殊情况，一般怕到林家斜。确有特殊情况需到林家斜的，得事先与林家斜人取得联系，然后由林家斜人引路或做标记才能安全往返。否则，就易碰上这“四大阵营”——不是被蜜蜂蜇伤，就是掉进陷阱；不是被兽夹、兽箭伤害，就是被野铳打伤、打死。曾有一些胆大妄为的外村人，抱着侥幸心理，闯入林家斜山上采蘑菇、挖竹笋、偷砍竹木、打猎等，有不少人被“四大阵营”伤害过，有的断送了性命。林家斜人自形成“四大阵营”以来，他们的祖祖辈辈过的基本上都是封闭式的山寨生活。在那兵荒马乱的年头，林家斜人民充分利用这“四大阵营”进行自卫，起到了很大的作用。而在三年游击战争中，也使来犯的国民党反动军队吃尽了苦头，保护了红军游击队。

1935年4月，国民党反动派对灌洋山游击根据地实行第一期军事“清剿”，国民党八十三师刘勘部、保安十八团罗介人部及地方民团首次进攻灌洋山和林家斜等革命基点村。林家斜人民为了配合红军游击队打破敌人的“清剿”，也成立了游击小组，共17人组成。游击小组的任务是：秘密开展革命斗争；搜集情报，侦察敌情；制造“四大阵营”；抗击敌军，打击小股敌人，配合游击队主力作战；帮助游击队做好警戒。后来，游击小组成员杨迪彬、杨集豪、杨钦豪等3人还参加了大阳区游击队。

敌人“围剿”双髻山后，林家斜人民料定敌军会来侵犯，决定抗击敌军，进行自卫。他们土法上马，添置鸟铳、野铳、兽夹、兽箭、兽勒、竹签、滚木、滚石等武器。他们在村子周围、山间路上，到处装上用盐水浸泡过的锈迹斑斑的铁钉和用牛尿浸泡过的竹签，把蜜蜂、鸟铳、野铳、兽夹、兽箭、兽勒星罗棋布地放置在道路两旁及敌人较容易进攻的山上，装上机关，用灌木、芦箕、茅草、树枝、山皮隐蔽好，使敌人看不出破绽。又把滚木、滚石抬往山顶，用茅草遮盖、隐蔽好。为了麻痹敌人，故意在山下让出一二里山和路，不放置“四大阵营”。同时，还在山下敌军必经之路上横挂大木牌，木牌上写上“有来犯者，自备棺材”几个大字，以威吓敌军。

在布置“四大阵营”时，杨相豪表现最积极、最出色。他早就练就了一手制造和布置“四大阵营”的好手艺，大家推选他当教官。他每天早出晚归，带领村民在道路两旁、深山密林、村庄周围布阵。

1935年5月，国民党八十三师刘勘部到林家斜灌洋山一带“围剿”。他们从大洋坝出发，一路上气势汹汹。当行军进入林家斜地界，猛然看到路口上横挂的一个大木牌时，以为游击队在虚张声势，忙问民团是怎么回事。当从民团口中得知林家斜“四大阵营”时，心里将信将疑——他们不大相信林家斜人有这么大的本领。

到了林家斜村子外围后，他们把林家斜一带的深山包围起来，排成一队队一字长蛇阵，从山下向山上“搜剿”。开始时小心翼翼地花了大半天时间才爬进一二里，见未触及“四大阵营”，思想逐渐麻痹起来，搜索速度越来越快。当进入“四大阵营”放置区后，他们遭殃了：有的踩在蜜蜂、鸟铳、野铳的机关上，有的踩在兽夹、兽箭、兽勒上，有的踩在铁钉、竹签上，有的掉进陷阱里……陷入“四大阵营”后，敌人乱了阵脚，无法前进，只得撤退。此次“围剿”，敌人“偷鸡不成反蚀把米”。

敌人不甘心失败。第三天上午，他们又来“围剿”林家斜和灌洋山。为了不被“四大阵营”伤害，他们在大洋坝、寨角里一带群众家里抢来一大群耕牛，把耕牛赶在前面打头阵，让耕牛踩坏“四大阵营”。可是，灌洋山山高路陡，赶耕牛上山不是件易事。一旦爬到崎岖处，耕牛不仅上不去，而且还会滑下来。任凭你大声吆喝，用竹枝猛力抽打，仍然无济于事。一旦触及“四大阵营”，耕牛便会乱窜。当触及蜜蜂时，除蜇伤耕牛外，敌人也会阵脚大乱。这次“围剿”，敌人又告失败，除伤亡一群耕牛外，敌人也有一些伤亡。

敌人一计不成，又生一计。为了摧毁林家斜人的“四大阵营”，他们到处放火烧山。一时间，到处浓烟滚滚，大火冲天，使林家斜人蒙受不小损失，“四大阵营”被摧毁不少，转移到深山密林中隐藏的粮食、财物也被烧毁殆尽。

但是，敌人仍在林家斜人布置的最后一道防线上付出了代价。

放火烧山后，敌人得意忘形，沿着被烧毁的山坡蜂拥而上。这时，林家斜群众和游击队员把隐藏在山顶上的滚木、滚石翻滚下来，砸入敌群。敌人万万没有想到，摧毁“四大阵营”后，还有滚、木滚石，一个个抱头掩耳，哭爹喊娘，慌忙逃命。

此后，他们仍一次次组织进攻，都被游击队的滚木、滚石击退。待游击队滚木、滚石用完后，敌人才吼叫着爬上山顶。这时，游击队员早已跑得无影无踪。

1934年冬，国民党保安十八团罗介人部为了控制林家斜人民，在林家斜坪顶岗兴建炮楼。兴建炮楼时，敌人到林家斜实施抢劫，把群众的砖瓦、门板、谷笪等抢去盖炮楼，粮食和牲畜抢到炮楼里吃。炮楼建成后，驻有罗介人部一个排30余人，配有机枪、长短枪等武器。他们日夜巡逻，严密监视林家斜人民和游击队的行动，给林家斜人民的革命斗争带来很大的威胁，成为林家斜人民的眼中钉、肉中刺。1935年2月，林家斜党支部和游击小组决定把这座炮楼拔除。他们配合红军游击队，经常在夜深人静时，偷偷摸到炮楼附近，对着炮楼开枪射击，骚扰敌人。敌人怕遭游击队袭击和消灭，于1935年春卷旗而逃。敌人逃离后，林家斜人民立即就把这座炮楼拆毁，拔除了这座监视林家斜人民半年之久的炮楼。

有一次，敌人兵分三路，分别从大洋坝、虎岗、灌洋进攻灌洋山，林家斜游击小组和地下交通站侦察到敌情后，立即向游击队报告。游击队派出几个精干队员，制造假象，分别把三路敌军引到林家斜坪顶岗上，造成误会，互相攻打，敌兵打死3人（其中指挥官1人、机枪手1人），打伤多人。游击队坐山观虎斗，未伤亡一人。

泰山压顶不弯腰的群众

在革命战争年代，林家斜人民因为踊跃参加革命斗争，曾受到国民党反动派的残酷镇压和摧残，先后经历过7次移民。

1933年间，锦坊民团侵犯林家斜，抢去群众耕牛3头、生猪21头、被席25床，衣服、财物不计其数。1934年冬，国民党保安十八团罗介人部包围林家斜，除将游击队抓来关押在林家斜的土豪劣绅放走外，还抢去步枪2支、耕牛4头。该村共青团员、妇女代表廖翠华（孕妇），在此次劫难中，被敌打伤致死，造成一尸两命。苏区沦陷后，国民党反动派残酷迫害红军家属和游击队家属，先后把红军战士杨选彬的妻子罗桂娣、游击队员杨集豪的妻子赖兰香母子和杨承豪的女儿杨才连抓去卖嫁。

1936年6月22日，游击队摧毁大洋坝粪斗窠民团炮楼后，林家斜党支部书记、游击小组组长杨锦彬，游击队员杨宏彬及起义民团罗德元、罗德河、罗德银、罗福传等，被敌抓到大洋坝国民党第三师李玉堂部关押。敌人对杨锦彬等人实施灌辣椒水、用烧红的火镣烙皮肉、下"雷公尖"、捆绑吊打等各种毒刑，妄图逼迫他们供出游击队的情况；但杨锦彬等宁死不屈，坚决不招。在敌人提着煤油吊灯，把杨锦彬等人押往塘坑岭路上枪决途中，杨锦彬急中生智，用右脚使劲踢掉敌人油灯，跳下山崖，挣脱绳索，死里逃生。

在革命战争年代，国民党反动派强迫林家斜人民进行了7次移民。

第一次移民："廿三年四月破竹，移到锦坊石屋，一路上挑米挑谷。"（注：廿三年指民国二十三年，即1934年；破竹，即农历四月林家斜破竹麻季节。）

第二次移民："廿三年九月无福，移到虎岗、灌洋、锦坊石屋，移民时无米无谷。"（无福，即没有福气。因田间稻谷被敌割去，村民没有收到田中谷。）

第三次移民："廿四年三月食粥，移到大洋坝、云山、锦坊石屋，移民后借米借谷。"（农历三月，正是春荒缺粮季节。）

第四次移民："廿四年八月作福，移到蓝田、锦坊石屋，各家各户，糠头堆谷。"（作福：林家斜一种民间神事活动。为了防止稻谷被敌抢去，将稻谷放在地上，稻谷面上用秕谷掩盖。）

第五次移民："廿五年二月播谷，移到大洋坝、华祝，冇牛冇畜，手爬脚碌。"（播谷：农历二月，正是播谷种季节。手爬脚碌：因没有耕牛，用手脚碎土溶田。）

第六次移民："廿六年五月冇谷，移到灌洋、锦坊石屋，冇米冇谷，树叶代谷。"

第七次移民："三十四年三月十六，移到石铭、锦坊石屋，拖男带女，边行边哭。"

但是，林家斜人民没有被敌人的嚣张气焰所吓倒，无论是在移民并村前还是在移民并村后，他们都自始至终支持红军游击队，直至游击队编入新四军北上抗日。杨迪彬、杨银彬、杨梅彬等，在移民并村移到锦坊后，继续支援游击队，把游击队印发的传单、标语、宣传品等带到锦坊，利用晚上时间张贴在各居民点的路口墙壁上，为瓦解敌军、宣传党的主张起到了一定作用。

解放战争时期，杭岩工作团和中国人民解放军闽粤赣边纵队第七支队在杭永岩边境的双髻山、灌洋山一带活动。1948年冬，蓝汉华等同志来到林家斜开展革命工作。中共龙岩县委也率领武装从大池九里洋进入灌洋山，在林家斜杨锦彬的纸厂下开会，恢复成立了中共龙岩县委，吴潮芳为书记，邱锦才为组织部长，罗炳钦为宣传委员。杭岩工作团和七支队以及中共龙岩县委在灌洋山、林家斜一带活动期间，林家斜人民从各方面给予很大的支持和方便。

就这样，林家斜人民一直以满腔热情支持革命，直至迎来胜利的曙光。

（原载于林英健主编《上杭革命基点村简史》，中共党史出版社2010年12月出版。作者：罗陈喜；图片拍摄：吴清梅）

革命不畏路崎岖

——坪斜村革命简史

坪斜村位于溪口镇北部，是溪口三溪行政村的一个自然村。该村因祠堂建在较大的坪地上、民房建在斜坡上，故取村名为坪斜。坪斜村居住着邱、黄二姓。1929年农民暴动时，有49户、214人。由于旧社会受帝国主义、封建主义、官僚资本主义三座大山的压迫剥削，村民吃不饱、穿不暖，生活过得很贫困，对统治阶级的怨恨情绪不断加深。

1928年秋天，中共上杭县委原宣传部长、北四区原区委书记罗寿春等，回东二区传播革命思想，领导农民运动。1929年春，坪斜村贫苦农民邱庆乾（又名邱乾禧）等7人在罗寿春等共产党员的宣传下，接受了革命思想，加入了中国共产党。邱崇森等5人加入了共青团。他们在坪斜村秘密建立农会，成立武装暴动队伍。1929年5月24日（农历四月十六日），坪斜村群众参加了坑口暴动，在大厚村打土豪，没收地主豪绅财产，受到了锻炼。5月29日（农历四月二十一日），又参加了三溪暴动，在上山溪召开群众大会，打土豪、分田地、烧田契、毁债纸。革命斗争搞得轰轰烈烈。

1929年6月7日（农历五月初一日），毛泽东、朱德率领红四军攻下了与坪斜村只一山之隔的重镇白砂。消息传来，极大地鼓舞了坪斜村群众。6月19日，红军三克龙岩城后，在闽西进行大规模的短距离分兵，进一步策动各县的农民暴动。其中，红四军一支小分队从白砂来到坪斜村，在坪斜村驻扎半个余月，帮助群众建立红色政权。坪斜村群众以极大的革命热情，欢迎红四军的到来，家家户户为红军送去粮食、蔬菜、柴火，为红军洗衣服、做草鞋。

1929年7月，在红四军的帮助下，坪斜村与兴彩、上山溪、俞家桥、蕉坑、温屋坑、竹坝里等村联合，成立了东二区第六乡（三溪乡）苏维埃政府。此时，坪斜村有很多人参加革命工作，有的还担任了要职。如邱庆乾担任乡苏肃反委员会主席；邱崇先担任乡苏文书，后任闽西苏维埃政府秘书；邱仁高、邱凤禧、邱帝朋（又名邱万里）都在闽西苏维埃政府工作；袁明玉、袁永英当选为乡苏代表；邱崇芳担任乡苏少先队队长。1931年1月杭武县苏维埃政府成立后，邱炳祥在杭武县苏维埃政府工作。

在扩大红军时，坪斜村青年张昭娣等7人参加了红军。陈清连、张金巴、香妹子、丙连子等妇女参加过红军宣传队。

1931年3月至1932年3月，正当闽西苏区军民浴血奋战，艰难地开展反“围剿”作战的关键时刻，王明“左”倾错误路线的执行者，却在闽西苏区开展了一场所谓“肃清社会民主党”的运动。在这场历史冤案中，坪斜村共产党员邱炳祥、邱崇先、黄华林，共青团员邱崇先、邱崇芳、邱帝朋（又名邱万里），赤卫队员邱帝煌、黄应林及邱帝松、邱帝瑶、黄仕林、邱洪祥等10多人蒙冤遇害，使坪斜村的革命力量遭受严重损失。

1932年4月，毛泽东率领中国工农红军第一军和第五军团东征，攻打龙岩和漳州城。为了支援红军作战，坪斜村妇女张金兰随军东征一个多月。她在行军路上为部队挑物资，在战场上抢救红军伤病员。攻占漳州后，她在漳州一带深入群众，做宣传工作。

1934年，坪斜村乡苏干部邱庆乾、黄院林与范六妹往樟坑开会返回途中，在上山溪大地塘边被国民党保安十四团钟绍葵部抓捕，光荣牺牲。

在艰苦卓绝的三年游击战争中，坪斜村群众积极支援在双髻山、灌洋山一带活动的红军游击队，为游击队送粮、送菜、送情报、送物资，为保存和发展革命力量作出了很大努力。

敌人为了割断坪斜村群众与游击队的支持和联系，强迫坪斜村群众进行了3次移民并村。全村45户、180多人，分别移到白砂、上山溪、石铭、大厚等地，每次移出时间都达四个多月。

火红的革命斗争是陶冶和锻造人才的熔炉。革命战争年代，坪斜这个小小的村庄，涌现了许多热心革命的奋斗者，不少人还成为党的骨干。张昭娣，就是从该村走出的一名杰出的革命女英豪。

她是坪斜村人的养女，在1929年轰轰烈烈的土地革命中，走上革命道路。以后成长很快，先后在军队和地方担任各种职务。艰苦复杂的斗争环境，不仅锻炼了她坚强的性格，而且培养了她杰出的工作才干和丰富的斗争经验，使其成为党的一名得力干部。新中国成立后，她担任上杭县第一任县委书记、县长，最后升任至福建省高级人民检察院副检察长。

1946年11月至1949年5月，游昌炳、饶良新、罗炳钦、张昭娣、张招巴、李学山等分别率领杭岩工作团（后改为上杭工作团）、中共上杭县委、中国人民解放军闽粤赣边纵队第七支队先后进入双髻山，在杭永岩边开展游击战争，主要任务是搞肃反、开展反“三征”斗争（即反对国民党征兵、征粮、征税）、宣传党的统一战线政策、策动国民党军政人员起义等。

1946年冬的一天傍晚，张昭娣率领李学山等5位同志回到阔别多年的坪斜村，一是做民主人士工作，动员该村在星聚乡担任副乡长的邱堂禧起义；二是探望多年未见的母亲。次日凌晨，乡公所派伪保队副张作化率领民团赶到坪斜村，包围了革命接头户张带娣、邱玉贤、邱建安、李三妹等的房屋，并在房内翻箱倒柜，到处搜查，妄图抓捕张昭娣等人。他们虽然扑了个空，没有抓到张昭娣等人，却把这些革命接头户的财产抢劫一空，并把张带娣、邱玉贤、邱建安、李三妹等革命群众抓起来，捆绑吊打，威逼利诱，要他们供出张昭娣的下落。但张带娣等人守口如瓶。敌人恼羞成怒，要把张昭娣的弟弟邱建安抓去枪杀。这时，坪斜村贫农出身、正在星聚乡乡公所担任副乡长的邱堂禧看到这种情况，急忙站出来劝阻。在邱堂禧的劝阻下，邱建安才免遭枪杀。但张作化仍然把张带娣、邱玉贤、邱建安、李三妹等革命群众带到伪星聚乡公所监牢里关押了四天四夜，并对他们施行严刑拷打，打得遍体鳞伤。张昭娣在俞家桥获悉此情况后，写了一封警告信，设法送到星聚乡乡公所。伪乡公所慑于游击队的威力，不得不将张带娣等人全部释放回家。

这次事件发生以后，邱堂禧对张作化的不满情绪逐步上升，开始与张作化决裂。张作化要搞征兵、征粮、征税，邱堂禧就在三溪一带反征兵、反征粮、反征税，他在各方面公然与张作化相对抗。张昭娣、游昌炳、张招巴、李学山、李立忠等同志看到伪政权内部分裂，邱堂禧有进步表现，可以争取，就与他接洽，对他宣传党的统一战线政策，动员他认清形势，彻底与反动当局划清界限，站到革命队伍中来。经张昭娣等同志耐心细致做工作，邱堂禧决定弃暗投明，率部起义。1948年冬，他开始与张昭娣等同志多次商量起义事宜。1949年4月，邱堂禧率领部属卢凤鸣、张克畴等人起义，并加入中国人民解放军闽粤赣边纵队第七支队。1949年5月20日（农历四月二十三日），邱堂禧写了一封信给星聚乡乡长罗冠斌，并派起义人员张克畴、卢凤鸣将信送到大洋坝星聚乡公所，说服和动员了乡长罗冠斌起义。罗冠斌起义后，立即通知各保起义。1949年5月23日（农历四月二十六日），邱堂禧与张招巴等县委同志率领武装和工作人员到大洋坝星聚乡公所接管政权，并召开群众大会，宣布星聚乡和平解放。当时，罗炳钦、张招巴等同志住在邱堂禧家里。

星聚乡和平解放后，在中共上杭县委和工作团的领导下，开始在全乡各保收缴民团枪支。此时，当丰保的领导人及其民团负责人对起义的事还犹豫不决，还在等待观望，不肯收缴枪支。邱堂禧就写信给当丰保的领导人和民团负责人，要他们立即率部起义，把枪支全部收缴上交。当丰保和民团头目接到邱堂禧的信后，立即起义，并将当丰民团的12支驳壳枪、1挺轻机枪、20多支步枪全部收缴，如数上交，清点给县委和工作团。

邱堂禧弃暗投明，率部起义，为星聚乡的和平解放作出了贡献。1949年6月初，中共上杭县委成立9个工作团，深入各区、乡开展工作。邱堂禧被任命为第二工作团副团长（团长为张招巴）。第二工作团活动在坑口、大洋坝、太拔一带。

1949年6月，国民党胡琏兵团在强大的中国人民解放军南下大军的追击下，从江西溃退入闽。7月4日，王靖之部从长汀败窜上杭，并向白砂窜犯，妄图“围剿”我闽西起义的领导人和起义部队。闽西起义领导人李汉冲、练惕生、邱师彦等率领一支起义部队，从白砂向双髻山一带转移。转移途中，在坪斜村隐蔽半个余月。坪斜村群众在邱堂禧的领导下，热情接待起义部队，为部队解决粮食、蔬菜、房子等问题，并为部队做饭菜、煎茶水、砍柴火，帮助侦察敌情，提供情报等，从人力、物力、财力上给部队极大的支持。当时，敌情紧张，形势危急，胡琏兵团对起义部队日夜跟踪追击，到处“搜剿”；王靖之部在坪斜村附近的上山溪经过时，在梯子岭下打机枪，威吓上山溪群众。为安全起见，起义部队在坪斜村群众的帮助下，昼伏夜出，迂回转移。离开坪斜村时，他们由邱堂禧、邱崇甲引路，在夜幕的掩护下，从坪斜村出发，途经院洋坑，安全转移到太拔湖子里，与转移到这里的中共上杭县委会合。

由于国民党反动派的统治和敌人的摧残，到1949年解放时，坪斜村只剩下31户、148人，比1929年暴动时减少了18户、66人。

在革命战争年代，坪斜村牺牲人员有6人被评为革命烈士，他们是：邱庆乾、邱凤禧、邱崇森、邱崇元、邱崇芳、邱炳祥。

（原载于林英健主编《上杭革命基点村简史》，中共党史出版社2010年12月出版。作者：罗陈喜；图片拍摄：吴清梅）

驱散阴霾彩霞红

——兴彩窝村革命简史

兴彩窝村（也有叫做兴彩村）位于溪口镇西部，是溪口三溪村下辖的一个小自然村。

1929年春天，兴彩窝村贫苦农民邱润锡在共产党员廖海涛、杨仰林的宣传下，接受了革命思想，加入了中国共产党。此后，邱润锡根据东二区党支部指示，在兴彩窝村开展革命活动。他在贫苦农民中物色骨干分子，先后培养和发展了邱亮九等12人加入中国共产党，并发展高福秀等7人加入了共青团。他们在兴彩窝村成立秘密农会，组织武装暴动队伍。1929年5月24日（农历四月十六日），兴彩窝村人民在邱润锡等共产党员的率领下，参加了罗寿春、张善初等人领导的坑口暴动，在大厚村打土豪，没收地主豪绅财产。5月29日（农历四月二十一日），又参加了杨同兴等人领导的三溪暴动，在上山溪参加群众大会，打土豪、分田地，没收地主豪绅财产，革命斗争搞得轰轰烈烈。

1929年7月，兴彩窝村与坪斜、俞家桥、上山溪、温屋坑、蕉坑、竹坝里等村联合，成立了东二区第六乡苏维埃政府。兴彩窝村共产党员邱润锡、邱亮九、邱烈凤曾先后担任乡苏维埃政府主席；邱贤郎、邱亮先先后担任乡苏文书；邱贵球、邱岑亮担任乡苏交通员，袁金秀、张金连担任乡苏宣传队员，邱林河担任大阳区团支部书记。1933年9月，代英县苏维埃政府成立后，邱贤郎调到代英县苏维埃政府担任文书；邱亮先调长汀担任福建省苏维埃政府列宁书室主任。

暴动后，兴彩窝村人民在党的领导下，成立了赤卫队、少先队、儿童团等红色组织。参加赤卫队的有12人，参加少先队的有14人。

1931年5月至1933年6月，闽西苏区开展了三次扩大红军。在扩大红军时，兴彩窝村青壮年邱贤明、邱荣立、邱贤志、邱贤带、邱朋光、高福秀、邱贤攀、邱如山、邱岑林等参加了红军。

1931年3月至1932年3月，正当闽西苏区军民浴血奋战，艰难地开展反“围剿”作战的关键时候，王明“左”倾错误路线的执行者却在闽西苏区开展了一场所谓“肃清社会民主党”的运动。在这场历史冤案中，兴彩窝村革命干部邱亮九、张金连、邱贤攀、邱接太、邱如山、邱岑林、邱林河等蒙冤罹难。

1932年4月，毛泽东率东路军攻打龙岩和漳州。此时，兴彩窝村籍红军战士邱贤志、邱贤带、高福秀等随军出发，参加了攻打龙岩、漳州的战斗。在攻打漳州的战役中，担任红军排长的邱贤志脚负重伤，被抬回上山溪祠堂里红军医院治疗。最终因伤势过重，不治身亡。

1932年5月，红军攻克漳州后，蒋介石调集重兵对中央苏区发动了第四次“围剿”，国民党十九路军蔡廷锴部3个师和四十九师张贞残部以及广东军阀黄任寰部先后进攻杭永岩边境地区和东二苏区。东二区委和区苏政府为了避敌锋芒，于1932年秋从坑口转移，撤退到兴彩楼背，历时1个余月。兴彩窝村群众从人力、物力、财力各方面对区委、区苏给予很大的支持，为他们送粮、送菜、送物资、送情报，有力支援了区委、区苏的工作。

1932年8月，上级派江福康到兴彩窝村尾岗头主持召开双溪河畔各乡村的党员会议，传达上级关于第四次反“围剿”作战的部署。兴彩窝村参加会议的有高福秀、邱润锡、邱烈凤、邱贵球等。同年，邱润锡、高福秀还出席了中共上杭县委在白砂城下召开的党员代表会议。

在兴彩窝村参加革命工作的人员中，有几位是女同志，其中比较出色的有袁金秀、高福秀2人。袁金秀于1929年参加少先队，加入共青团，参加了农民暴动，曾先后担任大阳区苏维埃政府青年团委干事、上杭县团委副书记、福建省苏维埃政府青年妇女干事，与邓六金一起工作，列席过全国苏维埃代表大会。1934年10月，主力红军长征时，留在闽赣边境坚持革命斗争，与张昭娣一起参加汀瑞红军游击队，任第四支队副队长。1936年春，在江西石坑对敌作战中被敌包围，在突围时被敌冲散，在一个破瓦窑里隐蔽时被敌抓捕，押到长汀监狱关押。在狱中，多次受刑讯逼供。但凭着对革命事业的坚定信仰，任凭敌人折磨都坚贞不屈。1937年秋，被遣送到上杭关押。因国共合作，终被释放。

高福秀于1929年农民暴动时参加少先队，加入共青团；19岁参加中国工农红军，担任部队卫生员。1932年4月，随军东征，参加了攻打龙岩、漳州的战斗。她和张金兰、林定香、袁银金等女同志一起，在战场上抢救红军伤病员，在行军路上挑物资。攻克漳州后，在漳州一带深入各乡村做群众宣传发动工作，历时1个多月。

在三年游击战争中，兴彩窝村群众为游击队送粮、送菜、送物资、送情报，积极支援红军游击队。敌人为了割断兴彩窝村群众与游击队的支持和联系，分别于1935年、1936年和1937年3次强迫兴彩窝村群众移民并村。全村68户、329人，分别移到大厚、大洋坝、茶地、白砂等地，每次移出时间达1个多月。敌人还在兴彩窝村放火烧房、抢夺财产，共烧毁民房116间，抢夺财产不计其数。使19户村民无家可归，妻离子散，家破人亡，村庄变为一片废墟。但任凭国民党反动派的疯狂摧残和残酷迫害，兴彩窝村始终有群众支持游击队。如革命接头户邱润锡等，自始至终与红军战士邱寿太（兴彩窝村人）保持联系。

1946年11月至1949年5月，杭岩工作团（后改为上杭工作团）、中共上杭县委、中国人民解放军闽粤赣边纵队第七支队一支武装先后进入双髻山、大水源、禾仓角、灌洋山一带开展游击战争。他们曾在杭永岩边境地区开展肃反和反“三征”（反对国民党征兵、征粮、征税）。在此期间，兴彩窝村经常与工作团、县委、七支队联系的有邱贤崧、邱春凤、邱天华等3户。后来，邱贤崧、邱春凤、邱天华、邱其通、邱其营等5人也参加了游击队，在县委和工作团的领导下，积极开展革命活动，直至解放。

1948年夏天，中国人民解放军闽粤赣边纵队第七支队100多人两次进驻兴彩窝村，宿营在该村细坑里，时间共达4个余月。在邱润锡的组织下，兴彩窝村群众兴高采烈地热情欢迎部队的到来，每天为部队送粮、送菜，还两次宰猪慰劳部队。部队在斜里瓦子坪开辟练兵场，日夜在练兵，兴彩窝村群众协助部队站岗放哨。部队离开兴彩窝村时，兴彩窝村许多妇女还为部队赠送草鞋。

1949年6月，国民党胡琏兵团在中国人民解放军南下大军的追击下，从江西败退入闽；王靖之部从长汀败窜上杭，并向白砂窜犯，妄图“围剿”我闽西起义部队。七支队一支武装和起义部队从白砂向双髻山一带转移。转移途中，有80多名起义人员在兴彩窝村、科里崖下的高福秀和邱承修家里驻扎，历时20余天。兴彩窝村群众积极支援起义部队，为起义部队送粮、送菜、送物资、送柴火。高福秀还与12岁的儿子邱寿春一起为起义部队送信。当时，由于敌情紧张，起义部队中有个别士兵经不起考验，把枪支弃在兴彩窝村和院洋坑的山厂里，然后逃离回家。这些枪支被发现后，由起义人员邱堂禧率领兴彩窝村民兵提回保管。不久，解放大军南下入闽，胡琏兵团向广东潮汕方向撤退后，兴彩窝村民兵将这些枪支全部上交给政府接收。

在革命战争年代，兴彩窝村人民在中国共产党的领导下，前赴后继，英勇斗争，20年红旗不倒，为中国人民的解放事业作出了很大的牺牲和贡献。1929年暴动时，该村有72户、360人；到1949年解放时，只剩下42户、147人，比暴动时减少了30户，人口减少了213人。从1929年至1949年这20年间，被敌杀害的群众4人（其中男3人、女1人），被敌抓壮丁8人，妇女被敌逼嫁4人，饥饿病死182人。为革命牺牲24人，其中邱亮先、邱贤志、邱贤带、邱林河、邱朋光、邱岑林等6人被评为革命烈士。

兴彩窝村人民的鲜血和汗水没有白流。他们终于以不屈不挠的努力，驱散满天阴霾，迎来如彩霞满天、充满光明的新中国！

（原载于林英健主编《上杭革命基点村简史》，中共党史出版社2010年12月出版。作者：罗陈喜；图片拍摄：吴清梅）

求解放志比石坚

——石乾里村革命简史

石乾里位于溪口镇东北部，东与桥下滩交界，西与茶排里毗邻，西南与石铭村接壤，东北连官屋、埔上村，开基已有370余年。暴动前，全村有5户、21人，是溪口石铭行政村所属的一个小自然村，村民以种田、耕山、造纸为业。

1928年秋天，罗寿春受组织派遣，回东二区传播革命思想，领导农民运动。在石乾里组织秘密农会，成立暴动队。

1929年5月20日，石乾里群众和其他村群众一起，在罗寿春等共产党员领导下，参加了农民武装暴动。暴动成功后，进行了打土豪、分田地斗争，与大坑头、寨背、官屋、茶排里、桥下滩、石铭、塘背等村合并成立了东二区第一乡（石铭乡）苏维埃政府，石乾里村罗金善（又名罗金盛）曾为乡苏干部。

1930年10月至1934年，国民党反动派对中央苏区连续发动了五次

"围剿"。东二区人民在党和苏维埃政府的领导下，积极投入反"围剿"作战。石乾里和石铭村位于东二区的东北部，在军事上极为重要。1934年1月，红十二军二十四师一个营和代英县游击大队，与进攻石乾里、石铭、大洋坝的国民党第二十六师、三十八师激战一天，毙敌30多人。在战斗中，石乾里与石铭各村庄群众一起，帮助部队挖战壕、筑工事、烧茶水、送饭菜、抬担架、救伤员，积极地配合和支援反"围剿"作战。

1934年10月，主力红军长征后，留在当地坚持革命斗争的党政军领导和红军游击队，在双髻山、灌洋山一带建立游击根据地，在杭永岩边坚持艰苦卓绝的三年游击战争。石乾里群众为游击队送粮、送菜、送情报、送物资，积极支持游击队。

石乾里村后面有一座大山，名叫杀人崇，海拔1000多米。这里峰峦绵亘，地势陡峭，森林茂密，其支脉东连灌洋山、西接双髻山，是开展游击战争的好地方。三年游击战争时期，为了扩大游击区域，建立和发展革命基点村，闽西南军政委员会副主席谭震林、杭代县军政委员会主席廖海涛等游击队领导人派熟悉该地区的石铭籍游击队员罗炳钦、杨仰林、杨怀林、罗炳芳等，以该山为中心积极开展群众工作，建立了石乾里、茶排里、官屋、寨背、大坑头等5个革命基点村。石乾里贫苦农民、原乡苏干部罗金善立即参加红军游击队，跟罗炳钦、杨仰林、杨怀林、罗炳芳等同志上山，在杀人崇、双髻山一带坚持游击战争。罗金善的父亲罗坤城热心为游击队送粮、送菜、送情报、送物资。

为了割断人民群众的支持与联系，把游击队困死、饿死在山上，敌人在通往双髻山、杀人崇的路上和隘口处设立岗哨和排哨，封锁通往双髻山、杀人崇的山路。石乾里村接头户罗坤城、张四妹和她的媳妇黄秀连，常在夜幕的掩护下，躲过敌人的岗哨和排哨，摸黑上山，将粮食、蔬菜、情报、物资送上山去；有时送到寨背村地下交通站杨巴、赖三妹家里，由其送上山或游击队派人来取。后来由于叛徒告密，他被当地民团以“通匪济共罪”为由抓捕，被捆绑吊打，极尽折磨，并将其粮食、耕牛、财物抢劫一空。

有一天深夜，石乾里张四妹按游击队的约定，将粮食、蔬菜、物资放在她自己的碓寮下，罗炳钦派游击队员来取时，被官屋村的反革命分子发现追踪。幸喜张四妹、黄秀连婆媳两人急中生智，及时巧妙地掩护游击队员转移，确保了人和物的安全。

1937年2月12日，廖海涛、黄火星、刘国宪、陈连正等指挥红七支队等300多人，在杀人岽伏击敌军一五七师黄涛部，毙敌七八十人，伤敌100多人。战斗前后，石乾里群众积极想办法，及时解决了红军游击队的给养。

在国民党反动派统治时期，石乾里被抓壮丁1人，饥荒饿死14人。到1949年解放时，该村只剩下2户、7人，比1929年暴动时减少了3户，人口减少14人。曾被迫移民并村，时间达几个月。

（原载于林英健主编《上杭革命基点村简史》，中共党史出版社2010年12月出版。作者：罗陈喜；图片拍摄：吴清梅）

相帮互助干革命

——斜里村革命简史

斜里村地处溪口镇东南部，现属溪口大洋坝村委会辖下一自然村。1929年农民暴动时，有8户、45人。村民以种田、耕山、造纸为业。

1928年，永定县虎岗乡灌洋村有几股较大的土匪武装，当地群众称其为“喽罗队”。他们用颜料把自己的脸涂成各种颜色，经常窜到杭永岩边境地区偏僻山村打家劫舍，群众深受其害。斜里村也遭抢劫几次，损失惨重。为了抵抗土匪的侵扰，斜里村人民与峨益村群众合作，成立了抗匪自卫队，商定一旦发现土匪侵扰，就立即鸣锣、放炮，行动起来抗击土匪。灌洋土匪由于听到这个消息，不敢再来侵犯，使这支抗匪自卫队没有和土匪交过手。但在1929年的农民武装暴动中，这支抗匪自卫队却在中国共产党领导下，成为峨益暴动的武装力量。

1928年秋天，蛟洋暴动过后，共产党员罗寿春、罗传善、何登南、傅连勋、郑秋伍、杨子岐，回东二区传播革命思想，领导农民运动。斜里村贫苦农民卢金明、卢昌明、卢新明等接受了革命思想，于1929年加入中国共产党。卢凤明、卢兆春等加入共青团。

1929年初夏，斜里村群众在党的领导下，将原来抵抗土匪侵扰的抗匪自卫队改编为农民赤卫队。同时，还成立起了秘密农会。

1929年7月，斜里与峨益、岽背等村联合，成立了第十乡苏维埃政府。斜里村共产党员卢金明当选为乡主席，卢昌明当选为贫协会主任，郑四娘当选为妇女部长，卢凤明任少先队副队长。罗兰巴、罗新连、刘养金、邱连娣等参加了妇女会。东二区苏维埃政府成立后，卢新明出任区苏维埃政府司务长，卢兆春担任东二区红光小学团支部书记兼儿童团中队长。

在参军扩红中，斜里村青年卢凤明等参加了红军。尤其是卢凤明的妻子谢玉英，也跟着丈夫一起参加红军。

1933年3月13日（农历二月十二日），国民党十九路军进攻高寨坑村，向驻在高寨坑村的中国工农红军第十二军模范营和太平中区游击队以及闽西苏维埃政府工农通讯社发动猛烈进攻。由于敌强我弱，高寨坑村被敌攻克，全村民房被敌烧毁，大部分财物被抢走；红军及工作人员牺牲8人，高寨坑村群众被打死12人。红军和游击队突出重围后，从高寨坑村撤退到斜里村的地窠穴一带山上坚持革命斗争。斜里村群众以极大的革命热情欢迎他们的到来，从人力、物力、财力各方面给予很大的支持，给他们送去粮食、蔬菜，协助他们侦察敌情。

有一次，张鼎丞从永定虎岗到上杭白砂，行军途中脚负重伤。由于敌人封锁，形势十分紧张。警卫员翻山越水，用担架抬着张鼎丞从当丰凹经大岽背到达斜里村。在斜里村治疗几天，伤情好转后，张鼎丞继续前行。斜里村群众用竹排把他运送过黄潭河。

1934年，国民党反动派对中央苏区发动第五次“围剿”。为了消灭工农通讯社和红军游击队，残酷地对斜里村进行了多次疯狂的“清剿”。1934年5月18日，当丰凹地方民团袭击斜里村，抢去卢金明家生猪1只（约130斤），抢去各户禽畜共20多只，衣物等财产不计其数；还抓去卢兆文、卢兆恒、罗兰巴、林妹子、罗新连、邱连娣等6人，强迫家属出钱赎回。被抓群众家属无可奈何，勉强凑足300块银元，才将上述6人赎回。同年10月17日，国民党保安十四团钟绍葵部在当地民团的配合下，从大厚村出发，假装开往永定虎岗，途经大洋坝、陈屋，到达苏前时，突然改变行军路线，来个大转弯，绕到当丰凹、大崇背，企图包围斜里村，消灭工农通讯社和红军游击队。幸亏我红军游击队侦察到敌人动态后，及时采取应对措施，待敌人赶到时，大部分已转移到别处。但由于时间仓促，还有几个伤病员来不及转移，只好就地隐蔽。而吴国华此时却带着几个游击队员从别处山上转回来，不知道敌军已侵入此地。遭遇后敌人向吴国华等游击队员射击，吴国华等只好边打边撤。游击队员和大部分群众虽然最后都脱险了，但由于卢云皆、罗兰巴、温婆婆、杨婆婆、林妹子、卢兆庆等群众来不及转移，在就地隐蔽时落入敌手。卢云皆老人被敌人严刑拷打，打得头破血流，引起内伤，次年就死亡了。所幸其余的人被抓到山下后得以借机逃脱。傍晚时分，敌人放火烧房，斜里村仅有的3座高楼共42间房屋、3座纸厂、部分山林几乎被烧光；并被抢去耕牛4头、生猪7头，财物不计其数。当时，气候尚暖，群众都穿着单衣；家里冬衣被烧掉，一到冬天，气候寒冷，群众无家可归、无衣可穿，过着饥寒交迫的悲惨生活。

敌人烧毁斜里村后，又强迫斜里村群众移民并村到峨益（牛轭岭），得到峨益村群众的同情和帮助。他们腾出房间，借给斜里村群众居住，并从生产生活各方面给予热情的援助。

游击队员吴国华在突围中丢失一个干粮袋，内装理发工具2件、手电筒1个、口杯1个、银圆2块。后被斜里村群众卢兆春在山上干活时拾到，交给父亲卢新明保管。翌年3月，游击队与斜里村群众恢复了联系。吴国华等游击队员又来到斜里村时，卢新明将干粮袋及袋内物品全部交还给吴国华。吴国华将2块银圆留下送给卢新明作家用，而卢新明又用银圆买回大米、电池，送给游击队。

斜里村遭国民党反动派洗劫以后，游击队在中共代英县委的领导下，秘密转移到双髻山、灌洋山一带深山密林里，坚持游击战争。此时，斜里村群众与游击队失去联系。乡苏主席卢金明身处逆境，一心想参加红军。他到连城、宁化、长汀、瑞金一带寻找红军未果，得知红军离开中央苏区的消息后，失望回来。1935年春，他被国民党地方民团抓去捆绑吊打，然后押送到上杭县伪县政府监牢关押，幸亏亲友出钱赎回。卢钦明一家三口因受饥寒交迫的折磨，3年间，夫妻俩及小女儿先后饿死。

1935年至1944年，游击队领导人卢友明（峨益村人，曾任中共大阳区委书记、大洋坝红军医院政委、中共上杭县委书记）在双髻山、灌洋山一带打游击和在新四军后方留守处丰稔办事处坚持革命斗争时，有时也秘密回到峨益村和斜里村一带活动，与斜里村群众卢新明秘密接头，并在卢新明家住过几次。在革命战争年代，卢新明还经常帮助卢友明的妻子黄永金干农活，使卢友明安心外出干革命工作，解决了卢友明的后顾之忧。

解放战争时期，杭岩工作团（后改为上杭工作团）、中共上杭县委、中国人民解放军闽粤赣边纵队第七支队一支武装先后进入双髻山一带，在杭永岩边境地区搞肃反，开展反“三征”（即反对国民党征兵、征粮、征税）斗争，宣传党的统一战线政策，策动国民党军政人员起义。1949年春，曾担任国民党伪星聚乡乡长的邱堂禧，在张昭娣、罗炳钦、游昌炳、饶良新等同志的动员下，宣布起义。此时，斜里村曾在峨益保担任保长和在星聚乡公所任职的卢凤鸣，在邱堂禧的动员下，也弃暗投明，跟邱堂禧一起起义。1949年5月20日（农历四月二十三日），在中共上杭县委和上杭工作团的领导下，卢凤鸣与起义人员张克畴一起，带着邱堂禧写给伪星聚乡乡长罗冠斌的信，到大洋坝伪星聚乡公所，动员和说服罗冠斌率部起义。5月23日，卢凤鸣与张克畴一起，配合县委和工作团的同志，到大洋坝星聚乡公所接管政权。星聚乡和平解放后，卢凤鸣先后在乡、区、县工作。

1952年，斜里村贫农代表卢兆光出席县老区基点村代表大会，政府发放基点村救济款给斜里村群众重建家园。中央南方老革命根据地访问团来闽西慰问时，也到斜里村热情慰问群众。

由于国民党反动派的摧残，到1949年解放时，斜里村只剩下5户、20人，比暴动时减少了3户、25人。土地荒芜30多亩，山林毁灭80多亩。

（原载于林英健主编《上杭革命基点村简史》，中共党史出版社2010年12月出版。作者：罗陈喜；图片拍摄：吴清梅）

阳光总在风雨后

——樟坑村革命简史

樟坑村位于溪口镇西南部。这里居住着江、黄两姓，属溪口大丰村委会管辖。因村旁有条小坑流过，小坑两边长有许多樟树，故取名樟坑。该村资源丰富，有耕地280多亩、山林几千亩。但是，解放前，该村大部分耕地被外村的地主豪绅霸占；90%以上的农户没有耕地，只得靠租种地主豪绅的田山过日子，一年到头辛勤劳动，除缴交田租地税外，所剩粮食不够半年吃，过着饥寒交迫的生活。

1929年农民暴动时，樟坑村有77户、184人。村民除租种地主豪绅耕地外，不少人还外出打工。该村贫苦农民黄梅皆就是其中的一个。他外出做木偶戏，是村里文化程度较高的农民。1929年春节过后，他在石铭乡做木偶戏时，结识了共产党员罗寿春。在罗寿春的宣传下，黄梅皆接受了革命思想。经罗寿春派遣，黄梅皆回到樟坑村，秘密向农民宣传革命思想，成立秘密农会，领导樟坑村农民运动。首先，他在贫苦农民中培养物色骨干分子，动员了黄汉明、黄隆章两人参加革命。在他们3人的宣传下，樟坑村贫苦农民很快就发动起来了，纷纷参加秘密农会。此年春，黄梅皆、黄汉明、黄隆章加入了中国共产党。此后，继续扩大组织，先后发展了黄瑞杭、黄秉明、江福康、吴锦梅（又名吴景梅）、黄瑞桥、黄朝林、黄维龙等人加入中国共产党。

5月24日（农历四月十六日），罗寿春、张善初等共产党员在大厚下罗墩召开群众大会，领导东二区人民举行轰轰烈烈的武装暴动。樟坑村农会会员出席了大会，参加了暴动。29日（农历四月二十一日），他们又参加了共产党员范瑞章领导的大丰暴动，在大丰一带打土豪、烧田契、毁债纸，没收地主豪绅财产，分给贫苦农民。通过打土豪、分田地，每人分得了一份耕地和一份山林。

此后，赤卫队、少先队、儿童团、妇女会等红色组织相继成立，革命活动如火如荼。7月，樟坑村与秋竹坝、白石凹、新塘里、湖里、洋泥坑、下店、洽溪口、宫下等村联合，成立了东二区第十五乡（即大丰乡）苏维埃政府。该村共产党员江福康、黄瑞杭曾先后担任乡苏维埃政府主席。

1929年6月6日晚上，樟坑村接到上级紧急通知，秘密抽调10名赤卫队骨干迅速到大洋坝集中。被抽调的10名赤卫队骨干个个身强力壮，他们带着鸟枪，抄着近路，一路紧急行军，飞快赶到大洋坝，与各乡村赤卫队骨干一起，配合红四军第一纵队（林彪纵队），组成左路军，攻打白砂。7日凌晨，他们从大洋坝出发，直扑白砂犁头嘴敌驻地，把敌包围，歼灭驻敌钟铭清团，一举攻下白砂。

6月下旬，樟坑村赤卫队员与各乡村赤卫队员一起，二次攻打太拔。因敌强我弱，未能攻克。7月9日，樟坑村赤卫队员配合红四军第一纵队肖克支队第三次攻打太拔，大获全胜，歼灭驻敌张清球团，策动了太拔农民暴动。

8月19日和27日，樟坑村赤卫队员与各区乡赤卫队员一起，在中共上杭县委李立民等的指挥下，二次攻打上杭城，但未成功。9月19日，红四军和上杭工农武装第三次攻打上杭城，取得胜利，消灭驻敌卢新铭旅。樟坑村赤卫队参加了这次战斗。

在攻打上杭城时，樟坑村共青团员黄文明，在城郊宫子前与杭城外围的敌人作战时，光荣牺牲。

1930年10月至1934年10月，国民党反动派对中央苏区连续发动五次“围剿”。在反“围剿”中，樟坑村群众为了配合红军作战，成立了运输队、担架队、救护队、洗衣队、慰劳队、交通队等红色组织。运输队、担架队、救护队由黄瑞垣等12人组成，罗六连任队长，为部队运送物资，抢救红军伤病员，将伤病员抬到大洋坝红军医院治疗。洗衣队、慰劳队由张桂兰、吴戊兰、王桃兰等6人组成，由妇女会主任张桂兰兼任队长，为部队洗衣服、慰劳红军。交通队由5人组成，黄全皆任队长，将信件送到庐丰、村尾、石铭、石乾里、茶排里一带。

为了扩大红军，壮大人民武装力量，中共东二区委和区苏维埃政府根据上级指示，分别于1931年5月、1932年11月、1933年6月进行了3次扩大红军。在扩大红军时，樟坑村百分之八九十以上的青壮年参加了红军或赤卫队。其中，编入中国工农红军第十二军的有20会人，被编入上杭赤卫军、模范队等地方红军的有10余人。

1933年12月14日，在第四次反“围剿”作战中，国民党广东军阀黄任寰部一个团从庐丰出发，沿黄潭河而上，妄图向黄潭河上游的太拔、院田、张芬、大地、坑口、石铭、大洋坝等地侵犯。为了保卫太拔、大阳苏区，根据中共代英县委、代英县苏维埃政府的军事部署，太拔区（原东三区）的赤卫军在太拔、礤下、丘陂、院田等地阻击敌人，太阳区（原东二区）的赤卫军在宫下、秋竹坝、新塘里、樟坑、背排、牛轭岭、双溪铺、白石笏、华地科等地阻击敌人。当日下午，敌军在太拔一带遭到县、区警卫连、赤卫军、模范营、模范队的阻击后，向罗坑、樟坑方向溃退，妄图窜犯大阳苏区。大阳区的赤卫军在马子岽阻击敌人，双方在马子岽展开激战。战斗中，樟坑村成了大阳区的前线，全村赤卫队员全部投入战斗。樟坑村群众也全力支援，将担架、饭菜、茶水送上前线，并抢救赤卫军伤员。受到强烈阻击的敌军被迫向茶地方向溃退，又遭到茶地赤卫军的阻击，最后狼狈退回庐丰。

1934年10月，中央主力红军进行战略大转移，举行二万五千里长征。正在中国工农红军第十二军三十六师一〇六团机枪连任通讯员的樟坑村青年黄桂林，也加入了长征队伍，参加了冲破敌人四道封锁线、血战湘江等许多战斗。但遵义会议后，在继续行军中，他因患重病无法行走，被安置在一户老百姓家里治疗。病愈后他与部队失去了联系，无法继续北上，便在当地一户姓谭的老百姓家中入赘，生了几个孩子。这些孩子长大后，全都参加了中国人民解放军。

樟坑村地处溪口、太拔、茶地的交界处，既是溪口的南大门，又是太拔的北大门，同时也是茶地的东大门，战略位置极为重要。在历次反“围剿”作战中，敌我双方都关注这里。

1934年4月下旬，在第五次反“围剿”中，驻在杭永岩边境地区（即溪口、太拔一带）的中国工农红军独立第八团（简称“红八团”）奉命离开太拔，挺进到闽西南敌后开展游击战争。驻在闽西的国民党各部队先后乘虚进攻太拔、坑口、大洋坝、石铭一带。驻在坑口的中共上杭中心县委，驻在太拔的中共代英县委、县苏，驻在大洋坝的中共大阳区委、区苏等县、区、乡领导机关，被迫与武装部队一起步步后撤，先后撤到樟坑村。樟坑人民以极大的革命热情，向领导机关提供物资供给和人力支持。当时，裁判部安顿在黄森太家里，县委、县苏等安顿在凹里塘、桐树子窝里一带山上和江屋仓寮里。每天有人为他们送粮食、蔬菜、食盐、肉类、柴火、物资、情报、信件等。县、区、乡各级党政军组织在樟坑村群众的支持下，继续领导代英苏区人民开展反“围剿”斗争，并多次出击，打击敌人，取得了许多胜利。

敌人发现我党政军机关驻在樟坑村后，为割断樟坑村人民对我县、区、乡党政军机关和游击队的支持，对樟坑革命基点村进行了多次的“围剿”，使该村人民深受其害。其中，规模较大的“围剿”有两次。

一次是1934年5月13日（农历四月初一）。太拔区伪保安队队长李嘉率领100多名反动武装，从崇厦方向向樟坑村扑来，控制了樟坑村。进村后，见人就抓，见物就抢，见禽就杀。中午时分，敌人将抓捕的50多名群众押到黄桂林的晒谷架上集中起来，在太阳光下暴晒2个小时。后又强迫被抓捕的50多名群众将粮食、禽畜、财物等担到太拔供敌人吃用。到达太拔后，敌人将群众关押了2天。在勒逼他们的家人出钱去赎以后，才得以放回。在被敌抓捕关押的群众中，有中青年妇女10多名。

另一次是1934年6月4日（农历四月二十三日）。太拔区的保安队队长李嘉、分队长张桂初率领反动武装侵犯樟坑村。在对樟坑村实行烧、杀、抢、砸后，家家户户的灶、锅、水缸全部被砸毁。黄隆章、黄瑞余、黄开洪、黄善林、黄维德等户的房屋被敌烧光。李嘉看到被抓捕的妇女中，黄振春的妻子傅某妈有些姿色，就把她抢夺到太拔，强迫傅某妈做他的老婆。12岁的幼女陈和秀被民团椎老鬼（绰号）抢去做童养媳。她被关了一个多月后，伺机逃了回来。

在敌人疯狂对樟坑村及其山上进行“围剿”期间，樟坑村群众为防范敌人侵犯，分散到深山密林里搭茅草房，白天下田生产，晚上回山住茅草房。无论白天黑夜，都要放高山哨。一旦发现敌军侵犯，就立即转移隐蔽。

在县、区、乡党政军机关驻在樟坑村期间，有几位革命同志在这里英勇牺牲。1934年5月，石铭乡苏维埃政府主席杨孟康撤退到樟杭村后，因积劳成疾，在樟坑村病逝。大阳区苏维埃政府财粮科员张恒寅在樟坑村筹粮时遭敌伏击牺牲。大阳区警卫连战士杨传德在樟坑村匏沟岭对敌作战中牺牲。地方干部罗西魁、黄梯楷等在敌人“围剿”樟坑村时，被敌杀害。这些牺牲同志的后事，都由樟坑村群众料理。

由于樟坑村坐落在永定金砂—上杭白砂这条红色交通线上，张鼎丞、谭震林、方方等领导同志在这里路过时，有时也到樟坑村停留，安排工作。张鼎丞亲自在樟坑村召开过两次群众大会。第一次是1929年东二区农民暴动开始后，他在会上宣传和动员群众起来打土豪、分田地，建立苏维埃政权。第二次是1931年扩大红军时，他在会上号召青壮年参加红军，群众积极投入反“围剿”作战。

县、区、乡党政军领导、工作人员和全体官兵在樟坑期间，与樟坑群众结成了深厚的革命感情，流传着不少感人的故事。其中，方方“刮胡子”的一则，就是典型一例。

1934年5月，时任中共上杭中心县委书记的方方，由于工作需要，奉命调到汀、连一带，担任中国工农红军独立第九团（简称“红九团”）政治委员。赴任前，方方没有忘记与樟坑村群众告别。有一天晚上，他带领中心县委工作人员再次来到樟坑村，一是向樟坑村群众表示慰问和致谢，二是鼓励樟坑村群众继续坚定地支持革命。那时，由于环境艰苦，工作繁忙，他养蓄了一脸大胡子，但他又特别喜欢逗孩子。这天晚上，方方来到樟坑村一户群众家里时，见到一位四五岁的小男孩，就伸出双臂抱起小孩，要把他那长满胡子的嘴巴伸过去扎孩子的脸，直吓得小男孩“哇哇”大哭，拼命从他怀里挣脱下来跑到母亲背后躲藏，引得人们哄堂大笑。当天晚上，樟坑村的干部召开会议，一是研究安排工作，二是欢送方书记离任。会上，有人提议方书记不要留胡子，方方愉快接受，立即找来一把剃刀，把满脸的胡子刮得一干二净。胡子刮掉后，小孩子看到方方就不再躲开了。

1934年6月，国民党反动派加紧了对樟坑村的“搜剿”。为了更好地开展游击战争，县委、县苏率领武装部队和各区乡党政军组织，从樟坑村撤到华地科。

1934年9月，国民党反动派为了消灭我党政军机关及武装部队，连续几次入侵华地科和马子崇。代英县委、县苏指挥红十二军二十四师一个营和代英独立营在华地科、马子崇一带阻击入侵之敌，并指挥代英县游击大队在大池一带的公路上破坏敌人的交通运输线，阻击从龙岩增援的敌军。我红二十四师一个营和代英独立营在华地科和马子崇一带多次与入侵之敌展开激战，并击退入侵之敌。作战中，樟坑村群众从后方给予红军全力支援，提供给养及运送伤员。

在三年游击战争中，闽西南军政委员会副主席、军事部长谭震林，闽西南军政委员会委员、杭代县军政委员会主席、代英独立营营长廖海涛，代英独立营政委黄火星，杭代县军政委员会副主席陈必亨等，经常秘密来到樟坑村，发动群众支援游击战争。1935年5月，谭震林、黄火星、黄隆章等在杨梅树下深山密林间茅寮里住了10余天，曾秘密到樟坑、黄竹墩、黄岩、余家山、田垅里、朱良寨等地宣传发动群众支援游击战争。他们在这里活动期间，樟坑村群众罗凤金（黄隆章之妻）每天为他们送去粮食、蔬菜、物资、情报等。

樟坑村附近有两座大山，一座叫马子崇，一座叫灯笼岭。1935年春夏，由于敌人“围剿”，形势非常紧张。游击队为了分散活动，建立和扩大游击区域，派范瑞章、范鲁（又名范桂良）、傅汉山到太拔区委以马子崇为中心，派陈必亨、邱相田等人以灯笼岭为中心，先后建立了樟坑、黄岩（含杨屋、王屋）、罗坑、黄竹墩、田坑、丘陂、增坑、田垅里、老鸦山、朱良寨、余家山等革命据点。1935年秋，敌人对马子崇、灯笼岭进行“搜剿”，历时半个多月，白天上山“搜剿”游击队，晚上在樟坑村等村口设伏，妄图待游击队下山活动时消灭游击队。樟坑村群众及时将这一重要情况报告给游击队，使敌人的阴谋一次次落空。当时虽然白色恐怖严重，但樟坑村仍有几位革命群众，冒着生命危险支援范瑞章、范鲁、傅汉山、陈必亨、邱相田等游击队员。一直坚持到国共合作，游击队奉命下山，奔赴苏皖抗日前线时止。

在樟坑村西北部有一座大山，名叫葡子山。山上有一座庵庙，是樟坑村江屋人所建。三年游击战争时期，游击队员有时在这里隐蔽休息或整训。1936年农历正月的一天早上6时左右，国民党坑口民团一个连100多人突然袭击该山。当时，邱相田、范瑞章率领游击队员三四十人宿在庙里。听到狗叫声后，庙外的2名游击队哨兵被敌撂倒一个，部队立即从庙的后门撤退上山。这时，庙门外的另一名哨兵为了掩护游击队转移，来不及撤退，就躲在庙内谷仓里。敌人在庙内到处搜查，情况万分危急。这时，游击队发现还有2名哨兵未撤退上山，就在山上开枪接应。敌人听到山顶枪声，以为游击队全跑了，就点火烧庙，点燃后又迅速向山顶追去。躲藏在谷仓里的游击队哨兵才得以脱险。游击队员除牺牲一名哨兵外，其余的人安全脱险，但庵庙被敌烧毁。敌人以为游击队又驻在樟坑村，又对樟坑村群众进行残酷的洗劫。

1937年春，国民党反动派强迫樟坑村群众移民并村，并规定要移到新塘里、宫下村一带。群众不愿意移民，便与敌人开展有理、有节的反移民斗争，家家户户借故拖延移民时间。直拖到1937年7月，闽西国共谈判达成协议，国民党反动派被迫停止内战，与中国共产党合作抗日，不再强迫樟坑村群众移民并村了，樟坑村群众才得以免遭移民之祸。

解放战争时期，饶良新、游昌炳、罗炳钦、李学山等领导同志分别率领杭岩工作团（后改为上杭工作团）、中共上杭县委、闽粤赣边纵队第七支队一支武装先后进入双髻山，在杭永岩边境地区开展游击战争。樟坑村贫苦农民黄全楷、江福康等曾给予他们很多支持，多次为他们提供粮食、购买物资。罗炳钦等路过这里，也经常到黄全楷、江福康等群众家里坐一坐，彼此关系非常亲密。有一天深夜，罗炳钦率领一支武装在樟坑村路过，途经马子崇时，被雷阵雨淋湿。罗炳钦就率领这支武装人员来到黄全楷、江福康家里，烧火烘烤衣服。黄全楷、江福康等群众还做饭菜给他们吃，并送给他们一些物资。张桂兰、黄开洪等群众也积极支援和热情接待过罗炳钦等同志。黄开洪还与游击队员邱贤崧接过头，为罗炳钦等同志送信和情报。

1929年农民暴动时，樟坑村有77户、184人。由于国民党反动派的摧残，到1949年解放时，只剩下27户、103人，比暴动时减少了50户、81人。其中，为革命家破人亡的有黄理明等10户，被敌人杀害9人（其中男7人、女2人），妇女儿童共被抓45人，逃往外乡4人，被抢逼嫁2人，饥荒饿死40余人，被抓壮丁5人。被敌人烧毁山林1000多亩、房屋30多间；被敌抢走的粮食和其他财物，更是不计其数。新中国成立后，樟坑村在战争年代牺牲人员有8人被评为革命烈士，他们是吴锦梅、黄日辉、黄瑞杭、黄文明、黄朝林、黄相皆、黄日先、黄维龙。他们的牺牲，终于换来阳光灿烂的新中国的诞生！

（原载于林英健主编《上杭革命基点村简史》，中共党史出版社2010年12月出版。作者：罗陈喜；图片拍摄：吴清梅）

第五辑 溪口骄子

——溪口籍老红军、部分英烈小传

★第一章 老红军★

罗舜初

罗舜初（1914—1981），溪口镇大洋坝村人，1914年12月11日生。

1929年5月，红四军第二次入闽，23日攻克龙岩城，威震闽西。闽西各地工农闻风而动，纷纷起义。此时，罗舜初在中共党员罗寿春的带领下参加大洋坝农民武装暴动，并加入少年先锋队。不久参加红军和共产主义青年团，并被选为团支委。1932年7月到瑞金红军学校学习，10月转为中国共产党正式党员。次年夏，与孔石泉、黄鹄显等调到红军第一方面军司令部一局任作战参谋。从此，经常聆听毛泽东、朱德、周恩来、刘伯承等领导同志的教导，进步很快。

1934年10月，随中央红军开始长征。次年9月，随朱德到四方面军工作，与张国焘的反党分裂主义进行了不屈不挠的斗争。1936年

1月任红军总司令部二局三科科长，9月提升为二局副局长。

1939年5月，随徐向前到山东抗日根据地组建八路军第一纵队，任参谋处长。1943年冬，任鲁中军区政委，与司令员王建安一道率鲁中军区部队向伪军吴化文部发起连续进攻，攻克据点40处、村镇1000余个，使鲁中抗日根据地得到扩大。1944年8月，亲自指挥鲁中军区部队攻克沂水城，首次取得对日、伪军守备的城市攻坚战的胜利。不久，便领导鲁中军民向日本侵略军发起战略反攻，收复鲁中大片国土。

1945年11月，奉中共中央军委命令，率鲁中军区部分部队和一批地方干部渡过渤海，挺进东北。不久，任东北民主联军辽东第三纵队政委。1946年6月，蒋介石撕毁停战协定，派国民党军大举进攻东北解放区，南满大部分城镇被占。11月，中共中央决定由陈云担任南满分局书记兼辽东军区政治委员，萧劲光担任辽东军区司令员；罗舜初任辽东军区参谋长，协助陈云、萧劲光指挥南满军民，经过艰苦奋战，取得“四保临江”的胜利。陈云夸赞“罗舜初是个好参谋长”。1947年8月，被调回三纵队任政委。不久，率领三纵队同兄弟部队一起收复四平街，为东北野战军顺利反攻南下打开了通道。1948年秋冬，又率三纵队同兄弟部队一起攻占义县、锦州，切断国民党军自东北撤退入关的退路，为辽沈战役取得全胜奠定了基础。

新中国成立后，1950年4月，海军领导机关在北京组建，萧劲光任司令员，罗舜初任参谋长。1952年3月升任第二副司令员，为人民海军的建设殚精竭虑，工作卓有成绩。

1959年7月中共中央在庐山举行政治局扩大会议，对彭德怀等人进行错误批判后，11月间罗舜初受海军党委错误批判，翌年被免去海军第二副司令员职务。后入解放军政治学院学习。结业后，周恩来总理于1962年6月10日任命他为国防部第十研究院院长。1965年4月，调任国务院国防工办副主任兼国防科委副主任。1967~1969年，罗舜初坚决执行周恩来总理和聂荣臻副总理的指示，圆满完成了人造地球卫星试验场和观察站的建设任务。

1970年4月24日，参与组织我国第一颗人造地球卫星的发射工作。1975年4月，调任沈阳军区副司令员；8月，改任顾问组组长。1978年2月，当选为中国人民政治协商会议第五届全国委员会委员。

1955年9月，被授予中国人民解放军中将军衔，并荣获二级八一勋章、一级独立自由勋章和一级解放勋章。

1981年2月24日，因心肌衰竭病逝于沈阳部队总医院，享年66岁。

（转引自《上杭县志》，福建人民出版社1993年出版。本书编入时略作改动）

邱相田

邱相田（1916—1984），溪口镇大丰村人，1916年11月生。

1929年12月，参加革命，并加入中国共产主义青年团。1935年，转为中国共产党党员。同年冬，由地方转入中国工农红军。

第二次国内革命战争时期，历任（长）泰永（定）（南）靖特委组织部长、新汀杭县军政委员会副主席、中共上杭县委书记。红军主力长征后，留在闽西南坚持三年游击战争。

全面抗战时期，历任新四军第二支队四团政治处组织股股长，苏皖支队政治部组织科科长，苏北指挥部第三纵队八团政治委员兼政治处主任，新四军军部特务团政治委员，新四军浙东纵队第五支队政治委员兼中共四明地委书记和自卫总队队长、政治委员，华东野战军第一纵队三旅七团政治委员等职。

解放战争时期，历任华东野战军第一纵队三旅政治部主任、副政治委员，华东野战军第一纵队三师政治委员、二十军六十师政治委员等职。在抗日战争和解放战争中，不仅努力开展战时政治工作，积极参与指挥作战，在指挥战斗中，执行命令坚决，多次完成战斗任务。

曾参加过著名的黄桥战役、鲁南战役、宿北战役、豫东战役、淮海战役和渡江战役等，为全国的解放事业作出了贡献。

新中国成立后，历任二十军政治部主任、副政治委员，华东军区装甲兵副政委，南京军区装甲兵副政委，济南军区装甲兵政委，装甲兵学院政委，军委装甲兵政治部主任、副政委。1950年，任二十军政治部主任，随中国人民志愿军赴朝鲜参加7次战役。回国后，长期在装甲兵部队、院校和装甲兵机关工作。任职期间积极宣传马列主义、毛泽东思想，认真贯彻中央军委关于部队和院校建设的方针、指示。他根据新的历史时期特点，发扬我军优良传统，深入实际，调查研究，及时总结经验，认真做好思想政治工作，为装甲兵部队的革命化建设和干部培养工作竭尽全力。

1961年，由于对1958年“大跃进”出现的问题进行客观的分析和探讨，为此曾几次受到错误批判，但仍顾全大局，任劳任怨，积极为部队建设努力工作。在“文化大革命”中，虽遭林彪、江青反革命集团的严重迫害，但始终立场坚定，旗帜鲜明，坚持原则，与之作坚决斗争。

中共十一届三中全会以后，认真贯彻党的路线、方针、政策，自觉地同党中央在思想上、政治上保持一致。几次返乡探亲，谆谆教导家乡干部群众发扬革命传统，搞好家庭联产承包责任制，为建设中国特色社会主义新上杭努力工作。

1955年9月，被授予少将军衔，并荣获二级八一勋章、二级独立自由勋章和一级解放勋章。

1984年8月24日，因病于北京逝世，享年68岁。

（转引自《上杭县志》，福建人民出版社1993年出版。本书编入时略作修改）

杨初振

杨初振（1912—2010），溪口镇石铭村人，1912年10月13日生。

土地革命战争时期：1929年参加中国共产主义青年团，1930年任乡苏维埃少先队长、共青团支部书记。1931年任东二区少先队区队部主任，是年秋任区苏维埃政府秘书。1932年任少共区委书记，是年秋任少共上杭县委组织部长，冬天调宁化县任少共宁化县委宣传部长。1933年夏，由共青团员转为中国共产党党员。秋天，任福建省少共省委宣传部干事。1934年春，任中央少共总队部政治训练委员会主任；10月，参加二万五千里长征，任中央军委机要科译电员。1935年，任红十五军某团党委机要科科长，次年任军团机要科科长。

全面抗战时期：1937年秋，任八路军一一五师机要科科长。1940年春，改任一一五师作战科科长。1941年春，到延安军政学院学习，后任中央军委机要处副处长。1943年，在中央军委总政治部机要处任秘书。1944年，到中央军委一局任科长。

解放战争时期：1946年春，任东北民主联军吉林军区司令部参谋处副处长兼一科科长。1948年，任第四野战军第十纵队司令部参谋处处长，后任后勤部参谋长、炮兵团政委。

新中国成立后：1951年，调任中南军区直属队干部处处长。1952年秋，任中央军委装甲兵干部处处长。1959年冬，任军委装甲兵科学技术学校研究所政委。1962年，任装甲兵科学技术研究院副院长。

1955年，被授予装甲兵大校军衔，并荣获二级八一勋章、二级独立自由勋章、二级解放勋章。1988年，被授予二级红星功勋荣誉章。

2010年3月31日，在北京逝世，享年98岁。

（转引自《一代英豪——上杭籍老红军名录》，厦门大学出版社1990年5月出版。本书编入时略作改动）

罗炳钦

罗炳钦（1911—1993），溪口镇石铭村人，1911年11月生。

1929年参加农民暴动，任乡苏维埃少先队队长。1930年4月加入中国共产主义青年团，1934年9月转为中国共产党党员。

土地革命时期，历任大洋坝区少先队区队长、少共区委书记、共青团代英县委书记、县委机要交通、红七支队政治部宣传干事。

1937年后，历任中共永和埔长乐区委书记、中共永和埔县委组织部长、县委书记、中共永定金丰区委书记、永定县委书记、中共永（定）（平）和（大）埔（南）靖县委组织部部长。

解放战争时期，历任中共闽西南边地委书记、中共闽西地委组织部长、中国人民解放军闽西南联合司令部第三政委。

新中国成立后，长期在龙岩地区担任领导职务，曾任中共龙岩地委组织部长，龙岩专员公署副专员、专员，中共龙岩地委书记、副书记兼专员，省委监委驻龙岩地委监察组长，中共福建省委委员。曾当选党的八大代表，三届全国人大代表、五届全国政协委员（特邀）、省政协副主席、省委三届委员、两届省人大代表。

1993年6月3日，在龙岩逝世，享年82岁。

（转引自《一代英豪——上杭籍老红军名录》，厦门大学出版社1990年5月出版。本书编入时略作改动）

罗洪山

罗洪山（1917—1967），溪口镇云山村人，1917年3月生。

1929年春夏，东二区人民在中国共产党领导下举行轰轰烈烈的武装暴动。暴动后成立儿童团、少先队等红色组织时，罗洪山参加了儿童团。由于姐姐家里贫困，罗洪山无法上学，从小跟随姐姐学干农活。

1931年1月，13岁的罗洪山在路边纸湖里剥竹麻时，看到红军路过此地，立即丢下手中剥的竹麻，跳出纸湖，参加红军，与姐姐不辞而别。

罗洪山参加红军后，同年加入中国共产主义青年团。此后，参加了中央苏区历次反“围剿”作战。1934年10月，他随红一军团参加二万五千里长征。在长征途中，他参加了著名的湘江战役和强渡乌江、智取遵义、四渡赤水、巧渡金沙江、强渡大渡河、飞夺泸定桥、爬雪山、过草地、突破天险腊子口等战斗。在湘江战役中，因部队被冲散，罗洪山与3名战友撤退到一座寺庙里，被敌包围。罗洪山等凭着勇敢果断，终于突出重围，与部队会合。1936年2月，加入中国共产党。

全面抗战时期，被编入八路军一一五师，参加了著名的平型关战役。后入“抗大”学习。

解放战争中，罗洪山参加了淮海战役、江苏省宿迁县架设人桥的战役和渡江战役等。

革命战争年代，罗洪山历任勤务员、警卫员、警卫班长、指导员、教导员、协理员、师后勤处副处长等职务。在革命战争年代，他9次负伤，最严重的一次伤在脖子，弹片一直没有取出。

新中国成立后，罗洪山担任师级干部。1959年3月率部入藏，参加平息西藏叛乱。后被调到铁道兵部队，先后担任南昌铁路管理局南平工委副书记、福州铁路局公安处处长、福州铁路局副局长及福州铁路分局代理党委书记、政委、党委书记等职。

“文化大革命”开始后，罗洪山遭迫害。1967年4月12日，在福州去世。

1978年9月15日，铁道部、中共福建省委发文为罗洪山平反昭雪。

（根据《福建铁路志》《溪口镇志》人物资料整理）

张昭娣

张昭娣（1916—1998），女，溪口镇三溪村人，1916年12月生。

1931年参加革命，同年8月加入共青团。1933年6月，加入中国共产党。在土地革命战争时期，历任上杭县总工会妇女部部长、福建军区政治部组织部工作队员、后方第二医院政治处干事、轻伤所指导员、福建军区后方医院重伤所支部书记。

中央主力红军长征后，留在中央苏区坚持游击战争。参加瑞（金）会（昌）游击队，后并入（长）汀瑞（金）游击队青年妇女战斗班，活跃在闽赣边界，先后参加巧夺青山埔战斗、三箭脑阻击战及袭击武阳围战斗，还担负着侦察敌情、站岗放哨、筹粮筹款工作。战斗间隙，她放弃休息，为游击队员洗衣裳、打草鞋、缝缝补补、寻觅食物。在极端险恶的环境里，她始终保持革命乐观主义精神和旺盛斗志。

全面抗战时期，新四军第二支队北上抗日后，张昭娣奉命留在龙岩东肖，在新四军第二支队驻龙岩留守处工作，保护伤残人员和家属安全，掩护中共党组织的秘密机关开展工作。后历任中共永（定）

（平）和（南）靖县委妇女部部长、上杭县稔田区中心区委书记、永定县委组织部部长、闽西特委常委、妇女部部长、闽粤边区党委委员。

解放战争时期，历任中共永定县委特派员、闽粤赣边区党委妇联筹备会主任。

中华人民共和国成立后，张昭娣历任中共上杭县委书记兼县长、福建省妇联生产部部长。1952年秋，进中共中央党校（马列学院）学习。后任福建省妇联党组书记兼副主任。1959年反“右倾”时被撤销职务。1962年被甄别平反。1963年5月，任福建省人民检察院副检察长、党组成员。“文化大革命”中，遭受江青反革命集团的迫害。粉碎江青反革命集团后，1979年12月任福建省人民检察院副检察长，积极参与全省各级检察院的恢复重建和发展工作。1988年5月，离职休养。

张昭娣曾当选中国共产党第八次全国代表大会代表，中共第一届福建省委委员，第三届福建省委候补委员、委员，福建省第一届政协常委，福建省第六届人大常委会委员。

1998年4月18日，在福州逝世。

（转引自《上杭县志（1988—2003）》，方志出版社2015年6月出版。本书编入时略作改动）

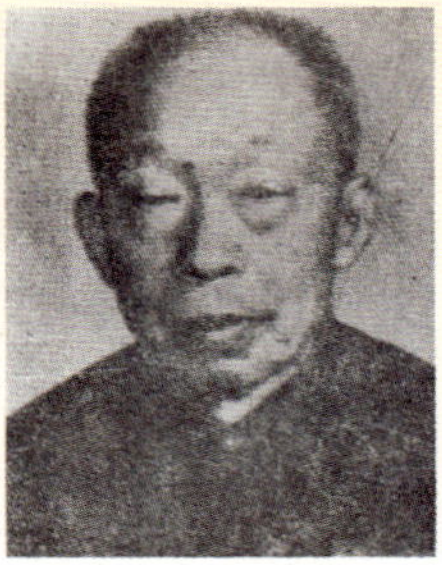

江烈涛

江烈涛（1912—1996），溪口镇大厚村人。

1931年加入中国共产主义青年团，1935年6月转为中国共产党党员。土地革命时期，参加县游击队，在独立营当战士。1934年10月主力红军长征后，留在闽西坚持游击战争，先后在大阳区游击队和代英县二支队三团一营任职，历任班长、连部文书、营部文书和中共大阳区区委委员等。

全面抗战时期，先后在新四军二支队司令部、苏皖支队司令部、苏中一四分区司令部、苏中机要科以及苏北军区机要科工作，历任机要员、组长、股长、副科长、科长等职。

解放战争时期，任华中党校机训队队长、华东军区青年干部干事、青年干部学校教育长。

1952年6月转业到地方工作，先后任安徽省人民政府机要室主任，中共安徽省委机要处副处长，安徽省人委、省政府办公厅副主任兼机要室主任。后进华东党校学习，结业后仍回安徽省工作。1959年至1968年12月，历任安徽省政府办公厅副主任，安徽省医学院党委办公室主任、党委委员和副院长等职。1976年6月，离职休养。

1996年9月10日，因病医治无效，在合肥逝世。

（原载于《一代英豪——上杭籍老红军名录》，厦门大学出版社1990年5月出版。编入本书时略有改动）

张纪南

张纪南（1915—1997），1915年生，溪口镇锦坊村人。

1929年5月锦坊农民暴动后，参加乡苏维埃政府儿童团、少先队。1929年7月，参加乡苏维埃政府赤卫队、游击队。1931 年，参加中国工农红军，任红十二军供给部通讯班班长。1932年5月，加入中国共产党；7月，到中央苏区模范师七团团部任通讯排长。1933 年8月，到红九军团政治部当警卫员。参加了中央苏区历次反“围剿”作战。1934年10月，随军参加二万五千里长征。1936年6月，到红二方面军政治部组织部当警卫员；10月，任组织部干事。

全面抗战时期：1937年10月，进八路军一二〇师教导团学习。1938年5月结业后，任一二〇师独立一团二营七连政治指导员。同年10月，任一二〇师政治部巡视员。1939年3月，任一二〇师三支队八团团部副官主任。8月，改任一二〇师三支队八团三营八连政治指导员、团部特务连政治指导员。1940年11月，任一二〇师三五八旅八团二营五连政治指导员；12月，任二营政治教导员。1941年2月，进一二〇师七校十二队学习；8月，进延安抗日军政大学二大队二队学习。1945年

10月，到东北民主联军宁北省军区独立一团一营任教导员；12月，任军区卫生部军医学校校长兼指导员。

解放战争时期：1946年3月，到北海军区齐齐哈尔医院任协理员；8月，任纳河北满军区第五医院教导员。1947年10月任东北军区嫩江第八后方医院副院长，后任第三后方医院副院长。1949年8月，任东北工业部工人医院副院长。

新中国成立后：1952年，任本溪钢铁公司基本建设处秘书主任兼调度室主任。1955年，任本溪钢铁公司基建口肃反办公室主任、“五人小组”副组长。1958年，任本溪钢铁公司总医院副院长、院长，本溪钢铁公司卫生处处长兼党总支书记。1960年，任本溪市卫生局副局长。1964年，任本溪市政府察室视察员。1972 年，任本溪市爱国卫生运动委员会副主任。

1997 年去世。

（原载于《一代英豪——上杭籍老红军名录》，厦门大学出版社1990年5月出版。编入本书时略有改动）

张秋喜

张秋喜（1912—1997），溪口镇大厚村人，1912年生。

1929年5月，东二区农民暴动时，参加工农赤卫队。1932年7月，参加中国工农红军，在第十二军红一师司令部任警卫员。1933年，到红十二军无线电台工作。同年，加入中国共产党。参加了中央苏区第四、第五次反“围剿”作战。1934年10月，回红一师司令部任警卫员。同月，随部参加二万五千里长征。

全面抗战爆发后，随部编入八路军一一五师，在该师六八六团一营一连二排五班任班长，参加了平型关战斗，并在战斗中受伤。在后方医院治愈后，1938年被调到延安抗日军政大学三分队九中队当班长。1940年，被提为八路军一二九师决死三队连长。

1946年，因在作战中负伤致残，在苏北十一纵队医院养伤。1947年后到中国人民解放军二十七军工作，先后任营长、团参谋长、处长。

新中国成立后，参加抗美援朝，在中国人民志愿军二十七军某部任团参谋处处长，先后参加过长津湖战斗、金城防御战等许多战斗。1953年7月回国后，转地方工作，任华东建筑工程公司工程处处长。

1955年，在上海基建公司任干部科科长。

1997年2月9日，因病医治无效在上海逝世，享年85岁。

（原载于《一代英豪——上杭籍老红军名录》，厦门大学出版社1990年5月出版。编入本书时略作改动）

范鲁

范鲁（1915—1990），原名范贵良，溪口镇大丰村人，1915年生。

1932年参加革命。1934年加入中国共产党。1934年10月主力红军长征后，在大丰乡苏维埃政府当文书的岗位上，转入深山参加游击战争，加入范瑞章负责的大阳区坑口游击队，在以双髻山为中心的闽西游击区域活动。开始时，白天上山隐蔽，晚上下山宣传发动群众坚持斗争；后被编入廖海涛领导的红七支队。1935年夏，他和范瑞章等到以马子崇为中心的周围山村做群众工作，建立基点村，与敌人周旋，一直坚持到全面抗战爆发、国共两党停止内战合作抗日。

1938年春，闽西南游击队改编为新四军二支队时，任三团一连文书，随队开赴苏南前线抗日。1939年秋，到新四军二支队司令部从事电报翻译、通讯等机要工作，直至全国解放。

抗日战争胜利后，参加解放战争。先后参加过孟良崮战役、淮海战役、渡江战役和解放上海等战役战斗。

新中国成立后，先后在中共浙江省委、福建省委和上海市委机要处任处长。1955年，到上海民政局任人事处处长。1959年，参加安徽淮北煤矿工业建设，任宿东煤矿筹备处基建处长、党委副书记。以后到淮北市，历任生产指挥组副组长、市委统战部副部长、市财贸办公室主任等职。1980年，任淮北市财委主任、市人大常委会常务委员。1981年离休。

1990年，在淮北市逝世。

（原载于《一代英豪——上杭籍老红军名录》，厦门大学出版社1990年5月出版。编入本书时略作改动）

廖乾祥

廖乾祥（1908—1999），溪口镇大岭下村人。

1929年参加革命，在乡苏维埃政府当交通员。同年加入中国共产主义青年团。1931年，到闽西苏维埃政府政治保卫队工作。1932年参加中国工农红军，在红十二军一〇〇团当战士，同时由共青团员转为中国共产党党员。主力红军长征以后，留在闽西坚持三年游击战争，随廖海涛率领的红军游击队战斗在以双髻山为中心的游击区域。

全面抗战时期：1938年2月，在新四军第三支队挺进团供应处任主任。1945年9月，到新四军二支队司令部当警卫排长。1949年，任中国人民解放军第八兵团二十五军教导团供给处主任。

新中国成立后：1950年，任中国人民解放军十兵团后勤部供给处军需科科长。1951年，任华东海军厦门基地筹备处处长。1952年，任华东海军后勤部军需处服装科科长。1954年，任上海市市政建筑工会办公室主任。

1999年，在上海去世。

（原载于《一代英豪——上杭籍老红军名录》，厦门大学出版社1990年5月出版。编入本书时略作改动）

★第二章　革命烈士★

廖海涛

廖海涛（1909—1941），溪口镇大岭下村人，1909年生。

童年时期，廖海涛先在本村上私塾，刻苦求学。后来不满足于旧式私塾，要求上新式学校。而村中没有小学，便翻越高高的双髻山跑20里山路到邻乡白砂去上学。11岁时，父亲病故，家庭经济日见困难。他母亲见他求知若渴，便克勤克俭继续供给他读完小学，然后上了县城的中学。终因家庭穷困，中学未毕业即辍学回家种田，还到纸寮里当过一段时间学徒，学会手工制造土纸。后来，经本村廖炎初先生推荐，到石铭小学任教。由于年轻加上个子小，所以人们都称他为“小先生”。

青年时期的廖海涛目睹旧中国在帝国主义、封建主义的压迫统治下，民不聊生，哀鸿遍野，心中十分苦闷。1927年9月，周恩来、贺龙、叶挺、朱德等率领南昌起义部队经过汀州、上杭，南下广东潮汕，一路上宣传革命、发动工农，使他在黑暗中看见了一线光明。1929年5月，毛泽东、朱德、陈毅率领中国工农红军第四军第二次入闽，在闽西取得军事上节节胜利的同时，发动工农群众，深入开展土地革命斗争。廖海涛于同月29日，在红军的帮助下，领导大岭下农民举行暴动，建立起乡苏维埃政府，他当选为乡苏主席。不久，整个大洋坝区都跟着暴动，乡乡都建立了工农政权。这一年，廖海涛加入了中国共产党。之后，他历任区、县党、政领导职务，在整个土地革命期间，殚精竭虑为工农利益努力工作。

1934年10月，主力红军离开中央苏区进行战略大转移——长征。随后，蒋介石纠集了8个正规师，加上地方民团、壮丁队、铲共团等共10多万的兵力，"围剿"闽西南的红军游击队。这时，廖海涛担任中共（上）杭代（英）县委书记、县军政委员会主席。在强敌压境的极端困难情况下，他把被打散的县赤卫团和县、区、乡干部集中起来，依托海拔1441米高的双髻山，同凶恶的敌人展开生死搏斗。1935年4月10日，张鼎丞在永定西溪赤寨召开闽西南地区党政军领导人联席会议，廖海涛前往出席。会上成立了闽西南军政委员会，张鼎丞当选为主席，廖海涛和邓子恢、谭震林、方方、邱金声、范乐春、刘永生、邱织云、伍洪祥、魏金水、郭义为当选为委员。会后，廖海涛根据闽西南军政委员会部署，返回双髻山地区，领导杭代县党政干部和游击队，为粉碎敌人"清剿"开展了英勇顽强的斗争。

蒋介石早在对中央革命根据地进行第五次"围剿"的时候，就采纳德、意、美等军事顾问的意见，实行持久战和堡垒主义新战略。主力红军撤离之后，他们更加放肆地在闽西南广大城乡遍筑堡垒，长期"驻剿"红军游击队。同时，建立"保甲制度"，每村编为一保，每十户编为一甲，保甲长都由他们委派；并且实行"连坐法"，发现一家"通共""济共"，株连其余九家。大岭下邻近的莲塘里村，1936年8月中旬仅一次，就被敌人按"连坐法"残杀了42人（其中有个妇女已怀孕，挺着大肚子也一同被杀害）。面对敌人的残酷镇压，廖海涛亲自带领一支精悍的小分队，夜里摸进敌人严密控制的乡村，慰问受难群众，教育他们团结起来，向敌人进行各种形式的斗争，使红军游击队和工农群众之间连结起一条永远割不断的纽带。游击队的粮食吃尽了，他就亲自拎起竹篮，带指战员采野菜充饥，度过艰难的岁月。敌人眼见用残杀的手段割不断群众与红军游击队的联系，不久又采取移民并村办法，把山区50户以下小村庄的居民全部移到大乡村去居住。双髻山周围所有支持红军游击队的村群众都遭受过移民并村之苦。廖海涛经常带领小分队到各乡村，教育群众联合起来，向国民党当局请愿，要求回村耕种，使敌人企图把双髻山变成无人区的阴谋不能得逞。1935年夏，由于叛徒告密，敌酋李佩琼派兵将他母亲、妻子和幼子一起抓走做人质，送信劝廖海涛投降。廖海涛见信后，挥笔写下“只有铁骨铮铮的共产党员，没有屈膝投降的布尔什维克”的钢铁誓言作为答复。结果，母亲被杀，刚满周岁的幼子被抛入黄潭河淹死，妻子被强迫嫁卖后郁郁而死。廖海涛忍受着家毁人亡的巨大痛苦，以更加坚强的决心坚持在双髻山进行斗争。1936年夏，廖海涛率领的游击队利用策反敌人内部人员的办法，里应外合奇袭大洋坝敌人炮楼，斩获甚众，缴获大批枪支弹药，镇压了十几个反共民团头目，给敌以重大打击和震动。

1937年春节，粤军师长黄涛指挥所部，利用我游击队集结在双髻山麓的大和坑准备过春节的机会，气势汹汹向双髻山大举进攻。廖海涛与黄火星沉着指挥红四、五、七支队共200多人，利用熟悉地形的优势，不断变换地点和战术，与数倍于己的粤军激战。结果获得大胜，以极小代价毙、伤敌人200余人，缴获大量枪支弹药。敌师长黄涛哀叹：“这是自进剿闽西以来损失最大的一次。”

全面抗战爆发后，国共实现和谈，合作抗日。闽西南红军游击队改编为新四军第二支队，张鼎丞任司令，谭震林任副司令，廖海涛被任命为二支队四团政治部主任。1938年3月，二支队全体指战员开赴皖南。7月，二支队在张鼎丞率领下挺进苏南敌后，与陈毅率领的一支队共同建立起以茅山为中心的抗日根据地。这块抗日根据地北靠沪宁铁路线，东临大运河，西北逼近日伪反动统治中心——南京，像一把尖刀插在敌人心脏上。日伪千方百计要拔除它，国民党顽固派则经常借故在这一带与新四军闹摩擦，斗争十分复杂。廖海涛面对这种形势，认真贯彻执行党中央的抗日民族统一战线政策，在统一战线中坚持独立自主原则，和团长卢胜一起率领全团指战员深入到南京附近的江宁、溧水等地，建立敌后抗日民主根据地，取得显著成绩。1939年冬，廖海涛升任为四团政治委员；1940年1月，又升任为新二支队副司令员。

1940年5月的一天早晨，一队日军从湖熟镇据点出动，下乡抢粮。他们架起九二式步兵炮向戴家边赤山顶一座破庙开炮。廖海涛听见炮声，立即带着参谋和通讯班登上赤山西北的小山坡上观察。从望远镜中，他见有100多名日军正向赤山方向搜索而来。他敏锐感到这群敌人骄狂无备，是我军全歼他们的好机会。于是，果断命令部队设好埋伏圈。结果，经过3个多小时激战，我军全歼日军，还缴获1门崭新的步兵炮、3挺机枪和60多支步枪。战斗结束后，廖海涛兴奋赋诗一首，在二支队《火线报》上发表："坚持江南抗敌军，日寇惊呼胆寒心。赤山之战缴敌炮，茅山烽火震南京。"

赤山之战，使南京城日军和汉奸大为震惊。几天之后，3000多日军和伪军，在几十辆装甲车、200多名骑兵配合下，分成十几路，从南京、镇江、江宁、句容、溧水、天王寺等地向我新四军茅山根据地进行大规模"扫荡"。一天下午，廖海涛率领部队在深水附近的周家棚子活动，被一路日军跟踪上了。他当机立断，把部队转移到叶家棚子附近的茂密森林里，与敌人周旋。敌人把森林包围起来后，派100多个骑兵冲了进来。廖海涛凭着对骑兵在森林展不开的经验判断，沉着指挥部队，把日军骑兵打得人仰马翻，一下子收拾其40多人。黄昏后，敌人向我军发起总攻。廖海涛又以夜幕为掩护，巧妙引诱伪"首都警备部队"进入森林，与进攻的日军自相残杀了大半夜。廖海涛却率部从敌人火力薄弱处分两路冲出重围，胜利到达郑村会合。战斗结束后，新四军江南指挥部陈毅、粟裕两位首长给二支队传令嘉奖。

9月13日拂晓，日军数千人从南京、镇江、句容、丹阳、金坛、溧水、天王寺、宝忐、延陵等地，分几路向我茅山根据地进犯。这时，廖海涛率领新二支队司令部和四团的两个连，驻在金坛至高庄一线。天亮以后，我军新三团一营在高庄以东与日寇接上火。就在这时候，曾向我新四军寻衅闹摩擦、企图在这场战斗中出卖新四军的顽军六十三师，却在溧水方向意外遭日军进攻。战斗不久，六十三师即全面败退。日军乘机追击，六十三师溃不成军。为顾全大局，团结抗日，廖海涛毅然命令部队主动出击，把1000多名日军引到高庄堤下，与之激战一天，不仅使六十三师脱险，还打死日军200多人，生俘两人，缴获大批枪支弹药。战斗中，廖海涛还派人收容了400多名六十三师的溃散人员。后来，又派部队将这批人员连同装备护送回六十三师驻地。当时，部队里有人对此想不通，议论说："把人送走就罢了，那20多挺轻重机枪应该留下来嘛。"廖海涛耐心地说服大家："我们绝不能因看到部分国民党顽固派的反共分裂行为，就动摇我们国共合作、一致对外的团结抗战方针。"廖海涛"送人还枪"的做法，一时在新四军中传为佳话。

1940年7月，陈毅、粟裕率江南指挥部主力渡过长江，挺进苏中、苏北敌后，建立了新四军苏北指挥部。江南指挥部由罗忠毅继任指挥，廖海涛担任政治委员。1941年1月下旬至2月底，5000多日军和10000多伪军进入茅山地区的镇江、句容、丹阳、溧阳、溧水、高淳等县，增设了80多个据点，对茅山根据地反复"扫荡"。为了避敌锋芒，廖海涛奉命率部暂时撤离茅山，转移到太（湖）滆（湖）地区活动。3月，根据中央军委命令，新四军江南指挥部所属部队和江南人民抗日救国军东路指挥部合编为新四军第六师，谭震林任师长兼政委，罗忠毅任六师十六旅旅长，廖海涛任六师十六旅政治委员兼苏南抗日根据地军政委员会主任。5月间，廖海涛和罗忠毅奉命回师茅山地区。

他们率领四十六团、四十七团与日伪顽血战数十次，终于恢复和巩固了茅山抗日根据地。

1941年11月下旬，廖海涛在溧阳塘马村召集苏南抗日根据地各县党政负责干部开会。28日清早，晨雾笼罩大地，能见度极低，日、伪军3600多人马突然向塘马发起袭击。其时，十六旅主力已外出执行任务，驻在塘马村的只有四十八团一个营和旅部三个直属连队，加上地方武装仅1000人枪，而旅部机关和当地地方干部等非战斗人员有1000余人，处境非常险恶。生死存亡之际，廖海涛把生的希望留给别人，把死的可能留给自己，不顾部下苦苦哀求，特别是旅长罗忠毅的劝告，坚持留下和罗忠毅一起指挥部队阻击日军，命令王胜、王直率领部分武装为非战斗人员开路突围。战斗到上午10时许，旅长罗忠毅牺牲，廖海涛独自挑起指挥重担，率残部与日军反复拼杀。战至下午1点多，廖海涛腹部受伤、肠子流出后仍坚持战斗，直至生命的最后一刻。

罗忠毅、廖海涛的英勇悲壮，不仅感动了茅山根据地军民，连残暴的日军都为之折服。罗、廖牺牲后，日军找到他们的遗体，用上好的棺木收殓下葬，并在墓前举行仪式。茅山根据地军民更是以隆重的仪式追悼他们、纪念他们，将他们的墓地或纪念设施几经重修、迁建，每年春秋祭祀，隆重非凡。

2014年9月，廖海涛被列入由国务院批准、国家民政部发布的第一批300名全国著名抗日英烈和英雄群体名录。

（转引自《上杭县志》，福建人民出版社1993年9月出版。编入本书时略作修改）

罗寿春

罗寿春（1903—1931），溪口镇石铭村人，1903年春出生。

罗寿春幼时在舅公支持下，取得读书机会，在“破蒙”进了私塾后，又到双溪铺廻澜高级小学读书。高小毕业后，考入广东蕉岭中学深造。1919年，罗寿春以甲等第三名的优异成绩在蕉岭中学毕业。在朋友的介绍下，他到大埔县石上小学出任小学教师。三四年后，又转到永定县金砂小学任教。

金砂是闽西革命根据地创始人张鼎丞的家乡，大革命时期，革命运动异常活跃。罗寿春在那里阅读了大量马列主义书刊，听了张鼎丞、阮三等共产党人的宣传教育，认识到中国社会如此黑暗，军阀连年混战，百姓处于水深火热之中，只有跟共产党闹革命才能翻身得解放。因此，他毅然加入了中国共产党，决心为中国革命事业贡献一切。

1928年2月，上杭党组织委派罗寿春到北四区领导革命斗争。他到北四区后，以在广智学校教书为掩护，团结傅柏翠、傅希孟、傅岩生等共产党人，发展党组织和农民协会。1928年3月，北四区的党员已发展到100多人。为便于领导，成立中共北四区区委，罗寿春接傅希孟之后，任区委书记。在区委的坚强领导下，农民协会亦发展很快。到

1928年五六月间，农会会员已达1000多人，成立了北四区农民协会。在农民协会的直接领导下，蛟洋农民开展了轰轰烈烈的退租、清账、平巢、抗税、清匪等斗争，并取得了节节胜利。农民协会还成立了自己的武装——农民自卫军，并购置了一批武器枪支。

当时驻上杭的军阀郭凤鸣，闻报北四区的农民协会起来抗捐、抗税，便派兵前往镇压。北四区的蛟洋农民在党的领导下，手持梭镖、长矛、步枪、鸟枪、土铳奋起抵抗，爆发了著名的蛟洋暴动。由于敌强我弱，暴动武装被迫转入山区进行游击战争。

蛟洋暴动失利后，罗寿春根据党的指示，回到家乡溪口开展革命活动。他首先在小学教师中吸收廖海涛、廖炎初、何登南等人参加共产党组织，成立东二区党支部；并在农民中秘密发展农会，向农民宣传革命道理。

1929年3月，红四军首次入闽，在长岭寨一战击毙了国民党省防军混成旅旅长郭凤鸣，解放了长汀城。这一振奋人心的消息，极大地鼓舞了东二区农民。同年农历四月十六日，罗寿春在大厚罗墩下召开了石铭、大厚、大洋、大丰等12个乡的群众大会，公开提出“抗租不纳租，抗捐不缴捐，抗税不纳税，抗债不还债，抗粮不完粮”的“五抗”口号，并杀猪祭旗，宣布暴动。暴动后，他们为了联合革命力量共同对付敌人，浩浩荡荡北上与蛟洋暴动武装会合于大和坑，迎接革命高潮的到来。

1929年农历五月初一，红四军打下白砂，击溃闽西军阀卢新铭部钟铭清团。东二区暴动武装在罗寿春率领下回到溪口，发动广大贫苦农民起来打土豪、分田地，成立苏维埃政府和各种群众组织。经选举产生区苏维埃政府主席傅铭勋、区党代表罗寿春。1929年9月，朱德指挥红四军及地方武装1万余人，攻占上杭城。不久，在上杭城天主堂召开全县第一届工农兵代表大会，选举县苏政府执委，罗寿春被选为执委常委。他当选执委常委后，兢兢业业、勤勤恳恳地为巩固苏区而努力工作。

1930年3月18日，闽西第一次工农兵代表大会在龙岩城隆重召开。此次会议上，罗寿春被选为闽西苏维埃政府经济部长。他就任部长后，在闽西苏维埃政府主席张鼎丞领导下，为发展合作事业，统一财政、金融、税收，繁荣苏区经济，做了不懈的努力，有着重大贡献。1930年7月，他发现群众办合作社积极性不高，苏区的商品不畅通，阻碍了经济的发展，即发出《闽西苏维埃政府通告》（综字第一号），提出：发展合作社和流通商品，是目前最紧迫的中心任务，要设立物品流通委员会，专门讨论和解决物品流通问题。

1930年9月1日，闽西第二次工农兵代表大会在龙岩城召开，罗寿春继续被选为闽西苏维埃政府经济部长。他继任部长后，非常重视财经、银行建设和发展农业生产。9月25日，他与有关负责同志主持召开经济、财政、土地委员会联席会议，讨论成立闽西工农银行，统一财政、土地税收等问题。会后，闽西苏维埃政府公布了《关于设立闽西工农银行的布告》。12月6日，罗寿春又与土地部门负责人召开了土地委员会及各县土地科长联席会议，讨论开垦荒地、兴修水利、保护山林、保护耕牛等问题。1931年4月7日，罗寿春向闽西苏维埃政府负责同志上报《杭武县巡视工作报告》，总结了没收豪绅地主土地财产的工作经验。闽西苏维埃政府负责同志阅了此份报告后，认为很好，对当前工作很有指导意义，就批转各级政府、各革命团体作“实际参考材料”。

1931年4月25日，罗寿春主持召开经济委员会扩大会议，对工农银行、金融、合作化、土产运出与工业品输入、粮食、各级经委会工作等问题，进行了详尽的讨论，并作了相应的决议。紧接着，分别于4月27日、30日，以主席张鼎丞、经济部长罗寿春的名义，发出了闽西苏维埃政府布告第十三、十五号，规定了全闽西苏区内的时洋价格及硬币、纸币兑换率，统一了金融问题，稳定了市场价格，有力地促进了苏区经济的发展。

1931年3月1日，闽西苏维埃政府在永定虎岗召开“审判反革命社会民主党分子”代表大会。会上审判了34个所谓“社党分子”，并立即处决所谓“首恶分子”林梅汀等17人。此后，一场触目惊心的“肃清社会民主党”运动，在上杭由上而下地展开。5月，杭武第三区（现溪口、太拔乡）区党代表何登南、杭武县直属第三大队政委陈锦玉等近200人被当作“社党”，分别关在白砂、坑口。第三大队全体指战员亦驻在坑口。当时，闽西苏维埃政府巡视员罗寿春到溪口调查了解情况。第三大队队长李真明知第三大队政委陈锦玉不是什么“社党”而被扣押，又看到许许多多真正的共产党被无辜杀害，在忍无可忍的情况下，要求罗寿春批准释放坑口及白砂关押的“社党”分子。罗寿春听了他反映的情况，虽内心很同情，但闽西苏维埃政府没有授权他处理“社党”问题，因此他答应李真回去将情况如实汇报。李真认为汇报后不可能解决，就命令把关押在坑口的80多名所谓“社党分子”释放出来，并在坑口附近宣传演讲，反对上级乱抓乱杀，张贴“拥护共产党”“反对上级乱抓乱杀”等标语。闽西苏维埃政府闻讯错认为是“社党暴动”，即派驻永定虎岗的红十二军分路赴溪口围剿。李真率领第三大队战士和新参加三大队的刚释放出来的所谓“社党分子”一起隐藏于溪口与太拔的深山密林之中。经十二军几天的围剿，第三大队战士绝大部分被捕遇难，极少数的冲出重围，逃往他乡谋生。这就是历史上称为“坑口事变”的事件。罗寿春从溪口回到杭武县苏驻地白砂时，亦说他与“坑口事变”有关，被株连杀害。

新中国成立后，1955年7月，上杭县人民政府根据福建省人民政府主席张鼎丞批示，批准罗寿春为烈士。但是，在“文化大革命”中，罗寿春又被取消了革命烈士称号。

1984年8月23日，中共福建省委批转龙岩地委《关于“上杭县坑口社党反革命暴动事变”平反昭雪问题的批复》中指出：“我省及闽西根据地根本不存在社党的问题，当时把中共杭武县委直属第三大队抵制抓社党的行动定为‘社党反革命暴动’是没有根据的，是一桩历史冤案……对坑口事变及其受害的同志，给予平反昭雪，消除影响，恢复名誉。”上杭县人民政府根据省委文件精神，于1986年3月6日发文同意恢复罗寿春的革命烈士称号。

（原载于《上杭英烈》第一辑，国际文化出版公司2001年5月出版。本书编入时略作修改）

杨翠光

杨翠光（1909—1931），溪口镇石铭村人，1909年生。

杨翠光虽属富裕家庭出身的子弟，但他在中学读书时，亲眼看到半封建半殖民地的中国遭受帝国主义列强的掠夺和欺凌，军阀连年混战，各霸一方，豪绅地主乘机榨取民脂民膏。这些畸形的社会现象，在杨翠光心中引起强烈的震撼和不满。如何使国家走出贫弱、人民走向富裕，引起杨翠光深深的思考。

1927年9月，南昌起义军到上杭，白砂崇实中学师生举行反帝斗争；1929年，红四军入闽，在长岭寨首战告捷。这些事件，在杨翠光脑海中掀起巨大波澜。当地农民暴动时，他参加了少先队组织，并积极投入打土豪、分田地、烧田契、焚债券等斗争；还主动做家属的思想工作，把多余土地、房屋、财产分给贫苦农民，免去贫苦农民对自家欠下的债务。在少先队里，他积极做好站岗、放哨、通讯及其他配合红军和赤卫队与敌作战的工作，深得广大群众好评。

1929年10月2日，在上杭城召开第一次工农兵代表大会，成立县苏维埃政府。本月中旬，又成立上杭县少年先锋总队，选举杨翠光为县少年先锋总队队长。杨翠光领导这支队伍，坚决执行少年先锋队任务，并做出很大成绩。在县区纪念日和春节期间进行的少先队检阅中，大家热情很高，各项成绩显著，展示了很好的精神风貌。尤其是在扩红工作中，表现更为突出。因少先队广泛宣传发动，少先队员在青壮年参加红军总数中占了很高比重。由于杨翠光工作积极，表现出较卓越的领导才能，1931年调任闽西少先总队队长。

正值杨翠光为党、为人民作更大贡献的时候，闽西苏区由于“左”倾错误路线影响，搞所谓“肃清社会民主党”运动，杨翠光被诬为“社党分子”遭扣押。1931年8月，他被杀害于永定虎岗，时年仅23岁。1955年7月，杨翠光被人民政府评为革命烈士。

（丘上达）

张彦初

张彦初（1900—1931），溪口镇大厚村人，1900年生。幼时在本村入私塾，后到白砂高级小学读书。毕业后，考入福州农业学校。1923年回乡，在大厚村青云学校教书。

1928年秋，罗寿春回家乡进行革命活动，张彦初等教师接受革命思想，参加革命活动。1929年春，张彦初加入中国共产党，利用教书机会，创办农民夜校，对农民进行革命思想教育，并秘密组织农会。5月24日，协助罗寿春、张善初等在大厚下罗墩召开小河群众大会，宣布暴动。张彦初担任暴动武装队队长。不久，成立东二区革命委员会，并成立东二区工农赤卫大队，下设大厚、大洋坝、石铭3个中队，张彦初任大厚中队长。6月，东二区革命委员会领导群众打土豪、分田地。张彦初带着大厚赤卫中队全体队员喝“血酒”，表示铁心打土豪、闹革命。随后，带领赤卫队员冲进土豪劣绅家里，烧田契、毁债券、破谷仓、分浮财。6月7日，张彦初率领大厚赤卫中队100多人，配合红四军攻打白砂。后又支援茶地樟树洋、官山等地农民暴动，并进驻大丰圩，向地主豪绅派捐粮食和钱款，筹集军饷。6月下旬和7月上旬，张彦初曾率领赤卫中队三次攻打太拔，策动太拔农民暴动。8月至9月，率领大厚赤卫中队，三次参加攻打上杭城。第三次攻城时，张彦初率领的赤卫队被编入攻城突击队，配合红四军四纵攻破东门，20日拂晓攻占上杭城。张彦初的赤卫中队缴获2匹战马、80多条枪支和一批弹药。经征得攻城指挥部同意，将缴获武器全部带回装备赤卫队。从此，张彦初率领的大厚赤卫中队经过严格军事训练和实战锻炼，成为一支装备较好、战斗力较强的地方武装。张彦初也从一个文质彬彬的教书先生成长为文武双全的指挥官。

1930年2月，张彦初任上杭县苏维埃政府交通部部长，同年升任闽西苏维埃政府交通部部长。

正当张彦初为巩固发展闽西苏区和解放事业努力工作的时候，党内“左”倾错误执行者却在闽西苏区内部开展一场肃清所谓“社会民主党”运动。张彦初被诬为“社党”，遭到逮捕。1931年8月，在上杭白砂遭错杀，年仅31岁。1955年7月，福建省人民政府批准张彦初为革命烈士。

（原载于《溪口镇志》，编入本书时略作修改）

卢友明

卢友明（1905—1944），又名卢友鸣、卢泰春、黄于明，溪口镇大洋坝村人。

1927年，牛轭岭和斜里村多次被土匪抢劫，损失巨大。卢友明对土匪暴行十分愤恨，为了保护群众利益，他动员和领导牛轭岭和斜里村村民联合成立自卫队，购置步枪、鸟枪、土炮、长矛、大刀等武器和大锣、号角、地雷、土铳等，一旦发现土匪侵犯，就鸣锣、吹号、放地雷、装土铳，集合自卫队员抗击土匪。

1928年秋天，罗寿春、罗传善等回东二区传播革命思想，领导农民运动。在罗传善的宣传下，卢友明以缝衣、看病为名，经常到大洋坝鸡衍寨和石铭茶排里，接受罗寿春和罗传善指导，在牛轭岭创办农民夜校，传播革命思想，成立秘密农会。牛轭岭、斜里、大崇背、背排村（即峨益一带）大量贫苦农民纷纷加入农会。1929 年年初，卢友明在罗寿春、罗传善介绍下，加入中国共产党。在准备农民暴动武装力量时，卢友明将抗匪自卫队改编为农民暴动队，使这支队伍后来成为大洋坝工农赤卫队的中坚力量。

1929年5月26日，卢友明率峨益暴动队员，参加大洋坝农民暴动。

暴动后，峨益地区成立了少先队、儿童团、妇女会等红色组织；并开展分田分地斗争。6月至9月，卢友明率领峨益地区赤卫队员，配合红四军参加了攻打白砂、太拔和上杭城战斗。7月，峨益地区成立东二区第十乡（峨益乡）苏维埃政府。在卢友明推荐下，卢绍尧任乡苏主席，卢友明负责党支部工作兼乡苏秘书。次年，卢友明调任东二区区委书记，兼任红军医院政治委员，发动群众全力支援红军医院。

1932年3月，卢友明任中共长汀县委宣传部长。1933年9月，增设代英县后，原大阳区区委书记罗松华参加了红军，卢友明被调回代英县担任大阳区区委书记，领导全区军民投入反“围剿”斗争。在扩红中，卢友明与区苏干部深入动员青、中年参加红军。仅一个冬天，大阳区就动员了72 人参加红军，得到上级表扬。1934年9月，代英县委决定将县及各区武装进行扩编。卢友明和郑炳生留在井楻，负责组建游击小组，并发动群众支援和保卫县委、县苏。10月，卢友明、郑炳生率领游击队员，配合红二十四师一个营和代英独立营、独立连，切断敌人从龙岩到大池的交通线路，以牵制敌人兵力。

中央主力红军被迫撤离中央苏区后，卢友明奉命留下。11月，继续在井楻和林家斜一带，发动群众，指挥游击小组，掩护县委、县苏机关。

1935年1月，张鼎丞从江西回闽西领导游击战争，在双髻山会见了中共杭代县委领导人，并召集会议，动员和布置有关坚持革命斗争、开展游击战争等工作。卢友明参加了会议，聆听了张鼎丞的指示。会后，卢友明和县、区、乡游击队员一起，跟随张鼎丞到永定调虞进行整训。5月，谭震林到双髻山召集会议，传达贯彻闽西南军政委员会第一次会议精神，决定将上杭县委改为杭代县军政委员会。谭震林、卢友明驻在灌洋山，活动在杭永边境；廖海涛、黄火星驻在双髻山，活动在杭岩边境。

游击战争时期，虽然国民党军在各地民团配合下，对双髻山、灌洋山实行多次“清剿”，并对革命基点村实行移民并村和烧光、杀光、抢光的“三光”政策，游击队处境十分困难；但卢友明等领导的游击队仍多次袭击地方民团，清除叛徒，智取炮楼，还先后参加了莲塘里、双髻山、石铭、竹坝里、贵竹坑、北坑等地的战斗。敌人对卢友明恨之入骨，到处张贴通缉令，悬赏捉拿卢友明。

1937年9月，第二次国共合作的局面形成后，10月，杭代县军政委员会撤销，成立中共上杭县委，邱相田任书记，卢友明为县委委员。12月，邱相田到闽粤赣边省委工作，卢友明接任县委书记。1938年3月，闽西红军游击队编为新四军二支队开赴苏皖抗日前线后，卢友明奉命留在本地工作。他率领县委机关人员从双髻山转移到丰稔连四一带活动，与杭永县委一起，以丰稔为中心，建立杭永边根据地，并在丰稔圩楼岗上设立新四军后方留守处丰稔办事处，组成抗日政治宣传工作队和经济工作队，领导杭永边人民开展抗日救亡运动。卢友明带领县委成员利用各种机会，到丰稔、蓝家渡、庐丰、上杭城关等地与国民党政府及驻军谈判，协商地方和平合作抗日，创办民众夜校，向群众宣传抗日救亡。与此同时，卢友明还充分利用国共合作的有利时机，带领县委成员，以丰稔为中心，积极开辟上杭东路地区的工作，发展共产党员，恢复、整顿、建立党组织，在庐丰太古、湖洋、安乡新建立了4个党支部、1个党总支，在丰稔整顿了金寨、连四2个党支部，新建了蔡坑、黄沙埔、坝头、黄屋背、传奇坑、垂潭等6个党支部。卢友明又与曾毓华一起，在坑口双髻山下的大岭下、大和坑恢复了2个党支部。

1939 年冬，闽西的国民党顽固派撕毁国共和谈协议，制造一系列暗杀共产党人的事件。卢友明从团结的愿望出发，带领县委成员，顾全大局，避免冲突，把新四军后方留守处丰稔办事处搬迁到田背村。此时，丰稔成为杭永边一带的活动中心。1940年5月20日，中心区委书记马永昌遭敌暗杀后，永定县委妇女部长张昭娣兼任丰稔中心区委书记。1941年1月，张昭娣到闽西特委工作，卢友明接任丰稔中心区委书记。不久，丰稔中心区委又改为杭永边区委，卢友明任区委书记。1941年1月20日“皖南事变”后，国民党制造了“闽西事变”，闽西南国共合作局面被彻底破坏。卢友明带领区委和杭永边各支部停止公开活动，将工作转入地下，分散各地开展隐蔽斗争。在丰稔连四乡葛斜村，秘密设立杭永交通站，由卢友明和邱其银负责。1942年5月，“南委事件”发生后，闽西特委制定了“隐蔽地掌握群众，教育群众，储蓄力量，以待时机”方针，开展“生产自救”运动，解决经济困难，把县以下干部组成新区工作小组，以寻找职业为掩护，分散到各地，秘密开展工作。卢友明和邱其银一起，先后到黄沙埔、葛斜、下传奇坑等地隐蔽生产，开荒种地、烧木炭、煎樟油等，秘密进行地下联络工作。在整个隐蔽斗争期间，卢友明和邱其银一起，发动党员深入宣传，动员群众树立信心，向群众讲明最后胜利是我们的，因而得到群众的拥护和支持。

1944年夏天，同事蓝某某趁卢友明请假回家之机，把党的活动经费（银圆）偷偷转移到别处隐藏，待机据为己有。永定县委发现银圆不翼而飞，就在工作人员内部进行排查。当时，卢友明负责财经工作，永定县委错误地认为银圆是卢友明拿回家中藏起来了；又恰巧此时卢友明从家里回来，带了几块银圆放在口袋里备用，被调查人员发现后，永定县委便下结论，银圆不翼而飞是卢友明所为。于是，不由卢友明尽力申辩，便把卢友明草率地处决了，时年仅39岁。

卢友明被处决后，查明银圆失窃是蓝某某所为，而卢友明纯属被冤枉。新中国成立后，在魏金水和刘永生的关心下，党和人民政府为卢友明平反昭雪，评他为革命烈士。

（原载于中共上杭县委党史研究室著《上杭烈士传》第二辑）

杨仰林

杨仰林（1892—1937），溪口镇石铭村人。

1929年，杨仰林积极参加农民暴动，投入打土豪、分田地等斗争。1930年，任石铭乡苏维埃政府主席，并加入中国共产党。1931年，升任大阳区苏维埃政府主席。1933年8月16日，中央人民委员会第四十八次会议通过决议，决定成立代英县。9月，正式组建县委、县苏，杨仰林担任县苏主席。

1934年初春，蒋介石对中央苏区进行第五次“围剿”。形势紧张之际，代英县委、县苏从太拔先后撤至樟坑、华地科和宫下一带。由于敌人不断进剿，形势不断严重。9月，杨仰林率领县苏机关迁至锦坊。省委派罗禄山前来传达中央指示，召开紧急军事会议，布置开展游击战。政工人员转为战时军事编制，区苏主席、区委书记及部分武装组成工作团，回本区发动群众，壮大武装力量，开展游击战争，坚持在本地区工作。县委、县苏负责人带领部分武装分头活动。10月，中央红军主力撤离中央苏区。留下的红军及地方武装转入山区，开始了艰苦卓绝的三年游击战争。在艰苦条件下，红军游击队采取“避实击虚、化整为零”战术，经常乘敌不备打击敌人。1936年6月22日，通过里应外合，智取大洋坝炮楼。7月间，在蓝溪黄潭桥头布“疑敌阵”，给敌人以沉重打击。杨仰林都参加了这些战斗。

1937年春，为更好发动群众，进一步摸清敌人情况，在庐丰太古上塘村由杨仰林主持召开区党委会议，蓝荣喜（县苏副主席兼东一区苏主席）也参加了。会议决定：分蓝溪、庐丰两个点，杨仰林、蓝荣喜带领5人到庐丰湖洋龙泉洞开展工作；罗蓝洲等10人到蓝溪去开展工作，约定第二天晚上以前必须风雨无阻赶回上塘会合。可就在龙泉洞村开展工作时，由于叛徒告密，杨仰林、蓝荣喜等受到300多敌人包围。突围中，杨仰林与蓝荣喜等3人不幸身负重伤被捕，被押解至庐丰乡公所后，遭到严刑拷打。但他们都坚贞不屈。最后，被敌人杀害，并被取下首级悬挂于庐丰圩上示众3天。杨仰林牺牲时，年仅45岁。

（原载于《溪口镇志》，编入本书时略作改动）

杨槐林

杨槐林（1907—1936），又名杨怀林，石铭村杨屋村人。

杨槐林有6个友好的发小，他们是杨翠光、杨仰林、杨先荣、杨銮声、杨初振、杨汝才，成年后经常一起聚会、一起聊天，成为肝胆相照、情同手足的好友。

1928年秋天，共产党员罗寿春受组织派遣，回东二区传播革命思想，领导农民运动。在罗寿春的宣传下，杨槐林和他的好友带头参加秘密农会和武装暴动队伍，成为东二区第一批农会会员，从此走上革命道路。

1929年5月20日（农历四月十二日），在罗寿春的领导和傅柏翠率领的蛟洋红军教导队的支援下，杨槐林和他的好友们参加了石铭暴动，揭开了东二区农民暴动的序幕。此后，受罗寿春的委派，到各乡村协助暴动。东二区农民暴动的胜利，使杨槐林受到很大的鼓舞，得到很好的锻炼。杨槐林和他的好友们一起参加了赤卫队，先后配合红四军攻打白砂、打太拔、三打上杭城。斗争中，杨槐林由于工作积极、斗争勇敢，被批准参加中国共产党。次年10 月后，蒋介石纠集重兵对中央苏区和红军连续发动军事“围剿”，东二区是敌人进攻的目标之一。杨槐林和他的好友们都参加了游击队，先后参加了太拔保卫战、高寨坑伏击战、黄潭峡阻击战和袭击坑口、茶地民团等多次战斗。

1933年9 月，代英县成立后，杨槐林担任代英县苏维埃政府裁判部长。他把全部精力投入到工作上，对犯错误的同志非常关心，对民愤极大的坏人毫不留情。他的工作，得到县委、县苏领导的肯定和赞扬。而后，随着斗争形势的变化，杨槐林带着裁判部工作人员，跟随县委、县苏机关和游击队武装转战于坑口、太拔山区。1934年9月，中共福建省委派罗禄山任代英县委书记，并在锦坊召开军事会议，传达中央关于开展游击战争的指示。会议决定将代英县游击大队扩编为代英独立营，下辖三个连，共有武装三四百人；并将代英县直属机关工作人员扩编为代英独立连，曾毓华任连长，杨汝才任指导员。杨槐林和裁判部工作人员被编入代英独立连。10月，杨槐林与独立连官兵一起，配合代英独立营，屡次击退入侵之敌；并在交通线上袭击敌人，切断敌人从龙岩至大池的交通线路，牵制敌人的兵力。11 月，为了转移敌人的目标，保护代英县委、县苏和后方机关，杨槐林和代英独立营、独立连官兵一起，转移到杭永边境及永定金砂一带，与永定独立团配合，开展游击战争，直至次年2月才回到锦坊。从此，杨槐林与独立营、独立连、游击队官兵一起，在双髻山、灌洋山一带开展游击战争。

三年游击战争时期，为了扩大游击区域，建立和发展革命基点村，闽西南军政委员会副主席谭震林和杭代县军政委员会主席廖海涛派石铭籍游击队员杨槐林、杨仰林、罗炳炊、罗炳芳等人，以双髻山的杀人岽为中心，建立了大坑头、寨背、官屋、石乾里、茶排里等5个革命基点村，成立了地下党支部和地下游击小组，其任务是帮助红军游击队侦察敌情、提供情报、购买物资，动员群众支援游击战争。

1936年冬，为了发动群众、摸清敌情，原代英县苏维埃政府主席杨仰林、庐丰区委书记蓝荣喜，在庐丰太古上塘村秘密召开区党委会议。杨槐林和罗兰洲、罗炳钦等人参加了会议。会后，当杨仰林和蓝荣喜带领游击队员李三哥、吕荣天等人在庐丰湖洋龙泉洞开展工作时，因叛徒丘××、丘××告密，遭敌300余人包围袭击，双方展开激战。在突围中，杨仰林、蓝荣喜中弹负伤，被敌抓捕。过了几天，由于游击队员赖××叛变，杨槐林和包作华等也被敌人抓捕，押到庐丰区公所与杨仰林、蓝荣喜等人一起关押，遭敌严刑拷打，威胁引诱。但他们都在敌人面前宁死不屈，最后被敌人残酷杀害并被割下首级，分别悬挂于庐丰圩上和石铭示众3天。杨槐林牺牲时，年仅30岁。

（原载于《溪口镇志》，编入本书时略作修改）

杨銮声

杨銮声（1906—1936），溪口镇石铭村人。

1929年5月，杨銮声参加农民暴动。他工作积极，对敌斗争勇敢，在这一年加入了中国共产党。

1929年冬，石铭乡苏维埃政府组建游击队，杨銮声被任命为石铭乡赤卫队队长。1930年4月，参加红军第十二军，在一〇二团任战士。6月，在江西草鞋岭负伤后，组织上派他回东二区担任游击队队长。1931年1月，东二区与东三区合并成立杭武县第三区，杨銮声被任命为杭武县第三区游击队队长。1932年1月，重建上杭县委、县苏时，杨銮声被任命为上杭县游击大队长。1933年9月，成立代英县，杨銮声为代英县游击大队长。此后活动在杭、永、岩边境地区，多次重创敌人，为保卫苏区发挥了重要作用 。1934年2月，蒋介石对中央苏区和红军实行第五次军事“围剿”。杨銮声率领游击队运用游击战术打击敌人，曾切断从龙岩到大池的交通线路以迟滞敌人进攻。

1934年11月，杨銮声率领游击队坚持在灌洋山一带，保卫代英县委和县苏机关。1935年2月后，杨銮声带领游击队员以灌洋山为游击根据地，活动在杭永边境的锦坊、林家斜、北坑、磜角里、鸡衎寨、灌洋等地，采取灵活机动的游击战术，声东击西，不断打击敌人。1936年1月，杨銮声带领几名游击队员，化装到高陂侦察敌情。得知灌洋民团在高陂圩上为非作歹，决定惩罚他们。他交代游击队员在路上接应，自己只身进入圩场，乘敌不备，掏出驳壳枪对敌人连开几枪，当场打死打伤几个敌人，缴获驳壳枪一支。待援敌赶来时，杨銮声已胜利回山。他单枪匹马袭击敌人，在杭永岩边境成为佳话。

1936年初冬，杨銮声带领游击队员到永定灌洋袭击民团林立潜部，缴获一批枪支弹药、粮食和花生等物资。游击队回山后，林立潜纠集民团配合国民党军第二师一路追踪，在灌洋山贵坑追上正在歇息的游击队。那天，天下着蒙蒙细雨，山雾笼罩着深山密林。待敌人靠近哨兵时，哨兵未及时发现，被敌人击毙。枪声惊醒游击队员，他们慌忙抵抗，结果被敌人用机枪压在山沟里，情况万分危急。杨銮声果断命令游击队员迅速撤退，自己留下来掩护。他一边向敌人开枪射击，一边向游击队员撤退的相反方向把敌人引向自己。在身中数弹负重伤后倒伏在地后，仍对蜂拥而上的敌人射击，击毙走在最前面的几个敌人后，被敌人乱枪打死。牺牲时，年仅30岁。

（原载于《溪口镇志》，编入本书时略作修改）

范瑞章

范瑞章（1901—1936），上杭县溪口镇大丰村人，1901年生。

范瑞章的父亲范皆秋、母亲王氏，是老实忠厚、勤劳善良的农民。家中耕地少，不足糊口，还要租赁地主豪绅的农田耕种。旧社会，由于帝国主义、封建主义、官僚资本主义的压迫、剥削，使范瑞章的童年成为一个苦难的童年。他8岁丧母，10岁丧父，原5个兄妹，由于贫病交迫，有2个兄妹在年幼时因病先后死亡。兄妹中，范瑞章排行最小。他有个哥哥，名叫范端章。由于家境贫寒，兄弟俩都无法上学。范瑞章8岁那年，母亲王氏去世；10岁那年，父亲范皆秋去世。父母去世后，本村一位好心的贫苦农民廖细妹收养了他。廖细妹是一个善良的农家妇女，中年丧夫，虽然家里上有公公婆婆、下有几个儿女，生活也很贫困；但她对范瑞章的遭遇深感同情和怜惜，不忍心范瑞章受苦，就把范瑞章收为养子，并视为己出。从此，范瑞章有了依靠，在廖细妹的抚养下，范瑞章终于长大成人。

1928年秋，蛟洋暴动后，中共上杭县委宣传部长、北四区区委书记罗寿春受组织派遣，回东二区传播革命思想，建立东二区党支部，领导农民运动。在罗寿春的宣传下，大丰乡宫下村贫苦农民范家齐（又名范敬修）接受了革命思想，于1929年春天加入了中国共产党。他在村里创办农民夜校，建立秘密农会，成立武装暴动队伍。在范家齐的宣传下，苦大仇深的范瑞章、范端章在黑暗中看到了光明，看到了希望，从而激发了走上革命道路为穷人翻身求解放的热忱。他们到本村农民夜校读书，参加宫下村秘密农会，成为东二区第一批农会会员。

1929年3月，毛泽东、朱德率领红四军首次入闽，首战长岭寨，消灭土著军阀郭凤鸣旅，解放了汀州城。红军的胜利，极大地鼓舞了范瑞章。为了策应红四军第二次入闽，东二区党支部决定，举行全区农民武装暴动。范瑞章、范端章参加了有20多人组成的宫下村武装暴动队伍。由于范瑞章出身贫穷，政治思想好，革命意志坚定，在群众中很有威望，很快成为大丰乡暴动领导之一。5月24日（农历四月十六日），范瑞章、范端章与宫下村20多名暴动队员一起，怀着对旧社会和地主豪绅的无比仇恨，高举红旗，扛起刀枪，在大丰暴动领导人范家齐的率领下，参加了共产党员罗寿春、张善初领导的东二区小河片农民暴动，在坑口下罗星召开暴动大会，烧田契、毁债券，在大厚村打土豪，没收地主豪绅财产，分给贫苦农民，镇压了6名地主豪绅。

5月29日（农历四月二十一），范瑞章协助范家齐领导了大丰乡农民暴动，在大丰乡各村庄打土豪、烧田契、毁债券，没收地主豪绅财产，分给贫苦农民；与大丰暴动队员一起，冲进地主豪绅家里，抓了6个地主豪绅，押到群众大会上斗争。会后处决了民愤最大的劣绅范××、地主杨××和放高利贷的剥削者邱××等3人。

暴动后，范瑞章、范端章参加了赤卫队。此时，茶地、太拔等地仍是“白区”。这些地方的革命斗争仍在秘密进行，待机爆发。当地党组织正在秘密领导群众积极做好里应外合，准备进行武装暴动。为了策应这些地方的农民暴动，6月初，范瑞章、范端章在东二区赤卫大队坑口片赤卫中队长张彦初的率领下，与坑口片100多名赤卫队员一起，支援了茶地、樟树洋、官山等地的农民暴动，根据当地群众的要求，镇压了茶地的土劣赖××。在回师东二区的途中，进驻大丰圩，向地主豪绅派捐粮食和钱款，筹集军饷。

6月7日，毛泽东、朱德率领红四军攻打白砂，范瑞章、范端章在张彦初的率领下，与坑口片赤卫队员一起，参加攻打白砂，配合红四军第一纵队组成左路军，直扑白砂犁头嘴，歼灭驻敌钟铭清团。

6月下旬至7月上旬，范瑞章、范端章在张彦初的率领下，与坑口片赤卫队员一起，三次参加攻打太拔，歼灭驻敌张清球团，参加策动了太拔的农民暴动。8月中旬至9月中旬，范瑞章、范端章三次参加攻打上杭城。在第三次攻城时，奉命编入攻城突击队，配合红四军第二纵队攻破了东门，冲进城里，歼灭驻敌卢新铭旅，胜利攻破“铁上杭”。轰轰烈烈的武装暴动、如火如荼的革命斗争，让范瑞章、范端章得到了很大的锻炼。经过参加打土豪、参加攻打白砂和三次攻打太拔、三次参加攻打上杭城后，兄弟俩初步掌握了一些基本的实战经验和作战战术。由于工作积极、斗争勇敢，经大丰乡暴动领导人范家齐的介绍，范瑞章、范端章加入了中国共产党。乡苏维埃政府成立后，经大丰乡群众民主选举，范瑞章担任了东二区第五乡（大丰乡）苏维埃政府第二任主席。他与乡苏干部一起，领导群众分田地，发动群众起来反对封建迷信，反对封建婚姻，实行婚姻自由和男女平等，发动妇女做草鞋、慰劳红军，动员青壮年参加红军，发动群众保卫红色政权，支援反“围剿”作战。在范瑞章的领导下，大丰乡生产得到发展，粮食得到丰收，群众生活水平日益提高，各项工作搞得轰轰烈烈、热火朝天，全乡呈现出一派欣欣向荣的大好形势。

红色政权建立后，人民群众当家作主，推翻了几千年来压在人民群众身上的旧政权、神权、族权和夫权，破除了封建迷信，废除了封建买卖婚姻，实行了婚姻自由和男女平等。范瑞章、范端章也与贫苦农民的女儿自由恋爱，先后结婚。范瑞章的妻子名叫陈永连，范端章的妻子名叫杨连娣。范瑞章与陈永连结婚时，养母廖细妹让他回到自己出生的家里成家立业。其妻陈永连于1932年生育个男孩，取名范敦全（解放后曾任大丰乡乡长、大丰大队党支部书记、五星公社党委委员等职）。

1931年3月，正当范瑞章带领全乡人民建设苏区、保卫苏区，艰难地开展第二次反“围剿”作战的关键时刻，王明“左”倾冒险主义错误路线的执行者却在闽西苏区开展了一场所谓“肃清社会民主党”的运动。在这场历史冤案中，大丰乡深受其害，不少共产党员、革命干部和群众被诬为“社党”。杭武县第三区（星太区）肃反委员会在大丰乡抓捕关押了三批，第一批抓捕关押了32人，第二批抓捕关押了20多人，甚至连少年儿童也被抓捕关押。范瑞章明知这些同志和群众不是“社党”而蒙冤遭抓捕关押，身为乡苏主席，他深感责任重大，对上级乱抓乱杀的行为极为不满。为了保护革命同志和保护群众，他冒着自己被杀的危险，为蒙冤遭抓捕关押的人担保、说情。他据理力争，力求保护。他对杭武县第三区肃反委员会主席陈××说：“大丰乡没有社党。现在被抓捕关押的是和我一起参加革命的同志和那些不懂事的孩子，他们都是老实忠厚的穷苦人，一心跟着共产党，怎么会是社党呢？这些人不能杀，全部要释放。”可是，在党内“左”倾错误路线的统治下，尽管范瑞章尽了最大的努力，也根本无法制止这些冤案的发生。肃反委员会凌驾于苏维埃政府之上，根本不听范瑞章的劝阻，导致了悲剧的发生。肃反中，范瑞章的入党介绍人、大丰暴动领导人、时任杭武县第三区苏维埃政府秘书的范家齐，以及和范瑞章一起参加革命的大丰乡革命骨干范行达、范家林、范家昌、黄维龙、黄瑞桥、黄日荣、黄汉明、江孟湘、江孟芬等多人先后被错杀。甚至有多个十几二十岁的青少年也被杀害。这些革命同志和群众被杀，使范瑞章悲痛万分，对革命前途产生深深担忧，深感自己肩上担子更重了。

1931年7月，蒋介石对中央苏区发动了更大规模的第三次“围剿”，国民党陆军第四十九师张贞部和保安十四团钟绍葵部进攻杭永岩边境地区和杭武县苏维埃政府驻地白砂。由于“肃社党”乱抓乱杀，造成大丰乡人心惶惶、人人自危，干部群众一片恐慌。许多人心有余悸，怕被打成“社党”招来杀身之祸，而在革命的征途上退却了。有一天，范瑞章得到情报，国民党保安十四团钟绍葵部一支部队从太拔开来途经大丰进攻白砂，范瑞章立即命人鸣锣、放炮、吹号，召集赤卫队、少先队，通知群众紧急集合伏击敌军。可是，前来集合报到的人寥寥无几，根本无法伏击敌军。因为乡赤卫队、少先队、儿童团、妇女会等红色组织都瘫痪了，群众的革命积极性被挫伤了。当钟绍葵部进入大丰乡时，群众早跑光了。来不及撤退的范玉章、七妹子两名群众和1名赤卫队员被敌打死。

为了扭转形势，开创革命斗争新局面，范瑞章决定重新发动群众，重新组织乡赤卫队、少先队、儿童团、妇女会等红色组织。他像暴动时那样，走村串户，动员群众继续革命。但由于受“肃社党”的严重影响，许多群众还瞻前顾后，有些受害者家属还把“肃社党”的责任错怪于范瑞章。因此，虽然范瑞章做了大量工作，乡赤卫队、少先队、儿童团、妇女会等红色组织一时难以恢复。

1931年9月，闽西苏维埃政府处决了利用“肃社党”名义为非作歹的闽西苏维埃政府肃反委员会主席林一株等人。与此同时，上杭县苏维埃政府也处决了利用“肃社党”名义为非作歹的上杭县苏维埃政府肃反委员会主席杨××等人，“肃社党”的负面影响逐步被纠正。此后，在范瑞章的宣传发动下，大丰乡群众的革命积极性重新被激发起来。在此基础上，范瑞章和乡苏干部一起，恢复了乡赤卫队、少先队、儿童团、妇女会等红色组织，使大丰乡在此后一个时期内的各项工作得到了稳定的发展，为以后的反“围剿”作战创造了有利条件。

在反“围剿”作战中，为了扩大红军，壮大人民武装力量，动员更多的人力、物力参加反“围剿”作战，保卫红色政权和革命胜利果实，范瑞章带领乡苏干部，深入到各家各户，做广泛的政治宣传动员工作，并到各村召开群众大会，组织妇女唱民歌等多种办法，大造扩大红军的声势，使大丰乡多次掀起扩大红军的热潮。全乡青壮年积极报名，踊跃参加红军。在1931年5月、1932年11月、1933年6月这三次扩大红军中，大丰乡参加红军的人数名列大阳区前茅。

1933年8月16日，中央人民委员会决定在上杭、永定、龙岩三县的边境地区增设代英县。9月3日，中共代英县委、代英县苏维埃政府在黄土垅成立。范端章被任命为县委组织科科员。本月，范端章在前往东一区工作时，在东一区严坑风吹伞路上遇敌包围，光荣牺牲（解放后被评为革命烈士）。代英县成立时，全县划为七个区。由于范瑞章工作积极肯干，认真负责，政绩显著，被代英县委、县苏提拔为立民区（丰稔）苏维埃政府主席。此时，蒋介石正准备对中央苏区发动第五次“围剿”。11月间，由于国民党十九路军将领对蒋介石顽固反共、坚持内战的行为不满，在福州举起反蒋抗日的旗帜，停止了对闽西苏区的进攻，上杭苏区相对处于停战状态。范瑞章利用这一有利时机，与区委书记丘月星一起，带领区苏干部在立民区各乡村恢复党团组织和群众团体，发展地方武装，领导群众搞好生产，动员青壮年参加红军，为以后的反“围剿”作战做准备。1934年1月，蒋介石调集大军进攻十九路军，十九路军被迫离开上杭撤至广东。与此同时，蒋介石恢复了对中央苏区的第五次“围剿”，国民党第三师李玉堂部、八十三师刘勘部、广东军阀黄涛部进攻杭永岩边境地区。范瑞章和区委书记邱月星一起，领导立民区群众和区苏武装开展反“围剿”作战。不久，立民区和蓝家渡区被敌占领，范瑞章率领区苏干部和区苏武装撤退到太拔，与代英县委、县苏会合。

1934年4月下旬，敌人大军压境。防驻在杭永岩边境地区的红军独立第八团奉命离开太拔，挺进到闽西南敌后，配合主力红军粉碎敌人的第五次“围剿”。国民党第三师和八十三师乘虚进攻太拔。由于敌强我弱，无法抵挡敌人的进攻，范瑞章被迫跟随代英县委、县苏步步后撤，撤至大阳区（原东二区）樟坑村（隶属范瑞章的家乡大丰乡管辖）。此时，范瑞章奉命调回家乡，担任大阳区区委书记兼区苏主席。

敌人发现代英县委、县苏和后方机关撤至樟坑村后，对樟坑村进行了多次“围剿”。范瑞章只好率领区委、区苏干部和区苏武装，跟随县委、县苏转移到凹里塘、桐子树窝里一带深山密林里，开展游击战争。由于敌人的“围剿”，范瑞章的战友——大阳区苏维埃政府财粮科员张恒寅、大阳区警卫连战士杨传德、石铭乡苏维埃政府主席杨孟康、区苏干部罗西魁和黄梯皆等5人先后牺牲。1934年6月，国民党反动派加紧“围剿”代英县委、县苏和游击武装，经常出动军队到樟坑村“搜剿”。为了更好地开展游击战争，范瑞章只好率领区委、区苏和区苏武装，跟随代英县委、县苏撤至双华乡华地科村，驻在华地科与樟坑村交界处的深山密林里开展游击战争。

国民党反动派发现代英县委、县苏和直属机关撤至华地科后，又连续几次入侵华地科。范瑞章在代英县委、县苏的领导下，率领区委、区苏工作人员和区苏武装，配合县游击大队在华地科、马子崇一带多次击退入侵华地科之敌。由于红军和地方部队的不断出击，进攻大洋坝、坑口、太拔一带的敌军全部撤退，代英县的形势逐渐好转起来，代英县委、县苏机关从华地科迁回太拔，范瑞章率领区委、区苏和区苏武装迁回大洋坝。7月，国民党保安十四团钟绍葵部又进攻太拔，代英县委、县苏和直属机关又从太拔迁到大阳区大丰乡范瑞章的家乡宫下。为了保卫代英县委、县苏和后方机关，范瑞章奉命率领区委、区苏及区苏武装从大洋坝撤到宫下，与县委、县苏会合，在家乡发动群众支援县委、县苏和游击武装。9月，古蛟一带反动民团500多人和保安十四团钟绍葵部分两路进攻宫下，中共代英县委书记钟耀泰牺牲。范瑞章只好率领区委、区苏和区苏武装跟随县委、县苏撤到陈屋，后又撤到井楻（今锦坊），驻在上井楻岭下井子边等地。此时，中共福建省委派罗禄山任代英县委书记。在罗禄山的主持下，在上井楻召开军事会议。范瑞章与区委、区苏、区游击队负责人卢友明、郑炳生、杨銮声等参加了会议。会议传达中央关于游击战争的指示，决定在双髻山、灌洋山建立游击根据地，领导和发动群众开展游击战争；并决定将代英县游击队和各区游击队进行扩编，范瑞章率领的大阳区游击武装和区苏工作人员分别被编入红军代英独立营和代英独立连。为了壮大武装力量，县委、县苏指示各区区委书记和区苏主席返回各区组建新的游击武装，并委派代英县游击大队长杨銮声、支队长廖松章和江金超到大阳区协助范瑞章工作。

会议结束后，范瑞章根据县委、县苏的指示，与杨銮声、廖松章、江金超一起，回大洋坝、坑口一带重新组建区游击武装，在各乡村动员了一批赤卫队员参加游击队。在短短几天里，组建了两支游击武装，即范瑞章、杨銮声组建的坑口游击队，廖松章、江金超组建的大阳游击队。这两支游击队统称为大阳区游击队，统归大阳区委、区苏领导，杨銮声任队长，范瑞章任政委。组建时，共有队员80余人。后来，由于战争残酷，大部分队员壮烈牺牲，最后只剩下二三十人。大阳区游击队重新组建后，随即就投入了第五次反“围剿”作战。1934年10月，范瑞章与杨銮声一起，率领游击队员配合红二十四师一个营和代英独立营、独立连，再次在马子崇击退入侵华地科之敌；并在交通线上袭击敌人，切断敌人从龙岩到大池的交通运输线路，牵制敌人兵力。同月，范瑞章与杨銮声一起，率领游击队员配合代英独立连攻打石铭民团。到达石铭时，正是傍晚时分。战斗打响后，民团不知虚实，迅速向合甲逃窜。游击队缴获毯子5条。此战以后，石铭民团为了防止游击队再来进攻，纠集了太拔民团黎自豪部100余人，加上石铭民团，共有160余人，在石铭顶头寨修筑防御工事，妄图控制石铭地区。一天凌晨，范瑞章和杨銮声率领游击队员配合代英独立连，迅速占领与顶头寨对峙的牛角璞高地，全力攻打顶头寨之敌，向顶头寨敌阵地发起猛烈攻击，从天蒙蒙亮打到上午九时。因敌人居高临下，工事坚固，防守地形有利，范瑞章和杨銮声率领游击队员发起几次攻击，未能攻下敌人阵地。这次战斗，杨集成等六七名游击队员牺牲，罗炳清、罗炳芹等负重伤。有一次，大洋坝民团配合国民党军1个连，从合甲往大洋坝。范瑞章和杨銮声率领游击队员配合代英独立连，从峨益途经云山去石铭。两军在云山凿子凹相遇，打了一场遭遇战。我方虽作战英勇，但敌人武器装备好，抢先占领了有利地形，游击队缺乏作战经验，武器装备又差，所以战斗只打10多分钟，游击队只得撤出战斗。

1934年10月17日，坑口民团得知范瑞章率领大阳区游击队员活动在牛轭岭山上时，配合国民党保安十四团钟绍葵部从坑口出发，诈称开往永定虎岗，途经苏前时，突然改变行军路线，来个大周转，绕到当风凹、大崇背，居高临下，直插牛轭岭，包围范瑞章驻地。幸亏范瑞章派出游击队员经过周密侦察后识破了敌人的诡计，待敌人赶到时，范瑞章已经率领游击队员转移到马子岽去了，使敌人扑了个空。11月，敌人步步为营、村村筑垒，准备向代英县委、县苏驻地井楻大举进攻。为了转移敌人目标，保护代英县委、县苏和直属机关，代英独立营和独立连转移到杭永边境及永定金砂一带，与永定独立团配合，开辟游击战争。范瑞章和杨銮声率领游击队员，仍坚持在灌洋山、双髻山一带，保卫代英县委、县苏和后方机关。

这年冬，国民党保安四团罗介人部为了“清剿”灌洋山红军游击队和监视林家斜革命基点村群众，在坪顶岗兴建了一座炮楼，驻有敌军一个排30余人，配有机枪、长短枪等武器。为了拔除这座炮楼，1935年春，范瑞章和杨銮声一起，率领大阳区游击队员，在林家斜地下党支部和地下游击小组的配合下，多次袭击该炮楼。敌人被迫逃窜，游击队拆毁了炮楼。不久，范瑞章和杨銮声一起，率领大阳区游击队员，在上井楻、林家斜地下游击小组的配合下，攻打梅子坝民团炮楼。敌溃退到虎岗，游击队烧毁了炮楼，并烧毁了民团头目的房屋3座共20多间。

1935年1月，张鼎丞从赣南回闽西领导游击战争，途经双髻山时，在双髻山会见了廖海涛、黄火星等领导人；并召集会议，传达中央关于发展游击武装，开展游击战争，牵制敌人，掩护主力红军长征的指示。范瑞章和区委、区苏、区游击队负责人卢友明、郑炳生、杨銮声参加了会议。会后，范瑞章率领大阳区游击队，与代英县游击武装一起，跟随张鼎丞到永定调虞整训。那时，调虞的苏维埃政权还存在，各项工作还热火朝天。在调虞群众的支持下，部队的给养得到了补充。通过整训，游击队员的革命斗志增强了，部队的战斗力和战术水平提高了。

调虞整训后，张鼎丞指示代英独立连和独立营回代英县发动群众，开展游击战争。1935年春节过后，在廖海涛、黄火星的率领下，范瑞章与大阳区游击队员一起，跟随代英独立营和独立连回到代英县境内，在双髻山、灌洋山一带建立游击根据地，开始了艰苦卓绝的三年游击战争。

1935年3月，国民党纠集第三师李玉堂部、八十三师刘勘部、保安四团罗介人部、十四团钟绍葵部，对双髻山、灌洋山游击根据地实行第一期军事“清剿”。与此同时，被打倒的地主和土豪劣绅卷土重来，对人民进行反攻倒算。1929年5月农民暴动时，坑口乡逃往白区、在国民党军队担任连队副官的张镜明也潜回家乡，组织“农复党”，被国民党上杭县政府委任为坑口联保主任兼乡长，在大阳区各乡村修筑炮楼，设立乡公所，并组织民团、联防队、壮丁队等反动武装，配合国民党军疯狂“清剿”红军游击队，镇压革命群众。大丰乡地主豪绅张××、范××等也卷土重来，对人民进行反攻倒算。此时，代英县所属区、乡都陷入敌手。在敌人的白色恐怖下，范瑞章与杨銮声一起，率领游击队员迂回在崇山峻岭、峡谷深涧、深山密林之中，在代英县委、县苏的领导下，正确执行游击战争的方针和任务，采取灵活机动的战略战术，巧妙与敌周旋。

1935年4月，张鼎丞、邓子恢、谭震林、刘永生等率领红二十四师一个营从双髻山来到灌洋山，在乌坑里山上驻扎了一天一晚，会见了范瑞章、卢友明、郑炳生、杨銮声等人，指导他们开展游击战争，教他们怎样与红八团、红九团联系。范瑞章等人受到很大的鼓舞，更加坚定了坚持游击战争的决心和信心。闽西南军政委员会成立后，其副主席、军事部长谭震林到双髻山、灌洋山一带，领导杭永岩边境地区的游击战争。5月，谭震林和廖海涛在双髻山召开会议，传达闽西南军政委员会第一次会议精神。范瑞章与区委、区苏、区游击队负责人卢友明、郑炳生、杨銮声参加了会议。为了统一领导上杭代英人民开展游击战争，在谭震林的主持下，上杭县与代英县合并成立杭代县军政委员会，下辖7个区和1个工作团。范瑞章仍任大阳区区委书记兼区苏主席、区游击队政委。他先后在井樘、林家斜、鸡衍赛、石铭、大岭下、莲塘里、箭竹隔等基点村秘密建立了7个地下党支部和7个游击小组，为三年游击战争打下了良好的群众基础。

在溪口、茶地、太拔的交界处，有一座大山，名叫马子崇。1935年春夏，由于敌人的"围剿"，形势非常紧张。为了分散活动，建立和扩大游击区域，范瑞章受谭震林、廖海涛的派遣，与范鲁（又名范桂良）、傅汉山一起，到太拔区委，以马子崇为中心，做群众工作，先后建立了樟坑、余家山、黄竹墩、黄岩、田坑、老鸦山、朱良寨、溪子背、长岭背、高椅背、田垅里、鲜水坑等基点村。这些村的革命群众经常为游击队员送粮菜，买日用品、电池等，将探得的消息和情报送上山去向范瑞章汇报。

1935年4月至1936年6月，是三年游击战争最艰苦、最困难的时期，国民党纠集第三师李玉堂部、八十三师刘勘部、广东军阀黄涛部、保安四团罗介人部、十四团钟绍葵部、团匪陈荣光部和孔弼成部及地方民团、联防队、壮丁队等反动军队，对双髻山、灌洋山游击根据地实行疯狂的“清剿”，残酷地对革命基点村群众实行移民并村和烧光、杀光、抢光政策，实施“保甲连坐法”，强化保甲制度，实行“计口购粮、计口购盐、计口购物”，在通往山上的路口和隘口设立排哨、关卡，并颁布“五光”“十杀”令，妄图割断人民群众对游击队的支持和联系，把游击队困死、饿死、冻死在山上。1935年秋，敌人对双髻山、灌洋山、马子岽进行“搜剿”，历时半个多月。他们带着帐篷，营宿在各个山头上，在山上、山下、路口、隘口、水坑边设伏，日夜守候；在山顶上设立瞭望哨、守望哨，白天看炊烟，晚上看火光，清晨看山路上的露水和蜘蛛网是否有人路过碰破，并在山上寻找米粒、菜叶、炭渣、足印、痰水、粪便等遗留物，在山下各路口泼放泥浆，挖空心思，妄图获取游击队的蛛丝马迹。在这严峻的形势下，范瑞章和游击队员处处都得小心行事，白天做饭怕冒烟，晚上做饭怕火光。在无法烧水做饭的情况下，只好吃生米、喝生水。有时粮食接济不上，范瑞章就根据不同的季节，带领游击队员拔野菜、采蘑菇、摘野果、挖竹笋充饥。采不到这些时，就只好饿肚子。没有盐巴，手脚酸软，浑身无劲。患了疾病，无医无药，只好忍受煎熬。为了防止敌人偷袭，范瑞章率领游击队员经常转移，有时上半夜在这座山住草棚，下半夜就转移到那座山宿山洞，或在深山密林间过夜，无论白天黑夜，都要变换好几个宿营地点。他们凭着一顶斗笠和一块油纸布，餐风宿雨，顶雪傲霜，经常被雨淋得全身湿漉、冻得全身发抖。在这艰苦恶劣的斗争环境下，范瑞章始终保持革命必胜的坚定信念和革命的乐观主义精神，处处以身作则、事事吃苦在先，和游击队员们同吃苦、共患难，带领游击队员跟敌人作斗争，与自然灾害、恶劣天气、疾病饥饿作斗争，给队员们很大鼓舞。

由于敌众我寡和敌强我弱，范瑞章率领的大阳区游击队总是处于被动局面。加上斗争环境十分艰苦，有些队员产生了悲观情绪，个别动摇分子逃跑了，有的还当了叛徒。针对这种形势，范瑞章和卢友明、郑炳生、杨銮声等认真做政治思想工作，使每个队员明确了真理，认识到“困难是暂时的，道路是曲折的，前途是光明的，最后胜利是我们的”，从而坚定斗争到底的决心和信心，使大阳区游击队成为三年游击战争中，活动在杭永岩边境地区的一支英勇善战、威震敌胆的红军游击队。

为了打破敌人的封锁和粉碎敌人的“清剿”，范瑞章在谭震林、廖海涛的领导下，认真执行闽西南军政委员会和杭代县军政委员会制定的游击战争的方针和任务，充分发挥游击队员的斗争勇气，不断总结游击战争的经验和教训，不断提高自己的指挥才能和斗争策略。他凭着与人民群众的血肉关系，以各种方式联络群众，争取人民群众的支持。人民群众怀着对红军游击队深厚的革命感情，冒着生命危险支援红军游击队，主动把粮食、蔬菜、盐巴、物资和情报送上山去给游击队。范瑞章也经常趁着黑夜下山，所到之处，群众都热情接待，把筹集到的粮食、物资拿给范瑞章。与此同时，范瑞章努力做好党的统一战线工作，教育保甲长不要与人民为敌，争取了一批保甲长成为“白皮红心”的保甲长，使斗争环境逐渐好转，为开创游击战争新局面创造了有利的条件。在人民群众的支持下，范瑞章和杨銮声一起率领大阳区游击队员，以坚强的革命毅力和顽强的革命斗志，克服重重困难，经受了恶劣环境的严峻考验，终于打破了敌人的封锁，粉碎了敌人的“清剿”，取得了一次又一次战斗胜利。

1935年3月上旬，由于敌人的“围剿”，范瑞章率领游击队员转移到余家山。由于衣服被雨淋湿，在余家山大坑里深山密林里晒衣服。双华乡挖笋的一个民团兵发现后，到双华村向伪保长报告。伪保长立即率领伪民团偷偷摸摸潜入该山，妄图活捉或打死范瑞章等游击队员。幸被余家山一名群众发现后，按游击队约定的信号，及时放铳向游击队报告敌情。范瑞章听到铳响后，率领游击队立即转移到双髻山去了。

1935年6月11日下午，范瑞章和陈必享、邱相田等游击队员到高椅背活动，在村口被两个化装成伐木工人的民团探子发现。民团探子立即赶到崇厦村向民团头目报告，伪民团出动100余人分三路前来“围剿”。幸被站岗放哨的群众发现后，群众以打野猪为名向山上放了一铳。范瑞章听到铳响后，与陈必享、邱相田一起，迅速撤退到牛健坑去了。

有一次，范瑞章和30多名大阳区游击队员，在鲜水坑群众家里被崇厦民团100多人包围。范瑞章率领游击队员与敌展开激战，击毙民团副团长1人和民团兵10多人。这次战斗，范瑞章率领的游击队员牺牲1人，被俘5人。

1935年10月24日，范瑞章和邱相田、范鲁、傅汉山等游击队员，到高椅背与太拔区委接头。前来砍竹的一名已叛变的赤卫队员发现后，连夜下山向民团报告。第二天清早，伪民团出动80多人前来“围剿”。幸被2名挑纸到太拔出售的群众在途中遇见这伙民团后，把纸放在山上草丛里，迅速抄小路跑回村里，将敌情向范瑞章等游击队员汇报，范瑞章与游击队员迅速转移了。

有一次，敌人分兵三路，分别从虎岗、灌洋、大洋坝“会剿”灌洋山。范瑞章和杨銮声一起率领大阳区游击队员，制造假象，分别把三路敌军引到坪顶岗山上，造成误会，互相攻打，打死敌指挥官1人、机枪手1人、士兵2人。范瑞章和游击队员坐山观虎斗，未伤亡一人。不久后，坑口联保主任张镜明派出一支民团到莲塘里骚扰。范瑞章率领大阳区游击队员在久和桥伏击，打死民团兵1人，缴获长枪1支。有一次，大洋坝民团运输队队长罗××（曾担任大阳乡苏维埃政府主席，后叛变）带了民团运输队，到大池担运粮食到大洋坝。范瑞章和杨銮声一起率领大阳区游击队员到凿子凹平蓬山路上进行伏击。当民团运输队进入伏击圈时，击毙其队长罗××和另外两名民团兵，其余民团丢下粮食和武器慌忙逃走，游击队缴获步枪几支和粮食一批。

有一次，北坑纸厂4名外地工人发现范瑞章的游击队员常来北坑活动，竟跑到大洋坝粪斗窠炮楼里向民团报告，致使民团配合国民党军开到北坑一带“搜剿”游击队，并在纸厂附近设立排哨。范瑞章获悉这一情报后，与杨銮声一起，率领大阳区游击队员到北坑纸厂攻打敌人排哨。打退敌人后，把北坑纸厂通敌的4名外地工人抓捕镇压。有一次，范瑞章率领大阳区游击队员在坑口圩伏击，当场把叛徒杨××打死。

1935年冬，上井楻岭下塘背祠举行一次三天三夜的“建醮祈神”活动，永定县虎岗乡民团头目邱信周等四五人来到此醮坛的树荫下聚众赌博。范瑞章得到这一情报后，率领大阳区游击队员星夜赶到岭下袭击邱信周等人，打死2名民团兵。此后，在上井楻、下井楻地下党支部和地下游击小组的配合下，先后捕杀了2名叛徒、7名民团兵及5名勾结民团为非作歹的地痞。1936年年初，范瑞章和杨銮声一起率领游击队员3次攻打上山溪民团炮楼，敌往坑口逃窜，游击队烧毁了炮楼。1936年1月，为了扩大游击战争的声势和扩大红军游击队的政治影响，范瑞章与杨銮声一起率领大阳区游击队员两次袭击永定县高陂民团和上洋民团，打死民团头目1人和民团兵10余人，缴获驳壳枪1支，长枪五六支。1936年4月，范瑞章和卢丰区区委书记蓝荣喜、区干部罗兰洲和罗炳钦一起，率领游击队员在泮境猴子额设伏，只10分钟战斗，击毙泮境乡乡长及民团兵10余人，缴获长、短枪5支。

游击队的胜利引起了敌人的恐慌，敌人视范瑞章为“眼中钉、肉中刺”，想方设法要除掉他。他们一方面加紧寻找范瑞章的行踪，一方面到处张贴通缉令和悬赏布告，规定凡发现范瑞章立即报告者，奖励光洋20元；活捉或打死范瑞章者，奖励光洋50圆。由于叛徒的出卖，范瑞章曾多次受到敌人的偷袭。

1936年正月的一天，敌人获悉范瑞章率领游击队员营宿在樟坑村葡子山庙里。当天夜里，坑口民团出动100多人偷袭该山。听到狗叫声后，范瑞章立即率领游击队员从庙后门撤出，转移到灯笼岭山上。敌人没有抓到范瑞章，气得一把火把寺庙烧毁。敌人一计不成，又生一计。保长范××派出民团兵把范瑞章的妻子陈永连及其儿子范敦全一起赶出家门，软禁在另一个反动派爪牙范××家附近，日夜进行监视，并将此事向外张扬，故意让范瑞章知道，妄图在范瑞章前来营救妻儿时把范瑞章抓捕或打死。可是，范瑞章为了革命，早已把个人利益置之度外，不中圈套，使敌人的诡计又一次落空。于是，敌人又在范瑞章的房屋后面通往山上的篱笆出入口处做上暗记。有一天晚上，范瑞章为了给游击队员弄点粮食，在夜幕的掩护下亲自下山，潜回家里，范瑞章的嫂嫂杨连娣爆了几升米花给范瑞章带上山去给游击队吃。第二天早上，敌保长走到篱笆处一看，见暗号被人碰坏，知道范瑞章昨晚回来过，就派了几个民团兵把范瑞章的嫂嫂杨连娣抓捕，用绳子反绑双手，押到坑口民团炮楼里。伪联保主任兼伪乡长张镜明为了使杨连娣供出范瑞章的去向，把杨连娣吊在梁上用皮鞭抽打，还一刀一刀地割断杨连娣的脚筋，割得杨连娣鲜血直流。但杨连娣宁死不屈，始终守口如瓶。敌人没有办法，只好用绳子绑住杨连娣的双脚，放在地上一直拖到寨背，最后惨无人道地用刺刀把杨连娣刺死。敌人抓不到范瑞章，就加紧对范瑞章的妻子陈永连进行迫害，强迫陈永连把丈夫范瑞章找回来，如找不回来就要把她母子杀掉。在敌人的迫害下，陈永连被迫带着3岁的儿子范敦全上灯笼岭、马子崠、双髻山、灌洋山、茫荡洋的山上山下到处寻找，可找了半个多月也没有找到。在寻找过程中，母子俩挨冻受饿，吃尽了千辛万苦。

1936年年初，闽西南军政委会员第二次会议在双髻山召开。为了贯彻会议精神，杭代县军政委员会副主席陈必享、新汀杭县军政委员会副主席兼新汀杭游击大队政委邱相田奉命前往大阳区，协助范瑞章建立抗日反蒋统一战线工作。范瑞章和陈必亨、邱相田一起，先后到箭竹甲、莲塘里、大岭下、石铭、鸡衍寨、上井桯、下井桯、林家斜等革命基点村，分别会见了这些村的地下党支部书记和地下游击小组组长，听取了他们的汇报，向他们传达了会议精神，布置了建立抗日反蒋统一战线的工作和今后游击战争的方针和任务。4月24日，在灌洋山会见林家斜地下党支部书记、地下游击小组组长杨锦彬时，杨锦彬送了一把手电筒和一对新电池给范瑞章。范瑞章拿了三个光洋给杨锦彬，以示购买。

从此，刘瑞球成为游击队安插在敌人内部的一名“白皮红心”的地下工作人员。他打入敌人内部后，与游击队保持着秘密联系，经常给游击队提供情报，买粮食、药品和物资。

为了与刘瑞球取得联系，向他传达会议精神和布置抗日反蒋统一战线工作任务，范瑞章与陈必亨、邱相田决定在一天晚上一起去白石凹会见刘瑞球，想通过刘瑞球在敌人内部做抗日反蒋统一战线工作，促成当地国民党政府停止内战、联合抗日；并通过刘瑞球为游击队筹集一些粮食、药品和物资，顺便带回山上。

1936年4月25日（农历三月初五日，太拔圩天），范瑞章写了一封给1935年夏天打入敌人内部、在国民党坑口联保办事处担任财务科长的大丰乡白石凹村共产党员刘瑞球的信，通过太拔田坑里革命接头户转送。不料，这封信被国民党坑口联保主任张镜明截获后，立即提审刘瑞球。刘瑞球经不起考验，当场招供，叛变革命；并同张镜明一起密谋策划，以“为游击队提供情报和粮食物资”为幌子，叫范瑞章、邱相田、陈必亨等亲自到他家里联系工作，并在白石凹村口设伏，企图把范瑞章、邱相田、陈必亨等游击队员一网打尽。

4月26日傍晚，范瑞章和邱相田、陈必亨率领范鲁、江烈涛等去白石凹会见刘瑞球。路上，邱相田和陈必亨问范瑞章：“刘瑞球是否可靠？去白石凹有没有危险？”范瑞章不知道刘瑞球已经叛变，他向陈必亨、邱相田介绍了刘瑞球的一些情况后说：“不会有什么问题吧？”为了慎重起见，范瑞章、邱相田、陈必亨首先派人在白石凹村子两边山上进行了侦察和搜索，派了范鲁、江烈涛等4名游击队员在村后大路两侧负责警戒，还互相提醒要提高警惕。夜深人静时，范瑞章和陈必亨、邱相田按原计划进村了。当他们经过村中几间厕所，快到刘瑞球家门口时，走在前面的范瑞章突然感到脚下有条小小的线索绊了一下。他立即对邱相田、陈必亨低声说：“不好，有情况！”并迅速向前扑倒在地。走在中间的邱相田敏捷地滚进了路沟，走在后面的陈必亨来不及躲闪，“轰隆”一声巨响，一颗土炮在范瑞章、陈必亨身边爆炸，两人都被击成重伤，范瑞章被掀翻在路旁的菜地里，陈必享当场昏迷在地上。顿时，枪声四起，早已埋伏在房前屋后的5个民团兵大声狂叫：“范瑞章中炮啦！跑不了啦！抓活的呀！”在村外等候消息的张镜明听到炮响和喊叫声后，立即带领民团冲进了村里。在路口负责警戒的范鲁、江烈涛等4名游击队员看到情况不好，警戒已失去作用，决定撤离岗哨，待机接应范瑞章、邱相田和陈必亨。

范瑞章负伤后，叫邱相田、陈必亨赶快撤退。他忍着剧烈的伤痛站起来，跑出菜地，跨过水田，翻越田埂，跳进山前水沟里。邱相田在往水碓磨房方向撤退时，猛然看到跳进水沟的人影背上有团火苗忽闪忽闪，断定是自己人，就急切地跑过去，从微弱的火光中，发现身上着火的是范瑞章，便迅速扑灭他身上的火苗，二人沿着水沟摸黑突围。敌人发现水沟里有人扑打火苗，便吆喝着追进了水沟。这时，范瑞章和邱相田已经跑出水沟，撤退到山路上。正要往山上撤退时，范瑞章挺不住了，他两脚一软，倒在地上。邱相田赶紧上前扶他，发现范瑞章的大腿负了重伤，血流不止。在邱相田的搀扶下，范瑞章吃力地走了几步，感到浑身软瘫，大汗淋漓，实在难以支持，就对邱相田说：“你快走，我把敌人引开。”说着就晕了过去。邱相田赶紧蹲下身子，把受伤昏迷的范瑞章拉起来，把他的身子背在自己的背上，沿着深山小路继续突围。由于天黑路滑，邱相田背着范瑞章走得很吃力。一阵冷风吹来，范瑞章苏醒了，发现邱相田背他上山，又对邱相田说："情况危急，快把我放下，你赶快撤退上山，我来引住敌人。"可是，邱相田咬紧牙关，把范瑞章背得更紧了，心想：只要自己还有一口气，就要将与自己生死与共的战友背上山去。两人撤退到蓬垅窠时，山路越走越岖。邱相田吃力地背着范瑞章，背得气喘吁吁，上气不接下气。这时，敌人打着手电，沿着范瑞章滴在地上的血迹一路跟踪而来。而范鲁、江烈涛等4名游击队员，由于天色太黑，不能辨清范瑞章、邱相田、陈必亨3人去向，无法接应。在这危急时刻，范瑞章清醒地意识到，这样突围根本无法摆脱敌人的追捕。为了保护革命同志，他焦急地对邱相田说："不能再这样背下去了，要不两人都跑不掉。你赶快先跑，然后再设法救我。"他用力掰开邱相田的手，从邱相田背上挣脱下来。邱相田不忍心撇下范瑞章，苦苦哀求一起撤退。但范瑞章不容争辩，把邱相田伸过来的手用力推开，并还惦记着陈必亨的安危，吩咐邱相田说："如果我牺牲了，你一定要找到陈必亨同志的下落，搞清这次事件的发生原因，究竟是叛徒出卖还是我们自己出了漏洞。"邱相田流着眼泪，默默地点头。此时，范瑞章和邱相田一样，心情十分难受。他痛苦地偏过头，向邱相田挥手说："快走！"说完，转身滚进了路坡下的草丛里。邱相田流着止不住的眼泪，帮助范瑞章做好隐蔽，然后痛苦地向山上撤退。

张镜明带领民团兵沿着范瑞章的血迹追踪到蓬垅窠，发现路上的血迹没有了。走在最前面的民团兵吴××打着手电筒，寻找血迹的去向。他在路坡下的草丛上发现了血迹，断定范瑞章藏在草丛里，就用枪筒伸进草丛里试探。当发现范瑞章后，便大声喊叫："范瑞章在这里呀！抓到啦！"这时，范瑞章用尽全身力气，双手紧紧抓住吴××伸进来的枪筒，用力一拉。吴××没有防及，连人带枪被范瑞章拉扯过去，倒在范瑞章身上。二人抱成一团，在草丛里翻滚搏斗。范瑞章一边搏斗，一边高呼革命口号："为工农群众而牺牲！""共产党万岁！""红军万岁！""打倒国民党反动派！""打倒蒋介石！"最后，二人一起滚下数米深的山沟里。张镜明带领民团包围过来，先把范瑞章打昏，救出吴××后，向范瑞章连开几枪，然后割下他的头颅。第二天，敌人把范瑞章的头颅悬挂在坑口圩边大榕树上"示众"，5天后才被革命群众冒着生命危险偷偷掩埋。

邱相田等游击队员撤退回山后，按照范瑞章的嘱咐，设法打听陈必亨的下落，得知陈必亨负伤昏迷醒来后，由于伤势过重无法行走，爬进了路旁一间厕所里隐蔽，被敌人发现后杀害，头颅亦被割下悬挂在太拔圩上"示众"。

敌人杀害范瑞章后，又对他的家属进行迫害，强迫范瑞章的妻子陈永连出50圆光洋用于奖赏杀害范瑞章的凶手，否则要把陈永连母子也一起杀掉。由于范瑞章家境贫寒，根本没有光洋，敌人就把他的房屋和财产全部没收作抵押，这还不够，还要强迫陈永连拿出20圆光洋。陈永连被逼得走投无路，只好把儿子卖给本村张细妹家，才勉强凑齐款项。

范瑞章牺牲时，年仅36岁。解放后，范瑞章被评为革命烈士。

（罗陈喜）

杨子岐

杨子岐（1907－1931），又名杨海彬，溪口镇锦坊村人。

杨子岐小时曾在上锦坊和大洋坝读过私塾，后由于家里贫困，无法到外地求学，只好在家里跟随父母学种田、学造纸、学养蜂、学打猎，每天起早摸黑干活。由于世道黑暗，使杨子歧的心里埋下了对旧社会憎恨的种子。

杨子岐与郑秋伍是同年同月同日同一时辰出生，二人是最友好的发小。1928年初夏，郑秋伍的同窗好友、时任中共上杭县委委员的雷时标，通知郑秋伍去北四区蛟洋，参加革命工作。郑秋伍邀杨子岐一起去，去后因工作积极，斗争勇敢，杨子岐和郑秋伍、何登南、傅连勋、罗传善一起，在罗寿春、雷时标、傅柏翠介绍下，加入了中国共产党，成为东二区第一批共产党员。6月25日，在中共上杭县委和北四区委的领导下，蛟洋农民武装暴动爆发。暴动失败后，杨子岐等在罗寿春率领下，回到东二区，分头到各乡村向教师和农民传播革命思想，组织秘密农会，成立武装暴动队伍，为武装暴动作组织准备。 杨子岐首先在他的家乡林家斜及邻近的磜角里、北坑、上坪头等村向农民传播革命思想，创办农民夜校，建立秘密农会，并配合郑秋伍、罗传善在锦坊、大洋坝、云山、峨益、陈屋等乡村宣传革命思想。

1929年1月4日，东二区党支部成立后，杨子岐在林家斜培养发展了杨集豪、杨春豪、罗嵩福加入中国共产党，培养发展了杨锦彬等11人加入共青团,成立了林家斜党支部和团支部,杨子岐任党支部书记，杨锦彬任团支部书记，并成立了一支有22人组织的武装暴动队伍。同时,在礤角里、上坪头村培养发展了罗德焱等11人加入中国共产党。5月14日晚上，在莲塘里崇业学校由罗寿春主持召开东二区党支部大会，首次提出:抗租不纳租;抗捐不缴捐、抗税不交税、抗债不还债、抗粮不完粮的“五抗”口号。会后，杨子岐在林家斜等村领导和发动农民开展“五抗”，准备暴动武装。暴动前,杨子岐和郑秋伍为搞到武器,决定争取灌洋民团土匪起义。经罗寿春和何登南批准，物色10多名可靠人员，打入土匪内部，做分化瓦解工作，争取了百多人待机起义。有单响步枪一百多支。1929年春天，东二区党支部看到时机已到，决定领导全区农民举行武装暴动。杨子岐和郑秋伍领导锦坊乡各村农民在杭永岩边境举行武装暴动，并把暴动队员和起义人员也带到大和坑，与傅柏翠领导的红军教导队和罗寿春领导的暴动队伍胜利会师后，在合甲完成整编任务。杨子岐和郑秋伍率领的暴动队员和起义人员被编入傅柏翠、曾省吾、罗瑞卿领导的红五十九团第三营，郑秋伍任营长，杨子岐任排长。6月，支援了中共龙岩县委领导的大池暴动，配合红四军第二次攻打龙岩城。6 月 19 日凌晨,毛泽东、朱德率领红四军第三次攻打龙岩城，杨子歧率领全排战士参加突击队，攻打城北的松涛山阵地，然后，直捣守敌陈国辉的旅指挥部。红四军攻下龙岩域后，杨于岐奉命率领全排战士，随军先后在蛟洋、丘坊、旧县、白砂和古田一带，打击国民党军阀残余势力和地方民团，发动群众打土豪分田地，建立苏维埃政权。9月19日，杨子岐率领全排战士参加攻打上杭城，胜利攻占“铁上杭”。

1930年1月，杨子岐随军征战闽粤赣边地区，在长汀、于都、赣州、南康、信丰等地打了许多胜仗，纵横几百里，为巩固革命根据地，扩大红色区域作出了贡献。6 月初，杨子岐从赣南回到闽西，编入红十二军。成立红二十军时，杨子岐奉命到红二十军第二纵队第二支队担任排长。11 月，杨子岐率领全排战士随军开到龙岩整编，编入中国工农红军新十二军，仍任排长，参加了中央苏区第一次反“围剿”作战。第一次反“围剿”结束后，杨子岐旧伤复发，右手致残。组织上安排他到双溪铺列宁师范学校学习。结业后，回家乡坚持革命斗争，担任大阳区赤卫队排长，带领赤卫队员参加军事训练、站岗、放哨，保卫红色政权，配合区苏政府发动群众参军参战，组织成立担架队、运输队、救护队、慰劳队等，随时准备为保卫苏区作战。不久，被调到杭武县直属第三大队担任中队长。

1931年春，闽西苏区开展所谓“肃清社会民主党”运动，杨子岐因反对上级乱抓乱杀，参与了“坑口事变”。被围剿时，他和郑秋伍、何登南等在马子岽被抓捕，于5月31日以“社党反革命暴乱罪”被杀害，年仅25岁。

新中国成立后，党和政府为在“肃社党”中蒙冤遇难遭错杀的同志平反昭雪，1955年7月，杨子岐被评为革命烈士。

（罗陈喜）

张全福

张全福（1909—1948），溪口镇双华村人。

张全福少时，因家庭贫困，没钱上学，年龄很小就跟随父亲外出学做木工手艺。家庭贫困，世道不平，很小就使张全福思想上产生改变这种社会状况的愿望。

1929年3月，毛泽东、朱德、陈毅率领红四军第一次入闽，消灭了土著军阀郭凤鸣，解放了长汀县城。同年5月，红四军第二次入闽，攻克龙岩城。这些振奋人心的喜讯不断传来，张全福受到了很大的鼓舞。他非常兴奋，一个参加革命、翻身求解放的念头在他心中升起。5月24日,东二区（含现在的溪口乡和大池镇的合甲、何屋村）人民，在共产党员罗寿春、张善初等人的领导下，举行了轰轰烈烈的农民武装暴动，20多岁的张全福毅然参加各处行动。1929年6月7日（农历五月初一日）,毛泽东、朱德率领红四军攻打白砂。张全福与东二区赤卫队员一起，配合红四军第一纵队行动，得到锻炼。

农历五月上旬，张全福在共产党员张彦初率领下，支援了茶地樟树洋、官山等地的农民暴动。下旬，他与东二区赤卫队员一起，2次参加攻打太拔。农历六月初三，张全福再次攻打太拔，在白砂、茶地、黄潭暴动队伍和红四军林彪纵队肖克支队的共同进攻下，消灭驻敌张清球团，策动了太拔农民暴动。

1930年4月，张全福加入中国共产主义青年团，担任第十一乡团支部书记，参加苏维埃政府工作。工作后他勤勤恳恳、任怨任劳、兢兢业业，出色完成各项任务。8月19日，张全福参加攻打上杭城，因城墙坚固，失利回来。9月19日晚，上杭地方武装配合红四军第三次攻打上杭城，张全福被挑选编入攻城突击队，配合红四军第四纵队攻打东门。他和攻城突击队员们一起，带着煤油和易燃物品，冒着敌人枪林弹雨，冲到城墙门口，点燃煤油和易燃物品，用火烧毁城门，冲进城里，英勇杀敌。经过激战，于20日拂晓攻占了上杭城，歼灭了驻敌卢新铭。张全福没有文化。暴动后，他就积极参加共产党人创办的农民夜校，如饥似渴学文化，特别是被选为乡苏代表和担任团支部书记以后，更是勤奋学习，刻苦攻读，不仅学到了许多简易汉字，而且还增强了革命知识，懂得了许多革命道理。在赤卫队期间，他积极参加军事训练，得到了很多锻炼。1931年1月，上杭与武平合并成立杭武县，建立杭武县苏维埃政府。同年4月，张全福被派到杭武县苏维埃政府任交通员。为了不暴露身份，他化名李明、张薄华等，秘密为县苏政府及时传送命令、布告、情报和信。不久，任杭武县第三区（溪口、太拔）团委书记。

1932年春，他光荣地加入中国共产党。入党后，组织上选送他到江西瑞金列宁师范学校学习。

师范学校学习后，他就再也没有回家了。父母逝世时，张全福正在硝烟滚滚、枪林弹雨的战场上冲锋陷阵，英勇杀敌。直至1948年牺牲时，还不知道自己父母已经去世。1932年秋，成立“福建军区红军独立第九团”（简称红九团）,张全福在江西瑞金列宁学校学习刚刚结业，组织上就派他任红九团某连连长。

1932年9月底，张全福率领全连官兵配合红九团进行“姑田战斗”，消灭了华仰桥团匪160多人，俘虏200多人，迫使华仰桥率领残部躲入深山老林。接着参加攻克永定城和宁洋县城战斗，消灭驻敌，使红色根据地向东扩大了300多里。1933年初，国民党十九路军侵占朋口、新泉一线，张全福率领连队与兄弟连队一起多次袭击敌人，7月底，配合东方军收复了连城南部地区。到1934年10月主力红军北上抗日，张全福率领连队同国民党（如卢兴邦部、卢新铭部易启革、马鸿兴团）、民团、土匪（如华仰桥、周焕文民团、汤学鸣、罗藻等股土匪）及大刀会、童子兵等作战几十次。成为一支政治上经得起考验，战术上过得硬的连队，使敌人闻风丧胆。

1934年秋，国民党军队卢兴邦的整编十二师、刘和鼎的五十师、王敬文的八十七师及周志群旅等部，在连城永定一带猖狂“围剿”红军部队，构筑碉堡和封锁线。张全福在红九团团长吴胜、政委方方的指挥下，率领全连官兵，与兄弟连队一起采取灵活机动的战略战术，在该敌两侧声东击西，搅乱敌人阵线，使敌不敢轻举妄动。

1934年底，敌人对闽西革命根据地发动第一期“清剿”，出动3个旅兵力，从连城窜到赖源，配合宁洋一个保安团进攻我红军独立第九团和明光独立营的据点连（连城）宁（宁洋）岩（龙岩）边区。张全福率领全连官兵，配合兄弟连队和明光独立营，组织根据地人民坚壁清野，把物资全部分散到大山洞里去，然后转移到外线，使敌人到处扑空，一无所获。

1935年6月，张全福奉命率领全连官兵，配合兄弟连队和明光独立营在永定陈东坑歼灭了民团土匪50余人，缴获枪支几十枝，活捉了岐岭乡乡长。之后根据群众要求，把这个恶贯满盈的乡长枪决了。同时，还在陈地坑与马池塘之间打了一个漂亮的伏击战，歼灭敌八十师一个连。这次战斗，打死打伤敌人30多人，俘敌40多人，缴获枪支20多支，子弹4000余发，大刀90多张。接着，又在大埔和永定交界的下洋镇和三支岭打了两个胜仗，致使敌人第一期“清剿”草草收场。在粉碎国民党第一期“清剿”后，红九团根据闽西南军政委员会的决定，分为两路活动：第一营和第三营向南挺进；第二营留在岩、连、汀边境地区活动；张全福在团长吴胜、政治部主任陈仁率领下，随一、三营向闽南挺进，开辟了永定、大埔、平和、云霄、漳浦、饶平各县边区，与红三团取得联系。在闽粤边境拔除了许多反动据点，帮助群众建立了十余个革命委员会，发展地方党的组织和群众组织，组建了各个区域的游击武装力量，实现了与红三团胜利会师。

1935年10月，是三年游击战争中最艰苦的时期。军事上敌人以数十倍于红军和游击队的兵力，采取“驻剿”“堵剿”“追剿”“搜剿”等办法和实行残酷的“保甲连坐”以及烧光、杀光、抢光的“三光”政策，对付我红军游击队和基点村群众。为了分散活动，缩小目标，在强敌跟追情况下，张全福奉命率领连队随团从闽南回师闽西，一路上遭到敌人围追堵截，兵力损失很大。特别是1935年11月，部队到达永定湖雷小坪水时，被敌人跟踪追击11天，官兵们极度疲劳，在遭受国民党第十师搜山伏击时伤亡很大。红九团团长吴胜、政治部主任陈仁等英勇牺牲。张全福等被冲散的30多人到达金丰大山，又遭敌人一个营的包围，兵力再次受损。1936年1月张全福部编入闽西南抗日讨蒋军四、五支队，任政治委员。从此，张全福又在闽西南军政委员会的领导下，转战龙岩、永定、南靖、大埔、饶平等地。

1938年1月，闽西南红军游击队整编为新四军二支队准备开赴苏皖前线抗日时，组织上考虑到张全福身体不好，决定把他留在闽西南一带并派他到饶（饶平）和（平和）埔（大埔）边坚持斗争。他来到平和县长乐村后，积极宣传和发动群众，开展革命斗争。

长乐村是一个地形分散，范围较广、人口较多的村庄，附近的各个山头都有群众居住。长乐村虽然也是老区，但张全福初到这里时，与这里的群众不熟悉，群众也不了解他，所以工作较难开展。为了打开局面，他每天起早摸黑，不辞劳苦，走家串户，从了解群众疾苦入手，和群众谈心，特别是关心群众，对群众体贴入微。村里谁病了，他就寻医问药，朝夕探望。遇上农忙时，他还帮助病人和劳力少的群众干农活。张全福虽木工出身，但干农活也是能手，深得群众欢心，渐渐与他熟悉起来。他对群众的要求，总是有求必应，千方百计帮助解决。1939年，村里遭受灾荒，群众生活苦不堪言。但国民党反动派不顾群众死活，仍然横征暴敛。张全福秘密领导群众开展减租减息减税斗争，把群众组织起来，几户为一组，一批批到地主豪绅家里要求减租减息，又一批批到乡村政府那里要求减税，迫使地主豪绅和乡村政权不得不作出一些让步。接着，张全福领导群众惩办了出名土劣曾阿炳、朱有火等。使人民群众扬眉吐气，地主豪绅和反动分子不敢轻易作恶。为了保存力量，发展壮大革命队伍，根据党的统一战线政策，张全福安排群众打入敌人内部，认真细致地做保长、乡长感化工作，使长乐一带的不少乡村政权变为“白皮红心”的两面政权。同时，秘密发展党员，建立党的支部。

长乐人民的革命斗争，震惊了敌人。国民党当局出动了大批军警在长乐村一带搜捕张全福，到处张贴捉拿张全福的通缉令和悬赏告示，“活捉张全福者，赏光洋一千元，知情密报者，赏光洋五十元”。但敌人是徒劳的，张全福在人民群众中享有崇高威望，群众宁愿冒着掉脑袋的危险来全力保护张全福。敌人只好变换手法，采取诱以高官、厚禄办法妄图诱捕张全福。但张全福对此嗤之以鼻，以共产党员“头可断，血可流，革命意志不能丢”和“威武不能屈，富贵不能淫”的崇高革命精神激励自己，更加坚定了革命信念。他进一步发展共产党员，努力扩大党的组织，与敌人展开艰苦、激烈斗争，使得敌人的阴谋又一次破产。敌人恼羞成怒，捉拿不到张全福，就在长乐一带大肆搜捕革命群众，妄图杀绝共产党人，一举扑灭革命力量。由于当地叛徒告密，陈甘露等一百多名革命群众被敌抓捕，关在当地临时设立的监狱里，准备押往漳州监狱关押处置。在这紧要关头，张全福不顾个人安危，带领几位革命群众，打入敌人内部巧妙地营救出被捕群众。张全福依靠群众，在结科楼办起了一个小兵工厂，制造枪支弹药。在与上级党组织失去联系的日子里，依靠群众，领导群众坚持革命斗争，使长乐革命根据地得到进一步巩固。1940年，闽南特委得知张全福在长乐一带开展革命活动，委派李碧山到长乐与张全福联系。见面后张全福汇报了自己的工作和长乐一带的情况。李碧山听后，非常满意，随即向闽南特委作了汇报。随后，成立了中共长乐区委，张全福为区委书记。

1940年底，为了便于与党中央和华南各省区党组织联系，中共华南局党委决定在长乐设立一个秘密电台，并把这个任务交给张全福。张全福接受任务后，组织人员安装，担负电台的给养、运输和安全保卫等。电台机器笨重，又有马达声，长乐距国民党统治区又近，要设立电台确实不易。但张全福依靠群众力量使电台安全工作了近二年半时间。后来，由于叛徒告密，敌人出动大批军警妄图偷袭。张全福领导长乐党组织和革命群众全力保护。1942年4月20日星夜，敌人又出动大批军警向电台驻地偷偷袭来。张全福为了电台安全，一方面组织游击队员加强警戒，做好阻击敌人准备。一方面组织人员迅速将电台转移。后来，电台发生故障，功能失调，无法收发。他一面鼓励维修人员维修，一面派人千方百计与上级取得联系。在张全福鼓励下，电台维修人员耐心细心维修，终于在一天，电台修好了。从此，长乐电台与党在华南各省区的组织恢复了联系。

1943年，闽南国民党顽固派撕毁协定，又向革命根据地发动猖狂进攻。在敌强我弱情况下，张全福把革命斗争转入地下。把一部分游击队员分成若干生产小组，分头到各深山老林去开垦荒地，种植地瓜、玉米，饲养猪牛等，进行生产自救；另一部分游击队员分成若干小组，分头到白区秘密活动，宣传发动白区群众开展斗争。当时，国民党借抗日名义向人民大肆征收苛捐杂税，给人民生活造成极大困难。张全福一方面领导群众进行生产自救，另一方面领导群众开展反征兵、反征粮、反征税斗争，并开仓分粮，账救灾民。这些斗争，既锻炼了群众，又保存了革命力量。

由于隐蔽斗争的胜利，长乐革命根据地的形势逐渐好转起来。张全福为了打击敌人嚣张气焰，又把游击队员集中起来，并把斗争从地下转向公开。1944年5月8日，他率领游击队员围攻了维新乡公所，伏击顽固派乡长叶文嵩，缴获步枪17支，子弹800多发。8月下旬，张全福率领游击队员攻打盘踞在广东大埔的反动军阀黄仕途和反动地主肖珠训等，缴获枪支47支，子弹12箱，手榴弹4箱。这进一步充实了游击队的装备，增强了游击队的战斗力。随即成立了游击大队，他任政委。1945年初，这支游击大队与其他地区的游击队合并，成立饶和埔边区游击大队，张全福任政委。同年4月，他担任闽粤中心县委组织委员。

1945年，张全福与革命战友陈秀连结婚，次年生一男孩。由于叛徒出卖，陈秀连母子俩被敌抓进漳州监狱关押并遭受残酷的折磨，儿子惨死狱中，陈秀连在漳州解放时才被救出，后安排在龙岩工作。

1946年春，张全福赴香港学习回来后，在大埔大东乡大址头圩设“保元堂”中药铺，以经营药材为掩护，进行党的秘密活动。后来，他担任中共饶和埔中心县委书记。不久，又转任闽粤边地委书记。

1947年12月，张全福担任中共梅埔地委书记。1948年6月，担任中共粤东地委书记。由于斗争艰苦，加上负伤后长期抱病工作，1948年10月7日晚，在广东大埔县岩上村李树岗指挥战斗时，旧病突然复发，次日凌晨2时停止了呼吸，牺牲时年仅38岁。

（罗陈喜）

张其英

张其英（1890—1931），溪口镇大厚村人。

1921年，考进厦门集美师范学校，在此接受了革命思想熏陶。1926年，在厦门集美师范毕业后，回家乡担任廻澜文馆校长。

1929年，东二区农民暴动成功后，张其英发挥自己能写会说的才能，积极协助党组织建立大厚乡苏维埃政府，组织农民协会，参与组织地方武装、保卫苏维埃政权等工作，并参加中国共产党。

参加革命后，积极参加了打土豪、分田地，深入发动群众参军扩红工作。1930年6月间，上杭成立“革命互济会”时，张其英由区苏推荐，担任上杭县苏维埃政府革命互济会主任。革命互济会是帮助政府争取群众，“为一切被压迫群众站在革命观点上互相援助的一种组织”。工作中，他深入发动群众募捐衣服、粮食、蔬菜等救济灾民。对因灾因战流离失所的难民，他一面率工作组进行慰问，一面动员群众腾出房间安置灾民，想方设法帮助逃荒群众解决困难。他对支前工作亦做得非常细致，为巩固苏维埃政权，扩大赤色区域也作了很多工作。

1931年入春后，闽西错误地开展肃清“社会民主党”运动。6月，张其英被诬为“社党”分子而遇害于南阳，年仅41岁。1955年7月，经上级人民政府批准，成为革命烈士。

（丘鹤武）

郑炳生

郑炳生（1890—1935），溪口镇锦坊村人。

1928年秋，郑炳生到上锦坊参加共产党员郑秋伍创办的农民夜校，接受革命思想。他根据郑秋伍的交代，回下锦坊组织秘密农会，成立武装暴动队伍。1929年初，郑炳生经郑秋伍介绍，加入中国共产党。入党后担任下锦坊农会小组组长兼暴动队队长。

1929年春，郑炳生在郑秋伍领导下开展“借粮度荒”斗争，并做好武装暴动准备工作。5月28日凌晨，郑炳生带领暴动队员到林家斜集中，在郑秋伍、杨子岐领导下，举行武装暴动。而后，暴动队员到灌洋、虎岗城下乡策动农民暴动。接着，郑炳生率领锦坊暴动队员在合甲整编，被编入中国工农红军五十九团第三营，郑炳生担任排长。6月2日，支援了小池暴动。随后配合红四军第二次攻打龙岩城。6月7日，郑炳生带领全排战士参加攻打白砂。白砂战斗结束后，红四军决定组建第四纵队。郑炳生所在红五十九团被编入红四军第四纵队第七支队，郑炳生仍任排长。至9月，先后参加第三次攻打龙岩城和攻克“铁上杭”。1930年1月后，郑炳生随部征战闽粤赣边，纵横几百里。6月初，郑炳生奉命到红二十军第二纵队第二支队担任排长。11月，郑炳生所在部队在龙岩整编，编入中国工农红军新十二军。此后参加了中央苏区第一、第二、第三次反“围剿”作战。1931年10月，郑炳生因身体不好，被介绍回家乡，担任东二区第八乡（锦坊乡）苏维埃政府主席，领导锦坊群众进行建设苏区和保卫苏区斗争。

1933年9月3日，成立代英县委、县苏，把东二区改名为大阳区。郑炳生被任命为大阳区苏维埃政府主席兼游击大队长。1934年9月，根据中央指示，在双髻山，灌洋山开展游击战争。郑炳生留在锦坊负责组建游击小组，发动群众支援和保卫县委、县苏机关。10月，郑炳生和游击队员配合红二十四师一个营和代英独立营、独立连在交通线上袭击敌人，切断敌人从龙岩到大池的交通线路，牵制敌人兵力。11月，郑炳生奉命回到锦坊，继续发动群众，掩护县委、县苏机关。12月，廖海涛、刘国宪、黄火星率领杭代县游击队和大阳区游击队攻打石铭民团。因石铭桥对岸敌军设有一个桥头堡，驻有敌军一个排。郑炳生奉命率游击小组组成1个突击排，3个尖兵班。在一切准备就绪之后，廖海涛一声令下，郑炳生便率领突击排和尖兵班迅速冲向大桥，向对面扑去。但在冲锋中，郑炳生不幸被迎面打来的密集子弹击中，牺牲在大桥上。牺牲时，年仅45岁。

（原载于《溪口镇志》）

郑秋伍

郑秋伍（1907—1931），溪口镇上锦坊村人。

8岁时，入本村私塾读书。小学毕业后，入永定高陂中学就读。1924年初中毕业时，以全校第二名成绩考入省立龙岩第九高级中学。在学期间，与该校进步学生雷时标、吴荻丹、林梅汀、陈国华等人一起，参加了该校的左派组织，并参加了共产党员邓子恢、曹菊如、陈明、林仙亭、张觉觉、章独奇等人创办的奇山书社，阅读了一些马列主义书籍和《岩声》《汀雷》等革命刊物，逐渐接受了新文化、新思想，懂得了许多革命道理。

1927年，郑秋伍在龙岩省立第九中学毕业后，到永定县虎岗乡大竹园小学任教，1928年春又回到东二区大厚村红光小学任教。此时，他的同窗好友雷时标、陈国华已加入中国共产党，分别担任中共上杭县委委员和龙岩县委委员，经常写信与郑秋伍联系。1928年夏，郑秋伍经雷时标指点，与东二区进步青年杨子其（又名杨子岐）、罗传善、何登南、傅连勋一起，前往蛟洋（时为北四区），在中共上杭县委和北四区委领导下，参加农民运动以及同年6月爆发的武装暴动。期间因工作积极，斗争勇敢，经罗寿春、雷时标、傅柏翠等人介绍，与杨子其、罗传善、何登南、傅连勋一起，加入了中国共产党，成为东二区第一批共产党员。

蛟洋暴动失败后，郑秋伍与何登南、傅连勋、罗传善、杨子其一起，随罗寿春回东二区开展革命活动。他在上锦坊、下锦坊、九州、苏前、当风凹等村秘密向教师和农民传播革命思想，发展共产党员、培养革命骨干，创办农民夜校，秘密组织农会。他首先在九州村培养了张昌茂，在上锦坊培养了郑树飞、郑石太，在下锦坊培养了郑炳生，在苏前村培养了傅佐奕，在当风凹培养了龚尚钦等几个骨干，并领导这些革命骨干分别在自己村里创办农民夜校，发展农会会员，成立了东二区第一批农民协会。

1929年1月4日晚上，共产党员罗寿春在石铭茶排里自己家里主持召开东二区党员会议，郑秋伍与何登南、傅连勋、罗传善、杨子其一起参加。会上，罗寿春传达中共六大精神和省委罗明指示以及县委在庐丰召开的扩大会议精神，对东二区下一步革命活动作了研究，并成立东二区党支部，由何登南为书记，郑秋伍为副书记。

东二区党支部成立后，郑秋伍在上锦坊、九州、下锦坊、苏前、当风凹、林家斜等村先后介绍了张昌茂、郑炳生、杨锦彬、郑树飞、郑石太、张雪妹、傅佐奕、龚尚钦等人入党，挑选了一批政治思想较好，革命热情较高，立场比较坚定的农会会员，组成锦坊乡农民武装暴动队伍。此时，在东二区党支部领导下，东二区其他多村都成立了武装暴动队伍，准备举行武装暴动。

其时，近邻的永定县灌洋乡有几股较大土匪武装，当地群众称他们为“喽啰鬼”。他们用颜料把脸涂成各种颜色，经常到上锦坊、下锦坊、九州、林家斜及杭永岩边境村庄抢劫。这些土匪既互相勾结，又互相争夺势力。但他们中也有许多人出身于贫苦农民家庭，本不愿当土匪的，无奈慑于地方势力，只得跟随匪首聚啸山林。暴动前，郑秋伍认为，这些土匪经过教育，有的人是可以争取到革命队伍中来的。于是他向罗寿春汇报了这一情况后，罗寿春十分赞成，即交代郑秋伍、杨子其在上下锦坊、九州、林家斜、灌洋一带物色可靠人选，混入土匪中去，做分化瓦解土匪工作。最后，争取到灌洋土匪林妙太、沈漏濑部下100多人起义，并交出100多条枪支持即将举行的农民暴动。

1929年春天，正值春耕大忙季节，东二区春荒严重，许多群众因缺粮而濒于断炊。为使群众度过春荒，郑秋伍按东二区党支部提出的“借粮度荒，搞好春耕”指示，领导锦坊乡群众开展借粮度荒斗争，向地主豪绅借得一些粮食。但到了四五月间，缺粮断炊的面越来越广，春荒问题日益严重。群众要求打土豪，分田地，要求地主豪绅开仓放粮的呼声日益高涨。此时，郑秋伍看到农民暴动时机已到，决定领导锦坊乡农民举行武装暴动，打开地主豪绅粮仓，放粮救济群众。恰好此时，毛泽东、朱德等率领红四军第二次入闽。在红四军进军闽西的声威中，石铭和坑口片群众在东二区党支部领导下，先后举行武装暴动。为了扩大声势和政治影响，郑秋伍根据东二区党支部指示，领导锦坊乡各村庄群众在杭永岩边举行武装暴动。为进一步发动群众参加暴动，增强群众打土豪决心，暴动前夕，郑秋伍说服自己父母，在妻子张雪妹的支持下，带头表示将自己家中的11亩耕地和几片山林交给农会，分给贫苦农民，得到东二区党支部和全区群众的赞扬。

5月28日凌晨，郑秋伍与杨子其、张昌茂、郑炳生一起，率领锦坊乡农民暴动队伍200多人，手擎红旗，臂戴红袖章，带着鸟枪60多支和长矛、大刀、土炮等武器，到林家斜集中，召开誓师大会。会后郑秋伍率领暴动队伍从林家斜出发，翻越灌洋大山，于当日上午到达灌洋与林妙太、沈漏濑部下100多名起义人员汇合，赶走了灌洋的民团土匪，在灌洋一带打土豪，没收地主豪绅财产，分给贫苦农民。次日，郑秋伍等继续率领暴动队伍和起义人员300多人，到永定县虎岗区策应当地农民暴动，发动群众打土豪，没收城下乡地主赖×财产。当日又返回锦坊乡打土豪。5月30日，把劣绅郑×抓捕，押到大洋坝镇压。他们还在大洋坝打土豪，没收地主罗××财产。

此时，蛟洋暴动领导人傅柏翠根据毛泽东指示，将他率领的红军教导队整编为闽西红军第五十九团。在整编过程中，驻在白砂的国民党钟铭清团勾结丘坊民团进攻蛟洋。傅柏翠为避敌锋芒，率领部队从蛟洋转移到大和坑。东二区暴动领导人罗寿春率领石铭、大连、大厚三乡暴动队伍北上大和坑，与傅柏翠领导的队伍胜利会师。郑秋伍获悉这一情况后，决定把暴动队伍和起义人员也带到大和坑，编入傅柏翠的红五十九团。当日，他率领暴动队伍和起义人员300多人从另一路到达大和坑，与罗寿春、傅柏翠所率队伍会师。途中，先后与土匪罗藻的一支部队和钟铭清团的一支部队相遇，打了2场遭遇战，把对方击退，郑秋伍率领的暴动队员牺牲1人。

会师后，郑秋伍率领暴动队伍和起义人员，跟随傅柏翠、罗寿春率领的队伍翻越双髻山，回到东二区大岭下、石铭、合甲等乡村指导革命，在合甲完成整编任务。整编时，罗寿春把东二区的暴动队伍分为二组，一组是郑秋伍率领的暴动队员和起义人员，被编入傅柏翠、曾省吾、罗瑞卿领导的红五十九团，郑秋伍任营长；另一组是罗寿春率领的暴动队伍回东二区活动。

1929年6月2日清早，郑秋伍率部从合甲出发，支援大池、小池和铜钵暴动。6月3日，郑秋伍率领所部配合红四军第二次攻打龙岩城。他们与红四军第三纵队一起，从西门进攻，打退了守敌陈国辉旅的第一补充营和一个特务连。郑秋伍率领的部队缴获了一批枪支弹药和一批光洋，但也牺牲了2名战士，受伤多人。战斗结束后，郑秋伍随部与攻城部队一起，配合地方武装肃清当地反动势力，没收地主豪绅财产，分给劳苦群众。6月5日上午，郑秋伍率部参加了在龙岩中山公园召开的群众大会，隆重成立龙岩县革命委员会。

攻下龙岩城后，郑秋伍率领部队撤离龙岩城，开到大池集结，配合红四军攻打上杭白砂。红四军前委在大池召开军事会议，制订攻打白砂的作战方案，决定组成左路军、中路军和右路军，分三路攻打白砂。郑秋伍所部参加右路军作战，右路军任务是向丘坊进攻，扫清白砂外围的丘坊民团，并阻止旧县和上杭城之敌向白砂增援。

6月7日凌晨，郑秋伍随部在团首长指挥下，从大池出发，经吊钟岩、苏家陂、坪埔、中和圩等地，顺利把丘坊民团击退到旧县方向，为左、中路军攻打白砂创造了有利条件，完成了红四军前委交给的作战任务。

白砂战斗结束后，为了适应形势需要，壮大红四军力量，红四军前委决定组建红四军第四纵队，郑秋伍所在的红五十九团被编入红四军第四纵队第七支队。为了消灭陈国辉旅，6月19日凌晨，毛泽东、朱德率领红四军第三次攻打龙岩城，第四纵队奉命担任攻城突击队，为全军打头阵。战斗中，郑秋伍率领所部攻打城北的松涛山，然后攻入北门并向东推进，直捣守敌陈国辉的旅指挥部，为全军胜利攻占龙岩城发挥了重要作用。红四军第三次攻下龙岩城，消灭陈国辉旅后，在闽西各县进行了大规模的短距离分兵，策动闽西各县的农民暴动。郑秋伍所部奉命先后在蛟洋、丘坊、旧县、白砂和古田一带，打击国民党军阀残余部队和反动民团，发动群众打土豪分田地，建立苏维埃政权。同年9月19日，参加攻打上杭城，消灭守敌卢新铭旅。1930年1月，郑秋伍随部征战闽粤赣边地区，在长汀、于都、赣州、南康、信丰等地打了许多胜仗，纵横几百里，为宣传、组织、武装群众，打击敌人，现固革命根据地，扩大红色区域作出了贡献。本年6月初，为了巩固闽西革命根据地，郑秋伍率部从赣南回到闽西，编入红十二军。不久，闽西苏维埃政府决定，成立二十军，郑秋伍被调到红二十军第二纵队第二支队任政治委员。他与支队长傅幼陶一起，率领部队在上杭境内活动，保卫和巩固上杭各地的苏维埃政权，在上杭西部歼灭了小股团匪，然后率领部队再次参加攻打上杭城。失利后继续留在上杭县境内活动。

1930年10月上旬，郑秋伍随部开往龙岩城，参加改编整训，编入中国工农红军新十二军。编入后，随部参加了中央苏区第一次和第二次反“围剿”作战，先后在平和大芦溪、永定坎市、龙岩湖邦、上杭蛟洋等地，分别与国民党四十九师张贞部和六十二师香翰屏部作战。

在轰轰烈烈的土地革命斗争中，郑秋伍不仅自己参加革命，而且还动员自己妻子和家人参加革命。他的妻子张雪妹在他的影响下，加入中国共产党，后来参加了宣传队、洗衣队、运输队、慰劳队，支援反“围剿”作战。郑秋伍5个兄弟中，有3个参加红军。弟弟郑春全，在他的动员下，积极参加暴动，先后担任赤卫队长、乡苏主席，入了党。1931年2月，在第二次反“围剿”中，郑秋伍又动员弟弟郑春全、郑春来参加红军，投入反“围剿”作战。郑春全在战斗中身负重伤，在长汀四都医院牺牲。郑春来在战斗中右手被敌打断，截去了右臂，成为荣誉军人。

正当郑秋伍率领部队艰难地参加第二次反“围剿”作战的时候，王明“左”倾错误路线的执行者却在闽西苏区错误地开展了一场所谓“肃清社会民主党”运动，使许多共产党员和革命干部蒙冤受害。1931年5月，闽西“肃社党”乱抓乱杀进入高潮，东二区最早一批入党的5名共产党员，竟有郑秋伍、何登南（时任杭武县第三区区委书记）、罗传善（时任杭武县第三区少共书记）、杨子其（杭武县直属第三大队排长）等4人（同时他们也是东二区暴动领导人）被诬为“社党”遭到抓捕关押。同时遭到关押的还有杭武县直属第三大队政委陈锦玉等共200余人。杭武县直属第三大队大队长李真、副政委张纯铭、副大队长邱子庭、廖维皆等对这种毫无根据的乱抓乱杀强烈不满，为了保护革命同志，5月27日，他们毅然率领部队包围区苏政府，打开监牢，释放出被抓捕关押的区委书记何登南、第三大队政委陈锦玉和郑秋伍等200多人。中共闽粤赣边委得此消息后，认为“坑口事变”是反革命暴动，调动新十二军搜剿第三大队指战员和被释放的200多名“社党分子”，第三大队官兵被缴械拘捕，郑秋伍等200多名被释放的所谓“社党分子”再次被捕。5月29日，郑秋伍和何登南、杨子其等和第三大队被捕官兵一起，被当作“社党分子”处死。

郑秋伍牺牲后，他的妻子张雪妹继续坚持革命，在反“围剿”作战中，为红军做了许多草鞋，同时，还掩护和供养了2名在暗坑反“围剿”作战中失散的江西籍红军战士。她在三年游击战争中，还积极支援红军游击队，成为革命接头户。

1955年7月，郑秋伍被评为革命烈士。

（罗陈喜）

江细妹

江细妹（1871—1935），女，1871年8月25日出生在上杭县溪口乡西木坑村一农民家庭，长大后与大岭下村农民廖绍美结婚。婚后，丈夫廖绍美由于过度劳累，积劳成疾，过早地离开了人间。

1928年蛟洋暴动后，共产党员罗寿春受组织派遣，回东二区传播革命思想，领导农民运动。其时，江细妹的儿子廖海涛正在石铭小学教书，他在罗寿春宣传下，接受了革命思想。1929年春，廖海涛加入了中国共产党，领导了大岭下农民暴动，打倒了地主豪绅，家家户户分到了田地。与此同时，毛泽东、朱德率领红四军入闽，消灭了郭凤鸣、陈国辉、卢新铭等反动势力，解放了闽西大片地区。土地革命斗争的大好形势极大鼓舞了江细妹，使她深刻认识到只有坚定不移跟着共产党干革命，群众才能过上好日子。因此，她克服家务拖累和各方面困难，全力支持革命事业，支持儿子廖海涛工作。在廖海涛担任乡苏主席、代英县委副书记、县苏主席期间，江细妹虽然年逾花甲，可她仍带头参加农会、妇女会、洗衣队、慰劳队等红色组织，带领妇女为红军洗衣服，做草鞋，帮助红军家属干农活等。

1931年秋，在第三次反“围剿”作战期间，闽西红军兵工厂从永定虎岗迁到大岭下村。为了支援兵工厂生产，江细妹将自己的房子腾给兵工厂用，而自己一家住茅房。兵工厂在大岭下村开设半年期间，江细妹发动群众为兵工厂提供粮食、蔬菜、柴火和物资，为兵工厂战士做饭菜、洗衣服、煎茶水，从人力、物力各方面对兵工厂以很大支持。同年冬天，大洋坝红军医院撤退到大岭下设在廖善年家里和白头岩山上。江细妹又像支援兵工厂一样支援红军医院，发动妇女为红军医院提供粮食、蔬菜、茶水，给伤病员采草药、做饭菜，家里养的禽畜和鲜蛋自己舍不得吃，送给伤病员营养。在反“围剿”期间，江细妹在乡苏政府领导下，发动妇女做好后勤工作，为部队筹粮食、种蔬菜、做草鞋，全力支援红军作战。

1934年10月，主力红军长征后，廖海涛把留在当地的党政军领导和武装人员集中起来，编成游击队，转入双髻山、灌洋山一带深山老林，坚持游击战争，自己先后担任代英独立营营长、闽西南军政委员会委员、杭代县军政委员会主席、红七支队政治委员等职。因此，江细妹一家被敌人视为“共匪匪首”家属，江细妹多次被敌逼着要她把儿子找回来，否则就会遭到满门抄斩。江细妹毫无惧色，总是理直气壮地对敌人说：“儿子长大了，他想干什么就干什么，我做母亲的管不着。你们都无法找到他，我一个老太婆怎么能找到？”驳得敌人哑口无言。

在白色恐怖下，江细妹不怕敌人威胁和恫吓，英勇机智地坚持斗争。她千方百计支援游击战争，源源不断地把粮食、物资和情报送上山去给游击队。在她的影响下，大岭下村的群众几乎家家户户都支援游击队，成为得力的革命基点村。国民党反动派为了消灭革命火种，不仅调集重兵对游击区实施军事上的“围剿”“搜剿”“清剿”“会剿”“驻剿”“堵剿”和“追剿”，而且也疯狂摧残革命基点村，实施保甲连坐法，颁布“五光”“十杀”令，隔绝群众对红军游击队的支持，使游击队的生活和行动越来越困难。江细妹为了支援游击战争，担任了游击队交通员，经常以赶集、探亲为名，到坑口、大洋坝及双髻山下周围村庄联络革命群众，为游击队筹粮筹款、购买物资、侦察敌情、传送情报。在她的动员下，许多群众冒着生命危险，为游击队送粮、送菜、送物资、送情报。进入最困难阶段，她和儿媳妇张菊秀（廖海涛妻子）协商后，把家里的全部粮食送给游击队，又把田产和其他财物全部卖掉，所得钱款全部交游击队使用。然后，她带着儿媳妇张菊秀和出生才几个月的孙子廖顺文（又名廖民新）一起上山参加红军游击队。此时，江细妹已经64岁。但她不顾自己年岁已高，照样和游击队员一起，翻山越岭，迂回在崇山峻岭、深山密林之间，过着披星戴月、风餐露宿、饔飧不继的艰苦生活。她十分关心游击队员，每天为游击队员做饭菜、煎茶水、洗衣服、采野菜，为伤病员采煎草药、喂饭喂菜，慈母般地关心料理伤病员。她闲不住，一天到晚忙个不停，一刻也不肯休息，游击队员都亲切地叫她江妈妈。

1934年农历十二月，大岭下村群众被敌强迫移民并村后，由于敌人的封锁，游击队的粮食和给养已经断绝，游击战争开始进入最艰苦最困难的阶段。此时，双髻山一带的红军游击队有二百余人。江细妹为了解决他们的粮食和给养，经常化装成“讨饭婆”，到双髻山下各村庄与革命群众联络接头，打探敌情、搜集情报，为游击队筹措粮食、蔬菜、食盐、药品、电池、斗笠、油纸布等。人们看到她老态龙钟，手持拐杖，头发蓬乱，衣衫褴褛，乌头垢面，以为她真是个讨饭婆。所以，江细妹得以一次又一次地把粮食和物资带回山上，有力缓解了游击队的困难。

1935年农历五月初一，国民党保安十四团钟绍葵部，在坑口民团、联防队、壮丁队配合下，再次“围剿”双髻山。因叛徒告密，驻在莲塘里的敌副团长李佩琼部在双髻山搜山时，包围了岭头窠的长坑里，江细妹和儿媳妇张菊秀、孙子廖顺文和游击队员傅颂声、蓝金城等6人不幸遭敌抓捕，被押到坑口国民党乡公所监牢里关押。李佩琼与廖海涛虽是同学，但他抓到廖海涛家属后，却把他们当人质，写信给廖海涛，劝廖海涛带红军游击队下山投降。信中说若廖海涛下山投降，可保廖海涛全家平安无事。可是，廖海涛为了革命事业，早已把个人利益置之度外。他收信后，即回信给李佩琼“只有铁骨铮铮的共产党员，没有屈膝投降的布尔什维克”，表明他坚贞不屈，和敌人斗争到底的决心。敌人为了得到口供，对江细妹、张菊秀、傅颂声、蓝金城等游击队员实施各种刑罚。可是，江细妹等游击队员一个个坚贞不屈，始终守口如瓶，使敌人没有得到一句有价值的东西。

在牢中，江细妹忍着遍身伤痛，尽力关照傅颂声、蓝金城等年轻游击队员。第二天传讯时，江细妹看到监牢通道上的一个墙角里，放着一支敌人从暴动队员那里收缴来的铁矛；又看到游击队员廖乾祥7岁的儿子廖汉兴（大岭下人）于前几天也被敌人抓来关押后，由于他年小不懂事，大哭大闹，吵着要出去，敌人无奈，允许他可在监牢内走动，但不准走出监牢门外。见此情景，江细妹计上心来，一个越狱计划在脑海里形成。审讯结束，敌人把她押回牢房后，她趁看守的敌人离开之际，悄悄把七岁的小男孩廖汉兴招呼过来，嘱咐他把放在墙角上的那张铁矛偷偷拿来传进牢房。廖汉兴与江细妹是同村人，他认识江细妹和张菊秀，平时叫细妹婆婆。他年纪虽小，但很听江细妹的话。趁敌人不在时，他把铁矛传给了江细妹。江细妹立即把它藏好并嘱附廖汉兴不要声张。之后，她和傅颂声、蓝金城、张菊秀等游击队员密商，决定用铁矛子挖墙，越狱逃走。她们选好位置后，趁夜深人静，敌人入睡，往墙壁上撒上尿水，用铁矛子挖墙洞，看到查房的敌人进来，江细妹和儿媳妇张菊秀就抱着小孩坐在地上，用身体挡住洞口，不让敌人发现，傅颂声、蓝金成等游击队员就躺在地上装睡。就这样，江细妹望风，傅颂声、蓝金城等游击队员轮流挖墙，苦战了3个晚上，终于把墙洞挖开了。

这天子夜，更深人静时，江细妹叫游击队员用双手拨开遮掩在洞口的泥土和稻草，从洞内探出头去察看洞外情况。她看看没有异常，就回转身来示意傅颂声、蓝金城等3名游击队员迅速爬洞越狱，嘱咐他们出狱后的逃离方向。可是，游击队员没有一个愿意先出，一齐恳求江细妹、张菊秀带小孩先出。

“不，你们年纪轻，腿脚快，赶快先出去。”江细妹坚定地说。

“江妈妈，您年纪大了，应该先出去，孩子交给我们，我们会把他带出去的。”蓝金城恳求。

“不，我一把老骨头了，腿脚笨重不灵活，死了也没什么了，你们还年轻，革命正需要你们，你们一定要先出去，千万不要管我啊！”江细妹说。

虽然江细妹态度坚决，但游击队员一个个总不忍心，仍含着泪水，坐在地上丝毫不动。见此情景，江细妹心急如焚，耐心地压低嗓门说道：“后生们，快出啊！不要耽搁时间了，出去一个算一个。”说着，一把拉过蓝金城，首先把他推出洞口，接着又把傅颂声和另一名队员推到洞外，最后才领着儿媳妇张菊秀抱着孩子往洞外爬。

正当她爬到洞外时，由于天色太暗，前面出洞的傅颂声，不慎一脚踏空扑通一声跌在地上。响声惊动了岗楼上值班的敌哨兵。“哪一个？站住！”岗楼上的敌哨兵一边大声吆喝，一边端起枪朝响声传出处放了一枪。枪声划破了沉寂的夜空，附近的狗立即“汪汪汪”地叫起来。“哇！哇！哇！”睡在母亲怀中的小顺文被枪声惊醒，吓得大哭起来。江细妹的儿媳妇张菊秀只好抱着正在哭叫的孩子贴在墙洞口用手捂住孩子的嘴，不让哭出声来。傅颂声跌伤后，也不声不响地伏在水沟里隐蔽。蓝金城和另一名游击队员看到江细妹、张菊秀3人还未撤出，也伏在田坎下接应。此时，被枪声惊醒的敌人不知道发生了什么，以为游击队打来了，吓得连衣服也顾不得穿，慌忙拿枪走下楼梯打开大门蜂拥而出，大声嚎叫着冲了过来。情况万分危急！为了掩护游击队员安全脱险，江细妹毅然用力扯开竹篱笆，朝游击队员撤退的相反方向爬越田坎，把敌人引诱过来追赶自己。张菊秀带着孩子自知难以逃脱，为了掩护游击队员撤退和照顾婆婆，也带着孩子朝婆婆撤退的方向赶去。这样，敌人的注意力全被江细妹、张菊秀婆媳俩吸引过去了。敌人一边嚎叫，一边打着电筒和火把朝江细妹、张菊秀撤退的方向照射。一颗子弹使江细妹不幸负伤，被追赶前来的敌兵抓住，押回监牢里五花大绑，吊在梁上毒打，整整受了一夜毒刑，被打得死去活来。儿媳妇张菊秀和孙子廖顺文也被抓回关押。傅颂声、蓝金城等3名游击队员，见已无法接应江细妹和张菊秀，只好忍痛撤退，脱离险境。

第二天，敌人将打得遍体鳞伤的江细妹和她的儿媳张菊秀及孙子廖顺文一起押往上杭县城。一路上，张菊秀背着小孩，搀扶着婆婆江细妹，步履艰难地行走，还随时遭到押送兵的辱骂和毒打。走到泮境定塔村上三层岭时，江细妹由于伤口流血过多，体力无法支持，行走已十分艰难，毫无人性的敌人还要逼她赶路。在连推带拖走到泮境路亭里时，江细妹已倒在了地上。眼看江细妹已奄奄一息，凶残的敌人就奸笑着说："老共匪婆，你确实走不动了，就送你上西天吧。"说着，用刺刀把江细妹刺死。这一年，江细妹65岁。张菊秀看到婆婆惨遭杀害，痛不欲生，扑上江细妹尸身失声大哭。敌人又把张菊秀强行拉开，强迫她继续往上杭县城赶路。在上杭城东门潭头过渡，船到江心时，毫无人性的敌人又从张菊秀身上抢过刚满周岁的孩子廖顺文，把他丢进河中活活淹死。张菊秀被敌人押到县城监牢里关押，受尽折磨后，被强行嫁卖到中都与人为妻，不久，郁郁而死。

全面抗战爆发后，江细妹儿子廖海涛为挽救民族危亡，带领游击健儿参加新四军第二支队北上抗日，先后担任新四军二支队四团政治处主任、团政委、新二支队副司令员、十六旅政治委员兼苏南军政委员会主席等职。1941年11月在江苏溧阳塘马对日作战中壮烈牺牲，成为全国著名抗日英烈。

江细妹被敌杀死在泮境路亭里后，当地群众知道了过意不去，就把她的遗体掩埋在路亭下的山坡地里。新中国成立后，她的家属经当地政府协助，通过当年收殓江细妹遗体的革命群众指点，找到江细妹尸骨，移回家乡大岭下安葬。同时，江细妹被人民政府评为革命烈士。

（罗陈喜）

江赠金

江赠金（1910—1933），女，溪口镇大厚村人，1910年生于苏木坑，2岁时被卖到细坝里张家当童养媳。

1929年春，共产党人在村里创办农民夜校，19岁的江赠金在夜校里学文化，并聆听了许多革命道理。后参加了各项革命活动。不久后，加入共产主义青年团。6月，东二区各乡村成立妇女协会和儿童团、少先队、赤卫队等红色组织。江赠金带头剪掉头发，参加妇女会、少先队，被编入少先队妇女排，继而担任大厚乡妇女协会主席、少先队副队长兼妇女排排长。6月底，东二区革命委员会成立，江赠金当选为妇女委员。在打土豪分田地斗争中，江赠金带领的妇女排工作出色，被上级授予“妇女模范排”称号。不久，江赠金带领一批妇女参加工农赤卫队。7月，东二区苏维埃政府成立，江赠金当选为妇女部长。此后她和吴景梅、卢最兰、范三秀等妇女干部，走村串户，号召妇女团结起来，挣脱封建枷锁，发动各乡村成立妇女慰劳队、洗衣队等，为前线的红军部队送粮、送菜，洗衣服。江赠金能说会道，朝气蓬勃，成为翻身妇女的楷模。8月中下旬和9月中旬，江赠金等妇女干部动员东二区18岁至45岁的妇女组成运输队，担架队、救护队、慰劳队等，三次出征，有力地配合赤卫队和红四军攻打上杭城。

1929年冬，江赠金带头实行婚姻自由，与大厚乡赤卫队副队长张梓才自主结婚。1930年9月，夫妇俩参加红军。其夫张梓才在红军新编第十二军三十四师任班长，不幸于1931年8月在江西对敌作战中牺牲。1930年10月，江赠金奉命从部队转到汀连县苏维埃政府任妇女部长。在职期间，她因做出显著成绩，光荣加入中国共产党。1932年初，在方方夫人撮合下，江赠金与战友、汀连县苏维埃政府宣传部长赖斡如结婚。1933年2月，生下一子取名赖永泉（为纪念在新泉出生）。此时，正是中央苏区第四次反“围剿”时期，新泉和连城南部的一些地区被敌占领。江赠金夫妇随军撤至南阳后，丈夫赖斡如随军北上，奉命收复连城、长汀。江赠金因坐月子，无法长途行军，组织上决定把她留在南阳茶溪一户红军家属家里隐蔽，并做力所能及工作。

1933年3月，敌人进犯茶溪时，因叛徒告密，江赠金母子被抓捕。被捕后，敌人为了得到江赠金口供，对她进行威逼引诱和严刑拷打。江赠金面对敌人屠刀宁死不屈，厉声斥敌。最后，敌人恼羞成怒，凶残地用刺刀把江赠金母子刺死。江赠金牺牲时，年仅23岁。

（原载《溪口镇志》）

范三秀

范三秀（1900—1934），女。

范三秀1900年出生于太拔溪背村范屋一贫苦农民家庭，17岁出嫁到大洋坝中坊，生下一个男孩，取名罗智昌。1922年，黄潭河发生了30年来最大洪灾，范三秀家房屋和仅有的少量耕地及庄稼被洪水冲毁。为了遮挡风雨，一家人只好搭茅屋居住。为了生存，她的丈夫罗智福只好离乡背井，漂洋过海，到新加坡打工谋生。当年洪灾过后，她看到一位名叫郭惠妆的小女孩无依无靠，便把她收为家中当作亲生女儿抚养。

1928年秋，大洋坝进步教师罗云肪、罗唱初在村里创办农民夜校，向农民传播革命思想，组织秘密农会，成立武装暴动队伍。范三秀冲破封建枷锁，参加了农民夜校学习。在认识了许多革命道理后，加入秘密农会，成为夜校里的活跃分子和妇女参加革命活动的带头人。1929年5月26日，范三秀带头参加大洋坝农民暴动。暴动后，范三秀剪掉长发，带头参加赤卫队和妇女会，被推选为妇女会主席。6月初，红四军第一纵队奉命到达大洋坝集结，准备攻打白砂。范三秀发动妇女从家里挑来柴火、粮食、蔬菜，为红军烧茶水、做饭菜、洗衣服。7月，大阳乡苏维埃政府成立，范三秀当选为乡苏代表和妇女部长。她动员妇女剪发，上夜校学文化，参加赤卫队、少先队、妇女会等红色组织。8月中下旬和9月中旬，范三秀动员妇女与大阳乡赤卫队员一起，3次出征，参加攻打上杭城。她还经常帮助妇女们解决一些实际问题，大家称她办事公道，不讲私情。革命斗争的锻炼，使范三秀显得朝气蓬勃，成为翻身妇女的楷模，得到区委、区苏的赞扬，很快被批准加入中国共产党。

1930年10月，闽西红军医院设在大洋坝陈屋土楼里，范三秀发动妇女为红军医院提供各种援助，参加伤病员护理。由于缺乏药品，范三秀带着妇女到深山野地采草药，还设法解决红军伤病员的营养问题，与医护人员和红军伤病员建立了深厚革命感情。

在扩红工作中，范三秀带领妇女干部，积极宣传扩大红军意义，使大阳乡参加红军人数名列全区前茅。在反“围剿”期间，范三秀带头参加游击队，担任区苏游击队宣传员，活动在杭、永、岩边境地区，推动全区参军参战工作活跃开展。1932年5月25日，《红色中华》在《积极发动妇女参战》中，对包括大阳区在内的上杭8个区发动妇女参战工作进行了表扬。

1933年12月的一天，范三秀与游击队员一起，在余家山伏击敌人。范三秀不幸腿负重伤滚到山下，昏迷在地，被鱼子岽（今龙子村）一位好心农民发现背回家中隐蔽治疗，使范三秀得救，并通过这位农民与游击队取得了联系。游击队派人秘密前去探望范三秀，给她送去药品和物资，后来，把范三秀秘密抬回大洋坝，在家里继续进行隐蔽治疗。

1934年4月，因叛徒出卖，范三秀被大洋坝民团抓到粪斗窠炮楼里关押。敌人对她施以种种酷刑，逼迫她供出游击队情况。但范三秀坚贞不屈，始终守口如瓶。敌人无计可施，最后把范三秀枪杀于大洋坝粪斗窠，牺牲时年仅35岁。1955年，范三秀被评为革命烈士。

（罗陈喜）

★第三章　革命烈士英名录（335人）★

一、大厚（36人）

江怀科　江秉绳　张煌兴　张绍其　江义端　张秉维
张有喜　张香喜　张恒喜　张顺才　张文洪　张启元
张葆生　张焕桃　张梓才　张克丰　张称先　江赠金
江韶美　江信端　张降洪　张礼明　江吉藩　张彬生
廖燮和　张彦初　张钿喜　张梦吾　张其英　江焕端
江友信　江秉伦　廖纯仁　张礼义　张雄启　张祥禧

二、大丰（44人）

范行通　张裕书　范玉锦　刘县兴　丘炳铭　陈炮魁
郭庆顺　黄日辉　丘炳彬　丘胜彬　范端章　范家振
张怀燕　范敦荣　范敦茂　江寿昌　陈孟学　江金昌
江锡昌　范美林　黄瑞杭　黄文明　黄朝林　范家让
吴锦梅　范瑞章　丘相荣　张求银　黄相皆　黄日先
杨玉莲　丘树荣　陈冲魁　黄细妹　范行达　范家齐
黄维龙　范家林　范家良　范敦清　范秉章　江荣浪
范杭洲　刘道元

三、双华（34人）

张彩丰　张清辉　张庆元　张全福　廖景员　吴守兴
钟育芳　廖戊元　张春发　张行东　李定全　李占湖
张长昭　廖景元　张长洲　张泮昌　张元忠　张友春
张行寅　张垣兆　廖福元　吴盛太　张长彬　吴守程
张行友　王加应　张长魁　张长田　张友仁　张永春
王信尧　张作汉　郑震魁　郑银魁

四、三溪（35人）

杨福柱	杨端章	丘朋光	丘贤带	李立藩	杨志春
杨敏传	杨海柱	杨文光	杨广章	杨永和	李立先
丘荣森	丘庆乾	丘凤禧	李兰芳	李友亮	李腾洪
李立凉	李由招	李美招	丘贤志	沈章钦	丘亮先
杨文朝	丘锦祥	丘岑林	丘崇芳	杨受辉	丘林河
丘炳祥	杨森章	杨立廉	杨炳光	丘崇元	

五、大连（27人）

廖松养	廖宇河	廖金和	廖海中	廖新来	廖亨养
江细妹	廖浪山	吴子兰	吴洲喜	钟宝如	吴学大
吴开宝	丘瑞辉	丘煌辉	丘林辉	吴水康	吴锦沂
吴应端	吴荣上	丘银科	廖珍山	吴友三	廖维皆
廖道行	廖海涛	吴富培			

六、石铭（46人）

刘芳进	杨赞金	杨先荣	杨先声	杨集成	杨长善
杨如光	杨銮声	杨传德	杨槐林	罗寿昌	罗桂交
张顺发	张如兆	张绍洪	张庚森	杨仰林	杨炳烈
杨长欣	罗桂昌	官元标	张桂芳	张金全	张佩喜
罗喜昌	罗福昌	官生标	张宝元	张辉兆	罗森昌
杨存德	杨达林	杨克类	杨汝朋	杨文学	张绍勋
杨秀堂	罗炳山	张友金	张兄兆	杨存约	杨举光
杨烂康	杨浪怀	罗寿春	杨荣先		

七、云山（6人）

陈鼎琅　陈秉腾　黄祥恒　黄祥石　黄大林　黄荫林

八、大洋坝（53人）

卢友明　罗德河　雷桂林　罗林先　罗万来　罗胡奎
罗德良　罗寿高　罗秉庆　罗德焱　吴德河　罗德银
吴德金　罗景寿　罗旺春　罗开春　罗万朱　罗倡初
卢兰昌　卢振三　卢亮谦　卢亮招　罗象胡　罗禄斌
罗崇斌　曾友保　卢初端　罗盛斌　卢启文　罗万珍
罗明科　罗锡才　罗欧民　罗桂初　罗林庆　罗培怀
罗德耀　罗海元　罗占奎　罗桃喜　罗万光　罗炯光
卢咸忠　卢克俊　卢克城　卢新吉　卢福标　罗德保
罗招村　罗寿儒　卢上洪　罗景寿　范三秀

九、陈屋（13人）

傅焕廷　傅洪珍　傅鉴元　傅佩华　陈鸿初　陈含芬
陈桥洲　陈耀恒　陈元昌　陈宝贤　陈芳来　陈竹天
傅锦乾

十、当丰（15人）

龚尚传　龚茂山　龚金传　龚仁招　龚启德　龚守恒
龚日煌　龚顺昌　龚仁恩　龚进昌　龚万春　罗必选
罗怀福　罗树发　罗必昌

十一、锦坊（26人）

张灿书	杨宏彬	郑洪标	郑锦春	张松书	张富南
张锡南	郑炳生	郑乾泰	郑海崇	张海南	张济茂
郑其洲	郑彬秀	杨子岐	郑其金	张贞茂	郑树先
郑汝东	张集书	杨易彬	郑荣秀	郑秋伍	郑润元
杨选彬	张灿南				

（摘自上杭县退役军人事局最新版本的烈士英名录）

附录

红色烙印

——溪口红色旧（遗）址

1929年5月24日，罗寿春在大厚罗墩塔前召开小河片十二乡群众大会，公开提出“五抗”口号，宣布开始暴动。图为罗墩塔（溪口镇文化站供图）

1929年5月石铭乡农民暴动武装集结、议事的地方——石铭天后宫（江树高供图）

1929年毛泽东在大洋坝的旧居——授经堂（又称“后花园”）（江树高供图）

1929年毛泽东在大洋坝的旧居——竹林屋（溪口镇文化站供图）

1929年七八月间，萧克率部在大洋坝驻扎。图为大洋坝萧克故居（江树高供图）

1929年10月，东二区（后为大阳区）苏维埃政府成立后，办公地址设立于此。图为东二区区苏旧址——大洋坝五堂屋（江树高供图）

1930年春，闽西苏维埃政府为培训闽西苏区师资力量，在溪口双华村创办闽西列宁师范学校廻澜文馆（溪口镇文化站供图）

1930年10月间，在国民党军对中央苏区发动第一次"围剿"的声浪中，闽西苏维埃政府从永定虎岗北迁至大溪口大丰科（今大厚村石星子屋）"明德堂"一带办公。图为明德堂（溪口镇文化站供图）

1930年10月，闽西红军医院从小池迁到溪口“福兴楼”和陈氏祠堂。图为闽西红军医院旧址——福兴楼，2020年被列为省级文物保护单位（溪口镇文化站供图）

1931年1月，由于国民党军对工农红军的军事“围剿”，闽西工农银行被迫从永定虎岗转移到云山村的犁头山黄氏祠堂里。前后历时8个月。图为溪口云山村闽西工农银行旧址（溪口镇文化站供图）

1931年1月，闽西工农通讯社（又称“闽西交通大站”）从永定虎岗迁到溪口高寨坑，并派闽西红十二军模范营到高寨坑驻防。图为闽西工农通讯社办公旧址之一，2019年被列为县级文物保护单位（溪口镇文化站供图）

1931年后曾为红色交通站的大洋坝鸳鸯楼，2018年被列为省级文物保护单位（江树高供图）

1930年后曾为红色交通站的坑口挹春堂，2020年被列为省级文物保护单位（江树高供图）

1931年后曾为红色交通站的上三溪尚德堂，2018年被列为县级文物保护单位（江树高供图）

1931年后曾为红色交通站的诒燕楼。此地也曾是谭震林、方方等工作过的地方。2019年被列为县级文物保护单位（溪口镇文化站供图）

1934年12月，张鼎丞从中央苏区回闽西开展游击战争经过溪口锦坊时歇息过的住地（江树高供图）

1936年7月间，谭震林到大洋坝指导工作途经磜角里时，遭敌人袭击负伤。北坑革命群众邱芳院冒死背谭震林到林家斜老鹰岩山洞养伤一段时间。图为锦坊村林家斜当能坑老鹰岩（锦坊村支部书记郑国辉供图）

1936年8月间，国民党军为镇压群众支持游击队，在莲塘里村制造一天杀害群众40人的惨案，史称“莲塘里惨案”。图为“莲塘里惨案”发生地点（江树高供图）

1937年春节期间，国民党广东军黄涛一五七师会同闽西钟绍葵民团等共计2000余人，分三路进攻集结在大和坑准备过年的红军游击队。红军游击队廖海涛、黄火星、刘国宪等经过周密安排，将敌吸引到双髻山上，利用熟悉地形等优势，指挥部队与敌激战竟日，获得大捷。图为战斗旧址之一——溪口三溪村吾莳洋（溪口镇文化站供图）

1955年和1962年，上杭县人民政府先后给"莲塘里惨案"蒙难群众修建的纪念墓（前）和纪念碑（后）（罗陈喜供图）

1955年，上杭县人民委员会为"莲塘里惨案"蒙难群众修建墓地时使用的墓碑（江树高供图）

著名英烈廖海涛故居（张东瑞供图）

开国中将罗舜初将军故居（溪口镇文化站供图）

开国少将邱相田将军故居（大丰村文化协管员邱森斌供图）

2003年7月，上杭县老促会、溪口镇人民政府在大连村修建的“革命纪念亭”。亭中上方悬挂由开国少将王直题写的“革命纪念亭”匾额，下方并排竖立“抗日名将廖海涛纪念碑”和“莲塘里革命基点村蒙难群众纪念碑”（江树高供图）

战斗号角

——溪口境内现存红色标语

建立苏维埃的新中国（大丰村洽溪祠堂/溪口镇文化站供图）

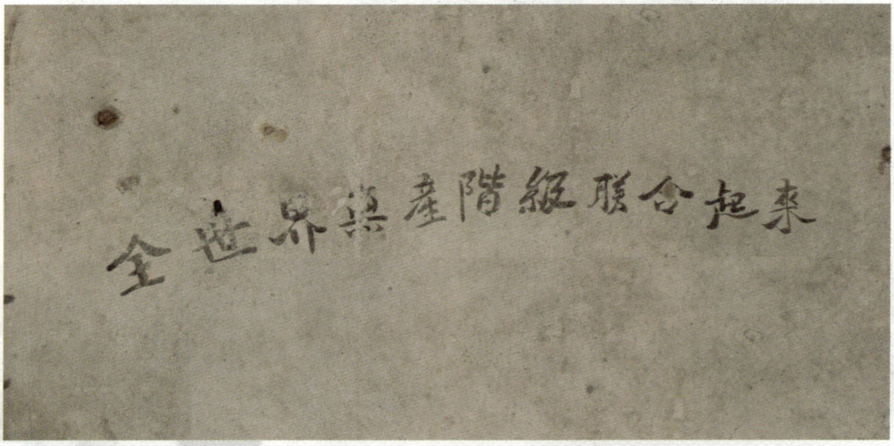

全世界无产阶级联合起来（白石凹/江树高供图）

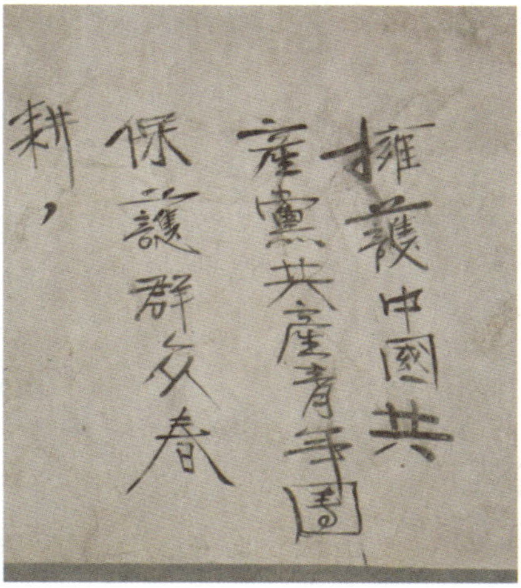

拥护中国共产党、共产青年团，保护群众春耕（白石凹/江树高供图）

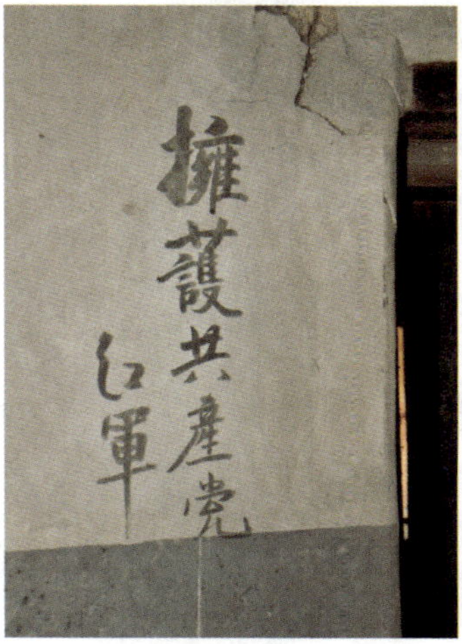

拥护共产党、红军（白石凹/江树高供图）

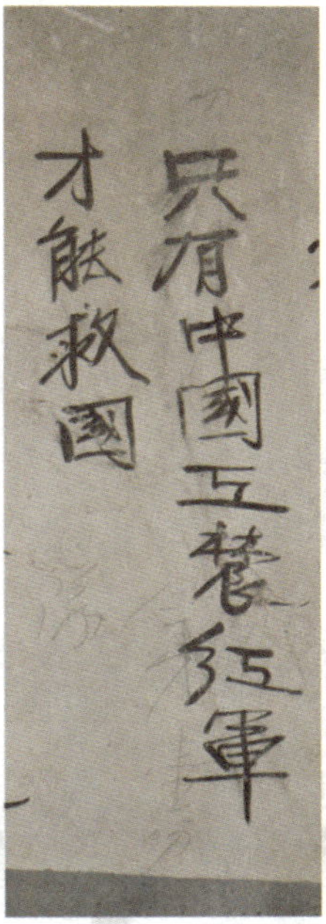

只有中国工农红军才能救国（白石凹/江树高供图）

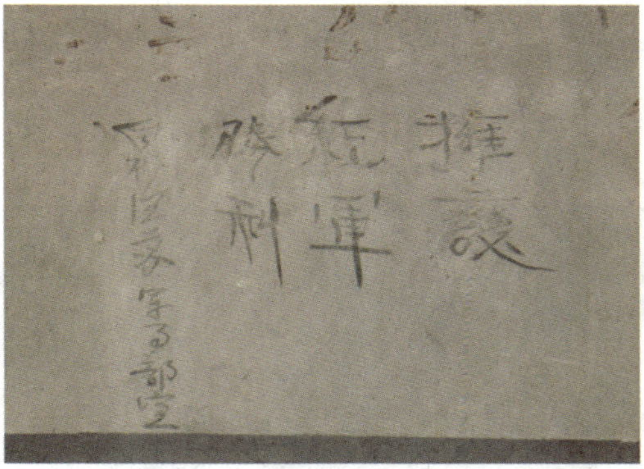

拥护红军胜利。——白砂区苏军事部宣（白石凹/江树高供图）

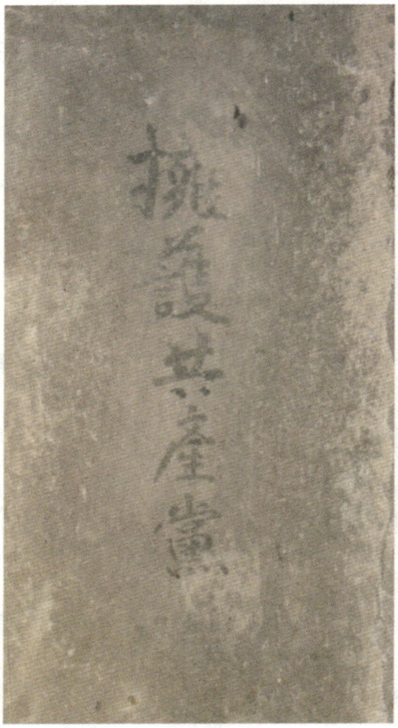

拥护共产党（白石凹/溪口镇文化站供图）

红军 共产党（白石凹/溪口镇文化站供图）

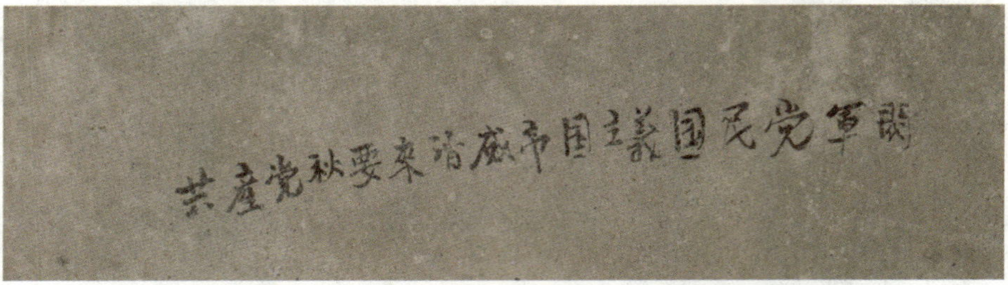

共产党秋（就）要来消灭帝国主义国民党军阀（白石凹/江树高供图）

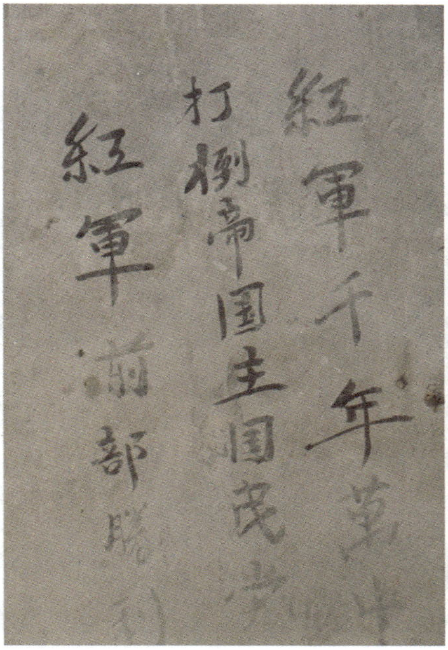

红军千年万岁，打倒帝国主（义）国民党，红军前（全）部胜利（江树高供图）

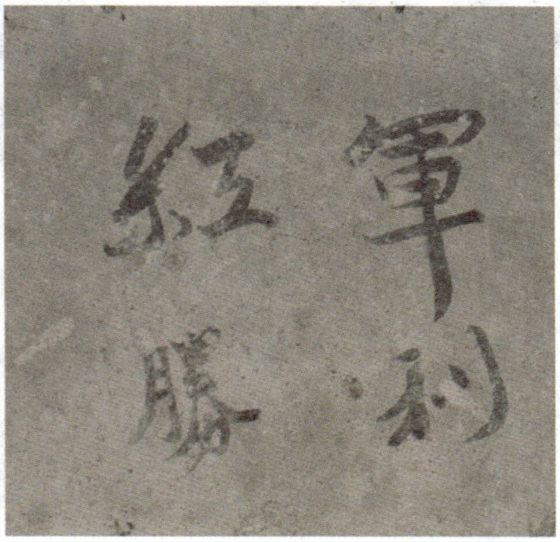

红军胜利（溪口镇文化站供图）

猛烈扩大红军（大洋坝/江树高供图）

拥护五大纲领，准备对日作战（大部分字迹模糊，无法辨认）（大丰明德堂/江树高供图）

商人取消苛捐杂税（双华村/江树高供图）

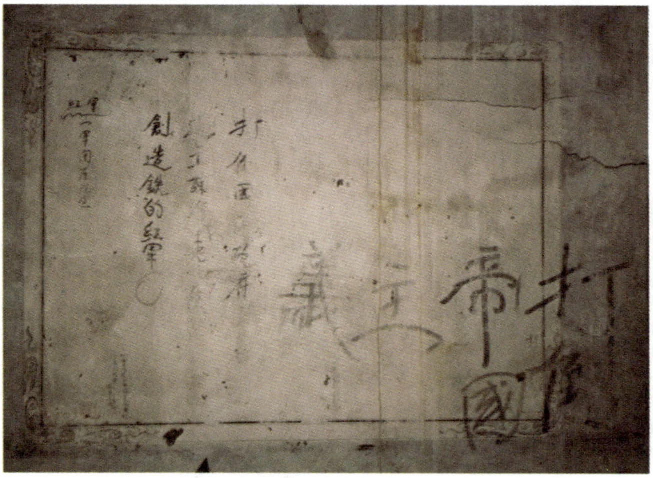

打倒帝国主义。打倒国民政府。建立苏维埃政府。创造铁的红军。——红军一军团医院宣（溪口镇文化站供图）

打（倒）土豪劣绅（白石凹/江树高供图）

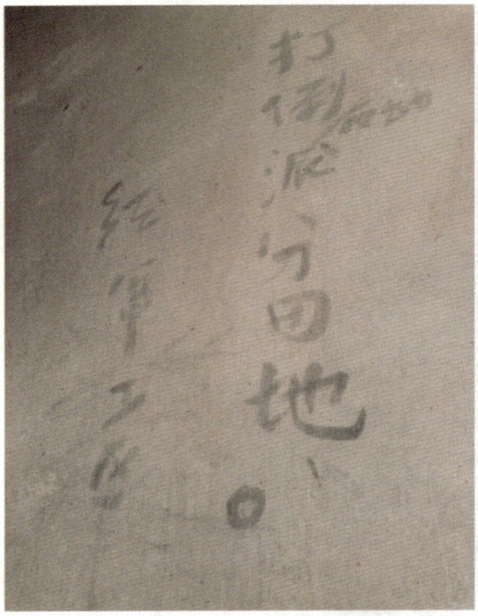

打倒反动派分田地（大厚挹春堂/溪口镇文化站供图）

国民党勾结帝国主义，共产党打倒帝国主义（双华村/江树高供图）

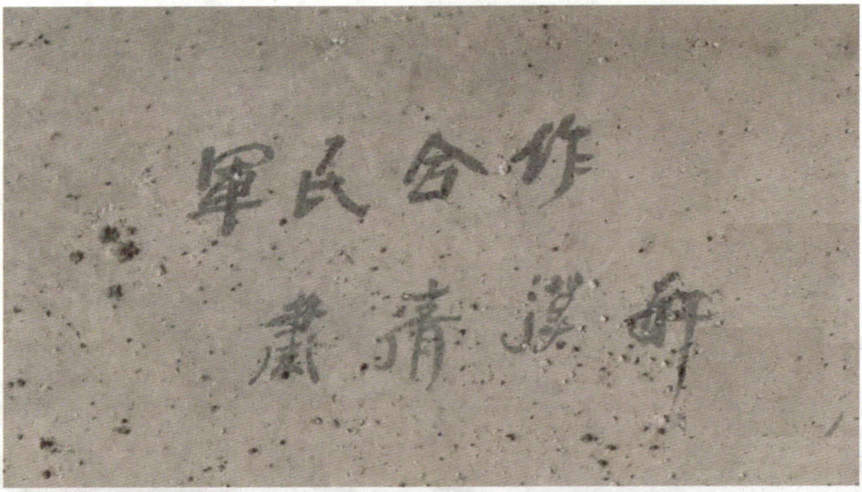

军民合作，肃清汉奸（陈屋土楼/溪口镇文化站供图）

白军是土豪劣绅的走狗，红军是工人农民的卫队。反对金汉鼎驱使士兵为他一人升官发财（双华村/江树高供图）

男女平等（双华村/江树高供图）

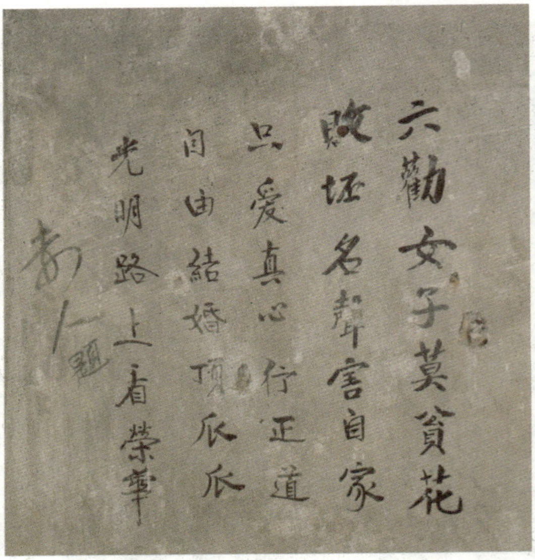

六劝女子莫贪花，败坏名声害自家。只爱真心行正道，自由结婚顶瓜瓜，光明路上看荣华——赤人题（白石凹/江树高供图）

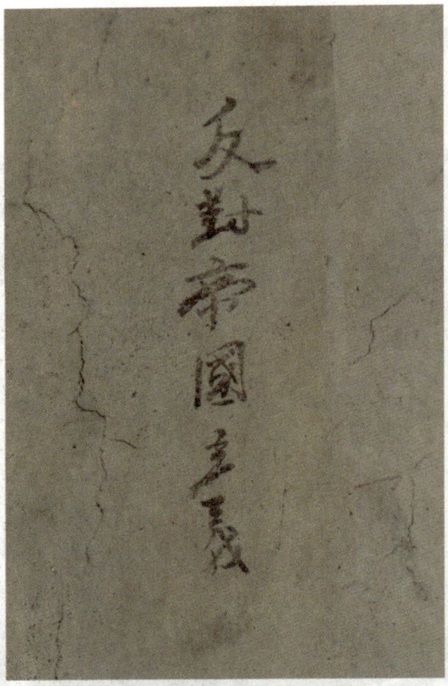

反对帝国主义（陈屋土楼/溪口镇文化站供图）

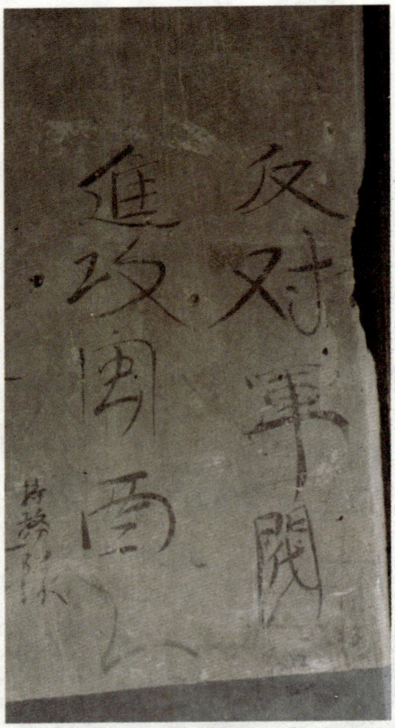

反对军阀进攻闽西（江树高供图）

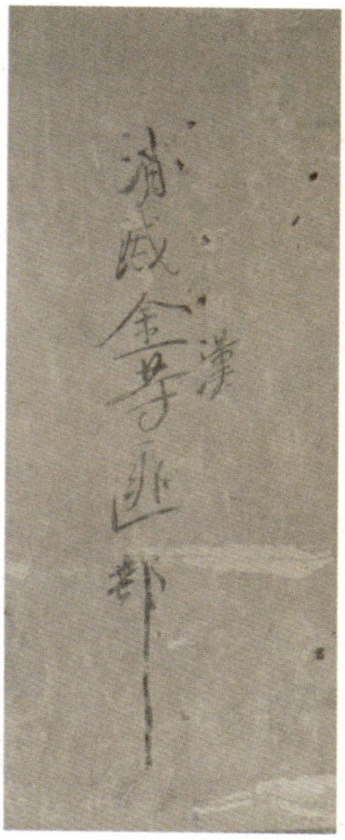

消灭金汉等（鼎）匪部（江树高供图）

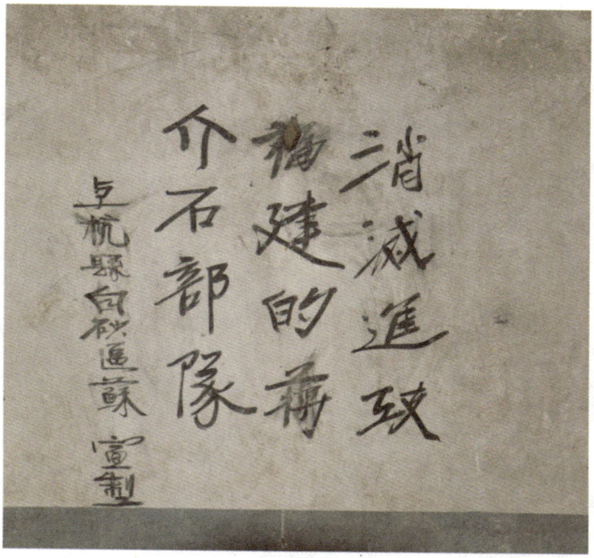

消灭进攻福建的蒋介石部队——上杭县白砂苏区宣制（白石凹/江树高供图）

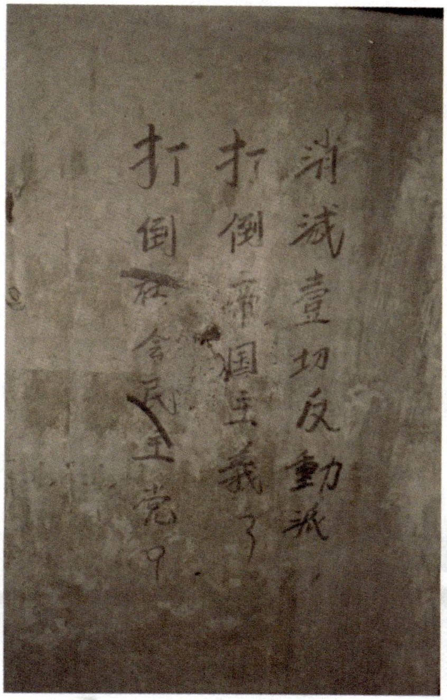

消灭一切反动派，打倒帝国主义，打倒社会民主党（复美楼/溪口镇文化站供图）

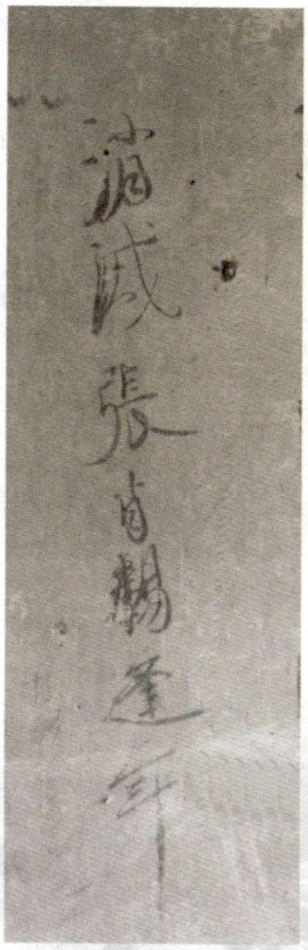

消灭张（贞）、杨逢年（江树高供图）

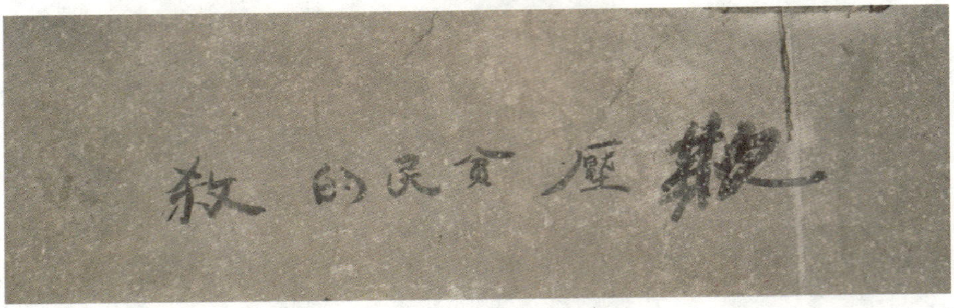

欺压贫民的杀（溪口镇文化站供图）

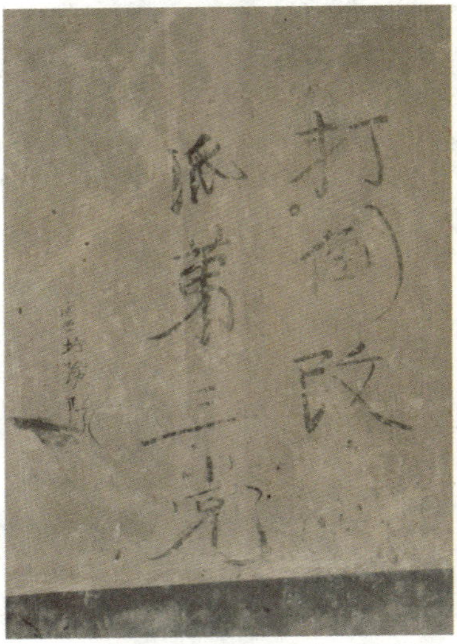

打倒改（组）派第三党（江树高供图）

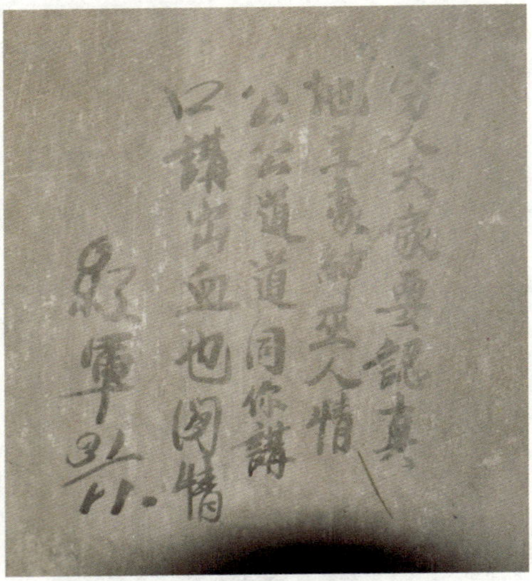

穷人大家要认真，地主豪绅巫（无）人情。公公道道同你讲，口讲出血也闲情——红军（白石凹/江树高供图）

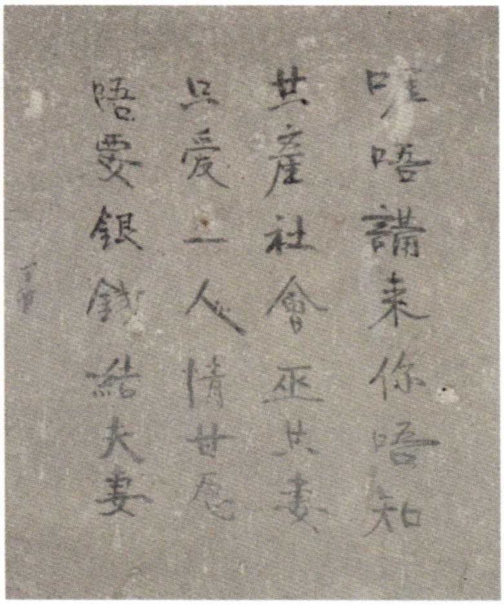

唓唔（不）讲来你唔知，共产社会亚（无）共妻。只爱二人情甘愿，唔要银钱结夫妻（白石凹/江树高供图）

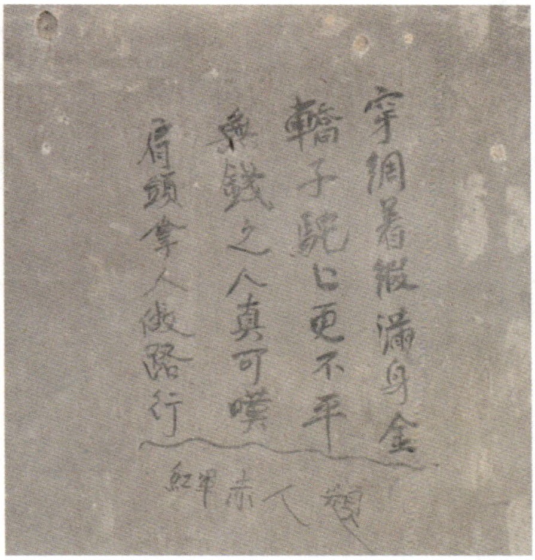

穿绸着缎满身金，轿子驼驼更不平。无钱之人真可叹，肩头拿人做路行——红军赤人题（白石凹/江树高供图）

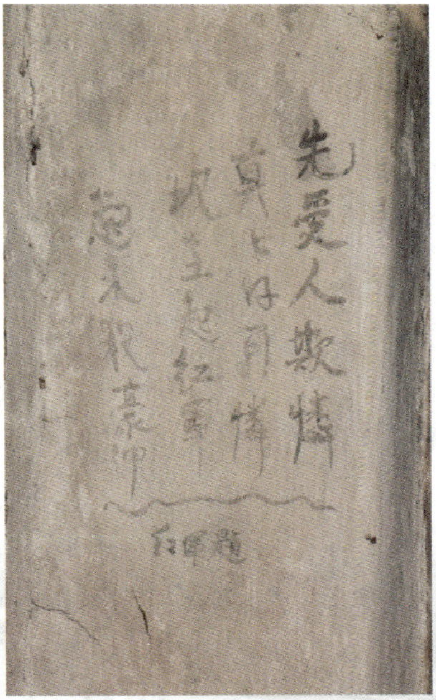

先受人欺凌，真的好可怜。现在起,红军起来杀豪绅——红军题（白石凹/江树高供图）

白军士兵们：

这次帝国主义国民党军阀压迫你们向……（字迹模糊无法辨认）进攻，实行烧杀掳抢奸淫，企图把我们苏区……（字迹模糊无法辨认）甚至全世界的工农变为帝国主义的牛马奴才。白军士兵们，看看最近卖国的国民党把我们的……（字迹模糊无法辨认）企图完全卖给帝国主义去了；你们自己想想，就你自己得到益处无？我相信没有，只为着官长升官、豪绅地主发财。事实上，每想起对你们没有丝毫利益……（字迹模糊无法辨认）白军士兵们，我们红军是为着保障土地革命胜利、人民自由，保证工农一切的利益，只有你们觉悟起来调转枪头打死压迫你们的官长，拖枪过来投诚红军，与红军共同打倒军阀……（字迹模糊无法辨认）为打倒国民党军阀，争取苏维埃的最后胜利而奋斗。——共产党宣（江树高供图）

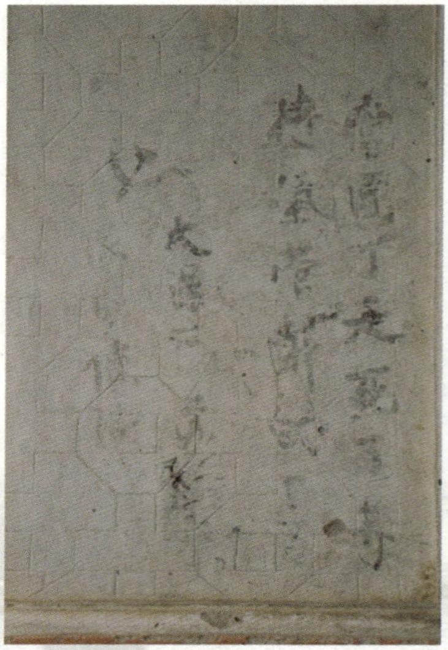

当团丁是死了等待气管断的（江树高供图）

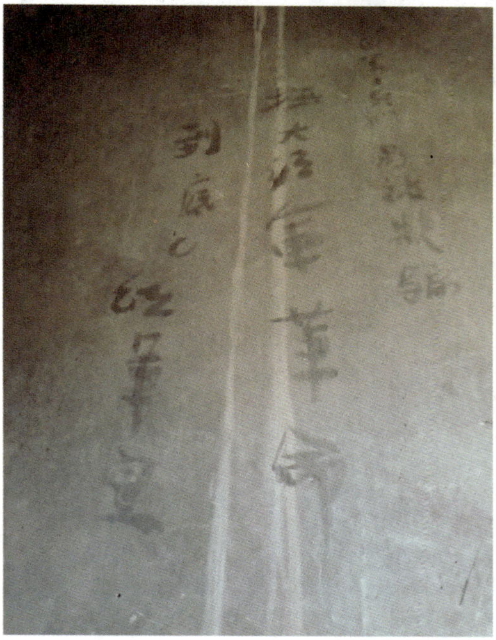

白军士兵们，别被欺骗。扩大红军革命到底——红军宣（大厚抱春堂/溪口镇文化站供图）

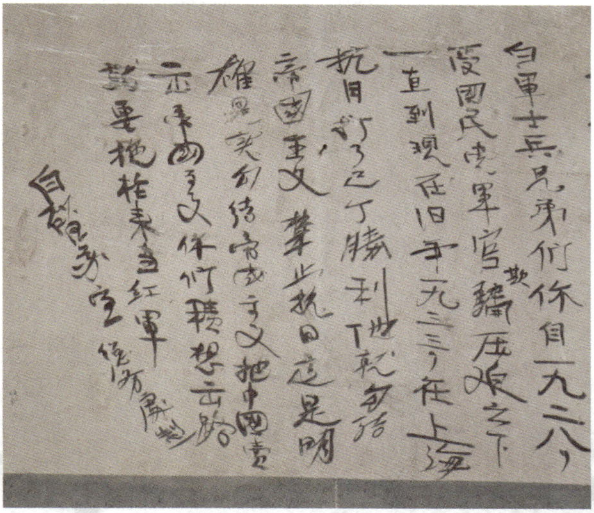

白军士兵兄弟们：你自一九二八（年）受国民党军官欺骗压迫之下一直到现在旧年一九三三（年），在上海抗日打了已（几）个胜利，他就勾结帝国主义禁止抗日，这是明确是（事）实。勾结帝国主义，把中国卖出帝国主义。你们积（极）想出路，就要拖枪来当红军！——白砂苏区宣 总务处制（白石凹/江树高供图）

欢迎白军弟兄到红军来当弟兄（溪口镇文化站供图）

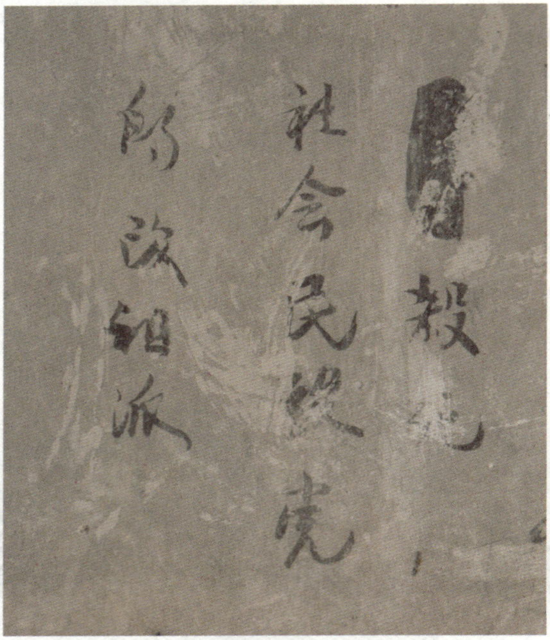

杀死社会民主党的改组派（江树高供图）

后记

将溪口有关红色资料编成一本系统反映溪口红色历史的读物面世，是溪口镇党委、政府多年孜孜以求的愿望，但因各种原因一直未能实现。2021年新一届党委、政府履职后，把这一任务再次提上议事日程，列出工作计划、进度，并成立了由党委书记任主任的《红色溪口》编纂委员会，指定分管领导和责任人员组成编纂工作组，抓好具体事务落实。嗣后，编纂工作组通过半年多时间，查阅有关资料，征询上杭县有关部门和专业人士建议，特别是与原县委党史研究室退休干部江树高同志反复切磋，形成了本书框架。在列出编纂纲目送编委领导审阅同意后，逐一完成了书稿内容的撰写或搜集，请江树高同志总纂修改，于2022年7月中旬完成初稿。

初稿形成后，编纂工作组先在小范围内分送有关领导和专业人员审阅，征求意见。修改后交印刷厂排成样书，分送有关部门、领导、专家学者及其他有经验的社会人士审阅，并通过个别走访和召开评审会等方式收集修改意见。再作修改后,付梓出版。

编纂本书，得到各有关方面的大力支持。中共上杭县委宣传部、上杭县委党史和地方研究室、上杭县民政局、上杭县文化体育和旅游局、上杭县退役军人事务局、上杭县博物馆等提供了许多参考资料和业务指导，在此，我们一并表示衷心感谢！

由于资料和水平的限制，本书不如人意之处在所难免，敬请读者批评指正。

《红色溪口》编纂委员会

2022年10月

图书在版编目(CIP)数据

红色溪口/中共上杭县溪口镇委员会，上杭县溪口镇人民政府编. —福州：海峡文艺出版社，2023.11
ISBN 978-7-5550-3391-2

Ⅰ.①红…　Ⅱ.①中…②上…　Ⅲ.①乡村—革命史—上杭县　Ⅳ.①K295.75

中国国家版本馆 CIP 数据核字(2023)第 141918 号

红色溪口

中共上杭县溪口镇委员会　上杭县溪口镇人民政府　编

出 版 人	林　滨
责任编辑	蓝铃松
出版发行	海峡文艺出版社
经　　销	福建新华发行(集团)有限责任公司
社　　址	福州市东水路 76 号 14 层
发 行 部	0591—87536797
印　　刷	福州锦星元印务有限公司
厂　　址	福州市晋安区新店镇健康村健康工业区 6 号
开　　本	720 毫米×1010 毫米　1/16
字　　数	360 千字
印　　张	27.5
版　　次	2023 年 11 月第 1 版
印　　次	2023 年 11 月第 1 次印刷
书　　号	ISBN 978-7-5550-3391-2
定　　价	88.00 元

如发现印装质量问题，请寄承印厂调换